DOSSIÊS DEOPS/SP:
Radiografias do Autoritarismo Republicano Brasileiro
Volume 5

A ALIMENTAÇÃO DO LEVIATÃ NOS PLANOS REGIONAL E NACIONAL:

mudanças no DEOPS/SP no pós-1964
Família 50

GOVERNO DO ESTADO DE SÃO PAULO
Geraldo Alckmin
GOVERNADOR

SECRETARIA DE ESTADO DA CULTURA
Marcos Mendonça
SECRETÁRIO

DEPARTAMENTO DE MUSEUS E ARQUIVOS
Marilda Suyama Tegg
DIRETORA

DIVISÃO DE ARQUIVO DO ESTADO
Fausto Couto Sobrinho
DIRETOR

IMPRENSA OFICIAL DO ESTADO
Sérgio Kobayashi
DIRETOR-PRESIDENTE

Luiz Carlos Frigerio
DIRETOR VICE-PRESIDENTE

Carlos Nicolaewsky
DIRETOR INDUSTRIAL

Richard Vainberg
DIRETOR FINANCEIRO E ADMINISTRATIVO

CEETEPS
CENTRO ESTADUAL DE EDUCAÇÃO TECNOLÓGICA PAULA SOUZA
Prof. Marcos Antônio Monteiro
DIRETOR-SUPERINTENDENTE

Prof. Remo Alberto Fevorini
VICE-DIRETOR-SUPERINTENDENTE

Prof.ª Laura Laganá
CHEFE DE GABINETE

Arquivo do Estado de São Paulo
R. Voluntários da Pátria, 596 – Santana
CEP: 02010-000 – São Paulo – SP
Fone/Fax: (11) 6221-4785
www.arquivoestado.sp.gov.br
arquivoestado@sp.gov.br

Imprensa Oficial do Estado
Rua da Mooca, 1.921 – Mooca
CEP: 03103-902 – São Paulo – SP
Tel.: (11) 6099-9800
Fax: (11) 6692-3503
SAC 0800-123 401
www.imprensaoficial.com.br
divulgacaoeditoriais@imprensaoficial.com.br

Foi feito o depósito legal na Biblioteca Nacional (Lei nº 1.825, de 20/12/1997)

Maria Aparecida de Aquino,
Adalberto Leister Filho,
Marco Aurélio Vannucchi Leme de Mattos &
Walter Cruz Swensson Jr.

DOSSIÊS DEOPS/SP:
Radiografias do Autoritarismo Republicano Brasileiro
Volume 5

A ALIMENTAÇÃO DO LEVIATÃ NOS PLANOS REGIONAL E NACIONAL:

mudanças no DEOPS/SP no pós-1964
Família 50

Arquivo do Estado
Imprensa Oficial do Estado
São Paulo
2002

Coordenação editorial
LAURO ÁVILA PEREIRA
MARIZA ROMERO

Editora responsável
JULIANA PADUA MELO ALKMIN

Assistente editorial
FERNANDO F. DE SOUSA LIMA

Capa
FERNANDO F. DE SOUSA LIMA

Revisão dos textos
ADRIANA DE MATOS
ALEXANDRE MICHELLIN TRISTÃO
ANA PAULA DE FREITAS SANCHEZ
LÍLIA RAMADAN VERÍSSIMO DE LIMA
MARCELA MITIE DE SOUZA MAGARI

Diagramação
FERNANDO F. DE SOUSA LIMA
PAULO F. M. DE BORGIA

Co-edição
ARQUIVO DO ESTADO DE SÃO PAULO
IMPRENSA OFICIAL DO ESTADO

Apoio Técnico:
CEETEPS
CENTRO DE EDUCAÇÃO TECNOLÓGICA PAULA SOUZA
GOVERNO DO ESTADO DE SÃO PAULO

A41 A Alimentação do Leviatã nos planos regional e nacional: mudanças no DEOPS/SP no pós-1964. Família 50 / Maria Aparecida de Aquino, Adalberto Leister Filho, Marco Aurélio Vannucchi Leme de Mattos e Walter Cruz Swensson Jr. (org.). – São Paulo : Arquivo do Estado/Imprensa Oficial do Estado, 2002.

200 p. : il. (Dossiês Deops – São Paulo: radiografias do autoritarismo republicano brasileiro, 5).

Bibliografia: p. 165
ISBN: 85-8672-6443 (Arquivo de Estado)
ISBN: 85-7060-131-X (Imprensa Oficial do Estado)

1. Polícia política – São Paulo (Estado). 2. DEOPS: Departamento de Ordem Política e Social. 3. Autoritarismo – São Paulo (Estado) – 1964. 4. SNI: Serviço Nacional de Informações. 5. São Paulo (Estado) – História – séc. 20. 6. INCRA – Reforma Agrária – Espionagem. 7. OBAN – Operação Bandeirantes – 1969. I. Aquino, Maria Aparecida de II. Leister Filho, Adalberto III. Mattos, Marco Aurélio Vannucchi de IV. Swensson Jr., Walter Cruz V. Título VI. Série.

CDD 323.49098161
CDU 351.746.1(816.1)

Sumário

Apresentação

Maria Aparecida de Aquino[*]

A coleção *Dossiês DEOPS/SP: Radiografias do Autoritarismo Republicano Brasileiro*, realizada com o empenho do Arquivo do Estado de São Paulo em conjunto com a Imprensa Oficial do Estado de São Paulo (IMESP), refere-se essencialmente ao projeto "Mapeamento e Sistematização do Acervo DEOPS/SP: Série Dossiês (1940-1983)". Esse projeto só pôde ser realizado através do financiamento da Fundação de Amparo à Pesquisa no Estado de São Paulo (FAPESP) que, dotada de raro espírito de auxílio à pesquisa neste país, financiou os esforços de nossa equipe[1] entre fevereiro de 1998 e março de 2002.[2]

---

[*] Professora de História Contemporânea do Departamento de História da Faculdade de Filosofia, Letras e Ciências Humanas da Universidade de São Paulo (DH-FFLCH-USP), especialista nos estudos sobre as relações Estado-Sociedade no regime militar (1964-1985). Coordenou o projeto "Mapeamento e Sistematização do Acervo DEOPS/SP: Série Dossiês (1940-1983)" entre 1998 e 2002.

[1] A FAPESP concedeu, logo após a aprovação do Projeto, bolsas de estudo de Nível Técnico para que pudéssemos realizar o imenso trabalho que se fazia necessário. Foram oferecidas seis bolsas de Nível III (para profissionais já graduados) e duas bolsas de Nível I (para graduandos). Essas bolsas, com a duração máxima de dois anos, foram preenchidas inicialmente por: graduados - Elen Cristina Dias Moura, Eduardo Ochi, Janaína de Almeida Teles, Luiz Lima Vailati, Marco Aurélio Vannucchi Leme de Mattos e Sidney de Oliveira Pires; graduandos – Sebastião Vargas Neto e Tatiana Carlotti. Com o desligamento de dois bolsistas, a equipe recebeu mais dois graduados: Admar Mendes de Souza e Ivani Maia. Quando venceram os dois anos dos demais bolsistas, a equipe precisou ser recomposta. Além dos dois bolsistas em substituição, foram contratados: graduados – Ana Elisa Peres, André Yasbek, Camila Sampaio Chaves e Lucimar Almeida de Araújo; graduandos – Ana Hutz, Camila Saraiva Lacreta, Marystela Pinheiro de Oliveira, Orion Barreto da Rocha Klautau Neto, Patrícia Barlak, Renata Pedroso de Araújo e Ricardo Ishiyama Martins. Durante esse processo, houve a desistência de três bolsistas graduados, o que nos fez optar pela ampliação do número de bolsistas graduandos. Colaborou também conosco a Mestre em História Social pelo DH-FFLCH-USP, Letícia Nunes de Góes Moraes. Para coordenar a equipe de bolsistas, contamos com o concurso dos Mestres em História Social pelo DH-FFLCH-USP: Marco Aurélio Vannucchi Leme de Mattos e Walter Cruz Swensson Júnior.

[2] Nossos esforços não teriam sido coroados de êxito não fosse o concurso de duas instituições: a Faculdade de Filosofia, Letras e Ciências Humanas da Universidade de São Paulo, que atuou como instituição-sede

Temos a honra de mostrar um dos resultados de nosso trabalho, após esses quatro anos de pesquisa: uma coleção composta por vários volumes, que dividirão com o público leitor o prazer de nossas descobertas e o amadurecimento de nossas reflexões que, acreditamos, representam uma importante contribuição para os estudos e as pesquisas em História do Brasil Republicano.

Para que o leitor possa familiarizar-se com o sentido da coleção e do que o espera nesses volumes, é necessário que se remeta rapidamente aos objetivos de nosso Projeto, apontando para a sua especificidade, que o torna pioneiro no campo da pesquisa em Brasil Contemporâneo.

O projeto "Mapeamento e Sistematização do Acervo DEOPS/SP: Série Dossiês (1940-1983)" começou a ser montado em 1995, a partir de pesquisas desenvolvidas com parte da documentação que compõe o acervo DEOPS/SP, a Série Dossiês. Imediatamente, de um lado, percebeu-se a riqueza documental e, de outro, sua dificuldade de consulta, tanto no que se referia ao acesso como no que dizia respeito ao que se obtinha finalizada a pesquisa.

Embora algumas possibilidades temáticas de consulta a assuntos específicos existissem, seu enorme fichário (aproximadamente 1.100.000 fichas remissivas), em sua maioria, correspondia ao acesso nominal. Isto quer dizer que o pesquisador que não possuísse os nomes dos personagens a serem consultados e chegasse ao acervo munido apenas de um tema específico teria muitas dificuldades em acessá-lo.

Além disso, as fichas remetem à documentação espalhada em 9.626 pastas com quantidade documental variada e relacionadas a um complexo código alfanumérico, até aquele momento não decifrado. Por vezes, finda a consulta a um personagem no qual o pesquisador estivesse interessado, ele teria passado por grande quantidade de pastas, cada qual contendo um ou mais documentos nos quais o seu personagem aparecia citado, ou era alvo de comentários de agentes infiltrados, destacados para sua vigilância ou do grupo a que pertencia, ou mesmo do evento do qual participara. Assim, essa fragmentação do personagem em diversos documentos em pastas distintas, das quais os assuntos

do Projeto junto à FAPESP, e o Arquivo do Estado de São Paulo, onde está alocada a documentação. Desde as primeiras idéias para o lançamento do projeto, tivemos a colaboração, como parte da equipe inicial que o montou, da Profa. Dra. Zilda Márcia Grícoli Iokoi (DH-FFLCH-USP). Parte integrante desse processo foi o Arquivo do Estado de São Paulo, na figura de seu diretor, Dr. Fausto Couto Sobrinho, e da equipe que o assessora, particularmente o historiador Lauro Ávila Pereira (Mestre pela PUC-SP), a arquivista responsável pelo Arquivo, Yeda Pimenta Bernardes, e os historiadores e técnicos que trabalham junto ao fundo DEOPS/SP, Alfredo Moreno Leitão e Débora Cristina Santos da Silva. Tiveram cooperação fundamental para o conjunto do processo as equipes de conservação, microfilmagem, informática e o Setor de Publicações do referido Arquivo.

que as instruíam eram ignorados, poderia ser transmitida ao pesquisador que, no final do processo, não conseguia vislumbrar sequer qual era o olhar que o órgão (DEOPS/SP) possuía sobre a pessoa investigada.[3]

Tais dificuldades inerentes a essa documentação fizeram entrever a necessidade de, de fato, fazer com que a riqueza documental que essa parte do acervo inevitavelmente possuía se transformasse em algo mais concreto para os pesquisadores interessados nessa importante fase da História do Brasil Republicano (1940-1983).[4] Desse modo, estruturou-se um projeto para abarcar toda a documentação da Série Dossiês (cerca de 1.100.000 fichas, remetendo a aproximadamente 2.000.000 de documentos, distribuídos em 9.626 pastas).

Ao longo da realização do Projeto, o objetivo prioritário foi o de constituir instrumentais de pesquisa que dotassem o pesquisador de novas formas de acesso a essa documentação. Ao lado disso, houve a preocupação com a manutenção e conservação desse material. Por fim, a contribuição para a formação de pesquisadores que atuassem dentro da equipe de bolsistas. O Projeto não se desenvolveu em torno de pesquisas específicas, seja da parte da coordenação, seja da parte da equipe de bolsistas. Todo o tempo, os esforços canalizaram-se em torno da documentação, da crença em sua importância e da preocupação com o desenvolvimento das pesquisas dentro da História do Brasil Republicano.

Como resultados concretos do Projeto temos a descrição de todas as pastas pela equipe de bolsistas que preencheu as fichas especialmente criadas para essa descrição. Criou-se um banco de dados com essas informações acumuladas e com os *links* para facilitar a consulta: por exemplo, alguém que queira pesquisar a ação do aparato repressivo contra estudantes vinculados ao comunismo durante a década de 1950 pode associar o tema (estudantes comunistas) ao período (anos 50) e verá como resultado uma lista de pastas que poderá acessar (antes de solicitá-las) no próprio banco, conhecendo assim os dados de sua descrição. Constituiu-se um vocabulário controlado para os assuntos que figuram no banco de dados. Adquiriu-se a infra-estrutura material,

---

[3] Esclarecemos que o problema descrito ocorria em situações determinadas. De maneira geral, na sua fase inicial (início da década de 1940 quando foi criada, até a década de 1960), a documentação da série encontrava-se organizada no formato de prontuários, que concentravam a documentação de uma pessoa ou tema em um dossiê. Já, a partir da década de 1960, os dossiês reúnem documentos de assuntos mais amplos e aumenta a quantidade de dossiês com número elevado de pastas. Para o pesquisador, antes da decodificação, torna-se, portanto, mais difícil a consulta e surge a questão da fragmentação observada.

[4] Essas datas correspondem, respectivamente, à criação da série Dossiês – embora o documento mais antigo que se localizou na série date do período entre 1942 e 1943 - dentro do acervo maior do DEOPS/SP e ao momento em que se encerram as atividades do órgão, com a sua extinção.

que se encontra em processo, para o desenvolvimento da microfilmagem das pastas. A equipe de bolsistas, ao lado da equipe de conservação do Arquivo do Estado de São Paulo, procedeu à conservação do material (troca de pastas por poliondas, desmetalização, limpeza da documentação, acomodação em papel de pH. neutro para evitar a alcalinização e deterioração). Realizou-se a formação de cerca de 20 bolsistas, que participaram do Projeto nos quatro anos de sua efetivação.

Encontra-se disponibilizado em rede no Arquivo do Estado de São Paulo e no Departamento de História (FFLCH-USP) o banco de dados que permite o acesso a essa documentação.

O lançamento da Coleção *Dossiês DEOPS/SP: Radiografias do Autoritarismo Republicano Brasileiro* representa mais um dos frutos desse profícuo trabalho. O primeiro volume da série, lançado em 2001, intitulado *No coração das trevas: o DEOPS/SP visto por dentro*, buscou ampliar o conhecimento acumulado sobre o órgão e seu acervo documental, através do estudo da legislação que o instruiu e da mostra de trabalhos de pesquisadores que já consultaram esse material e ali constituíram seus trabalhos acadêmicos. Neste ano, lançamos mais quatro volumes da coleção: *A constância do olhar vigilante: a preocupação com o crime político. Série Dossiês, DEOPS/SP: Famílias 10 e 20*; *O dissecar da estrutura administrativa do DEOPS/SP – o anticomunismo: doença do aparato repressivo brasileiro. Série Dossiês, DEOPS/SP: Famílias 30 e 40*; *O DEOPS/SP em busca do crime político. Série Dossiês, DEOPS/SP: Família 50* e *A alimentação do Leviatã nos planos regional e nacional: mudanças no DEOPS/SP no pós-64. Série Dossiês, DEOPS/SP: Família 50*. Esses volumes priorizaram a apresentação dos catálogos das Famílias,[5] bem como a análise que se pôde fazer acerca do órgão, da série Dossiês e do significado de seu complexo processo de arquivamento, uma vez findo o projeto de mapeamento e sistematização desse acervo.

Parece-nos particularmente oportuno o lançamento desta coleção quando se torna cada vez mais claro para nós que o Autoritarismo não é algo circunscrito a momentos históricos determinados (o Governo Vargas – 1930-1945 e o

[5] Família é o termo sugerido pela assessoria arquivística do Projeto para a denominação mais geral do tema do código. Cada código se inicia com uma dezena: 10, 20, 30, 40 e 50 à qual corresponde um tema geral. Por exemplo, a família 30 corresponde ao arquivamento de documentação que envolve a perseguição a suspeitos de atividades Comunistas, Socialistas e Anarquistas. Cada família armazena uma grande quantidade de pastas e, conseqüentemente, de documentação, pois, ela se subdivide em subfamílias, ou seja, em números derivados da dezena inicial. Por exemplo: a família 10 subdivide-se nas subfamílias 10, 11, 12, 13, 14 e 15. Para uma compreensão mais apurada dessa questão, ver AQUINO, Maria Aparecida de. "DEOPS/SP: visita ao centro da mentalidade autoritária", artigo presente em cada um dos quatro volumes lançados em 2002.

Regime Militar – 1964-1985) de nossa História Republicana e sim algo profundamente incrustado em nossa sociedade. Além disso, acentuamos a crença no velho dito popular: *O hábito do cachimbo faz a boca torta.* Ou seja, a cada momento de Autoritarismo explícito (1930-1945 e 1964-1985), novas características autoritárias juntam-se às que já permeiam nossas relações sociais. Assim, proliferam em momentos de vigência de Estado Democrático, os velhos hábitos de infiltração de agentes que, à revelia da legislação, continuam a exercer suas funções espúrias, comprometendo o delicado e tênue exercício da Democracia em nosso país.

Temos clareza que, para nos libertarmos das amarras desse Autoritarismo social crônico, é necessário trazer à luz tudo aquilo que, durante tanto tempo, proliferou em meio às trevas, desvendando sua trama tecida no obscurantismo. Isto nos faz confiantes na importância deste trabalho para o desenvolvimento das pesquisas e para a ampliação do conhecimento sobre a História do Brasil Contemporâneo.

A alimentação do Leviatã nos planos regional e nacional: mudanças no DEOPS/SP no pós-64. DEOPS/SP: Família 50

Maria Aparecida de Aquino

Apresentamos ao leitor o quinto volume da coleção *Dossiês DEOPS/SP: Radiografias do Autoritarismo Republicano Brasileiro,*[1] que dá continuidade a uma subcoleção inaugurada com o volume 2. Formada por 4 volumes (respectivamente, 2, 3, 4 e 5), a subcoleção busca apresentar ao público leitor, prioritariamente, o resultado da descrição documental das 9.626 pastas que compõem parte do acervo do DEOPS/SP, denominado Dossiês. Transformada em catálogo, esta monumental descrição foi dividida em partes que agora se apresentam agrupadas. Este volume se ocupa, principalmente, de parte da chamada *família*[2] 50 (com as pastas da subfamília 50 – a partir do dossiê 50-Z-0 até a subfamília 52, encerrando a série com o dossiê 52-Z-01).

O leitor irá encontrar no quinto volume, além dos textos de apresentação da coleção e do volume em especial, um texto geral que acompanha a subcoleção de 4 volumes, escrito por Maria Aparecida de Aquino, intitulado "DEOPS/SP: visita ao centro da mentalidade autoritária". O texto procura, após 4 anos de desenvolvimento do projeto "Mapeamento e Sistematização do Acervo DEOPS/SP: Série Dossiês (1940-1983)", lançar um olhar que abarque tanto o órgão que produziu esse gigantesco acervo como a série documen-

---

[1] O primeiro volume da coleção intitula-se *No Coração das Trevas: o DEOPS/SP visto por dentro* (São Paulo: Arquivo do Estado/Imprensa Oficial, 2001). O segundo volume denomina-se *A constância do olhar vigilante: a preocupação com o crime político. Série Dossiês, DEOPS/SP: Famílias 10 e 20* (São Paulo: Arquivo do Estado/Imprensa Oficial, 2002).

[2] Para mais esclarecimentos sobre o termo, consultar o artigo de apresentação da coleção e AQUINO, Maria Aparecida de. "DEOPS/SP: visita ao centro da mentalidade autoritária", artigo presente nos quatro volumes (2, 3, 4 e 5, respectivamente) da subsérie.

tal denominada Dossiês, sobre a qual, especificamente, se debruçou o Projeto. Ali estão problematizados o significado do órgão e os momentos de sua criação e extinção. Procuramos desvendar ao leitor a composição da série Dossiês em toda sua complexa engenharia codificada e agora, finalmente, desvelada. Tentamos traçar hipóteses que nos permitam analisar, através do trabalho de imersão na série Dossiês, o sentido do trabalho rotineiro realizado pelos agentes infiltrados do DEOPS/SP, que entendemos como uma *visita ao centro da mentalidade autoritária.*

"A alimentação do Leviatã nos planos regional e nacional: mudanças no DEOPS/SP no pós-64. Série Dossiês, DEOPS/SP: Família 50" traz, também, um texto produzido por Maria Aparecida de Aquino, em que a autora procura analisar a constituição da chamada família 50. Apresentam-se os principais dados estatísticos dessa família que se caracteriza por ter sido utilizada durante todo o período de existência do Serviço Secreto, Serviço de Informações e Divisão de Informações[3] do DEOPS/SP, reunindo mais da metade da documentação arquivada na série Dossiês. A família 50 é composta de 2.082 dossiês e 5.121 pastas (num total de 5.207 dossiês e 9.626 pastas). Outra característica importante dessa família é o fato de que tanto "voltam" os temas que já marcaram famílias anteriores (por exemplo, em 50-A serão localizadas investigações contra estrangeiros – italianos, alemães e japoneses – do mesmo modo como se encontram presentes na família 10) como temas novos e específicos do regime militar (por exemplo, o dossiê 50-Z-09 contém, além da documentação do II Exército,[4] documentos do chamado DOI-CODI,[5] instituição existente somente nessa fase republicana). Além disso, dificulta a compreensão da família 50 a chamada "migração dos códigos": por exemplo, no 50-I encontram-se dossiês de estrangeiros investigados por circunstâncias relacionadas aos problemas da conjuntura da II Guerra Mundial abertos no ano de 1944, como também se

---

[3] Diferentes denominações que recebeu o serviço prestado por agentes infiltrados no trabalho de vigilância e controle dos considerados "suspeitos" pelo DEOPS/SP. Em 1940, aparece com a denominação de Serviço Secreto. Durante a década de 60, assume com o nome de Serviço de Informações e, a partir de 1975, com a mudança final de legislação, passa a ser chamado de Divisão de Informações.

[4] Atual Comando Regional do Sudeste, divisão administrativa do Exército que tem como sede central o Estado de São Paulo.

[5] Destacamento de Operações de Informações, Centro de Operações de Defesa Interna. Criado em 1970, um para cada uma das regiões administrativas das Forças Armadas, vem substituir o "Projeto Piloto" da Operação Bandeirantes (OBAN) – considerado bem sucedido na luta para extinção das organizações clandestinas contrárias ao regime militar –, existente em São Paulo.

localiza o dossiê 50-I-11 que trata do INCRA – ligado a problemáticas que envolve a discussão em torno da Reforma Agrária –, aberto em 1977.

Especialmente para este volume foi produzido um texto, elaborado por Adalberto Leister Filho.[6] A base do material empírico utilizado para a produção do presente texto foi a pesquisa ao Dossiê[7] 50-Z-09.[8] Conforme já foi observado, esse dossiê contém material de comunicação entre Instituições e organismos de repressão. O II Exército, sediado em São Paulo, produziu a documentação que foi enviada ao DEOPS/SP. No final da década de 60, avaliando as dificuldades existentes na contenção das atividades das organizações clandestinas que agiam contra o regime militar, setores repressivos se ressentiam da falta de um organismo que, sem se perder em meandros burocráticos, atacasse diretamente a oposição ao regime, agindo com rapidez para debelá-la.

Diferentes tentativas foram feitas nessa direção.[9] A mais consistente foi a criação, em São Paulo, da chamada Operação Bandeirantes (OBAN), em 1969, à margem da lei,[10] agindo como verdadeiro braço armado da repressão política e contando com financiamento particular de empresários. Como a "operação" foi considerada bem sucedida em seu empenho na destruição das agremiações de luta armada contra o regime, a experiência foi reproduzida, agora nos trâ-

---

[6] Mestrando em História Social pelo DH-FFLCH-USP, onde desenvolve trabalho de análise sobre todo o projeto editorial desenvolvido pela Abril Cultural, entre 1966 e 1976, a Revista *Realidade*.

[7] Denominamos de *Dossiê*, para efeito de classificação documental do acervo consultado, ao trio formado pelos três primeiros elementos que compõem o código alfanumérico que se apresenta ao pesquisador nas fichas remissivas da série. Representa um tema específico e, segundo nossos estudos, a verdadeira unidade temática da série. Para mais esclarecimentos, consultar: AQUINO, Maria Aparecida de. "DEOPS/SP: visita ao centro da mentalidade autoritária", artigo presente neste volume.

[8] A Coordenação do Projeto convidou quatro pesquisadores a se dedicarem à pesquisa de dossiês específicos que apresentassem grande desafio por sua quantidade documental, por sua importância no quadro geral das preocupações do aparato repressivo, ou por conter, de algum modo, alguma representatividade no panorama nacional ou local em momento de vigência da atividade do órgão. Cada um dos pesquisadores foi convidado a produzir um artigo sobre o alvo consultado, com a finalidade de mostrar ao público leitor as imensas possibilidades que um acervo dessa dimensão e importância contém. O resultado, como o leitor poderá conferir, é extremamente alentador. Cada um dos volumes (2, 3, 4 e 5) apresenta um desses artigos.

[9] A esse respeito é bastante esclarecedor o trabalho de FICO, Carlos. *Como eles agiam*. Rio de Janeiro: Record, 2001.

[10] O órgão não está previsto na lei, sendo, portanto, claramente ilegal. Foi criado e agiu, durante o tempo em que teve vigência, na ilegalidade. Desse modo, passíveis de punições, todas as suas ações representavam um desafio à ordem instituída, apresentando-se tão clandestinas quanto as dos grupos de luta armada que desafiavam o regime militar, e contra os quais a atuação repressiva se voltava. A ilegalidade, entretanto, representa uma excelente forma de acobertar atividades como as da tortura que, se já eram praticadas contra os inimigos do regime, passarão a ser generalizadas, ampliando enormemente sua raia de ação, tornando os grupos repressivos muito mais independentes e confiantes na impunidade. A criação da OBAN é um momento de inflexão no regime militar e no seu caminho para o endurecimento.

mites da lei, quando surgiram os DOI-CODIs,[11] em 1970, nas regiões administrativas das Forças Armadas, disseminando-se, bem como suas práticas repressivas, por todo o Brasil.

Há muitos anos, há uma luta da chamada sociedade civil objetivando a abertura dos arquivos de organismos repressivos – a luta pela abertura dos arquivos do DEOPS/SP e dos diferentes "DOPS" espalhados pelo Brasil faz parte desse processo – que, entretanto, tem sido em vão no que se refere à documentação produzida pelos órgãos de informação específicos das Forças Armadas – o CIE do Exército, o CISA da Aeronáutica e o CENIMAR da Marinha -, bem como no que diz respeito aos DOI-CODIs.

Com a abertura dos acervos dos "DOPS", incluindo o DEOPS/SP, parte da documentação do DOI-CODI veio à tona. Especificamente, os depoimentos (duas cópias, uma de próprio punho e outra – de mesmo teor – datilografada) assinados pelos presos políticos que passavam pelas suas celas e, na maior parte das vezes, extraídos mediante tortura. Esses depoimentos eram liberados juntamente com os presos encaminhados para os "DOPS", onde, geralmente, ocorria a formalização do Inquérito, base da denúncia ao Ministério Público para se constituir (ou não)[12] na base dos processos judiciários.

O leitor será também contemplado com uma seqüência fotográfica, extraída da enorme quantidade de fotos armazenada na série Dossiês, especialmente enfatizando a família 50, tratada neste volume, e os temas trabalhados.

Finalmente, uma parte significativa deste volume se dedica ao catálogo descritivo de parte da família 50: a descrição do Dossiê 50-Z-0 e de sua enorme variedade de pastas; a pasta do Dossiê 52-H-01; a maior quantidade de pastas acumuladas num Dossiê, o 52-Z-0 – um total de 583 pastas – e a pasta do Dossiê 52-Z-01. No caso das pastas, os dados explorados na ficha descritiva elaborada pela equipe de bolsistas do Projeto e que se encontram acessíveis no catálogo são: assunto geral, data inicial e final de arquivamento da pasta (quando disponível), data inicial e final da produção documental (quando disponí-

---

[11] Atuavam nos DOI-CODIs os mais diferentes representantes dos órgãos de Segurança e Informações. Eles acumulavam a presença de membros das Forças Armadas Brasileiras (Exército, Marinha e Aeronáutica), das Polícias Militares e Civis dos diferentes Estados que os compunham e da Polícia Federal. Essa sua característica de junção de variados órgãos, segundo especialistas no tema, é considerada a "novidade" produzida pelo regime militar brasileiro em termos de aparato repressivo, sendo, inclusive, "exportada" para outros países enquanto técnica para deter a repressão. Embora existisse esse caráter de reunião de órgãos distintos dentro da estrutura de comando, a direção do organismo misto pertencia ao Exército; no caso de São Paulo, ao II Exército.

[12] Ficavam na dependência da aceitação ou não da denúncia oferecida ao Ministério. Caso a denúncia fosse aceita, constituir-se-iam na base do processo, nesse momento de nossa História, tramitando na Justiça Militar que acatou os processos tidos contra a Segurança Nacional.

vel), existência de material incomum arquivado (fotografias, periódicos, objetos variados, etc.).

Acumulada no Dossiê 50-Z-0 existe uma grande variação de pastas que envolvem documentação oriunda de diferentes Estados e Municípios; de outros setores do DEOPS/SP que não a Divisão de Informações (antes Serviço Secreto e Serviço de Informações), como a Delegacia de Estrangeiros e o Serviço de Plantão; bem como de diversos organismos da administração pública, secretarias de Estado e ministérios. O enorme Dossiê 52-Z-0 consiste em resumos de informações sobre pessoas e entidades, compilados pela Divisão de Informações, mediante solicitação de diferentes órgãos. Mais do que outros dossiês e pastas, esta parte da família 50 demonstra as *mudanças no DEOPS/SP no pós-64* que, como um grande *Leviatã*, alimentava-se – *nos planos regional e nacional* – de informações, produto-base para sua voracidade.

DEOPS/SP: visita ao centro da mentalidade autoritária

Maria Aparecida de Aquino

"Arendt trabalha sobre fatos e traz a banalidade do mal ao nível do cotidiano: o Eichmann que se apresenta não é um perverso, nem um tipo criminoso cínico e atrevido, não é um ambicioso, capaz de matar ou de fechar os olhos para progredir, mas é apenas alguém que jamais teria imaginado o que realmente estava fazendo. Note-se que isto não parece à autora como sinônimo de obtusidade ingênua. Eichmann não era um simplório, um tolo, sabia muito bem o que fazia. O que o caracterizava era um *vazio de pensamento* que não quer dizer ser tolo, mas que o predispôs a tornar-se o grande criminoso que acabou sendo. E aí está toda a banalidade referida."

Tércio Sampaio Ferraz Júnior
Apresentação de *Eichmann em Jerusalém: um relato sobre a banalidade do mal*, de Hannah Arendt.

1. Percalços do aparato repressivo estadual – o DEOPS/SP

O objetivo deste artigo é tentar tornar um pouco mais claras as práticas políticas de um dos órgãos do chamado aparato repressivo do Estado, existente em diferentes Estados brasileiros desde as primeiras décadas do século XX até praticamente o término do chamado regime militar brasileiro (1964-1985). Portanto, parte desse aparato encontra-se intrinsecamente vinculado à História Republicana brasileira, nos seus períodos mais explicitamente autoritários:

- a primeira fase republicana, também chamada de Primeira República ou "República Velha";

- o primeiro governo de Getúlio Vargas (1930-1945) mais especificamente na sua fase mais brutal, o chamado "Estado Novo" (1937-1945);
- o regime militar, inaugurado com o golpe de Estado que derrubou o presidente constitucionalmente eleito, João Goulart, em 1964, instalando os militares no comando do poder Executivo, para dele somente se afastarem ao término do governo do General João Baptista de Oliveira Figueiredo, em 1985;

bem como na sua chamada fase democrática, que abrange o período de 1945 a 1964, em que instrumentos considerados característicos do "Estado de Direito" encontravam-se minimamente presentes.

Conhecidos principalmente como DOPS, especificamente durante o regime militar, em que para aterrorizar as pessoas bastava-se dizer *"cuidado, desse jeito você vai ser fichado no DOPS"*, esses órgãos proliferaram pelos diferentes Estados brasileiros, sendo geralmente vinculados às suas respectivas Secretarias de Segurança Pública. Embora as denominações que receberam fossem diferentes (apesar da alcunha unificadora que os identificou), as suas funções eram sempre as mesmas. Eram, fundamentalmente, voltados para "estar à disposição dos governos quando estes decidissem vigiar e/ou aprisionar certos indivíduos, combater determinados comportamentos e estigmatizar grupos inteiros (imigrantes, dissidentes políticos, pobres das cidades) tidos sempre como 'nocivos' e perigosos para a ordem pública e a segurança nacional".[1] Em suma, em nossa opinião, voltados para exercer as funções da chamada "polícia política".

Eis um termo que possui uma interminável lista de conceituações. Nesse terreno, preferimos ficar com uma que se direciona especificamente para a realidade nacional. Segundo Marília Xavier:

> O termo 'polícia política' tem sido utilizado, tradicionalmente, para designar um tipo especial de modalidade de polícia que desempenha uma função preventiva e repressiva na história do Brasil, tendo sido criada com fins de entrever e coibir reações políticas adversas, armadas ou não, que comprometessem a 'ordem e a segurança pública'.
>
> Dentro desse enfoque, a polícia política seria resultante de um processo de 'especialização' dos órgãos da instituição policial, surgindo, formalmente, em 1933 com a criação, na antiga Polícia Civil do Distrito Federal, da Delegacia Especial de Segurança Política e Social (DESPS) a qual, com a Seção de

---

[1] SOMBRA, Luiz Henrique. Departamento Federal de Segurança Pública: ruptura ou permanência? In: *DOPS: a lógica da desconfiança.* Rio de Janeiro: Secretaria de Estado da Justiça/Arquivo Público do Estado, 1996, p. 37-41.

Segurança Política e a Seção de Segurança Social, encarregou-se dos chamados crimes políticos e sociais.[2]

Marília Xavier refere-se de modo específico à realidade do Rio de Janeiro que, na primeira metade do século XX, concentra a função de Distrito Federal e sede do governo da República brasileira. Embora as preocupações com uma polícia política, independente de uma polícia administrativa e judiciária, tenham se originado no início do século referido, é com a criação da Delegacia Especial de Segurança Política e Social (DESPS), subordinada à Polícia Civil do Distrito Federal, sob a superintendência do Ministério da Justiça e Negócios Interiores, que se organizam com mais clareza as funções desse exercício que permite, no âmbito do esclarecimento de suas funções, pensar as estreitas margens que separam os chamados "crimes políticos" dos "crimes sociais", ambos alvos desses órgãos do aparato repressivo.

Um relatório anual de um delegado, datado de 1943, identifica, entre as funções da DESPS:

> a Seção de Segurança Política é encarregada de 'inibir a reorganização dos serviços de espionagem e observar os suspeitos de serem espiões eixistas e de evitar a sabotagem econômica, além de observar os movimentos políticos dos inimigos do Governo';
> à Seção de Segurança Social cabe a observação e fiscalização do 'problema trabalhista', encarado como as vicissitudes do movimento sindical que, com o retorno do país ao regime instituído pela Constituição de 1934, fizeram recrudescer as atividades extremistas de esquerda e direita que volveram suas vistas para a massa operária numa infiltração nociva contraproducente. O que muito concorreu para os ensaios de desagregação foi o contingente de elementos alienígenas;[3]

No início do nosso artigo, referimo-nos ao objetivo de procurar tornar mais claras as práticas políticas do DOPS. Isto porque, em todos os campos do território nacional, o local social onde tais práticas proliferaram e fizeram viger sua esfera de atuação foi o dos recantos escuros e sombrios da vigilância sobre os cidadãos considerados "suspeitos". E aí, segundo o período vivenciado, a margem poderia ser relativa ou atingir quase a totalidade da sociedade, sem que esta tivesse conhecimento. Protegem-se com e beneficiam-se das sombras

---

[2] XAVIER, Marília. Antecedentes Institucionais da Polícia Política. In: *DOPS: a lógica da desconfiança*. Rio de Janeiro: Secretaria de Estado da Justiça/Arquivo Público do Estado, 1996, p. 32.

[3] *Os Arquivos das Polícias Políticas: reflexos de nossa história contemporânea*. Rio de Janeiro: Arquivo Público do Estado do Rio de Janeiro, FAPERJ, 1996, p. 12.

que os envolvem, permitindo que se infiltrem capilarmente nos mais recônditos cantos das relações sociais, espalhando o temor e a desconfiança.

Esse mundo de "trevas" vem sendo cada vez mais revelado a partir da década de 90 quando, em meio ao processo de luta pelo restabelecimento das liberdades democráticas em nosso país, boa parte dos acervos, longamente acumulados por esses órgãos, passou a tornar-se pública, sendo devolvida à sociedade a qual assiste atônita ao que o autoritarismo foi capaz de produzir.

Nosso alvo de estudo é o órgão correspondente em São Paulo, que chamaremos doravante de DEOPS/SP, uma vez que essa sigla refere-se à última denominação que recebeu pela também última legislação que alterou sua constituição, em 1975, através da qual passou a chamar-se Departamento Estadual de Ordem Política e Social. Esse órgão foi criado pela Lei nº 2.034, de 30 de dezembro de 1924 - quando recebeu o nome de Delegacia de Ordem Política e Social (DOPS) -, sendo extinto pelo Decreto nº 20.728, de 04 de março de 1983. As circunstâncias de sua criação e extinção merecem nossa atenção.

Em 1924, quando o DEOPS/SP foi criado, o governador de São Paulo era Carlos de Campos, e o presidente do Brasil era Artur Bernardes. Ambos encontravam-se mergulhados em profundas crises que colocavam em risco sua própria governabilidade.

Desde julho de 1922, quando explodiu no Rio de Janeiro o conflito conhecido sob o nome de *Revolta dos 18 do Forte de Copacabana*, Epitácio Pessoa, presidente eleito após o interregno governamental de Delfim Moreira - vice de Rodrigues Alves, morto inesperadamente antes de sua posse oficial -, havia decretado estado de sítio. Essa situação foi prolongada, e Artur Bernardes já assume com o país em estado de sítio, mantido durante todo seu governo (1922-1926).

As dificuldades envolvendo sua posse começam na campanha, quando concorre com o carioca Nilo Peçanha, que se sentira preterido pela escolha sucessória das oligarquias rurais. Uma parcela dos militares apóia Nilo Peçanha por várias razões, que iam desde a nomeação de ministros civis para ocupar pastas militares durante a gestão de Epitácio Pessoa até o descontentamento da baixa oficialidade articulada em torno do Clube Militar, que lutava pela elevação salarial e pelo reaparelhamento do Exército. Essa revolta acaba sendo canalizada para a luta contra a política oligárquica, através de uma bandeira de "moralização das instituições políticas".

O movimento da baixa oficialidade (basicamente capitães e tenentes), que acabou criando um tema bastante caro à historiografia brasileira, conhecido sob o nome de *Tenentismo*, vivenciou vários episódios conflituosos, sendo o primeiro *Os 18 do Forte de Copacabana*, no Rio de Janeiro, e o último a *Coluna Prestes – Miguel Costa*, que percorreria o Brasil entre 1924 e 1927.

Entretanto, parte dessa mobilização passou por São Paulo, onde, a partir de julho de 1924, houve um movimento, considerado o maior de todos, quando os revoltosos, liderados pelo General Isidoro Dias Lopes, conseguem durante certo tempo, assumir o controle da cidade, forçando o governador Carlos de Campos a fugir do Palácio dos Campos Elíseos para os arredores da cidade, em Guaiaúna (Zona Leste de São Paulo). A luta encarniçada dos revoltosos contra as tropas legalistas fazem com que a chamada *Coluna Paulista* adentre pelo interior do Estado e chegue ao Paraná. Isidoro Dias Lopes e Miguel Costa já estavam com suas tropas estacionadas em Foz do Iguaçu. Assim se dá o encontro com a *Coluna Prestes* que vinha do Rio Grande do Sul, após a revolta de outubro no Estado.[4]

Evidentemente, a conturbação desse período também pode ser explicada pela famosa "questão social", considerada como "caso de polícia" pelas autoridades governamentais. Desde o final da década de 1910, vários movimentos sociais reivindicatórios de melhorias nas condições de trabalho tinham sacudido os grandes centros urbanos com intensas mobilizações grevistas. A força do anarquismo e do chamado "anarco-sindicalismo", e o fortalecimento do movimento comunista com a criação do Partido Comunista do Brasil (PCB) em 1922 constituíam elementos de grande preocupação para o governo que responde com a legislação repressiva.

Nesse contexto, a criação do DEOPS/SP em 1924 pode ser explicada como parte do aparato repressivo do Estado, voltado, essencialmente, para a vigilância sobre os considerados "suspeitos" de desordem política e/ou social.

Em 1974, quando assume a presidência o General Ernesto Geisel, este o faz com o propósito de liderar um processo, conhecido inicialmente como "distensão" e, posteriormente, no Governo do General João Baptista de Oliveira Figueiredo (1979-1985), com o nome de "abertura política". A intenção desse processo, cujas negociações têm início ainda dentro do Governo do General Emílio Garrastazu Médici, era a de uma lenta "devolução pacífica e ordeira" do poder aos civis e do país ao chamado "Estado de Direito".[5] Deste processo fez parte a retomada das eleições diretas para os governos estaduais, realizadas em 15 de novembro de 1982, com posse para os novos governadores eleitos em 15

---

[4] CARONE, Edgard. *A República Velha – Evolução Política.* São Paulo: Difusão Européia do Livro, 1971, p. 352-377.

[5] A esse respeito consultar: STEPAN, Alfred. *Os Militares: da Abertura à Nova República.* Rio de Janeiro: Paz e Terra, 1986; DUARTE, Celina Rabello. *Imprensa e Redemocratização no Brasil: um estudo de duas conjunturas, 1945 e 1974-1978.* São Paulo, 1987. Dissertação (mestrado) – Pontifícia Universidade Católica de São Paulo; ALVES, Maria Helena Moreira. *Estado e Oposição no Brasil: 1964-1984.* Petrópolis: Vozes, 1984; D'ARAÚJO, Maria Celina et alii (org.). *A Volta aos Quartéis. A memória militar sobre a abertura.* Rio de Janeiro: Relume/Dumará, 1995.

de março de 1983. É, portanto, interessante atentarmos para a data do decreto que propõe a extinção do DEOPS/SP: 04 de março de 1983, apenas a alguns dias da posse do governador eleito por São Paulo, Franco Montoro.

É importante esclarecer que essas eleições deram como resultado, nos grandes Estados, vitórias maciças da oposição: exemplos claros são a eleição em São Paulo do governador Franco Montoro, naquele momento, vinculado ao PMDB (Partido do Movimento Democrático Brasileiro), - oriundo do antigo MDB (Movimento Democrático Brasileiro) -, partido de "oposição" durante o regime militar, e a difícil vitória de Leonel de Moura Brizola no Rio de Janeiro pelo PDT (Partido Democrático Trabalhista).

Os guardiões do regime militar, imbuídos que estavam de tentar impedir quaisquer revisões de seus atos autoritários, ou do que chamavam de "revanchismo", preocupavam-se que acervos de órgãos do aparato repressivo viessem parar em mãos "inadequadas" (as de governadores de oposição). Desse modo compreende-se a extinção do DEOPS/SP dias antes da posse de Franco Montoro no Governo de São Paulo e a passagem de seu imenso acervo documental para a agência paulista da Polícia Federal, onde permaneceu "bem guardado" até o ano de 1991. Na ocasião de sua extinção, o Estado de São Paulo era governado por José Maria Marin, governador em substituição ao último dos indicados pelo regime militar: Paulo Maluf, que se desincompatibilizara de suas funções.[6]

Em 1991, devolvido o Brasil ao "Estado de Direito", elaborada uma nova Constituição (1988) e eleito diretamente, desde o golpe de 1964, o primeiro presidente da República, o acervo do DEOPS/SP foi entregue à guarda da Secretaria da Cultura do Estado de São Paulo que o destinou ao Arquivo Público do Estado de São Paulo, onde se encontra até hoje.

Entre 1991 e fins de 1994, esse acervo somente pode ser consultado por membros da Comissão de Familiares de Mortos e Desaparecidos Políticos do Regime Militar e por cidadãos interessados em conhecer o material que o órgão possuía armazenado sobre sua pessoa, direito garantido pela Constituição de 1988, sob o título de *habeas data* ("tenhas a tua informação").[7]

Dois questionamentos ocorrem normalmente quando se toca nesses aspectos: o que teria acontecido com a documentação entre 1983 e 1991, período em que permaneceu sob a guarda da agência paulista da Polícia Federal?

---

[6] A esse respeito ler: ARAÚJO, Lucimar Almeida de et alii. O Acervo DEOPS/SP. In: AQUINO, Maria Aparecida de et alii (orgs.) *No Coração das Trevas: o DEOPS/SP visto por dentro*. São Paulo: Arquivo do Estado/Imprensa Oficial do Estado, 2001, p. 23-35.

[7] A Constituição de 1988, ao garantir a todos os cidadãos o direito do *habeas data*, permitia o acesso às informações acumuladas pelos órgãos do aparato repressivo.

Por que a demora em democratizar à população a consulta a esse acervo entre 1991 e 1994?

O primeiro dos questionamentos, geralmente, é motivado por aqueles que colocam em dúvida a importância desse acervo documental, entendendo que, naquele período, ele teria sido depurado de sua documentação mais significativa (aquela que permitiria o acesso a informações mais relevantes e descobertas mais importantes sobre o autoritarismo estatal brasileiro, particularmente, o do regime militar). Afinal de contas, em oito anos, a Polícia Federal teria tido tempo suficiente para destruir o material mais "perigoso" sob o ponto de vista dos defensores do autoritarismo, entregando, em 1991, um acervo asséptico que em pouco contribuiria para as pesquisas realizadas sobre a História do Brasil Contemporâneo.

A documentação existente - e que pode ser consultada - permite perceber que, durante sua permanência na Polícia Federal, ela foi objeto de muitas pesquisas[8] e que existem lacunas entre os documentos. Entretanto, como pesquisas intensivas e extensivas cobrindo toda a documentação ainda não foram realizadas, não há condições de se estabelecer com clareza quanto e o quê teria sido depurado. Independente dessa depuração, o trabalho que foi realizado até hoje possibilita-nos afirmar que a documentação disponível no momento é de riqueza incontestável para a compreensão das relações entre Estado e Sociedade durante o período abrangido pela existência do órgão: 1924-1983.

O segundo questionamento passa por questões que envolvem o momento específico em que essa discussão foi travada, bem como o tipo de acervo de que se trata e a sua contemporaneidade tão presente.

O momento em que se inserem essas discussões surge juntamente com a Lei 8.159/91, a qual "dispõe sobre a Política Nacional de Arquivos Públicos e Privados, privilegiou a conceituação e filosofia do acesso e liberdade de informação, responsabilizando o usuário pelo uso e divulgação das informações, resguardando-se o direito de indenização pelo dano material ou moral decorrente da violação da intimidade, da vida privada, da honra e da imagem das pessoas".[9] Essa Lei, entretanto, que definia a Política de Arquivos Públicos e Privados em nível nacional, até o momento em que se davam esses debates não havia ainda sido regulamentada. Além disso, seu artigo 21 estabelece que "legislação estadual, do Distrito Federal e Municipal definirá os critérios de organização e vinculação

[8] Na série Dossiês, arquivadas sob o código 52-Z-0, as pastas de 549 a 583 referem-se a pedidos de informações solicitados por outros órgãos de repressão sobre várias pessoas a respeito das quais elaboraram-se resumos. Entretanto, as datas de elaboração desses resumos são posteriores ao fechamento do DEOPS/SP. A esse respeito ver: ARAÚJO, Lucimar Almeida de et alii, op. cit., p. 25-26.

[9] *Os Arquivos das Polícias Políticas: reflexos de nossa história contemporânea*, op. cit., p. 12.

dos arquivos estaduais e municipais, bem como a gestão e o acesso aos documentos, observado também o disposto da Constituição Federal".[10] Desse modo, estavam liberadas as unidades da Federação para resolver de forma autônoma a sua organização arquivística.

Quando se fala em preservação documental e em formas de abertura à consulta da documentação, costumam ser divergentes as posturas adotadas por arquivistas e por historiadores. Além desse elemento estimulador de tensões, houve outro a temperar as discussões que foram travadas em São Paulo: a preocupação, não só dos elementos implicados no regime militar e nos órgãos do aparato repressivo, mas também dos cidadãos objetos da vigilância desse órgão, os quais temiam que as informações retiradas à sua revelia pudessem ser deturpadas, divulgadas e utilizadas indevidamente, prejudicando sua imagem social ou a de seus familiares (no caso de falecidos). Por inicativa do governo estadual, constituiu-se uma "comissão de notáveis", formada por historiadores, arquivistas, juristas, representantes governamentais e de entidades de defesa dos direitos humanos a qual, finalmente, em 1994, recomendou a abertura total do acervo à consulta pública, mediante a assinatura por parte do consulente de um termo de compromisso, através do qual se comprometia publicamente pela divulgação que viesse a dar às informações recolhidas na documentação consultada. Está implícito que ele pode ser alvo de processo judicial, caso a divulgação de determinada informação seja considerada, pela pessoa envolvida ou seus familiares, como desabonadora de sua moral pública. A partir desse momento, então São Paulo, em relação aos acervos dos demais órgãos de mesma função no Brasil, também colocados sob a tutela de instituições arquivísticas (é o caso do Arquivo Público do Estado do Rio de Janeiro, que recebeu documentação semelhante em 1992), tomou, em nossa concepção, a medida mais adequada ao desenvolvimento da pesquisa em nosso país, particularmente em relação a uma documentação que possui informações preciosas acerca de nossa história recente.

O acervo DEOPS/SP é composto por 101 livros de Registro de Inquéritos Policiais. Esses inquéritos antes estavam sob a guarda da Academia de Polícia de São Paulo que, tempos depois do acervo ter sido enviado ao Arquivo Público do Estado de São Paulo, resolveu também enviar esse material, o qual permite uma excelente análise da atividade inquisitorial e da relação entre as Delegacias, as quais exerciam a atividade policial, sendo responsáveis, através de seus inquéritos formalizados, pelas denúncias de criminalidade, e o Ministério Público, responsável pelo âmbito da justiça propriamente dita, sendo o receptor

[10] Ibidem, p. 37.

dessas denúncias que, se aceitas, transformavam-se em processos judiciais. Esses livros de Registro contêm os inquéritos instaurados pelas diversas Delegacias que compunham o DEOPS/SP.

Além disso, o acervo também possui quatro séries documentais que se diferenciam (entre outros elementos) pelo fato de terem sido produzidas por setores diferentes dentro do órgão. O conjunto dessas quatro séries forma um acervo da seguinte magnitude: 1.500.000 fichas remissivas e 163.000 pastas.

A série *Prontuários* é formada por cerca de 163.000 fichas remissivas e 150.000 pastas-prontuários que podem ser referentes a pessoas ou entidades e temas. É a série mais antiga, datando do início do órgão (1924) e somente se encerrando com a sua extinção (1983). O material que armazena originou-se do Arquivo Geral do DEOPS/SP.

A série *Dossiês* é formada por 1.100.000 fichas remissivas e por 9.626 pastas codificadas. Data dos anos 40 e se extingue com o término do órgão em 1983. O material armazenado originou-se inicialmente do chamado Serviço Secreto, criado em 1940, sendo mais tarde denominado Serviço de Informações e, posteriormente, em 1975, Divisão de Informações.

A série *Ordem Social*, cujo material se origina da Delegacia de Ordem Social, inicia-se em 1945 - antes dessa data a documentação era armazenada, principalmente, no Arquivo Geral do DEOPS/SP-, e se encerra em 1983. É composta por 115.000 fichas remissivas e 2.321 pastas, sendo uma parte significativa delas –547- originada de material gerado por Delegacias do Interior.

A série *Ordem Política* é a última a ser iniciada, tendo seu surgimento em 1948 e sua extinção também em 1983. Seu material origina-se da Delegacia de Ordem Política, que anteriormente também enviava seu acervo, principalmente, para o Arquivo Geral do DEOPS/SP. Essa série possui 120.000 fichas remissivas, as quais remetem a 1.582 pastas.[11]

Nosso estudo envolveu especificamente a série *Dossiês*, possuidora de um acervo documental de magnitude espantosa – cerca de dois milhões de documentos armazenados -, e caracterizada por um complexo código alfanumérico que acompanhou suas pastas, bem como por uma extrema variedade documental. Além disso, embora tenha uma farta documentação desde os anos 40, a maior parte de seus documentos abrange o regime militar a partir de 1964 até a extinção do órgão em 1983. É a essa série que dedicaremos agora nossa atenção.

---

[11] Para uma descrição pormenorizada do Acervo DEOPS/SP, consultar ARAÚJO, Lucimar Almeida de et alii, op. cit., p. 26-35.

2. A série *Dossiês* do acervo DEOPS/SP

Nossa história envolvendo a pesquisa ao acervo DEOPS/SP se inicia em 1991, data de seu recebimento pelo Arquivo Público do Estado de São Paulo. Vinda de uma dissertação de Mestrado em que o alvo fora a censura à imprensa no período do regime militar,[12] imaginei poder realizar uma pesquisa, para o Doutorado, no referido acervo, envolvendo jornalistas eventualmente "vigiados" pelo DEOPS/SP durante o regime, para construir, ao mesmo tempo, o olhar do órgão sobre a imprensa paulista e a resistência desses jornalistas ao regime autoritário. Cheguei a enviar ao Secretário de Cultura da época uma solicitação de pesquisa ao acervo, que não foi respondida. Baldados esforços foram feitos na tentativa de conseguir realizar o intento. Acabei abandonando essa linha de trabalho e realizei o Doutorado, defendido em 1994.[13]

Com a abertura do acervo à consulta, iniciei, em 1995, finalmente minha pesquisa, tendo sido aconselhada a trabalhar com a série *Dossiês*,[14] esbarrei na primeira dificuldade. A série é constituída de fichas remissivas e pastas documentais. Possui 33 conjuntos de fichários, distribuídos, em sua grande maioria, em nomes ou sobrenomes de pessoas ("comuns", "incomuns" e "vulgos") e um número menor de fichários semitemáticos, como "sindicatos", "placas de veículos" e "jornais".

Na situação em que me encontrava, como não possuía a relação prévia dos jornalistas que tivessem sido alvos de suspeição pelo órgão no período, debati-me na tentativa de encontrar solução para o problema de como acessar a série, uma vez que um temário não havia sido constituído. As 9.626 pastas, por sua vez, possuíam, cada uma delas, um complexo código alfanumérico que deveria ter uma significação e, provavelmente, remeter a um temário, mas que, naquele momento, não se encontrava decodificado.

O percurso percorrido foi o de recorrer, inicialmente, à única possibilidade "temática" que se me apresentava. Acessei as fichas correspondentes ao Sindicato dos Jornalistas Profissionais no Estado de São Paulo, localizando um total de cinqüenta e uma fichas, cujos documentos aos quais remetem foram consultados.

---

[12] Refiro-me à Dissertação de Mestrado defendida em História Social pelo Departamento de História da Faculdade de Filosofia, Letras e Ciências Humanas da Universidade de São Paulo (FFLCH/USP), publicada sob o título *Censura, Imprensa, Estado Autoritário (1968-1978)*. (Bauru: EDUSC, 1999).

[13] A menção refere-se ao trabalho defendido em História Social pelo Departamento de História da FFLCH/USP, intitulado *Caminhos Cruzados: Imprensa e Estado Autoritário no Brasil (1964-1980)*.

[14] Conforme afirmado anteriormente, a série *Dossiês* possui o maior volume de material referente ao período do regime militar. Já a série *Prontuários*, a mais antiga de todas, e que acompanha o órgão de seu início à sua extinção, embora possua material referente à fase posterior a 1964, tem a maior parte de seu acervo concentrada no primeiro Governo Vargas (1930-1945).

Para percorrer uma relação de nomes passíveis de "suspeição" no DEOPS/SP, foi necessário recorrer a uma outra estratégia que me pareceu igualmente válida.

Durante a realização do Doutorado, tive a oportunidade de entrar em contato com o chamado Projeto "Brasil Nunca Mais". Trata-se, talvez, do mais instigante projeto de pesquisa vivenciado no Brasil Contemporâneo. Advogados de presos políticos, religiosos progressistas, personalidades da resistência ao regime militar, em 1979, nas circunstâncias propiciadas pela anistia, durante seis anos, levaram avante a mais arrojada e corajosa iniciativa de que se tem notícia. Sabedores da existência do arquivo do Superior Tribunal Militar (STM), que congregava todos os processos movidos contra civis e militares que teriam atentado contra a Lei de Segurança Nacional, resolvem, com base numa brecha do sistema,[15] duplicar todos os seus autos e, com isso, constituir uma preciosa radiografia das concepções de Segurança Nacional quando colocadas em prática, ou seja, no âmbito da Justiça Militar. Em suma, uma amostra preciosa de um dos pilares do regime militar. Entre 1964 e 1979, foram copiados e microfilmados aproximadamente 707 processos, o que corresponde à totalidade dos autos dessa natureza produzidos no período.

Esse impressionante material foi submetido a uma sofisticada metodologia de análise, daí resultando em 12 volumes – chamados de Projeto "A" – com todos os resultados apurados no extenso levantamento de dados realizado. Posteriormente, foram contratados dois jornalistas para realizarem uma síntese do material, que saiu publicada no volume intitulado *Brasil: Nunca Mais*[16] - conhecido como Projeto "B". Dentre as inúmeras tabelas constantes do Projeto "A", existe a relação dos denunciados (réus) dos processos, incluindo a profissão de cada um deles. Assim, chega-se a uma lista de 147 jornalistas denunciados nos processos que passaram pelo STM entre 1964 e 1979.

Pareceu-me que essa lista de jornalistas era bastante representativa, dando uma boa amostra da resistência ao regime militar e boa possibilidade de conter uma parcela significativa dos "suspeitos" na ótica do DEOPS/SP.

O ponto de partida, portanto, foi a lista de jornalistas processados, base para as pesquisas às fichas remissivas da série *Dossiês*. Descobriu-se uma variedade de situações: desde jornalistas com apenas uma remissão até aqueles que possuíam mais de uma centena de fichas em seu nome. As fichas são indicativas do código que remete às pastas e faz chegar a um documento determinado dentro de uma delas.[17]

---

[15] Era permitido aos advogados dos réus implicados nos processos requisitarem os autos junto ao STM e com eles permanecerem durante 24 horas. Tempo suficiente para que fossem copiados.

[16] ARQUIDIOCESE de São Paulo. *Brasil: Nunca Mais*. Petrópolis: Vozes, 1985.

[17] Mais referências sobre a realização dessa pesquisa estão em AQUINO, Maria Aparecida de. Jornalistas/ Militantes na mira do DEOPS/SP. In: AQUINO, Maria Aparecida de et alii (orgs.), op. cit., p. 181-197.

No caso de jornalistas com grande variedade de remissões a documentos, certamente chegava-se a um número considerável de pastas (às vezes, cada documento colocado em uma determinada pasta). Além de representar um trabalho insano, processava-se para o pesquisador um verdadeiro quebra-cabeças.

Por vezes, o documento apresentava o nome da pessoa alvo da pesquisa, citado em meio a um depoimento, por exemplo. Em outros casos, ocorria a referência à pessoa como participante de um congresso de um partido. Essas são algumas das possibilidades encontradas.

Para compreender alguma coisa o pesquisador necessita ler o documento como um todo a fim de entender a circunstância na qual a citação dessa pessoa foi feita. Além disso, precisa observar a pasta na qual está localizado o documento, comparando com os outros documentos que a compõem, para ver se consegue visualizar um quadro do porquê aquela unidade documental ali se encontra arquivada. Nem sempre isso é possível. Os documentos contidos nas pastas são extremamente variados, o que é uma característica dos *Dossiês*.[18] Muitas vezes, após uma pesquisa que consome dias de trabalho, o resultado é uma colcha de retalhos que não se emendam. Permanece fragmentado, não dando condição de reconstituir o olhar do órgão sobre o "suspeito", bem como sobre a resistência por ele travada.

Isso me fez concluir ser absolutamente fundamental a construção de outras formas de acesso aos pesquisadores, chegando-se a um temário a partir da decodificação dos códigos de entrada das pastas.

Desse modo, em novembro de 1996, foi enviado um projeto[19] à Fundação de Apoio à Pesquisa do Estado de São Paulo (FAPESP), dedicado especificamente a cuidar do tratamento da série *Dossiês* do Acervo DEOPS/SP. Aprovado em fevereiro de 1998, foi desenvolvido ao longo de 4 anos com o auxílio de pesquisadores variados[20] e de duas equipes de bolsistas que, em março de 2002, entregaram os resultados à instituição financiadora:

- equipamento para a FFLCH/USP, instituição sede do projeto (computadores e impressoras);

---

[18] Segundo o *Dicionário de Terminologia Arquivística* (CAMARGO, Ana Maria de Almeida; BELLOTTO, Heloísa Liberalli (coord.). São Paulo: Associação dos Arquivistas Brasileiros (Núcleo Regional de São Paulo)/Secretaria de Estado da Cultura, 1996), *Dossiê* significa "unidade documental em que se reúnem informalmente documentos de natureza diversa" (p. 32).

[19] Trata-se do Projeto "Mapeamento e Sistematização do Acervo DEOPS/SP: Série Dossiês (1940-1983)".

[20] O Projeto foi coordenado pela Profª Drª. Maria Aparecida de Aquino (DH/FFLCH/USP) e teve o acompanhamento das equipes de bolsistas realizado pelos mestrandos em História Social (DH/FFLCH/USP) Marco Aurélio Vannucchi Leme de Mattos e Walter Cruz Swensson Jr.

- equipamento para o Arquivo do Estado de São Paulo (servidores, rede de computadores e impressoras, material de conservação, material de microfilmagem e máquinas de microfilmagem);
- processo de conservação documental das 9.626 pastas;
- processo de microfilmagem de cerca de 50% do acervo, com o compromisso de continuidade pela instituição (Arquivo do Estado de São Paulo);
- formação de uma equipe de cerca de 20 pesquisadores, entre graduandos e graduados em História, os quais representaram as duas equipes de bolsistas que acompanharam o projeto nos dois primeiros anos e nos dois anos restantes;
- descrição das 9.626 pastas do acervo, com a decodificação dos códigos, criando-se um temário/assunto para as mesmas. Essa descrição foi realizada através de fichas especialmente criadas pela equipe de bolsistas, as quais contêm as seguintes informações: assunto geral da pasta, datas iniciais e finais de arquivamento das pastas, datas iniciais e finais da produção documental quando estivessem disponíveis (um documento pode ser produzido numa data e arquivado posteriormente), descritores ou palavras-chave da pasta, existência de material incomum anexado (fotografias, periódicos, objetos variados) para o caso de pesquisas específicas a esses materiais que poderiam localizar as pastas que os contêm;
- normatização e criação de um vocabulário controlado dos termos utilizados no processo de descrição das pastas;
- montagem de um banco de dados que permite ao pesquisador/consulente formas de acesso variado a essa documentação, cruzando-se informações (como, por exemplo, o tema da pesquisa/consulta e a data) chegando-se às pastas (e a sua descrição) onde essas informações encontram-se alocadas;
- lançamento da série de volumes intitulada *Radiografias do Autoritarismo Republicano Brasileiro,*[21] que se debruça exatamente sobre os resultados do projeto.

---

[21] Em novembro de 2001, foi lançado o primeiro volume da série (*No Coração das Trevas: o DEOPS/SP visto por dentro*), que contém um estudo sobre toda a legislação que amparou o órgão durante sua existência, uma primeira reflexão sobre o DEOPS/SP e artigos de pesquisadores que se dedicaram a essa documentação. Para novembro de 2002, está previsto o lançamento de mais quatro volumes da mesma série, que devem conter todo o catálogo com a descrição das 9.626 pastas, uma reflexão sobre o significado dos códigos e das famílias que compõem a série e artigos de pesquisadores sobre temas instigantes contidos nessa documentação.

Neste longo percurso de construção de novas formas de acesso aos pesquisadores em relação ao acervo, alguns elementos foram sendo estabelecidos, chegando-se o mais próximo possível, no momento, de uma definição da série *Dossiês.*[22]

O código alfanumérico é composto de três elementos e de um número de ordem para a remissão documental no interior da pasta. Para melhor exemplificar e colocar o leitor em contato com essa documentação, mostro a seguir dois documentos pesquisados por ocasião da consulta às fichas do Sindicato dos Jornalistas Profissionais no Estado de São Paulo.

O primeiro deles aparecia na ficha remissiva com a seguinte notação **20–C–44–20.411**. Trata-se de um relatório não assinado de agente infiltrado, datado de 27 de outubro de 1981. Possui um carimbo *Confidencial.* O timbre indica *Secretaria de Segurança Pública – Polícia Civil de SP – Departamento Estadual de Ordem Política e Social – Divisão de Informações.* Seu título é *Relatório.* Refere-se à cerimônia de entrega do Prêmio Jornalístico "Vladimir Herzog de Anistia e Direitos Humanos", prêmio este criado pelo Sindicato e pela Comissão Executiva Nacional de Movimentos de Anistia. A cerimônia foi realizada na Sede do Sindicato em São Paulo.

Detalhadamente, o agente relaciona todas as entidades que patrocinaram o evento naquele ano. Explica por que foi criado o prêmio, como foi realizada a sua distribuição para o referido ano, em que consistiu, qual foi a comissão julgadora e quais os critérios para a indicação dos premiados. Descreve a cerimônia, a composição da mesa e as personalidades presentes. Ao destacar os discursos, o agente assim se pronuncia:

> timbraram pelo mesmo chavão de combater a repressão ditatorial do regime militar, que por força dos esforços deles tinha chegado à conclusão que precisava dar esta pequena abertura política, que foi dada e que promete ser enganosa como tudo que vem do atual regime.(...)
> De ponderável, apenas as palavras ditas por Ricardo Kotscho, que ao receber o prêmio foi muito aplaudido, quando falou que estava com medo da posição que os companheiros vinham adotando de considerar estas cerimônias, bem como as reuniões de debates ou auto-críticas, mesmo sem que disso se apercebessem, como um ritual rotineiro do qual nada se extraía. Disse que nestas reuniões, infelizmente está predominando um espírito de divisão, onde

---

[22] Encontramo-nos em fase final da reflexão acerca da série, do órgão e de sua relação com a sociedade. Existem, entretanto, alguns elementos ainda ambíguos, bem como a interpenetração e interdependência dos elementos que compõem os *Dossiês* é uma característica que dificulta o estabelecimento de definições taxativas, o que talvez seja uma permanência com a qual tenhamos de continuar lidando.

as ambições de poder e as pretensões partidárias estão levando os companheiros a uma situação de divisão interna que só beneficia ao regime e dificulta o progresso de luta pela derrubada do mesmo.

O agente prossegue apontando outras personalidades presentes como, por exemplo, Caio Prado Jr. e as "cabeças de um tal Conselho Mundial das Igrejas, dois reverendos: um de nome 'Charles' e outro 'Jaime Wright'. Também já de idade, a Madre Cristina, entregou prêmios." Segue dizendo que se encontra anexada (comprova-se que há de fato) uma Declaração de compromisso[23] e uma "pequena biografia de um tal Antonio Benetazzo".[24]

O outro documento ao qual desejamos fazer referência aparece na ficha remissiva com a seguinte notação: **30–C–1–25.011**. É também um relatório de agente infiltrado, sem assinatura.[25] O timbre indica *Secretaria de Segurança Pública – Polícia Civil de SP – 3ª. Delegacia da Divisão de Informações – DEOPS*. O texto é que o segue:

> São Paulo, 02 de dezembro de 1981.
> Assunto: Lançamento do Livro o PCB em São Paulo – Documentos de 1974-1981 [sic].
> Senhor Delegado Chefe do DOPS [sic]:
> Cumprindo ordens emanadas por Vossa Senhoria, estivemos no Sindicato dos Jornalistas, sito à Rua Rego Freitas, 530, onde seria realizada [sic] o lançamento do livro PCB em São Paulo: documentos 1974-1981.

---

[23] A referida Declaração aparece remetida pelo código **20–C–44–20.408**, tratando-se de uma declaração de compromisso de luta pelos Direitos Humanos, a qual relembra as mortes e torturas e afirma que esses crimes não podem ficar impunes. Protesta contra todas as formas de violência e repressão, manifestando repúdio. Proclamam a data do Dia da Defesa dos Direitos Humanos dos trabalhadores e conclamam todos os setores da sociedade para assumirem o mesmo compromisso de luta.

[24] Biografia sob o código **20–C–44–20.409**, dizendo que Antônio Benetazzo foi um militante, professor e artista plástico, preso pelo regime militar em 28/10/1972, assassinado (alegando-se atropelamento) em 30/10/1972. Para mais informações sobre o militante Antônio Benetazzo, consultar: *Dossiê dos mortos e desaparecidos políticos a partir de 1964*. (São Paulo: Imprensa Oficial do Estado, 1996) e MIRANDA, Nilmário; TIBÚRCIO, Carlos. *Dos filhos deste solo: Mortos e desaparecidos políticos durante a ditadura militar: a responsabilidade do Estado*. (São Paulo: Boitempo, 1999).

[25] Não deve causar espanto ao leitor o fato de fazermos questão de afirmar "sem assinatura". Muitos relatórios de agentes infiltrados são assinados por nomes ou codinomes. Um documento codificado com a notação **20–C–44–11.246** é um relatório do agente que assina Durval "Sc(ilegível)ieri" e é dirigido ao Sr. Delegado de Plantão da Equipe "C" do DEOPS, Dr. Edison Geraldo Schiavinato, datado de 29/06/1980. Outro Relatório de agente, com a notação **30–B–38–1.307**, é um relatório de serviço das 23h00 do dia 25/05/1979 às 6h00 do dia 26/05/1979. Às 23h05, a informação parte de "Gama – 7"; às 3h16, o informe é de "Delta – 11". A notícia sobre a Assembléia é assinada por "Carlos". Esse documento em especial é um relatório de cobertura da greve dos jornalistas ocorrida nesse período e vigiada de perto pelos agentes infiltrados do DEOPS/SP que cobrem as atividades no Grupo Folhas, no Sindicato dos Jornalistas de SP e na sede paulista da Associação Brasileira de Imprensa (ABI).

> Não foi realizado o lançamento como estava previsto no auditório 'Vladimir Herzog', segundo uma nota distribuída à Imprensa, por falta de segurança uma vez que houveram [sic] vários comunicados de ameaça de bomba no local.
> Além disto foi distribuído um texto de um discurso que seria pronunciado por DAVID CAPISTRANO FILHO.
> Foi efetuada a venda do livro acima descrito e dos documentos acima citados [sic].
> Após a compra os presentes retiraram-se em seguida do local não havendo manifestações.
> Estavam presentes: Marco Aurélio Nogueira, David Capistrano Filho e Cláudio Guedes.
> Era o que tínhamos a informar.
> Atenciosamente.

A riqueza que esses documentos apresentam dá-nos uma pequena amostra da importância dessa documentação, do papel desses agentes infiltrados e de seus relatórios pormenorizados. Ao mesmo tempo, demonstram uma infiltração cuidadosamente construída a ponto de conhecer os meandros dos locais sobre os quais exercem vigilância, resvalando em opiniões pessoais acerca do evento e de seu transcorrer, bem como apontam para uma quantidade de informações oferecidas, dependendo das circunstâncias, minuto a minuto, que podem redundar em pouca consistência para os objetivos do órgão, dada a sua inutilidade estrutural.

Entretanto, neste momento, não nos deteremos numa análise mais detalhada dessa documentação. Queremos tomar os elementos do código para desvendar o que foi possível construir sobre eles até o momento.

Tomando-se como ponto de partida a interpenetração e interdependência dos elementos dos códigos, que podem estar presentes ou se repetirem em diferentes locais, é preciso lidar com a fluidez que os caracteriza, o que é natural se levarmos em conta o fato de que foram criados na década de 40 e acompanharam a História do Brasil nos 40 anos subseqüentes. Portanto, sofreram a mutação do tempo, dos objetivos governamentais e da própria noção de "suspeição", que varia de acordo com os interesses desse ou daquele período.

Ao primeiro elemento do código chamamos de *Família,*[26] correspondendo a um tema geral e apresentando-se em cinco dezenas: as *famílias* **10, 20, 30, 40, 50.**

A *família* **10** refere-se à suspeição lançada contra estrangeiros por ocasião da II Guerra Mundial, a partir de 1942, quando o Brasil declara guerra ao Eixo. A perseguição atinge prioritariamente os alemães, italianos e japoneses,

---

[26] Essas denominações foram construídas de comum acordo com a nossa Assessoria para Arquivística, constituída, num primeiro momento, pela Profª. Drª. Ana Maria de Almeida Camargo e, num segundo momento, acompanhada por um ex-orientando seu: o Prof. Dr. André Porto Ancona Lopez.

mas também abrange outras nacionalidades. Por vezes, aproveita-se para "tomar uma carona" na suspeição contra os "eixistas" e vigiar os "suspeitos de sempre"[27] (comunistas e socialistas principalmente).

A *família* **20**, de modo genérico, refere-se à vigilância aos membros envolvidos com a Política Nacional, vista no sentido amplo e sob o aspecto institucional (partidos, políticos, etc), enfocando particularmente o panorama das eleições.

A *família* **30** enfatiza a perseguição aos "suspeitos" de atividades comunistas, socialistas e anarquistas.

A *família* **40** reúne documentação das diferentes Delegacias que compõem o DEOPS/SP: Armas, Munições e Explosivos; Ordem Econômica; Ordem Política; Ordem Social; Estrangeiros.[28]

A *família* **50** é a de mais difícil definição. É a maior de todas. Sozinha, corresponde a 5.121 pastas, num universo de 9.626. Há uma grande variedade de temas no seu interior, observando-se nessa família um constante fenômeno de migração de códigos, ou seja, um código criado na década de 40 com um significado determinado pode sofrer alterações de sentido no período do regime militar. Ali se encontram constantemente referências à suspeição sobre estrangeiros e ao acompanhamento do panorama eleitoral ao longo do tempo, sendo que a maior parte de seu acervo refere-se à fase pós-1964 com seus interesses específicos, vinculados à chamada Doutrina de Segurança Nacional.[29]

As *famílias*, por sua vez, subdividem-se em *subfamílias* que correspondem a subtemas dentro do tema geral.

---

[27] Referimo-nos à célebre frase do Chefe de Polícia do filme *Casablanca* que, ao presenciar o assassinato de um nazista, ordena ao seu subordinado que "prenda os suspeitos de sempre".

[28] É importante observar que essas Delegacias mudaram de nome com o tempo. Tomamos a sua denominação mais comumente utilizada.

[29] A também conhecida como Doutrina de Segurança Nacional e Desenvolvimento vincula o binômio Segurança + Desenvolvimento, segundo o qual, só com Segurança – leia-se "ordem política e social" – é possível o Desenvolvimento Econômico do país. Foi gestada prioritariamente na Escola Superior de Guerra (ESG), uma entidade fundada em 1949 e voltada para a formação de militares e civis, dentro dos princípios e orientações que os militares brasileiros, principalmente os participantes da II Guerra Mundial, apreenderam com os EUA e seus preceitos sobre Segurança Externa e Interna. Prende-se às circunstâncias típicas da chamada Guerra Fria que opôs o capitalismo ao comunismo. Não se pode dizer que forma um corpo de idéias coeso e coerente, representando mais uma declaração de intenções, muitas vezes, extremamente vagas e contraditórias. Dela são os termos ambíguos de "Guerra Revolucionária", "Guerra Psicológica Adversa", "Setor Psicossocial" e outros. Preocupa-se centralmente com o "inimigo interno" colocado dentro das fronteiras. Desloca a idéia de segurança da Nação, da preocupação com o "inimigo externo" para o próximo, mas oponente, portanto, alvo de perseguições e punições. Os Manuais Básicos da ESG dão uma idéia do que tenta ser sua confusa e pouco conceitual "teorização". Um trabalho bastante amplo sobre o tema foi realizado por Maria Helena Moreira Alves. *Estado e Oposição no Brasil (1964-1984).* Petrópolis: Vozes, 1984.

A *família* **10** apresenta-se assim subdividida nas seguintes *subfamílias*:

• **10** – preocupação com a vigilância a atos de sabotagem. Apesar de perseguir diferentes nacionalidades, na sua maioria, atinge os japoneses.
• **11** – preocupação com a vigilância a atos de espionagem. Apesar de perseguir diferentes nacionalidades, na sua maioria, atinge os alemães.
• **12** – preocupação com a vigilância a suspeitos de vinculações com o Nazismo e com o Fascismo de modo geral. Atinge os membros oriundos de países do Eixo, mas também de outras nacionalidades.
• **13** – perseguição a organizações estrangeiras, sendo que, embora a preocupação seja especialmente com os nazistas e os fascistas, aproveita-se para exercer vigilância sobre movimentos libertários de resistência, na sua maioria de origem italiana.
• **14** – perseguição às atividades de contrabando.
• **15** - preocupação com a vigilância a suspeitos de realizarem comunicação em idioma estrangeiro.[30]

A *família* **20** apresenta-se assim subdividida nas seguintes *subfamílias*:

• **20** – é a mais abrangente e com o maior número de pastas dessa *família*. Genericamente dedica-se à Política Nacional pensada na vigilância às atividades dos partidos, dos políticos, dos estudantes, dos sindicatos, das igrejas e das universidades.
• **21** – Assim como a *subfamília* **20**, dedica-se à política nacional, além de dedicar-se à política estadual, preocupando-se mais intensamente com as atividades partidárias e dos políticos. Figuras constantemente presentes são as de Getúlio Vargas, Adhemar de Barros e Armando de Salles Oliveira.
• **22** – dedicada à vigilância das atividades políticas das cidades do interior. É interessante observar que essa preocupação se repetirá em outras *subfamílias*, como é o caso específico da **50**.
• **23** – preocupação com a vigilância às atividades separatistas. Entretanto, é necessário frisar que essa subfamília possui exclusivamente uma pasta contendo as atividades separatistas de duas pessoas. Documentação produzida em 1940 e arquivada pelo órgão em 1945.

---

[30] É importante observar que nem todos os números da dezena encontram-se representados, sendo o **15** a última *subfamília* da *família* **10**. Isto se deve ao fato de que este tipo de código foi criado para poder crescer mais do que cresceu definitivamente. As possibilidades de combinações não atingiram a totalidade de expansão do código, o qual mediante a necessidade, poderia ampliar-se. O mesmo aconteceu com as outras *subfamílias*.

• 24 – preocupação com a vigilância às atividades do Integralismo e de seus membros, os integralistas.

A *família* 30 encontra-se assim subdividida nas seguintes *subfamílias*:

• 30 – perseguição a pessoas, jornais, entidades suspeitas de atividades vinculadas ao Comunismo ou ao Socialismo. É de grande magnitude em termos de quantidade de documentação armazenada.
• 31 – preocupação com a vigilância aos suspeitos de atividades relacionadas com o Anarquismo.

A *família* 40 encontra-se assim subdividida nas seguintes *subfamílias*:

• 40 – documentação produzida pela Delegacia de Armas, Explosivos e Munições.
• 41 – documentação produzida pela Delegacia de Estrangeiros.
• 42 – documentação produzida pela Delegacia de Ordem Econômica.
• 43 – documentação produzida pelas Delegacias de Ordem Política e Ordem Social.

A *família* 50 encontra-se assim subdividida nas seguintes *subfamílias*:

• 50 – grande variedade documental. Aponta a preocupação com a vigilância sobre as atividades desenvolvidas pelos estrangeiros (com bastante semelhança ao ocorrido na *família* 10). Destaca a preocupação com a vigilância às atividades políticas das cidades do interior (semelhante ao tema desenvolvido na *subfamília* 22). Enfatiza a preocupação com as atividades dos políticos de uma maneira geral. Representa as preocupações típicas dos interesses dos governos do regime militar.
• 52[31] – apresenta resumos da documentação armazenada sobre diferentes assuntos e pessoas, mediante solicitação de outros órgãos.

Às *subfamílias*, por sua vez, agregam-se as letras (o segundo elemento do código) para a formação do tema específico. Denominamos as letras de *setores*,

[31] Essa é a única *subfamília* em que se observa um salto, da 50 para 52, que é a final e que, não à toa, apresenta resumos ou sínteses de informações coletadas em toda a série. É o encerramento dos *Dossiês*. Em nossa opinião, deixou-se ainda a brecha para a introdução, mediante a necessidade, de uma *subfamília* 51, o que acabou não ocorrendo.

na medida em que, de maneira geral, elas representam um determinado setor da sociedade. Nem todas as letras do alfabeto foram utilizadas pela mesma razão observada em relação aos números das *subfamílias*, ambos foram criados para crescer muito. Durante a vida da série, as suas possibilidades totais não foram usadas. Os *setores* encontram-se assim subdivididos:

- A – preocupação com a vigilância às atividades desenvolvidas por proprietários, aqui encarados no sentido amplo, abrangendo desde donos de empresas até seus diretores ou executivos.
- B – preocupação com a vigilância às atividades desenvolvidas por funcionários, também entendidos no sentido amplo. Embora a maioria atinja funcionários de baixo escalão, por vezes, a suspeição poderia atingir gerentes, executivos, ou até mesmo donos de pequenos estabelecimentos.
- C – preocupação com a vigilância às atividades desenvolvidas pelos estudantes e intelectuais.
- D – preocupação com a vigilância às atividades desenvolvidas pelos militares.
- E – preocupação com a vigilância às atividades desenvolvidas por órgãos e pessoas, ou com as relações travadas no interior das representações diplomáticas.
- F – preocupação com proprietários de imóveis, além de pequenos comerciantes. Sua linha limítrofe com o *setor* A não encontra precisão.
- G – preocupação com a vigilância às atividades desenvolvidas por religiosos.
- H – preocupação com a vigilância às atividades desenvolvidas pelos funcionários públicos.
- I – também bastante imprecisa, refere-se à suspeição a negociantes, de maneira geral, não vinculados a nenhuma empresa em especial, e a pessoas que vivem de rendas. Também se refere a grandes proprietários de imóveis.
- J – preocupação com a vigilância às atividades desenvolvidas no interior de associações, clubes e partidos políticos.
- K – preocupação com a vigilância às atividades desenvolvidas por profissionais liberais.
- L – preocupação com a vigilância às atividades desenvolvidas por editoras e editores.
- Z[32] - compreende a vigilância a setores não especificados. Tudo o que não se enquadra nos setores anteriores aparece arrolado aqui.

---

[32] Do mesmo modo que entre 50 e 52 houve um salto para encerrar as *subfamílias*, com os *setores*, observa-se o mesmo, depois do setor L, pula-se para a última letra: setor Z.

O terceiro elemento do código também é numérico. O seu significado mais comum remete a uma ordem cronológica de abertura das pastas, de modo que, por exemplo, no caso da *subfamília* **50**, temos o seguinte:

- **50–A–1**: sua primeira pasta foi aberta em 24/01/1944.
- **50–A–2**: a pasta foi aberta também em 24/01/1944.
- **50–A–3**: a pasta foi aberta em 31/01/1944.
- **50–A–4**: a pasta foi aberta em 01/02/1944.

E assim por diante, até que:

- **50–A–267**: (o último número do **50–A**. Daí para frente entraremos no **50 – B**) sua primeira pasta foi aberta em 27/06/1977.

Algumas observações, entretanto, devem ser feitas. Alguns códigos se iniciam não com o número 1, mas com o número 0. É o caso do seguinte exemplo: o **50–B** que começa, na realidade, com o **50–B–0**. Quando isso ocorre, verifica-se praticamente a mesma questão observada em relação ao *setor* Z (não identificado), o qual compreendia a vigilância a todos os setores sociais que não se enquadravam nas letras anteriores. Neste caso, o número 0 não segue necessariamente a ordem cronológica, rompendo por vezes a lógica do número mais baixo para o mais alto. No exemplo destacado **50–B–0**, a pasta foi aberta em 01 de dezembro de 1943, enquanto que, na seqüência, o **50–B–1** tem sua primeira pasta aberta, anteriormente, em 24 de novembro 1943. Ali se localizam investigações que, não apresentam necessariamente relações diretas com a temática do código. É como houvesse dúvida onde colocar e se acabasse alocando no **0**.

Outro aspecto do terceiro elemento se relaciona com os códigos que, com o passar do tempo, sofrem alterações, na maior parte das vezes, relacionadas com as circunstâncias do momento.

Por exemplo, em momentos determinados, a suspeição sobre atividades comunistas assumia uma característica específica, sendo a chamada classe operária o alvo prioritário das investigações. Isso ocorre principalmente entre as décadas de 40 e 50. Entretanto, a partir dos anos 60, o comunismo se converte, em primeiro lugar, em "comunismos", abrangendo uma diversidade de siglas e práticas políticas diferenciadas. O perfil do militante se transforma brutalmente, atingindo as chamadas "classes médias" e tendo a categoria dos estudantes muito bem representada numericamente. Portanto, a abordagem da suspeição modificou, e suas preocupações, idem.

Os códigos precisam se adaptar aos novos tempos. Ocorrem, desse modo, as migrações de códigos. Nesses casos, geralmente, o terceiro elemento deixa de ter apenas o perfil cronológico para se transformar em mais um aspecto de definição do tema, na direção de cruzamento e afunilamento de seu sentido.

Temos chamado até agora esse conjunto formado por três elementos de *código*. Porém, para efeito de uma maior precisão arquivística, o nome que eles receberam em nosso banco de dados e em nosso catálogo é *Dossiê*, o que subentende que eles é que representam de fato a unidade dessa série.

Uma vez esclarecidos esses elementos, necessitamos atentar para um aspecto importante que é o da quantidade de pastas no interior de cada *Dossiê*. Dentre 9.626 pastas, possuímos um total de 5.207 *Dossiês*, o que quer dizer que existem *Dossiês* que possuem mais de uma pasta. Nesses casos, também é válido o critério cronológico, sendo que a primeira pasta do *Dossiê* é aberta anteriormente em relação à subseqüente, e assim prosseguindo num encadeamento cronológico linear crescente.

A distribuição de dossiês e de pastas em família e subfamílias está apresentada no quadro abaixo:

Família	Número de dossiês	Número de pastas
10	1.232	1.304
20	558	1.182
30	842	1.381
40	493	638
50	2.082	5.121
Total	**5.207**	**9.626**

Do total de *Dossiês*, existem 437 que possuem pastas duplicadas, sendo, portanto, a imensa maioria de pastas unitárias. Para o caso dos *Dossiês* com pastas duplicadas, a quantidade de pastas em cada um é bastante variável. Existem *Dossiês* com pastas duplicadas, mas que possuem apenas 2 pastas. Porém, há os que possuem um grande número de pastas. O *Dossiê* mais numeroso é o **52–Z–0**, que conta com 583 pastas. Conforme já foi explicado, a partir da decodificação da *subfamília* **52** (acrescente-se o *setor* **Z** – não especificado, e o terceiro elemento **0** – também não especificado), esse *Dossiê* é composto de resumos de todas as informações existentes na série sobre assuntos e pessoas, obtidas mediante solicitações de outros órgãos. Por isso, pode-se medir a intensa comunicação entre os órgãos de informação e repressão na procura de mais informes sobre seus objetos de "suspeição".

Assim, chegamos ao quarto elemento, que não compõe o *Dossiê* no sentido de contribuir para definir um assunto, mas que representa um número de remissão indicativo para a busca da informação no interior de uma pasta. Tomemos, por exemplo, os dois documentos que destacamos: o **20–C–44–20.411** e o **30–C–1–25.011**. Pelo elevado número de remissão do quarto elemento (**20.411** e **25.011**) percebe-se que se trata de *Dossiês* com um grande número de pastas e com uma enorme quantidade de remissões documentais a elas. No primeiro caso, pelo menos 20.000 e, no segundo, mais de 25.000. O *Dossiê* **20–C–44** possui um total de 242 pastas e o **30–C–1**, 176 pastas.

Ainda a esse respeito é preciso que se esclareça que há um número variável de remissões nas pastas. Existem pastas que possuem apenas uma folha de papel, correspondente a uma remissão e existem pastas que possuem mais de duzentas remissões documentais, ou seja, existem pastas extremamente finas e outras extremamente volumosas.

Temos, constantemente, nos referido a remissões documentais e não a unidades documentais. Exemplificando: imaginemos uma unidade documental representando um depoimento de um preso político que, inicialmente, prestou informações no DOI-CODI (Destacamento de Operações de Informações, Centro de Operações de Defesa Interna)[33] e, posteriormente, foi enviado ao DEOPS/SP para prestar novos depoimentos e ter realizada a formalização de seu inquérito.[34] O depoimento, prestado no DOI-CODI em duas cópias - uma de próprio punho, que o preso era obrigado a fazer, e outra (a sua cópia) datilografada pelo órgão - era enviado ao DEOPS/SP. Há uma imensa

---

[33] Os DOI-CODIs foram criados em 1970, correspondendo, em termos numéricos, a cada uma das divisões administrativas das Forças Armadas. Surgiram, tomando por base a experiência piloto construída em São Paulo, intitulada Operação Bandeirantes (OBAN), em 1969, considerada bem sucedida. Sua finalidade era a de se constituir num braço armado e ágil da repressão, dispensando as formalidades burocráticas, para destruir as organizações clandestinas que procuravam, por intermédio da luta armada, acabar com o regime militar. Caracterizavam-se por congregar diferentes órgãos das forças de segurança/repressão/informações. Deles participavam policiais civis e militares estaduais, a Polícia Federal, membros do Exército, da Marinha e da Aeronáutica. O comando pertencia ao Exército da divisão administrativa correspondente. Para explicações pormenorizadas do funcionamento desse e de outros órgãos repressivos do regime militar, ver: ARQUIDIOCESE de São Paulo. *Brasil: Nunca Mais*. Petrópolis: Vozes, 1985; D´ARAÚJO, Maria Celina et alii. (orgs.) *Os anos de chumbo. A memória militar sobre a repressão*. Rio de Janeiro: Relume/Dumará, 1994; FICO, Carlos. *Como Eles Agiam*. Rio de Janeiro: Record, 2001; HUGGINS, Martha K.. *Polícia e Política: relações Estados Unidos/América Latina*. São Paulo: Cortez, 1998.

[34] O Inquérito formalizado será a base para a denúncia ao Ministério Público que, se aceita, servirá para a montagem inicial dos autos do Processo Judicial. Nos casos dos presos políticos do regime militar, trata-se dos Processos do âmbito da Justiça Militar aos quais nos referimos, relativos ao Projeto "Brasil Nunca Mais".

quantidade de depoimentos dessa natureza.[35] Nesses depoimentos, pode haver referências a um grande número de pessoas com as quais contatou o depoente na sua história de militância, bem como indicações de eventos dos quais o depoente participou como militante e apontamentos sobre panfletos ou jornais lidos ou produzidos pela organização a que pertence. Cada uma dessas pessoas, eventos, panfletos e jornais pode representar uma remissão anotada numa ficha. Desse modo, uma mesma unidade documental pode corresponder a um grande número de remissões nas fichas. Não se deve, portanto, confundir o número de remissões com o número de unidades documentais constantes nas pastas.

Antes de passarmos às nossas considerações finais, queremos exemplificar com a decodificação de alguns *Dossiês* recorrentes em nossas pesquisas realizadas no acervo DEOPS/SP e de outros que se fizeram destacar por sua importância histórica ou por sua magnitude. O leitor, assim, poderá ter alguma idéia do que pode ser encontrado nesta série, apesar da pequena amostragem:

- **20–C–43: 55 pastas** - Documentação do Serviço Nacional de Informações[36] (SNI) para ser divulgada à Comunidade de Informações (DEOPS, DOI-CODI, SSP/SP).[37] Solicitação de informações do SNI ao DEOPS/SP.
- **20–C–44: 242 pastas** - Movimentos sociais no contexto da abertura política em fins da década de 70 e início da década de 80: movimentos estudantis, religiosos, sindicais, grevistas e político-partidários.
- **21–Z–14: 148 pastas** - Resumos de informações sobre pessoas e instituições. Relatórios elaborados por agentes infiltrados da Divisão de Informações do DEOPS/SP no período de 1976 a 1983. Esses relatórios contêm informações referentes a diversos setores, entre os quais destacam-se: movimentos estudantis, político-partidários e religiosos.
- **30–B–38: 17 pastas** - Investigações sobre jornais e jornalistas. Tema da censura à imprensa.

[35] Portanto, parte da documentação produzida no DOI-CODI já se encontra disponível através dos depoimentos arquivados no DEOPS/SP. Os DOI-CODIs fazem parte dos acervos produzidos durante o regime militar que ainda não se encontram à disposição do público. Existe uma luta da chamada sociedade civil para que essa documentação seja disponibilizada a fim de se conhecerem os meandros desse período autoritário do nosso país.

[36] Foi criado em junho de 1964, sob a égide do General Golbery do Couto e Silva, para servir como um Serviço de Informações que assessoraria diretamente a Presidência da República. Sobre o SNI, ver BAFFA, Ayrton. *Nos Porões do SNI. O retrato do monstro de cabeça oca*. Rio de Janeiro: Objetiva, 1989; FICO, Carlos. *Como Eles Agiam*. Rio de Janeiro: Record, 2001.

[37] Secretaria de Segurança Pública de São Paulo.

• **30–C–1: 176 pastas** - Investigações sobre quaisquer setores (por exemplo, sindicatos e estudantes) sobre os quais se constituísse suspeita de envolvimento com o comunismo ou com países comunistas.

• **30–Z–9: 40 pastas** - Investigações sobre as atividades (comunistas) de Luiz Carlos Prestes, secretário-geral do PCB (Partido Comunista do Brasil).

• **30–Z–156: 2 pastas** - Investigações sobre a Frente Nacionalista[38] e sobre o PCB.

• **30–Z–160: 119 pastas** - Investigações sobre os movimentos de oposição armada ao regime militar. Atividades de guerrilha rural e urbana de diversas agremiações clandestinas.

• **30–Z–163: 3 pastas** - Investigações sobre os movimentos de oposição armada ao regime militar. Atividades de guerrilha rural e urbana de diversas agremiações clandestinas.

• **30–Z–165: 4 pastas** - Documentação referente a mortes de militantes da oposição armada ao regime militar.

• **50–K–118: 8 pastas** - Recortes de jornais sobre mortes e torturas de militantes no DOI-CODI e sobre a anistia aos presos políticos.

• **50–Z–9: 229 pastas** - Documentação do II Exército[39] e do DOI-CODI.

• **50–Z–129: 136 pastas** - Relatórios do Serviço de Plantão do DEOPS/SP, contendo ocorrências registradas e listas de presos.

3. A título de conclusão

Como procuramos acentuar ao longo deste artigo, nosso objetivo era tentar esclarecer um pouco mais essa zona de sombras que recobre a sociedade brasileira envolta em seu autoritarismo explícito e implícito.[40] Temos ciência,

---

[38] Criada em junho de 1955 e dirigida pelo Coronel Nemo Canabarro Lucas. Interrompeu suas atividades em 1961, quando entrou em atividade o Partido Nacionalista, seu continuador. Lutava por uma empresa nacional que garantisse a todos trabalho e propriedade, sem distinção entre patrões e empregados. Pregava a eqüidistância do Brasil em relação aos blocos capitalista e comunista. Em 1959, lançou as candidaturas do Marechal Lott para a Presidência da República e de João Goulart para vice, as quais foram posteriormente homologadas pelo PSD (Partido Social Democrático) e PTB (Partido Trabalhista Brasileiro). Naquela época, o candidato a vice-presidente também era votado e poderia sê-lo em chapa contrária à do candidato à Presidência. Assim, o resultado eleitoral deu a derrota a Lott (vencido por Jânio Quadros apoiado pela UDN – União Democrática Nacional) e a vitória a João Goulart.

[39] Região Administrativa do Exército que incluía o Estado de São Paulo, atual Comando Regional do Sudeste.

[40] Estamos nos referindo aos períodos em que o autoritarismo se manifesta de forma explícita através de situações ou regimes autoritários como o primeiro governo Vargas (1930-1945) e o regime militar (1964-1985). Porém, referimo-nos, também, às relações autoritárias que permeiam a nossa sociedade e que permitem a vigência, em períodos democráticos, de órgãos do aparato repressivo como o DEOPS/SP.

entretanto, de que a dimensão do acervo que nos propusemos a estudar é de tal magnitude que, no momento, permite apenas levantar algumas hipóteses.

Durante o período de realização do Projeto "Mapeamento e Sistematização do Acervo do DEOPS/SP: Série Dossiês (1940-1983)", particularmente na sua fase de finalização, em diversas oportunidades, fomos entrevistados por jornalistas e tivemos oportunidade de falar em diferentes ocasiões para públicos acadêmicos ou não de distintos Estados do Brasil. Todos queriam informações sobre as nossas conclusões, especificamente, quais as "descobertas" que havíamos feito, sempre no sentido do "furo jornalístico". Ou seja, qual a "bomba" que essa documentação revelou?

Depois de muito refletir sobre o teor dessas indagações e, também, de deparar com documentos "bombásticos" escondidos nos meandros dessa fantástica massa documental, chegamos à conclusão de que, se há de fato importância nessa documentação – e, creia leitor cético, há – ela se encontra menos nos "furos" e "bombas" que ela possa revelar e mais no procedimento rotineiro de um órgão que teve vida ativa durante quase 60 anos da República Brasileira.

A série *Dossiês* embora se caracterize, como já afirmamos, pela sua imensa variedade documental, constitui-se da documentação produzida pelo Serviço Secreto/Serviço de Informações/Divisão de Informações. Ou seja, é o "coração" do DEOPS/SP, um órgão estritamente voltado para exercer a vigilância sobre o cidadão considerado "suspeito". Portanto, a documentação produzida por esse setor é o que mais caracteriza essa atividade repressiva.

De toda a massa documental, causam maior impressão os relatórios dos agentes infiltrados, dos quais o leitor teve a oportunidade de conhecer dois exemplos. Nesses relatórios, o agente se desnuda em seus comentários pessoais e, ao mesmo tempo, mostra um conhecimento profundo dos meandros das instituições e pessoas que vigia, demonstrando sua capacidade de infiltração e permeio da sociedade à sua atuação. Suas observações denotam também o centro da mentalidade autoritária e o acúmulo de informações inúteis para os interesses do Estado que as produziu e armazenou.

Representam a verdadeira "banalidade do mal".[41] Entretanto, se o mal é "banal", nem por isso precisa deixar de ser contido. Devemos detê-lo com todas as nossas forças e em todas as suas formas de manifestação.

Há poucos anos, fomos surpreendidos por reportagens que davam conta da existência de uma Divisão de Comunicação Social, vinculada à Secretaria de Segurança Pública de São Paulo, que, inclusive utilizando antigos

---

[41] Termo utilizado por Hannah Arendt na magistral obra *Eichmann em Jerusalém: um relato sobre a banalidade do mal*. São Paulo: Diagrama & Texto, 1983.

funcionários do DEOPS/SP, continuava a exercer as mesmas funções do antigo órgão extinto, dando-se ao luxo de vigiar até o Secretário de Justiça de São Paulo, o qual, no passado, havia sido advogado de presos políticos do regime militar. A documentação continuava pelo menos até o ano de 1995, 13 anos após a extinção do DEOPS/SP. Com a divulgação dada ao caso, a referida Divisão foi extinta, sua documentação foi lacrada e entregue ao Arquivo do Estado de São Paulo, onde continua fechada e intocada à espera de tratamento documental. Existirá outro órgão, agora, com nova denominação e função semelhante, exercendo a mesma vigilância aos "suspeitos de sempre"?

Fomos novamente surpreendidos em 2001 com revelações jornalísticas dando conta da atuação da Promotoria que agiu em Marabá, estourando uma casa em que atividades se desenvolveriam em continuidade a um processo que durava há pelo menos 27 anos. Os habitantes da região onde se desenvolveu a chamada Guerrilha do Araguaia[42] continuam atemorizados pelas forças de segurança que vigiam o local e, em troca de pequenos presentes, garantem o silêncio sobre os acontecimentos de que foram palco entre os anos 60 e 70. A casa de Marabá mostrava a atuação desses agentes de segurança junto à população, bem como, apontava para a existência de 19 Escolas de Inteligência Militar, em serviço muito mais avançado do que o apresentado pelo pouco saudoso SNI, e absolutamente desconhecidas do público externo.

Tudo isso vem nos mostrar como é mais fácil derrotar institucionalmente um regime autoritário e devolver, mesmo que de forma "lenta e gradual", as prerrogativas que compõem o chamado Estado de Direito. Difícil é derrubar as intrincadas relações autoritárias que permeiam nosso cotidiano e que possuem uma continuidade que ultrapassa os marcos cronológicos dos autoritarismos explícitos.

A visita a essa documentação, um passeio nas demonstrações cotidianas do ofício de dominação ou um mergulho na mentalidade repressiva que mostra a "banalidade do mal" podem atuar como elementos desarticuladores dessa situação autoritária e como fontes de ruptura dessa continuidade intrincada e capilar que permeia nossa sociedade, mesmo em seus momentos de democracia institucional.

---

[42] Guerrilha rural levada a efeito pelo PC do B (Partido Comunista do Brasil, cisão do PCB, oficializada em 1962), na região do Araguaia, a partir de 1967. Foi descoberta pelas Forças Armadas em 1972. Foram necessárias três incursões do Exército até que a guerrilha fosse completamente debelada em 1974, com a morte de todos os seus participantes, cerca de seis dezenas de militantes. Como a documentação do Centro de Informação do Exército (CIE) não está aberta à consulta e como o assunto é tabu absoluto nas Forças Armadas, esse episódio encontra-se ainda envolto em desconhecimento. Quase todos os mortos estão desaparecidos, e seus corpos não foram devolvidos a seus familiares que desconhecem as circunstâncias reais de suas mortes.

Ambigüidades do Autoritarismo Republicano Brasileiro

Maria Aparecida de Aquino

A família 50, desde o início do desenvolvimento do Projeto "Mapeamento e Sistematização do Acervo DEOPS/SP: Série Dossiês (1940-1983)", representou um desafio para a sua coordenação e para as duas equipes de bolsistas que se envolveram com o difícil trabalho de decodificação dos Dossiês, através da descrição das pastas que compõem essa parte do Acervo. Extremamente numerosa, correspondendo a mais da metade do material armazenado – 5.121 pastas, num total de 9.626, e 2.082 dossiês, num total de 5.207 –, caracteriza-se por um complexo processo de acumulação de temas que já estavam presentes em outras famílias e pelo que denominamos de "migração de códigos", ou seja, códigos/dossiês[1] que, em determinado momento (por exemplo, nos anos 40), detinham um significado e que, após o golpe de 1964, passam a assumir sentido diverso. Não há possibilidades de definição clara, até o momento, de uma temática (única) que caracterize a família 50.

Existem elementos do código que concentram aspectos não alcançados pelos outros elementos. É o caso do setor "Z", que abrange setores da sociedade que não foram atingidos pelas outras letras. Acontece, também, com o terceiro elemento do código, que é numérico; quando este for o zero ("0") serve para tomar uma temporalidade por vezes posterior à do dossiê subseqüente, no caso o "01", ou mesmo para refinar o tema do código, constituindo-se sua

[1] Ao longo do desenvolvimento do Projeto, tornou-se claro que o código, no sentido de uma definição temática, seria definido pelo deciframento dos três elementos alfanuméricos, sendo que o primeiro elemento (número) corresponde à subfamília, abrangendo um tema mais geral, o segundo (letra) corresponde a um setor social e o terceiro (número) pode corresponder tanto à localização temporal quanto a um refinamento do código, especificando ou afunilando a temática. Resolvemos denominá-lo dossiê por compreender que a somatória desses três elementos representa a unidade temática da série.

especificidade. De forma semelhante funciona a família 50 que, por vezes, serve como receptáculo do que não coube nas outras famílias, estando, nelas, presente de maneira diferente. Assim, encontra-se na família 50 um pouco de tudo o que já apareceu nas outras famílias. O problema – que permanece sem solução, sendo que sobre ele só podemos levantar hipóteses – reside em buscar explicação para as razões que teriam levado os arquivistas a armazenarem documentos relacionados com a espionagem alemã, italiana ou japonesa, durante a II Guerra Mundial, na família 50 e não na 10.

Durante muito tempo, a equipe de bolsistas encarregada da descrição das pastas insistiu no fato de considerar o terceiro elemento do código como exclusivamente cronológico. Assim, sua ordem crescente serviria para identificar a abertura de pastas numa seqüência cronológica. Desse modo, o código/dossiê 50-A-01 antecederia o 50-A-02 que, por sua vez, precederia temporalmente ao 50-A-03 assim por diante. Entretanto, particularmente na família 50, o que temos é que o código/dossiê, por vezes, conta com o terceiro elemento para refinar o tema tratado, afunilando-o ou conduzindo-o noutra direção não levada simplesmente pela junção dos dois primeiros elementos.

O que se pode depreender, com certeza, é que o código geral alfanumérico, com toda sua complexidade, foi montado nos anos 40, no momento em que se inicia a Série Dossiês, e foi criado tendo-se em vista a possibilidade de um crescimento incomensurável. Porém, em todo o tempo de duração da série (cerca de 40 anos), esse código nunca foi usado em sua totalidade. Portanto, quase todos os códigos/dossiês nascem nos anos 40 e vão acompanhando a temporalidade que o seu tema permite, de acordo com a importância que assumem ou deixam de possuir, segundo as prioridades do aparato repressivo.

Existem, desse modo, códigos e que só têm sentido durante a fase inicial da série. É o caso de toda a preocupação com a sabotagem e espionagem por parte de estrangeiros, especificamente, os dos países do Eixo (destacando-se os alemães, os italianos e os japoneses, os quais possuem colônias numerosas no Brasil). Entretanto, terminada a guerra, essa questão desaparece por completo de modo que as pastas abertas sobre esse tema se encerram juntamente com o conflito bélico. Nessa série, a questão dos estrangeiros será tratada novamente, sob o ponto de vista da repressão, somente quando se referir à influência dos religiosos estrangeiros que fazem oposição ao regime militar e que, conseqüentemente, serão perseguidos. Portanto, de acordo com a temporalidade, a questão dos estrangeiros sofrerá modificações de entendimento, abordagem e enfoque.

Outra temática característica da série envolve a questão dos inimigos potencialmente suspeitos de todos os regimes; no caso, os comunistas. Tomando-os na década de 40, já representam uma grande preocupação para o regime (Vargas na época) e continuarão sendo alvos de perseguição constante até o final da série (1983, dentro do regime militar, portanto). Porém, o olhar direcionado aos comunistas naquela década os distribui, prioritariamente, dentro da classe operária, que forma os maiores quadros do Partido. Entretanto, nos anos 60, grandes transformações ocorrem, tanto no que se refere à composição social dos comunistas como no que tange ao próprio comunismo (seria mais correto falarmos em "comunismos", do mesmo modo que falamos em "marxismos"). Os comunistas que se opõem ao regime militar, na sua grande maioria, se originam das camadas sociais intelectualizadas e dos estudantes, os quais representam numericamente a maioria de perseguidos do período.

Além disso, por uma variedade de razões, diversos "rachas" ocorrem dentro das fileiras do comunismo, e uma infinidade de siglas, bem como um igual número de agrupamentos, pululam entre os que se dedicam à luta armada para derrubar o regime militar. Os órgãos de repressão estiveram atentos a essa variedade, de modo que, mesmo perseguindo "comunistas", a sutileza da diversidade que essa perseguição implicou, ao longo do tempo, foi captada pelo aparelho repressivo.

Em relação ao anarquismo, situação diversa ocorre. Na década de 40, os anarquistas já se encontram em fase de decadência. Portanto, somente um número pequeno de pastas, dentro de uma família determinada (a família 30, a mesma que se volta para o arquivamento de documentação referente à perseguição aos comunistas) se dedica a eles, que não terão mais vez nas preocupações posteriores.

A família 50 é, ao mesmo tempo, receptáculo dessa diversidade temática temporal, testemunhando as migrações de códigos/dossiês ao longo do tempo e guardiã de temas que foram utilizados em outras famílias e que aparecem repetidos nela sem que, até o momento, tenhamos claras explicações para o ocorrido. É muito provável que as pesquisas pontuais que virão e que se dedicarão a cada uma dessas inúmeras temáticas terão condições de perceber as sutilezas de arquivamento que a primeira grande leitura implementada pelo nosso Projeto não teve possibilidade de captar.[2]

[2] Por diversas vezes, fizemos tentativas de nos aproximarmos dos antigos funcionários responsáveis pelo arquivamento do DEOPS/SP. Tentamos isso por intermédio da Assessoria da Secretaria de Segurança Pública, através de Delegados e de repórteres policiais. Porém, por mais que esclarecêssemos que nosso intuito era apenas facilitar o processo de mapeamento e sistematização do material, através da criação de um instrumento de pesquisa que tornasse o acesso simplificado ao pesquisador, nossos esforços foram em vão e esbarramos no silêncio. Quando o material foi transferido em 1983 para a Polícia Federal, muito provavelmente existiam os códigos de arquivamento que serviam de consulta para os próprios funcionários responsáveis pelo arquivo, assim como existia um quadro administrativo com os funcionários da instituição com suas respectivas funções. Entretanto, nada disso chegou ao Arquivo do Estado de São Paulo por ocasião de sua liberação em 1991. Por essa razão, mesmo após a decodificação dos dossiês, muitos aspectos relacionados com a forma de arquivamento e suas razões nos escapam.

Temos observado com freqüência que no início da série Dossiês era habitual utilizar-se as pastas e os códigos/dossiês como se fossem prontuários nominais ou temáticos. Assim, apesar do nome Dossiês, a série começa com forma de arquivamento semelhante à da série Prontuários.[3] Entretanto, nos anos 60, há uma mudança, sendo que temas e pessoas alvos de investigação encontram-se espalhados por diferentes dossiês, gerando uma fragmentação que, em muito, confunde o pesquisador, conforme anteriormente analisado.

No momento, parece-nos interessante exemplificar com um indivíduo que foi alvo de suspeita do DEOPS/SP, sobre quem realizamos pesquisa intensiva, possuidor de um elevado número de fichas remissivas, das quais, uma parte considerável pertence à família 50. É importante assinalar que, quando a pesquisa em questão foi realizada (1995),[4] os códigos/dossiês não se encontravam decifrados.

Trata-se do jornalista Carlos Nicolau Danielli, pertencente ao Partido Comunista do Brasil (PCdoB).[5] Velho militante, na clandestinidade desde, praticamente, o golpe de 1964, Carlos Danielli acaba por ser assassinado, no início da década de 70, pelos órgãos repressivos do regime. Sobre ele, no DEOPS/SP, foram localizadas setenta e três fichas remissivas, sendo que, destas, trinta e três pertencem à família 50, ou seja, cerca de 45%. Das trinta e três referidas, vinte e seis – cerca de 35% - são do código/dossiê 50-Z-09.[6] Oito fichas pertencem ao código/dossiê 20-C-44,[7] nove remetem ao código/dossiê 30-C-01,[8] oito remetem ao código/dossiê 30-Z-160[9] e quatro remetem ao código/dossiê 30-Z-165.[10] Assim, reproduzimos os códigos/dossiês mais numerosos sobre o jornalista.

---

[3] Uma das quatro séries do Acervo DEOPS/SP e que possui documentação desde o início do órgão (1924) até sua extinção (1983). Sua documentação se origina do Arquivo Geral do órgão.

[4] Trata-se de uma pesquisa que realizamos sobre jornalistas que foram processados na Justiça Militar por atentados contra a Segurança Nacional e que constam do Projeto "Brasil Nunca Mais", que conseguiu reproduzir todos os processos que chegaram ao âmbito do Superior Tribunal Militar entre 1964 e 1969. Localizamos e pesquisamos junto ao DEOPS/SP os jornalistas processados que também tivessem sido alvos de suspeita do órgão paulista.

[5] Com a cisão em 1962, a parte da militância do PCB que se retira com João Amazonas forma o PCdoB, que mantém o velho nome de Partido Comunista do Brasil, enquanto o PCB ficava com a denominação Partido Comunista Brasileiro, adotada no início da década de 50 como uma tentativa de facilitar a sua legalização, o que acabou não acontecendo.

[6] O dossiê 50-Z-09 é formado por 229 pastas que possuem documentação oriunda do II Exército (atual Comando Regional do Sudeste) e do DOI-CODI.

[7] Contém 242 pastas que possuem relatórios de agentes infiltrados (datados do final dos anos 70 e início dos anos 80), os quais exerciam sua função de vigilância sobre movimentos sociais variados (estudantis, religiosos, sindicais e partidários).

[8] Dossiê com 176 pastas que apresentam documentação fruto de investigação sobre setores sociais variados, suspeitos de envolvimento com comunistas ou partidos comunistas.

[9] 119 pastas contendo investigações sobre movimentos de vários grupos envolvidos na luta armada contra o regime militar.

[10] 4 pastas contendo documentação referente às mortes dos militantes envolvidos na luta armada contra o regime militar.

Sendo ele um militante bastante conhecido dos órgãos de repressão, o qual já atuava desde antes do golpe que leva os militares ao poder, em 1964, seria de se esperar que a seu respeito fossem encontrados documentos que dessem conta dessa sua atuação antes e durante o regime militar, bem como da vigilância de que foi alvo durante toda sua militância, fosse na clandestinidade ou não. Entretanto, o que causa estranheza ao pesquisador é que a documentação sobre ele acumulada refere-se somente à sua morte (por exemplo: seus laudos necroscópicos com as suas conclusões falaciosas) e às circunstâncias posteriores à mesma. Tomamos conhecimento da luta de seus companheiros de prisão para denunciar as condições de seu assassinato, sob tortura, nos órgãos repressivos. Lemos relatórios de agentes infiltrados, que relatavam a cerimônia de exumação de seu corpo do Cemitério de Perus, anos após a sua morte, e a ida de seus restos mortais em direção à sua cidade natal: Niterói.

Ao tomar essa documentação, o pesquisador fica com a sensação de extrema fragmentação (as 73 fichas remetendo a uma infinidade de pastas diferentes), conhecendo apenas as circunstâncias de sua morte e as lutas posteriores à mesma para recuperação de sua memória e de seu corpo. Nada se sabe, entretanto, sobre a sua vida de militância. Não teria sido ele, na clandestinidade e antes dela, alvo da vigilância e do controle do DEOPS/SP?

A resposta à essa questão, sem dúvida, é positiva. Algumas hipóteses podem ser levantadas. A primeira delas, a mais óbvia e menos provável, é que as fichas e a documentação referentes a ele quando vivo foram subtraídas do acervo no período em que o material permaneceu na Polícia Federal. Após a década de 60, quando muda a forma de apresentação da série dossiês e a mesma deixa de se mostrar como prontuários (temáticos ou individuais), muito provavelmente – esta hipótese nos parece mais crível – houve uma reformulação, também, do modo de remissão nas fichas. O que nos faz crer na possibilidade de existirem outros documentos que relatem a vigilância mantida sobre o militante Carlos Nicolau Danielli durante os tempos de sua aguda agitação política. Com o temário agora desvendado, com certeza, será possível localizar essa documentação.

Sentimos não poder avançar mais nas hipóteses sobre a família 50. Passaremos agora a considerações mais técnicas a respeito dela, com um delineamento quantitativo de alguns de seus elementos e com o cruzamento temático dos dois primeiros elementos de seus códigos/dossiês.

A família 50 é composta apenas por duas subfamílias: a 50 e a 52. De todas as famílias é a única em que existe um salto entre as subfamílias. A subfamília 50 é composta de 2.078 dossiês, distribuídos em 4.531 pastas. Suas datas-limite de produção documental localizam-se entre 1916 e 1984.[11] Essa subfamília possui assuntos extremamente variados, desde investigações sobre estrangeiros, movimentos sociais, política institucional, comunismo, crimes contra a economia popular e luta armada.

Pensando-se a subfamília 50 distribuída em dossiês e pastas, nos diferentes setores, chegamos ao seguinte quadro:

Setor	Dossiês	Pastas
A	267	289
B	285	354
C	35	270
D	67	173
E	39	126
F	5	5
G	37	78
H	94	200
I	12	12
J	164	289
K	121	182
L	2	7
Z	950	2.546
Total	**2.078**	**4.531**

Um breve estudo abarcando os dois primeiros elementos do código/dossiê referente à subfamília 50 nos permite traçar algumas considerações:

- 50-A: investigações sobre estrangeiros, principalmente alemães, italianos e japoneses durante a II Guerra Mundial. Posteriormente, investigam-se sindicatos patronais (por exemplo, a Federação das Indústrias do Estado de São Paulo – FIESP), o movimento sindical, além de grandes e pequenas empresas (bancos, hotéis, açougues e bares);
- 50-B: investigações sobre atividades como espionagem e contrabando realizados por estrangeiros (niponismo, nazismo e fascismo, durante a II Guerra Mundial). Além disso, investigam-se as atividades dos comunistas e do movimento sindical.
- 50-C: investigações sobre diversas entidades estudantis: União Nacional dos Estudantes (UNE), União Brasileira dos Estudantes Secundaristas

[11] Um documento pode ser produzido numa data e ser arquivado depois de muito tempo. Quanto à data de 1984, portanto, posterior ao fechamento do órgão, observa-se claramente, na família 50, que continuou existindo atividade em relação a essa documentação mesmo após a extinção do DEOPS/SP, quando esta se encontrava na Polícia Federal.

(UBES), União Paulista dos Estudantes Secundaristas (UPES), União Metropolitana dos Estudantes Secundaristas (UMES), União Estadual dos Estudantes (UEE). Pastas específicas reúnem investigações sobre diferentes universidades, como por exemplo, a Universidade de São Paulo (USP), a Pontifícia Universidade Católica (PUC) e o Mackenzie.

• 50-D: investigações variadas sobre militares (Exército, Polícia Militar, Força Expedicionária Brasileira – FEB, Corpo de Bombeiros e Força Pública). O dossiê 50-D-07 contém material do Ministério da Marinha e relatórios sobre o seu Centro de Informações, o CENIMAR. Por sua vez, o dossiê 50-D-26 apresenta documentação do Ministério da Aeronáutica.

• 50-E: contém documentação proveniente do Ministério das Relações Exteriores e de diversos consulados (da Argentina, do Chile, da Espanha, dos EUA, da França, da Inglaterra, do Japão, do Paraguai, do Uruguai, da URSS).

• 50-F: apresenta 5 pastas, datadas, exclusivamente dos anos 40, envolvendo investigações sobre estrangeiros e atividades de espionagem, incluindo censura postal.

• 50-G: investigações incidindo sobre atividades religiosas extremamente variadas: Igreja Católica Romana, Igreja Luterana, Judaísmo, Islamismo, Budismo, Testemunhas de Jeová, Perfect Liberty e Ordem Rosa Cruz.

• 50-H: investigações envolvendo atividades de corrupção, oposição ao governo e participação em movimentos sindicais, incidindo sobre funcionários públicos estaduais e municipais.

• 50-I: contém 11 dossiês datados de 1944, os quais contém investigações sobre estrangeiros dentro da conjuntura da II Guerra Mundial. O último dossiê, aberto em 1977, trata da problemática da Reforma Agrária.

• 50-J: contém dossiês de instituições variadas, particularmente partidárias, sindicais e culturais. Destacam-se o 50-J-0 com entidades variadas que abarcam desde a Maçonaria até o Movimento das Donas de Casa contra o Aumento de Preços; 50-J-155 sobre o Movimento Democrático Brasileiro (MDB); 50-J-70 sobre a União Cultural Brasil-URSS; 50-J-106 sobre a Cruz Vermelha Brasileira e 50-J-121 sobre a Associação Cristã de Moços.

• 50-K: investigações sobre estrangeiros vinculados às problemáticas da II Guerra Mundial. Controle sobre indivíduos e entidades suspeitas de comunismo, trabalhismo e sindicalismo. Destacam-se: 50-K-104 referente à Universidade de São Paulo 50-K-112 referente ao Jânio Quadros.

• 50-L: apresenta dois dossiês com livros e materiais de divulgação de diversas entidades.

• 50-Z: contém dossiês de entidades investigadas sobre motivos variados. Dossiês de Municípios e Estados. Dossiês de outros setores do DEOPS/

SP (Serviço de Salvo-Condutos, Delegacia Especializada em Estrangeiros, Serviço de Plantão). Dossiês de organismos variados da administração pública, de secretarias de Estado e de ministérios.

A subfamília 52 é composta por 4 dossiês e 590 pastas. Suas datas-limite de produção são: 1944-1991. A data-limite final apresenta com clareza a atividade sobre a documentação durante o período em que esta permaneceu sob a alçada da Polícia Federal. Isto se deve, principalmente, ao dossiê 52-Z-0 (o mais numeroso de todas as famílias, possuindo 583 pastas), que se refere a resumos de informações sobre pessoas e entidades, compilados pelo Serviço de Informações, posteriormente denominados Divisão de Informações, a pedido de outros órgãos. Essas solicitações continuam mesmo após o fechamento do DEOPS/SP, chegando até 1991, quando o acervo foi transferido para o Arquivo do Estado de São Paulo.

Além do dossiê 52-Z-0, a subfamília 52 apresenta também:

- 52-B-01: dossiê contendo investigação sobre um funcionário da Delegacia Fiscal acusado de distribuir panfletos contra o governo.
- 52-H-01: dossiê com investigações sobre funcionários do Departamento Estadual de Imprensa e Propaganda (DEIP).[12]
- 52-Z-01: cartas e poemas, boletins apreendidos pelo DEOPS/SP entre 1944 e 1977.

A título de conclusão

A família 50 representa um reflexo do que se pode encontrar no interior da série *Dossiês*. Uma intensa variedade documental, um resumo das temáticas já apresentadas em outras famílias e a migração de códigos no sentido de adequação dos temas às novas temporalidades.

Ao mesmo tempo, nos diz muito acerca do Autoritarismo Republicano Brasileiro. A extrema preocupação com o formalismo legal e com a aparência democrática, escondendo uma brutal realidade de torturas, mortes e desaparecimentos, em pleno reino da ilegalidade e da ausência de legitimidade. O ditador Getúlio Vargas passou à história como o "pai dos pobres", à medida em, em meio às camadas dominantes extremamente selvagens e dilapidadoras, acabou por construir, na versão tupiniquim, o "Welfare State" nacional, com os limites exigidos por nossas elites. Todos os governantes do regime militar abri-

[12] O DEIP foi a seção Estadual correspondente ao Departamento de Imprensa e Propaganda (DIP), que cuidava da divulgação de propaganda governamental, bem como da censura aos meios de comunicação durante o primeiro governo Vargas, particularmente, durante o Estado Novo.

ram e fecharam seus governos com discursos falando em nome da democracia. Fizeram questão de manter o Congresso Nacional (mutilado) em funcionamento durante quase todo o tempo de vigência do regime. Mantiveram (mesmo que na base da eleição indireta por Colégio Eleitoral) o rodízio no poder dos Generais Presidentes e criaram por decreto dois partidos: um de "situação" e um de "oposição".

Essa ambigüidade que marca o autoritarismo de nosso período Republicano, encontra-se presente na série *Dossiês*. Uma obsessão constante com um código rigidamente estabelecido e extremamente complexo, o qual exigia uma grande competência no arquivamento tamanha a variedade de temáticas apresentada, convive com a sinuosidade e imprecisão dos códigos/dossiês da família 50.

Pensando-se na continuidade do órgão do aparato repressivo, o DEOPS/SP, tanto em períodos de autoritarismo explícito como em fases de vigência do Estado Democrático de Direito, questiona-se qual seria a ligação dessa ambigüidade apontada com as relações sociais existentes no interior de nossa sociedade. A realização de pesquisas pontuais sobre as temáticas agora desvendadas no Banco de Dados da Série *Dossiês* poderá contribuir para o esclarecimento dessa questão, razão central de nossos estudos das relações entre o Estado e a Sociedade no Brasil Contemporâneo.

Liberdade vigiada: os partidos legais vistos pelo aparato repressivo do regime militar (1964-1983)

Adalberto Leister Filho *

Introdução

No final de 1968, pouco antes de o regime militar brasileiro mergulhar em seu período mais autoritário, vindo com a decretação do AI-5 (Ato Institucional número 5), o governador de São Paulo, Roberto de Abreu Sodré, viajou a Botucatu. O político deslocou-se ao interior do Estado para participar de reuniões com lideranças locais ligadas ao seu partido, a Arena (Aliança Renovadora Nacional). A viagem do governador foi tranqüila. Sodré não teve que enfrentar distúrbios semelhantes aos que aconteceram durante a comemoração do Dia do Trabalho, em 1° de maio daquele ano, na Praça da Sé, no centro de São Paulo. Na ocasião, o palanque onde estava o político foi depredado por manifestantes, que chegaram a atingi-lo com uma pedrada. O episódio resultou na prisão de 22 pessoas.

Seis meses depois, em Botucatu, manifestações parecidas foram prevenidas pelo aparato repressivo do regime militar. Em documentação produzida pelo 2° Exército, com sede em São Paulo, há o relato sobre a prisão de dez pessoas que, dentro da política-partidária institucional, queriam mostrar sua oposição ao governo do Estado:

> Com referência aos nomes em epígrafe consta do nosso Arquivo, [sic] apenas o seguinte: 'que foram presos e autuados em flagrante em Botucatu', sob acusação que [sic] pretendiam pichar as ruas e muros com dizeres ofensivos

* Mestrando em História Social pela Faculdade de Filosofia, Ciências Humanas e Letras da Universidade de São Paulo e repórter da *Folha de São Paulo*.

e contrários ao Governo do Sr. Abreu Sodré, quando este fosse aquela [sic] cidade, a fim de apoiar os candidatos da Arena. Foram presos vinte dias antes da ida do governador aquela [sic] cidade e soltos em 25 de novembro de 1968.[1]

Se é possível vislumbrar a vigilância do Estado às atividades político-partidárias legais, é bem mais comum, no acervo do DEOPS/SP, hoje sob a guarda do Arquivo do Estado, encontrar documentação a respeito dos movimentos clandestinos de esquerda que surgiram a partir do desmembramento do PCB (Partido Comunista Brasileiro), na década de 60. No conjunto de documentos produzidos pelo 2º Exército, com sede em São Paulo, e posteriormente, pela Oban (Operação Bandeirantes) e pelo DOI-CODI (Departamento de Operações de Informações do Centro de Operações de Defesa Interna), o número de pastas relativas à luta armada é predominante.

Inicialmente, o 2º Exército realizava investigações sobre os movimentos considerados subversivos. Com o aumento das ações dos grupos armados contrários ao regime militar, tornou-se necessária ao poder instituído em 1964 a criação de um órgão especialmente destinado a reprimir os movimentos que pregavam a revolução.

Financiada por empresários paulistas, a Oban foi criada secretamente em 2 de julho de 1969, com a função de coordenar a repressão e a vigilância aos movimentos clandestinos de esquerda. A estrutura da organização de São Paulo começou a ser utilizada nacionalmente a partir do ano seguinte, com o surgimento do DOI-CODI.

Essa documentação foi remetida ao DEOPS/SP, recebeu o código alfanumérico de 50-Z-9,[2] e conta com um total de 236 pastas. Embora seja um dossiê com início de produção ainda na década de 40, a grande maioria das pastas refere-se ao período em que o órgão atuou durante o regime militar (1964-1983). O aumento da atenção desses órgãos no pós-1968 pode ser exemplificado pelo volume da documentação produzida em cada período.

Se tomarmos o total de pastas do dossiê 50-Z-9, em seu ano inicial de produção, chegaremos aos seguintes números:

---

[1] 50-Z-9, 37, 6.494. São citados pelo documento: Clóvis Eduardo Meirelles, Marco Aurélio de Carvalho Anselmo, Vítor Augusto Soares, Cláudio Luiz Tomaz Coelho, Paulo Roberto Teixeira.

[2] Neste trabalho, usamos a referência ao código 50-Z-9, com o acréscimo de mais dois itens: o número da pasta em que foi arquivado pelo DEOPS/SP e o número do documento, que aparecia em ordem decrescente no interior de cada pasta.

Ano	Número de pastas
1942	1
1952	1
1960	2
1961	1
1962	3
1963	3
1964	11
1965	3
1966	7
1967	10
1968	18
1969	23
1970	43
1971	48
1972	15
1973	11
1974	6
1975	9
1976	4
1977	1
1978	3
1979	3
1980	2
1981	3
1982	3
Sem especificar	2
Total	**236**

Com base nestes números, podemos perceber uma vigilância tímida do 2º Exército durante o período anterior ao regime militar. Vários anos nem são contemplados com pastas. As investigações na década de 40 vão desde o integralismo e a presença de nazistas no país até o comunismo (preocupação que se estenderia a outros períodos). Na década seguinte, os alvos são os movimentos sociais que estariam desestabilizando o segundo governo Vargas (1950-1954). A década de 60 chega com mais investigações sobre as tensões sociais prementes no período, como a mobilização política dos sargentos, a possível participação de comunistas no interior das Forças Armadas e o movimento estudantil, entre outros temas.

Essa atenção dada à sociedade começa a se intensificar após a destituição de João Goulart do poder, com o movimento civil-militar de 31 de março de 1964. No entanto, se refinarmos um pouco esse quadro, pensando no volume produzido em cada período histórico, veremos que o aumento da repressão política a partir de 1969 representa o número mais significativo de pastas encontradas na documentação vinda do 2° Exército para o DEOPS/SP. Por outro lado, os anos pré-regime militar e de pós-Abertura, quando há a anistia aos presos políticos e a volta dos exilados ao país, já no crepúsculo do órgão de vigilância, apresentam números quase insignificantes em relação ao total de documentação produzida no período. O DEOPS seria extinto já no final do mandato do então governador José Maria Marin, do PDS, através do Decreto nº 20.728/83.

Período Histórico	Total de Pastas	Porcentagem (%)*
1° Governo Vargas (1930-1945)	1	0,5
Terceira República (1946-1963)	10	4
1ª Fase do Regime Militar (1964-1968)	49	21
Fase Repressiva do Regime Militar (1969-1973)	140	59
Distensão (1974-1979)	26	11
Abertura (1980-1982)	8	3,5
Pastas sem Data Especificada	2	1

* Obs.: foram feitos arredondamentos para o total dar 100%

Com o estrangulamento das vias institucionais de oposição ao regime militar, resultante do AI-5, o qual fechou o Congresso Nacional, há uma intensificação de ações armadas de grupos guerrilheiros. Esse aumento de incidentes motivou a constituição de um aparato repressivo com formação e treinamento nunca antes vistos no país. A criação da Oban e, posteriormente, do DOI-CODI, não foi simplesmente o desmembramento de uma máquina burocrática do Estado destinada a reprimir manifestações violentas da oposição armada. Muito mais que isso, a partir dela é que o regime militar pôde montar um aparelho capaz de deter as ações dos movimentos guerrilheiros de esquerda e extinguir as organizações de inspiração comunista, que pretendiam chegar ao poder através das armas, em seus diversos matizes.

A partir de 13 de dezembro de 1968, quando há a promulgação do AI-5, o governo federal podia, entre outras atribuições, suspender os direitos políticos de cidadãos por dez anos, além de retirar a garantia de *habeas corpus*. O Congresso Nacional entra em recesso, com a cassação inicial do mandato de 11 deputados federais, entre os quais estava Márcio Moreira Alves, o qual fizera dois discursos condenando a invasão da Universidade de Brasília pela Polícia

Militar, pela Polícia Civil e pelo Exército, ocorrida em agosto daquele ano. As falas de Moreira Alves haviam detonado uma crise institucional, que culminara com a negação, pelo Congresso, do pedido de licença para processar o deputado federal por infração à Lei de Segurança Nacional, e com a decretação do AI-5. Para ser capaz de deter a escalada de radicalização social e, ao mesmo tempo, aplicar os preceitos repressores do AI-5, é que foi necessária a criação de órgãos como a Oban e o DOI-CODI.

Os confrontos entre o poder instituído e a sociedade civil haviam aumentado significativamente em 1968. Lideranças do movimento estudantil e operário, insatisfeitas com o contínuo fechamento do regime, já haviam migrado para organizações de esquerda que pregavam a luta armada, como a ALN (Ação Libertadora Nacional), dissidência criada por Carlos Marighela após conflitos no interior do PCB, e a VPR (Vanguarda Popular Revolucionária). As ações armadas praticadas por esses agrupamentos de esquerda, como roubo a bancos para obtenção de recursos para o movimento, seqüestro de embaixadores para servir como moeda de troca por prisioneiros políticos ou o justiçamento de indivíduos considerados traidores do Brasil, motivaram o poder militar a montar uma rede capaz de reprimir com violência essas iniciativas. Não é por outra razão que a maioria das pastas, já com documentação produzida pela Oban ou DOI-CODI, tratará predominantemente[3] de luta armada, conforme pode ser verificado no quadro seguinte:

Assunto	Total	Porcentagem (%)
Organizações Clandestinas de Esquerda	154	65,2
Movimentos Sociais	60	25,4
Política/Partidária	5	2,1
Sem Especificar	17	7,2

* Obs.: foram feitos arredondamentos para o total dar 100%

[3] Freqüentemente é difícil estabelecer uma unidade temática nas pastas da série dossiês. Boa parte delas trata de mais de um tema, como movimentos sociais ou político-partidários e organizações clandestinas de esquerda. Diante dessa dificuldade, para essa tabulação, limitamos cada pasta ao seu assunto mais recorrente, conforme a catalogação estabelecida pelo projeto "Mapeamento e sistematização do acervo do DEOPS/SP: Série Dossiês (1940-1983)".

Política partidária

Apesar de voltar seu interesse para a luta armada, o Estado militar também vigiou as atividades de entidades da sociedade civil, como a CNBB (Conferência Nacional dos Bispos do Brasil), universidades públicas ou privadas, como a USP, a UFMG e a Fiam, e até organizações de caráter conservador, como a TFP (Tradição, Família e Propriedade), além de estar atento ao movimento sindical e estudantil. Mais sintomático é que o aparato repressivo não deixou de se preocupar com os partidos institucionais, ou seja, a atenção do órgão também foi voltada às atividades político-partidárias legais, cujas regras haviam sido criadas ou modificadas pelos próprios militares.

Nas eleições parlamentares de 1962, as últimas antes da ascensão dos militares ao poder, treze partidos haviam eleito ao menos um representante no Congresso Nacional. O Parlamento era dominado por três legendas: PSD (Partido Social Democrático), PTB (Partido Trabalhista Brasileiro) e UDN (União Democrática Nacional). Esse quadro passaria por grandes alterações a partir de 1964.

Durante seus 21 anos no poder, os militares promoveriam duas mudanças significativas no sistema partidário brasileiro, ambas visando a obtenção de alguma vantagem institucional no jogo político. Em um primeiro momento há a adoção do bipartidarismo, em 1965, quando, na avaliação da cúpula militar, a constituição de um partido do governo, a Arena, e de uma oposição legal, o MDB (Movimento Democrático Brasileiro), serviria melhor aos desígnios do regime. Com a abertura política em 1979, promove-se a volta do sistema multipartidário, tendo-se o aparecimento de diversas legendas. Naquele momento, o governo federal acreditava que controlaria melhor a transição democrática com a fragmentação dos partidos de oposição. Apesar da maior liberalização nessa segunda alteração na legislação partidária, os partidos ostensivamente de esquerda, como era o caso do PCB (Partido Comunista Brasileiro) e do PC do B (Partido Comunista do Brasil), continuaram na ilegalidade no período.

A primeira dessas mudanças veio depois da derrota do governo federal nas primeiras eleições no país após a queda de João Goulart. Em 1965, os candidatos governistas foram superados em dois dos principais Estados do país, apesar de todas as limitações na legislação eleitoral impostas pelos militares. Na Guanabara, Negrão de Lima, candidato da aliança entre PSD e PTB, superou Carlos Flexa Ribeiro, secretário de Educação do governador Carlos Lacerda (UDN).

Lima foi apenas o terceiro nome indicado pela coligação. Inicialmente, o candidato seria Hélio de Almeida, ex-ministro da Viação de Obras Públicas durante o governo de João Goulart. No entanto, a Lei das Inegibilidades, promulgada pelos militares, impediu a candidatura de Almeida, uma vez que proibia a eleição de algum político que houvesse sido ministro de Estado entre 23 de janeiro de 1963 e 31 de março de 1964 (período em que Goulart havia estado à frente do governo em regime presidencialista, após um intervalo parlamentarista). A alternativa apresentada pelo PTB foi o marechal Henrique Teixeira Lott, mal visto pelos militares por causa de suas posições legalistas durante a crise de março/abril de 1964. A candidatura de Lott também foi abortada, pois esse não possuía título eleitoral no Estado - o marechal votava em Teresópolis, onde residia. Negrão de Lima, ligado ao ex-presidente Juscelino Kubitschek, terceiro nome apresentado, foi escolhido pela coligação e acabou eleito.

Problema semelhante foi enfrentado pelo PSD em Minas Gerais. Sebastião Paes de Almeida, ex-ministro da Fazenda de Juscelino Kubitschek foi impedido de participar da eleição. Acusado de abuso de poder econômico no pleito de 1962, Paes de Almeida teve sua candidatura impugnada. Israel Pinheiro, também ligado a JK e afastado de cargos políticos desde que havia deixado a Prefeitura de Brasília, em 1961, foi lançado pelo partido. Apoiado pelo ex-presidente, Pinheiro venceu, por larga margem de votos, Roberto Resende, secretário da Agricultura do governador Magalhães Pinto, da UDN.

Com duas das principais lideranças civis do regime militar derrotadas em seus Estados, cresceu a pressão para a mudança do sistema partidário brasileiro. Finalmente, em 27 de outubro daquele ano, o presidente Castelo Branco promulga o AI-2 (Ato Institucional número 2) que, entre outras medidas, estabelece a extinção de todas as legendas políticas existentes no país. Quase um mês depois, em 20 de novembro, o Ato Complementar número 4 (AC-4) dita as regras para adoção do bipartidarismo no país. O AC-4 exigia que, para exercer atividade legal, os partidos políticos contassem com, no mínimo, 120 deputados federais e 20 senadores. Teoricamente, a legislação abriria brecha para a constituição de até três legendas, já que o Congresso Nacional possuía, na época, 409 deputados e 66 senadores. No entanto, a intenção do governo militar, que já contava com ampla maioria nas duas casas, era estabelecer, após várias cassações e de forma artificial, um sistema com apenas dois partidos, semelhante ao de democracias anglo-saxônicas tradicionais, como os EUA e a Inglaterra.

Com a reforma partidária, há um reagrupamento dos políticos em duas novas legendas: a Arena (Aliança Renovadora Nacional), de apoio ao regime e que, após suas primeiras vitórias eleitorais, ficou conhecida como o "maior partido do Ocidente", e o MDB (Movimento Democrático Brasileiro), partido de oposição legal, que, inicialmente, não empolgou o eleitorado. A Arena recebeu adesão da maior parte dos deputados e senadores que haviam ficado sem legenda após a extinção dos partidos. O MDB acaba constituído, em sua maioria, por egressos do PTB e, em menor número, do PSD. Com isso, o partido do governo conquista uma ampla vantagem no Congresso Nacional (257 deputados federais) e no Senado (45 senadores). Seu adversário na tribuna, porém, quase não reúne condições para se constituir como o partido de oposição. A chance de formação de apenas um partido, o da situação, causava temor ao presidente Castelo Branco. A possibilidade de haver o unipartidarismo poderia dar a idéia explícita de que o sistema adotado após a subida dos militares ao poder não era democrático. O governo achou melhor, assim, adiar para 15 de março de 1966 o prazo para a fundação das novas legendas. Após várias cassações no legislativo, o MDB necessitou de muitas negociações para conseguir o número mínimo de 20 senadores exigidos pela lei. Dois políticos já comprometidos com a Arena foram convencidos a migrar para o novo partido apenas para garantir a sua existência legal. Sob a nova legislação, o MDB contava com apenas 149 deputados e 20 senadores.

A adoção de um bipartidarismo artificial não resolveu os problemas de rivalidades locais, principalmente dentro do partido governista. Ex-membros do PSD e da UDN, adversários históricos, de repente foram obrigados a conviver sob a mesma legenda. Para conter as disputadas internas na Arena, foi adotada a Lei das Sublegendas a partir das eleições de 1966. Por essa lei, os partidos poderiam lançar até três candidatos para prefeito e senador. O político eleito seria o que obtivesse o maior número de votos dentro da legenda vencedora da eleição.[4]

Apesar de obter boa maioria no parlamento, o governo não ficou desatento às atividades dos remanescentes da oposição. Logo após a subida ao poder, há documentação no DEOPS lembrando os políticos do Estado de São Paulo cassados pelo regime militar através do Ato Institucional de 9 de abril de 1964 (posteriormente, com a edição de novos atos, esse seria conhecido como AI-1). Os punidos pelo decreto já mostram que a vigilância às atividades político-legais não ficaram restritas ao debate em esfera nacional. A observação e sanção também era encontrada na micropolítica local. Entre os cassados pelo AI-1 figuram seis deputados federais (um deles suplente), dez deputados estaduais e quatro vereadores, além de um prefeito de uma cidade do interior paulista - Indaiatuba - sem grande importância estratégica.[5]

---

[4] Sobre a adoção das sublegendas, ver: LAMONIER, Bolívar; MENEGUELLO, Rachel. *Partidos políticos consolidação democrática: o caso brasileiro*. São Paulo: Brasiliense, 1986, p. 71; MOTTA, Paulo Roberto. *Movimentos partidários no Brasil: a estratégia da elite e dos militares*. Rio de Janeiro: Fundação Getúlio Vargas, 1971, p. 71.

[5] A lista inclui os deputados federais Plínio de Arruda Sampaio, Paulo de Tarso Santos, Otávio Rodrigues Maria, Paulo Jorge Mansur e Salvador Romano Lossaco (suplente), os deputados estaduais Cid Fran-

Qualquer evento político da oposição legal, representada pelo MDB, implicava um olhar atento dos órgãos de vigilância e de seus agentes, preocupados principalmente com possíveis ligações desses com os comunistas. O pretexto de infiltração esquerdista era, muitas vezes, utilizado para justificar denúncias motivadas por rivalidades locais. O pequeno município de Viradouro, próximo a Bebedouro, no interior de São Paulo, dá-nos um exemplo disso: no pleito municipal de 1968, José Salomão Gibran, vereador da Arena, presidente da Câmara Municipal da cidade e candidato à reeleição, faz uma denúncia contra Evandro Mesquita, suplente de deputado federal pelo MDB, que estaria realizando pregações esquerdistas na cidade:

> Consta o Sr. Gibran, que Evandro vem insuflando idéias subversivas à população de Viradouro e de outros municípios na atual campanha política. Que em comício realizado naquele município dia 3 de novembro de 1968, teceu críticas ao Governo Federal e também aos poderes municipais, provocando reação na facção contrária, a qual o vaiou, tendo o Delegado de Polícia determinado o lançamento de bombas de efeito moral na população para dispersar os manifestantes, permitindo ao referido suplente sua pregação moscovita. Que a vaia foi uma reação normal do povo, não tendo sido orientada ou insuflada pelo partido político contrário. Que o referido comício foi realizado em prol da candidatura à prefeito do Sr. Carlos Galvão, do MDB, residente à rua Gabriel Custódio, cujo número é ignorado. Que o Sr. Galvão, candidato a prefeito municipal, não é subversivo e sim inocente útil.[6]

O denunciante faz uso dos mesmos chavões dos militares, buscando chamar a atenção para as manifestações políticas promovidas pelo partido opositor, dentro da brecha legal de que dispunha o MDB na cidade. Gibran, depois de definir Evandro Mesquita - ligado ao senador Lino de Matos (ex-prefeito de São Paulo e, na época, presidente do partido no Estado) - como um *"agitador profissional"* nomeia sua atuação como *"pregação moscovita"*, em clara referência ao PCB, vinculado ao regime socialista da União Soviética. É difícil avaliar quais seriam as possíveis ligações com os comunistas de um assessor de Lino de Matos, senador pouco identificado com uma oposição mais contundente ao regime militar. Para não comprometer o prefeito da cidade, Carlos

---

co, Anselmo Farrabulini Júnior, Gualberto Moreira, Wiliam Salem, Francisco Luciano Lepera, Miguel Jorge Nicolau, Oswaldo Lourenço, Ariovaldo Rosseto e Oswaldo Gimenez, os vereadores Moacir Lugo e José Gomes (São Paulo), José Ignácio de Souza (Santos) e Mário Ferreira Pires (Barretos), além do prefeito de Indaiatuba, Ivan Correia de Toledo. Cf. 50-Z-9, 22, 3.823.

[6] 50-Z-9, 37, 6.406.

Galvão, que, apesar de ser do MDB, provavelmente mantinha boas relações com Gibran, o denunciante o nomeia apenas como um *"inocente útil"*, sem cumplicidade com os atos de Mesquita. Atento ao que acontecia na cidade, o vereador pede para as autoridades do DEOPS ficarem atentas ao próximo comício do MDB local, marcado para o dia 13 de novembro, possivelmente o último antes da disputa eleitoral. Segundo ele, caso o político da oposição voltasse a fazer pesadas críticas ao governo, poderia provocar na massa uma reação de conseqüências imprevisíveis. Uma característica freqüente na documentação produzida pelo aparato repressivo - hoje vemos com maior clareza - é exagerar no poder de fogo de seus adversários. Aqui, um simples fato da micropolítica local é encarado, pelo tom do relatório, como uma grave ameaça à ordem.

O desempenho do MDB, já bem tolhido com a cassação de alguns de seus principais representantes, era dificultado pela legislação, a qual limitava muito o papel do partido de oposição na nova ordem constitucional do país. O MDB servia apenas como figurante para dar ao Estado militar brasileiro uma aparência de legalidade e de normalidade democrática. No entanto, até em municípios menores era difícil desempenhar as funções básicas de representação parlamentar. A simples oposição aos atos do prefeito já era motivo suficiente para a abertura de investigações. Em Paraibuna, por exemplo, pequeno município do Vale do Paraíba (interior de São Paulo), o agente do aparato repressivo escreve um relatório datado de 12 de março de 1968, em que relata as principais preocupações da administração municipal:

> O problema de Paraibuna é semelhante a muitos outros existentes no interior do País. A oposição procura evitar uma boa administração do Prefeito tendo em vista obter vantagens eleitorais.
> Como a Prefeitura não tem plano de obras, o crédito para andamento das obras da Prefeitura é solicitado à Câmara, a qual regeita [sic] os pedidos. A oposição é encabeçada pelos vereadores Jaime Domingues da Silva, provável candidato a Prefeito para 1969, e Felipe de Melo, atual presidente da Câmara dos Vereadores do Município. Este vereador é fichado no Departamento de Investigações do Estado de São Paulo, tendo sido condenado por vários crimes. O atual prefeito, Sr. Agenor de Camargo Neves, é homem honesto e trabalhador, gozando de bom conceito no município. Percebe NCr$ 11,5 (onze cruzeiros novos e cinqüenta centavos) de vencimentos pelo cargo de Prefeito.[7]

Ou seja, qualquer atividade que dificultasse a ação de mandatários da Arena era vista como motivada apenas por fins eleitoreiros. Qualquer ato mais

[7] 50-Z-9, 27, 4.667.

contundente dos vereadores de oposição, desqualificados no documento como condenados por diversos crimes, visava a obtenção de vantagens no pleito municipal. Praticamente não havia espaço para a oposição parlamentar aos atos do Executivo, sequer no âmbito municipal. Nesse período, ficou conhecida a máxima de que a função do vereador havia se limitado a sugerir nomes para as ruas.

Além de vigiar as atividades políticas até em cidades menores, as atribuições dos órgãos de investigação ligados ao 2º Exército também englobavam Estados menos importantes, limítrofes de São Paulo. As inquirições chegavam até aos rincões do país. Assim, um agente do órgão remete, pouco depois da promulgação da lei que estabeleceu o bipartidarismo, um relatório de Cáceres, cidade no interior do Mato Grosso (na época não existia o Estado do Mato Grosso do Sul). Por lá, havia a preocupação com a agitação política de alguns membros do quadro partidário local:

> Consta que os Srs. José Esteves de Lacerda (ex-integrante do PTB), Walter Fidélis de Mendonça (também ex-integrante do extinto PTB) e Hamilton dos Reis (ex-membro da extinta UDN e prócer da Arena), [sic] estão articulando, nesta cidade, criação do MDB.
> O Sr. José Esteves de Lacerda é vice-prefeito do município, o Sr. Hamilton dos Reis é advogado militante na cidade e o Sr. Walter Fidélis de Mendonça, elemento suspeito de atividade subversiva.
> Este comando está [sic] aos fatos e informará tão logo surjam novos elementos.[8]

A investigação em Cáceres também mostra que nem indivíduos ligados ao partido do governo, como era o caso de Hamilton dos Reis, estavam livres de inquirições por parte do aparato repressivo. Essas investigações, na maioria das vezes, se vinculavam a denúncias de má utilização de dinheiro público. Uma das justificativas do movimento militar de 1964 havia sido o combate à corrupção, que estaria grassando no país sob o governo de João Goulart. É por esse motivo que, em 1967, o 2º Exército investiga a atuação do interventor Lincoln Feliciano da Silva na Prefeitura de São Vicente. O prefeito anterior, Charles de Souza Dantas Forbes, havia sido afastado por corrupção. Com ele, foram cassados também os mandatos do vice-prefeito, Jayme Pinheiro Guimarães, e de três vereadores, Oswaldo Toschi, Oswaldo dos Santos e Ricardo Gonçalves Rocha. Após as investigações, grupos políticos comandados pelo deputado federal da Arena Antonio Feliciano da Silva passaram, segundo a documentação, a fazer manobras para conseguir o arquivamento do

---

[8] 50-Z-9, 27, 4.611.

processo. Silva consegue a indicação de Lincoln, seu irmão e ex-deputado federal, para interventor municipal. A nomeação acabou sendo ratificada pelo presidente Castelo Branco em abril de 1966.

O problema é que, segundo documentação do 2º Exército, a solução para o caso havia sido mais política do que institucional. O novo prefeito mantinha ligações estreitas com o grupo acusado de corrupção. Segundo o documento, Lincoln pagara NCR$ 6.500 para uma empreiteira ligada a Jayme Guimarães, ex-vice-prefeito, por uma obra que não havia sido feita. De acordo com o levantamento do órgão de investigação, de maio de 1966, quando assumiu a prefeitura, em março de 1967, o interventor nomeara 266 novos funcionários, 284 diaristas e 410 operários. Dos novos postos, 80% haviam sido criados após as eleições de outubro de 1966, quando Antonio, irmão de Lincoln, havia sido reeleito deputado federal pela Arena. O documento alude a um possível uso da máquina pública para fins eleitoreiros. Além desse indício de irregularidade, o 2º Exército aponta mais problemas na administração da cidade: atraso no pagamento dos funcionários, emissão de promissórias sem autorização da Câmara Municipal e contratação de empreiteiras sem concurso ou com fraude na concorrência. Assim, o relatório chega à seguinte conclusão:

> A situação atual existente na administração, em nada difere daquela que provocou a reação popular que nos levou a solicitar providências das autoridades revolucionárias, dando origem a [sic] instauração de sindicância sumária, que resultou na cassação do mandato e dos direitos políticos do prefeito, vice-prefeito e seus assessores mais comprometidos. Entretanto, se a situação administrativa é semelhante, os aspectos políticos e morais são profundamente diversos. O ex-prefeito processado fora eleito por uma legenda partidária que a Revolução extinguiu, e delapidou [sic] os cofres públicos em seu próprio nome. Já o atual governante da cidade é um Interventor Federal, nomeado pelo Exmo. Sr. Presidente da República do Governo passado, para instalar na cidade os princípios de moralização administrativa, respeito e seriedade no trato da coisa pública, preconizados pela Revolução de 31 de março de 1964. Suas falhas são as falhas da Revolução, que é a responsável pela sua presença à frente da administração municipal, presença essa que o povo de São Vicente repudiou desde a designação para o cargo.[9]

Ou seja, Charles Forbes, eleito pelo voto direto, tinha menos legitimidade como prefeito do que seu sucessor, Lincoln da Silva, que fora indicado pelo executivo federal. Forbes, acusado de corrupção, havia prevaricado em seu próprio nome (como se o sufrágio das urnas não o legitimasse como man-

---

[9] 50-Z-9, 22, 3.836.

datário municipal). Já Silva havia obtido o aval do governo militar para ser empossado em São Vicente. Por isso, seus erros trariam má repercussão não só ao interventor e à sua família, que, além de tudo, militava no partido do governo. Os atos do novo prefeito colocavam em xeque os próprios militares, que o haviam nomeado para o cargo. Em vista disso, o coronel José Luiz Coelho Neto, que assina o documento do 2º Exército, pede a substituição de Silva, o que efetivamente acabou acontecendo. O novo prefeito, que havia se indisposto com os servidores públicos, com os militares e com os professores municipais, foi submetido a um inquérito administrativo, após denúncias feitas na Câmara Municipal. Silva foi exonerado do cargo pelo governador Abreu Sodré em dezembro de 1967, pouco mais de um ano e meio depois de ter assumido a administração municipal.

Embora não possamos deixar de lado o aspecto moral envolvido quando se fala em investigação do aparato repressivo militar a respeito dos partidos legais, muito mais expressiva é a documentação sobre as atividades de políticos investigados no decorrer dos períodos de maior tensão na vida pública brasileira durante o regime militar, ou seja, nas eleições diretas, uma das poucas brechas legais de participação popular ainda existentes. Se o Estado autoritário manteve um certo verniz institucional com a escolha dos presidentes através de um ritual de ratificação pelo Congresso, além da realização de consultas periódicas às urnas, essas práticas eram acompanhadas atentamente para que o poder executivo não deixasse de conduzir o processo. Esse controle se manifestou no pleito de 15 de novembro de 1966, o primeiro realizado sob a nova legislação eleitoral, que mudou artificialmente o quadro político brasileiro. Naquele ano, apesar de já contar com folgada maioria na Câmara e no Senado, Castelo Branco havia decidido fechar o Congresso Nacional nos 32 dias que antecederam o pleito, além de cassar alguns parlamentares que tentariam a reeleição. No final do ano, a casa foi reaberta para a aprovação, em tempo exíguo, da nova Constituição. Impedidos de participar da disputa, vários parlamentares deixaram a vida política. Enfraquecido, o MDB diminuiu ainda mais a sua representação no Congresso. A Arena conseguiu eleger 277 dos 409 deputados para a nova legislatura.

David Fleischer lembra uma série de reformulações na legislação eleitoral, feitas durante o regime militar, que alteravam significativamente o quadro político a cada pleito, sendo consideradas casuísticas pelo autor.[10] Para as

---

[10] FLEISCHER, David. Manipulações casuísticas do sistema eleitoral durante o período militar, ou como usualmente o feitiço se voltava contra o feiticeiro. In: D'ARAÚJO, Maria Celina; SOARES, Gláucio Ary Dillon (orgs.). *21 anos de regime militar: balanços e perspectivas.* Rio de Janeiro: Editora da Fundação Getulio Vargas, 1994, p. 171-188.

eleições de 1970, a Junta Militar, que comandava o país após o afastamento do presidente Costa e Silva por motivo de saúde, fez modificações drásticas na legislação eleitoral através da Emenda Constitucional n.º 1, de 17 de outubro de 1969. Formada pelos ministros militares Augusto Rademaker (Marinha), Lira Tavares (Exército) e Márcio de Sousa e Melo (Aeronáutica), a junta passou a utilizar o eleitorado de cada Estado e não mais a população como base para o cálculo da representação política. Como conseqüência da medida, a Câmara reduziu de 409 para 310 deputados. A maioria folgada da Arena, em relação ao MDB, porém, não se alterou. Ao contrário, o partido do governo, que elegeu 223 deputados federais no pleito de 1970, viu ampliada sua força no parlamento. O MDB reduziu ainda mais sua bancada, caindo de 132 para 87 parlamentares.

Outras mudanças importantes da legislação eleitoral promulgada em 1969 foram o estabelecimento de um mandato menor para os prefeitos e para os vereadores eleitos em 1970. O governo militar buscava, assim, não coincidir as eleições municipais com as estaduais e federais, dissociando claramente a política local da política de âmbito estadual e federal. Junto com essa medida, houve a alteração nas eleições municipais das capitais e de cidades consideradas "áreas de segurança nacional". Os prefeitos passaram a ser nomeados pelos governadores eleitos. Com isso, a Arena, que tradicionalmente obtinha melhor votação em cidades menores, esperava deter um possível avanço de poder do MDB nos municípios mais populosos. Outra alteração importante foi a obrigatoriedade do voto vinculado a deputado federal e estadual. A partir das eleições de 1970, o eleitor era obrigado a escolher apenas candidatos da mesma legenda para esses cargos. Essa medida buscava impedir que postulantes a vagas na Câmara Federal e na Assembléia Legislativa que houvessem sido do mesmo partido antes de 1966, mas que estivessem em legendas diferentes sob a nova lei eleitoral, fizessem uma "dobradinha".

Sem conseguir firmar identidade como oposição após a cassação de seus principais líderes, e enfrentando uma legislação eleitoral bastante rigorosa, o MDB não empolgou a população no pleito de 1970. O resultado das eleições trouxe uma maioria bastante expressiva (e até incômoda) de 89% do Senado e 72% da Câmara para a Arena. Em muitos Estados, os votos brancos e nulos, preconizados pelas esquerdas diante das limitações da legislação eleitoral, superaram a votação obtida pelos candidatos do MDB.

A apatia demonstrada pelo partido de oposição nos anos pré-eleitorais fez com que a derrota fragorosa da legenda nas urnas acabasse com os mandatos de alguns de seus principais líderes. Esse foi o caso de Oscar Passos, presidente do MDB, Aurélio Vianna, líder do partido no Senado, Humberto Lucena, líder na Câmara Federal, e Lino de Matos, presidente do partido em São Paulo. Por outro lado, candidatos que mostraram certa combatividade, como Oscar Pedroso Horta e Franco Montoro, acabaram eleitos, respectivamente, deputado federal (o mais votado da legenda em São Paulo) e senador. Apesar de tudo, para Maria D'Alva Kinzo, a derrota do MDB não foi unicamente motivada pelas limitações do próprio partido após sofrer tantos expurgos. Para ela, outros fatores ajudaram a vitória da Arena:

> O controle exercido pelo governo sobre o processo eleitoral talvez tenha sido o mais estrito jamais ocorrido no Brasil. A máquina governamental, desde o nível local até o federal, foi extensivamente utilizada para atrair votos para a Arena. Isto fez com que o MDB chegasse a protestar contra a interferência dos governadores estaduais na campanha eleitoral, vista pela oposição como meio de pressão e instrumento de corrupção e violência contra o eleitorado. O clientelismo é, sabidamente, uma característica da história eleitoral brasileira. No entanto, o traço peculiar ao período pós-1964 é o monopólio do uso da máquina governamental, como meio de arregimentação de apoio eleitoral pelas forças políticas que respaldavam o regime.[11]

Visando resgatar alguma credibilidade democrática ao regime, o presidente Ernesto Geisel, cujo mandato havia sido ratificado pelo Colégio Eleitoral em 1974, buscou realizar as eleições parlamentares daquele ano de forma mais liberal. Para isso, aumentou o número de cadeiras na Câmara de 310 para 364, deu acesso ao rádio e à TV a todos os candidatos e proibiu o uso das sublegendas para o cargo de senador (enfraquecendo politicamente a Arena, já que o partido do governo era o que mais sofria com rivalidades locais). Diante da liberalização do pleito, os líderes do MDB acreditavam que poderiam obter uma representação maior no Congresso Nacional, elegendo entre 100 e 130 deputados federais, embora admitissem que já seria uma vitória caso conservassem suas sete vagas no Senado.

Mesmo acreditando que a vitória no pleito seria novamente da Arena, os órgãos de vigilância permaneceram atentos às eleições parlamentares. Com a maioria das organizações ilegais de esquerda já aniquiladas pela repressão policial, o olhar do DOI-CODI se volta para as entidades remanescentes, principalmente o PCB, que não havia defendido a luta armada. Em maio daquele ano, o partido divulga clandestinamente um documento em que defende o apoio dos comunistas aos candidatos do MDB nas eleições de 1974, como forma de dar maior sustentação ao partido opositor ao regime militar, que era

---

[11] KINZO, Maria D'Alva Gil. *Oposição e autoritarismo: gênese e trajetória do MDB: 1966-1979*. São Paulo: Vértice/Editora Revista dos Tribunais, 1988, p. 134-135.

definido pelo PCB, como "fascista". O partido conclama seus membros a ajudarem a eleger candidatos de oposição:

> Participando das eleições, as forças antifascistas poderão eleger senadores e deputados comprometidos com a causa democrática e derrotar os candidatos mais reacionários. Atuando no pleito as forças antifascistas poderão impedir que a ditadura consiga obter, pela repressão e pela demagogia, uma esmagadora vitória nas urnas e proclamar que a maioria dos brasileiros está de acordo com ela. Participando das eleições, os democratas contribuirão para que se acelere o processo de aglutinação da frente patriótica antifascista, capaz de derrotar o regime de traição nacional que oprime os brasileiros.[12]

É difícil medir o quanto o apoio clandestino do PCB teria sido decisivo para a vitória do MDB nas eleições parlamentares de 1974. No entanto, a contribuição dos comunistas foi importante para legitimar, em determinados segmentos sociais, um partido que, no pleito anterior, em 1970, não havia conseguido mostrar uma identidade própria que o diferenciasse da Arena. Atentos a isso, os agentes do DOI-CODI realizaram diversas investigações como forma de tentar descobrir candidatos que tivessem algum vínculo com os comunistas. Em dossiê datado de setembro de 1974, o órgão lista uma série de políticos que teriam ligações com a esquerda ou com membros cassados da antiga ordem política do país, como Jânio Quadros, Carlos Lacerda e João Goulart. Há ainda a preocupação com candidatos que haviam enfrentado algum processo por corrupção. No dossiê, sequer candidatos da Arena e ligados aos órgãos repressores escaparam da vigilância estatal. Esse era o caso de Cantídio Nogueira Sampaio, amigo de membros do aparato repressivo do regime militar,[13] que teria nomeado, em 1967, sua filha, Amarilis Sampaio dos Santos Andrade, chefe de seção da Secretaria de Segurança Pública do Estado de São Paulo, de forma irregular.[14] Segundo o documento, Sampaio também teria defendido, em discurso, operários presos pela Oban, em 1970. Além disso, de acordo com "declarações do estudante Rodolpho Azzi, Cantídio Nogueira Sampaio teria participado de reuniões como 'Defesa do Petróleo', 'Apelo de Estocolmo' e 'Panela vazia', em que se discutia [sic] pontos de vista do PCB".[15]

---

[12] CARONE, Edgard. *O PCB (1964-1982)*. São Paulo: Difel, 1982, v. 3, p. 150.

[13] Sampaio foi autor da Lei n.º 5.941, aprovada pela Câmara Federal em 1973, que permitia a apelação em liberdade dos réus primários, pronunciados ou condenados, sentenciados pela Justiça. O projeto do deputado ficou conhecido como "Lei Fleury", já que beneficiou o delegado Sérgio Paranhos Fleury, pronunciado em processo contra o Esquadrão da Morte, em São Paulo.

[14] Cf. 50-Z-9, 191, 38.719-38.718.

[15] 50-Z-9, 191, 38.718-38.719.

Outros candidatos da Arena listados nos dossiês arquivados na pasta 191 do dossiê 50-Z-9 são: Ítalo Fittipaldi, Raphael Baldacci Filho (cuja ficha, erroneamente, diz que havia sido eleito deputado federal pelo MDB em 1967, quando, na verdade, já integrava os quadros da Arena), João Pedro de Carvalho Neto, Lotf João Bassitt, Antônio Carlos de Salles Filho, Rafael Gioia Martins Jr., Padre Manoel Bezerra de Mello, José Fernando Rocha, João Antônio Lara Valentim, Domingos José Aldrovani, Fauze Carlos, Antônio Mastrocola, Sylvio José Venturolli, Ildélio Martins e Ruy de Almeida Barbosa.[16] Qualquer ligação no passado com comunistas ou com membros da antiga ordem política já era suficiente para que os nomes aparecessem fichados. Assim, Fittipaldi é lembrado por - a exemplo do PCB - ter apoiado Brizola em 1962 e ter convidado a população a participar de *"atos nacionalistas"*. Gioia Jr. havia feito parte, em 1963, de um certo Comitê Executivo da Comissão Estadual Pró-Congresso Continental Solidariedade a Cuba. Rocha pedira uma bolsa de medicina, 13 anos antes, para a Universidade da Amizade dos Povos Patrice Lumumba, famoso instituto de ensino da União Soviética. Barbosa havia participado, no longínquo ano de 1957 - a documentação é datada de 2 de setembro de 1974 -, de um certo "Festival Mundial da Juventude e dos Estudantes pela Paz e Amizade", cuja comissão organizadora teria participação de comunistas.

Outra preocupação recorrente nestes dossiês sobre os candidatos da Arena é em relação à integridade moral do político. Os agentes vasculham a vida dos investigados para descobrir possíveis casos de corrupção. Esse é o caso de Lotf João Bassit, que, de acordo com a documentação, "foi processado em 1969 no Juízo da 2ª Vara Criminal e Cartório do 2º Ofício - Comarca de São José do Rio Preto, em virtude de transação ilícita entre Prefeitura Municipal e uma firma, quando prefeito, incidindo no artigo 1º, inciso XI, e seu parágrafo 1º, última parte do Decreto-Lei nº 201, de 27 de fevereiro de 1967."[17] Qualquer indício de ter participado de improbidade administrativa é quase tão desabonador quanto ter ligações secretas com os comunistas.

Se até os arenistas não escapavam da vigilância do DEOPS, os emedebistas eram os principais alvos de investigações durante o pleito de 1974. Elementos importantes do partido eram apontados como comunistas ou ligados a esses.[18] Esse era o caso, por exemplo, de Antônio Dinaer Guaçu Piteri,

---

[16] Os candidatos da Arena citados aparecem em alguns documentos da pasta 191. Ver: 50-Z-9, 191, 38.887-38.885; 38.830-38.825; 38.721-38.708.

[17] 50-Z-9, 191, 38.721.

[18] Os políticos do MDB que citaremos estão listados em documentos da pasta 191. Ver: 50-Z-9, 191, 38.779-38.778; 38.777-38,776; 38.707-38.703.

que, de acordo com o documento, havia contado com o apoio de elementos de esquerda para se eleger prefeito de Osasco, em 1966, e deputado federal, quatro anos depois. Santilli Sobrinho, que ficara conhecido por ter sido o deputado federal espancado pela polícia durante a invasão da Universidade de Brasília, em 1968, manteria contato com subversivos. O parlamentar chegou a responder IPM (Inquérito Policial Militar) em processo sobre subversão no meio estudantil, mas escapou de cassação no expurgo na Câmara Federal promovido pelo AI-5. Os problemas com a polícia política, porém, não tinham se encerrado. Em 1973, sua secretária havia sido presa e, em seu apartamento, foram encontrados documentos pertencentes ao deputado, classificados como *"subversivos"*. Outro candidato, Amadeu Bruniera, era definido simplesmente como *"inocente útil a serviço do comunismo"*.[19]

Amos Meucci, prefeito de Carapicuíba, eleito em 1968, é outro político do MDB que, segundo a documentação, mantinha um estreito contato com os comunistas. Meucci já havia sido, inclusive, preso duas vezes durante o regime militar; em 1964 e em 1968, por supostas atividades subversivas. Segundo o documento arquivado pelo DEOPS/SP, o político, que não conseguiria ser eleito no pleito de 1974, era uma importante liderança do movimento comunista na Grande São Paulo:

> [Amos Meucci] exerce, de longa data, atividade política esquerdista. Poupado pelo primeiro Governo Revolucionário, não se corrigiu, mantendo suas vinculações com elementos comunistas e radicais e dando prosseguimento às suas atividades subversivas. Apesar de seu baixo nível de instrução (curso primário) e de ser simples motorista profissional, é dotado de qualidades de liderança comprovadas pela sua eleição para prefeito de Carapicuíba.[20]

Muitas vezes, para desqualificar o candidato, eram citados, junto com suas possíveis ligações com o PCB e com seus elementos, processos que o político havia respondido por corrupção (nos relatórios não importava se o indiciado havia sido ou não condenado pelo possível crime). Esse é o caso de Meucci, que, segundo o documento, sofrera duas denúncias graves de improbidade administrativa em 1970. O prefeito fora processado por emprego irregular de verba pública e por alienação de bem sem autorização da Câmara Municipal e também teria cobrado propina para legalizar peruas que faziam o serviço de lotação na cidade.

---

[19] 50-Z-9, 191, 38.707.

[20] 50-Z-9, 191, 38.767.

Em um dossiê sem data, mas provavelmente produzido antes das eleições de 1974, intitulado "Atuação do PCB em apoio ao MDB", o DOI-CODI estuda mais detalhadamente a infiltração dos comunistas na via política legal. O relatório lembra que, desde 1954, o partido - já na ilegalidade - era favorável à participação eleitoral e contrário à pregação de voto nulo, defendida por outros agrupamentos de esquerda. As investigações do DEOPS já haviam descoberto a diretiva do partido de pregar voto no MDB em troca de apoio a algumas de suas propostas, como a anistia aos presos políticos, o fim da censura à imprensa, a volta do *habeas corpus* (que havia sido extinto pelo AI-5) e o combate à política de concentração de renda e ao arrocho salarial. Segundo o documento, desde 1969, o PCB mantinha vínculos com o MDB e vários de seus parlamentares, a maioria deles eleitos no pleito legislativo daquele ano, contavam com apoio ou tinham ligações com os comunistas. O documento cita alguns políticos importantes ou em ascensão no MDB como, por exemplo, Orestes Quércia, Franco Montoro, Oscar Pedroso Horta, Marcelo Gato, Tancredo Neves, Itamar Franco e José Alencar Furtado, deputado paranaense que seria cassado em 1977 justamente por suas críticas ao aparato repressivo. O dossiê não deixa de listar até elementos da própria Arena que teriam contato com o partido, como o senador José Sarney, do Maranhão. O partido também havia procurado Herbert Lévy, liderança da Arena em São Paulo, mas não havia obtido apoio. Segundo o levantamento, o PCB havia participado ou influenciado na eleição de pelo menos 11 Estados brasileiros: São Paulo, Guanabara, Rio de Janeiro, Minas Gerais, Rio Grande do Sul, Santa Catarina, Pernambuco, Bahia, Ceará, Maranhão e Goiás.[21] Segundo o relatório, a atuação do PCB em favor do MDB nas eleições de 1974 só havia sido frágil em dois Estados em que esse partido havia atuado nas eleições:

> Surgiram dois maiores problemas quanto às eleições: o primeiro foi na GB, onde muitos militantes do PCB resistiram ao apoio à candidatura ao Senado de Danton Jobim, por ser ele ligado ao Governador Chagas Freitas, o

---

[21] Além dos citados, são listados como políticos com ligação, militância ou apoio do PCB: Alberto Goldman, Nelson Fabiano, Del Bosco do Amaral, Guaçu Piteri, Frederico Brandão, Jorge Moura, Délio dos Anjos, Danton Jobim, Lisâneas Maciel, J.G. de Araújo Jorge, Barbosa Lima Sobrinho, Nelson Carneiro, Hélio de Almeida, Moreira Franco, Jarbas Vasconcelos, Tales Ramalho, Sérgio Murilo Santa Cruz, Armando Monteiro Filho, Roberto Freire, Marcos Cunha, Fernando Coelho, Pinheiro Machado, Paulo Brossard, Alceu Colares, Pedro Simon, Nadir Rossetti, Amauri Muller, Marcos Tito, José Maria Alkmin, José Aparecido de Oliveira, Raul Belém, Magalhães Pinto, Francisco Pinto, Domingos Leonelli, Paes de Andrade, Evilásio Vieira e Lázaro Barbosa. 50-Z-9, 198, 40.206-40.177. A data de arquivamento do documento é 16 de setembro de 1975, mas a sua produção, provavelmente, havia sido feita no ano anterior.

segundo no Maranhão, onde os comunistas nada fizeram para que o MDB lançasse um candidato ao Senado.[22]

O pouco apoio a Jobim, eleito com a expressiva marca de cerca de 1,25 milhão de votos, devia-se ao bom relacionamento de seu patrono político, Chagas Freitas, com o governo federal. Apesar de membro do MDB, Freitas não fazia uma oposição forte aos militares, além de ser um notório anticomunista. No Maranhão, provavelmente pesou o bom relacionamento com o senador Sarney, embora o político não tenha disputado aquela eleição. A vitória retumbante do partido oposicionista no pleito de 1974 causaria mais mudanças casuísticas na legislação eleitoral. Nas eleições daquele ano, o partido da oposição conseguiu, com decisivo apoio dos comunistas ou não, aumentar sua bancada de 87 para 160 deputados federais, além de conquistar 16 das 22 vagas ao Senado em disputa. A legenda também havia obtido maioria nas Assembléias Legislativas de seis Estados. A vitória do MDB na disputa mostrou que o bipartidarismo, se havia enfraquecido a oposição nos pleitos anteriores, nas eleições de 1974 tinha dado um caráter plebiscitário à disputa. A derrota eleitoral serviu para alertar o governo federal de que haveria outro iminente fracasso político nas eleições seguintes caso a lei eleitoral permanecesse a mesma. Nas eleições de 1978, seriam renovados dois terços das vagas no Senado, os quais poderiam dar ao MDB a maioria na casa, dificultando a vida do Poder Executivo. Com seu desempenho crescente nas urnas, o partido de oposição também elegeria maioria na Câmara Federal.

Para evitar o fiasco, o presidente Ernesto Geisel agiu rápido. No primeiro semestre de 1977, o governo federal editou o chamado Pacote de Abril, o qual estabeleceu várias mudanças. As eleições para governador de 1978 continuariam sendo indiretas, mas o Colégio Eleitoral foi alterado. Além das Assembléias Legislativas, haveria uma representação de cada Câmara Municipal do Estado (haveria um delegado para cada 200 mil habitantes do município, com um mínimo de dois delegados por cidade). Com isso, a Arena garantiria vitória na maioria dos Estados, já que dominava as prefeituras das cidades menores (apenas no Rio de Janeiro o MDB contava com a maioria nas administrações municipais). Para limitar a renovação do Senado, o governo federal estabeleceu que esse mesmo Colégio Eleitoral dos Estados elegeria um dos senadores para a nova legislatura. O outro sairia das eleições diretas. Para garantir maioria para a Arena também no Congresso Nacional, os Estados tiveram sua representatividade alterada. As bancadas estaduais voltaram a ser basea-

---

[22] 50-Z-9, 198, 40.203.

das na população e não mais no número de eleitores, como fora nas eleições de 1970 e 1974. Os Estados teriam o número mínimo de seis deputados federais e o máximo de 55. Por esse novo processo, apenas São Paulo foi prejudicado, já que o Estado estacionou sua bancada em 55 deputados federais. Todas as demais unidades da federação aumentaram o seu número de representantes na casa. A Câmara Federal cresceu em tamanho. Agora comportava 420 deputados, 56 a mais que na legislatura anterior. Para Maria Helena Moreira Alves, as medidas impostas pelo Pacote de Abril trouxeram poucas vantagens aos militares:

> Embora as intrincadas formas de controle eleitoral tenham acarretado menor perda de legitimidade do que teria resultado de medidas mais explícitas de coerção, o fechamento do Congresso prejudicou as intenções de legitimação das medidas adotadas e a própria política de distensão. A oposição não deixou de apontar as contradições entre as medidas de controle e os declarados objetivos de busca de uma forma democrática de governo.[23]

Por outro lado, Thomas Skidmore[24] acredita que o Congresso Nacional recuperou parte de sua legitimidade logo em seguida ao Pacote de Abril, com a aprovação do divórcio. A proposta, defendida pelo senador Nelson Carneiro havia décadas, acabou aprovada em decorrência direta das medidas impostas por Geisel, que alterou a representação para se aprovar uma emenda à Constituição. Anteriormente, era necessário a aquiescência de dois terços dos deputados federais. Sob a nova legislação, bastaria a maioria simples para a aprovação da mudança.

Embora as alterações para alguns autores tenham tido efeitos reduzidos,[25] serviram para deter o avanço da oposição. Nas eleições de 1978, o MDB conquistou 189 cadeiras na Câmara Federal. O partido do governo manteve a maior bancada, com 231 representantes. Mas foi no Senado que o favorecimento da nova lei ficou gritante. Ao contrário de quatro anos antes, quando havia sofrido uma grande derrota, a Arena conseguiu eleger, no pleito seguinte, 15 dos 23 novos senadores. Com isso, manteve a maioria na casa. Mas, se o MDB não conseguiu avançar nas eleições de 1978, ficou claro para o governo que seu teste nas urnas estava ficando cada vez mais difícil. O partido de oposição

---

[23] ALVES, Maria Helena Moreira. *Estado e oposição no Brasil (1964-1984)*. Petrópolis: Vozes, 1984, p. 195-196.

[24] SKIDMORE, Thomas. *Brasil: de Castelo a Tancredo*. 5ª ed. Rio de Janeiro: Paz e Terra, 1988, p. 374.

[25] Em uma tabela detalhada comparando as duas leis eleitorais, David Fleischer estabelece que o Pacote de Abril garantiu à Arena só quatro deputados federais a mais. Ver: FLEISCHER, David. *Manipulações casuísticas do sistema eleitoral durante o período militar, ou como usualmente o feitiço se voltava contra o feiticeiro*. In: D'ARAÚJO, Maria Celina; SOARES, Gláucio Ary Dillon (orgs.). *21 anos de regime militar: balanços e perspectivas*. Rio de Janeiro: Editora da Fundação Getulio Vargas, 1994, p. 177-179.

venceu a disputa para o Senado nos Estados mais populosos e industrializados (São Paulo, Rio de Janeiro, Minas Gerais, Rio Grande do Sul, Paraná e Santa Catarina, além de Goiás e Paraíba). Além disso, obteve votação maior em quase todas as capitais, restringindo-se a preferência pelos candidatos da Arena para as cidades menores e mais conservadoras, onde a base clientelista do Estado ainda era muito forte.

Cabe aqui uma ressalva em relação à documentação pesquisada por nós (50-Z-9). Em 1975, após uma reestruturação do DEOPS/SP, em que o Serviço de Informações do órgão passou a chamar-se Divisão de Informações, há uma alteração no arquivamento da documentação referente a partidos políticos. Esses relatórios passam a ser agrupados junto com as diversas entidades da sociedade civil e dos movimentos sociais (estudantes, feministas, negro, etc) nos dossiês 21-Z-14 (abarcando o período de 1975 a 1983) e 20-C-44 (para os anos de 1979 a 1983). A documentação referente a partidos políticos só reaparece no dossiê 50-Z-9 após o fim do bipartidarismo, em 1979.

Ciente de que, gradativamente, perdia o apoio da sociedade, o governo militar, além de controlar o processo de abertura política, com a revogação do AI-5 e a anistia política, irá promover outra alteração significativa no quadro partidário. Visando fragmentar a oposição e, com isso, enfraquecê-la, o executivo propõe, no final de 1979, a lei que permite novamente o pluripartidarismo. De início, seis partidos se constituem no início de 1980: o PDS (formado, em sua maioria, por integrantes da antiga Arena), o PMDB (surgido como evolução natural do MDB), o PP (que agrupou conservadores do MDB e liberais da Arena), o PTB (vinculado à tradição varguista), o PDT (organizado em torno da liderança do ex-governador gaúcho, Leonel Brizola, que disputara o legado trabalhista com o grupo político de Ivete Vargas, mas perdera o uso da legenda por decisão do TSE) e o PT (formado basicamente por três segmentos sociais: líderes sindicais, intelectuais marxistas e integrantes de movimentos populares ligados à Igreja Católica).

Com a oposição enfraquecida, o PDS, novo partido do governo, obteve maioria simples nas duas casas legislativas, com 215 deputados e 36 senadores. O grande teste para o fim do regime militar seria a disputa eleitoral de 1982 quando, de acordo com a Emenda Constitucional nº 15, de 19 de novembro de 1980, haveria a escolha direta de governadores, deputados, prefeitos (para as localidades que não estivessem impedidas de fazê-lo) e vereadores. Mas a engenharia política do governo federal ainda promoveria outra alteração para as eleições. Em 19 de janeiro de 1982, é aprovado, por decurso de prazo, a Lei nº 6.978, que estabelecia o voto vinculado, ou seja, o eleitor tinha que escolher apenas políticos do mesmo partido, sob pena de anulação do voto, e obrigava as legendas a lançarem candidatos para todos os cargos de cada Estado, caso quisessem concorrer nas eleições daquela unidade da federação. Por considerar-se diretamente prejudicado pela nova medida, o PP decide por sua incorporação ao PMDB. O novo quadro político surge assim, ao contrário do que pretendiam os reformistas do governo, basicamente como um modelo bipartidário, já que PDS e PMDB, na prática, quase monopolizavam o parlamento, enquanto PT, PTB e PDT, ainda sem estrutura nos Estados, tinham pouca representatividade.

A maior liberalização política era vista com preocupação pelos órgãos repressores. Com a volta dos anistiados a partir de 1979, ficava cada vez mais difícil controlar as atividades de antigos presos políticos e militantes de grupos clandestinos de esquerda. Gradativamente, esses elementos se vinculavam aos novos partidos ou reestruturavam velhas organizações. Os principais alvos de investigação eram o PCB e o MR-8 (Movimento Revolucionário 8 de Outubro), que ainda mantinham alguma organização, apesar de toda a repressão policial sofrida na década de 70. O mais antigo partido comunista do país, o PCB conseguiu preservar alguma representação, mesmo no período mais repressivo do regime militar, por não ter defendido a luta armada. Apesar de também ser alvo do aparato repressivo, o partido de Luiz Carlos Prestes gradativamente foi perdendo importância aos olhos dos militares diante da multiplicação de ações armadas guerrilheiras de diversas organizações clandestinas, entre as quais estava o MR-8. A entidade havia sobrevivido à repressão mais dura, ocorrida entre os anos de 1969 e 1973, mas tinha pouca representatividade. Um golpe quase mortal na organização veio com a morte do ex-capitão do exército Carlos Lamarca, em 1971. Antigo militante da VPR (Vanguarda Popular Revolucionária), Lamarca havia ingressado no MR-8 na tentativa de formar uma guerrilha rural no país. A partir dessa derrota, porém, o grupo passou a rever algumas posições, deixando a luta armada de lado e atuando nos movimentos sociais que pediam a redemocratização do país. Em meados da década de 70, o MR-8 se fortaleceu na Bahia com o ingresso de antigos militantes da AP (Ação Popular), agrupamento surgido na década de 60, inicialmente vinculado à Igreja Católica, que acabou absorvido pelo PC do B. Em seguida, o MR-8 conseguiu se articular novamente em outros Estados, principalmente em São Paulo e no Rio de Janeiro, onde iniciou sua atuação partidária.

O PCB, mesmo na ilegalidade, buscou alianças com membros de partidos oposicionistas simpáticos a suas bandeiras, enquanto o MR-8 se integrou ao PMDB. O partido comunista, de acordo com apuração dos agentes da polícia política, apoiava, nas eleições de 1982, candidatos de pelo menos oito Estados brasileiros: São Paulo, Rio de Janeiro, Rio Grande do Sul, Bahia,

Pernambuco, Paraíba e Sergipe. Entre os candidatos vinculados ao PCB aparecem Alberto Goldman, Marcelo Gato e Roberto Freire.[26] Em outro documento, os agentes apontam vários parlamentares do PMDB como políticos com militância no PCB. Entre os citados, aparecem novamente Goldman e Freire.[27]

Segundo documentação arquivada no DEOPS/SP,[28] o MR-8 participou ativamente da campanha de três candidatos a governador: Franco Montoro (São Paulo) e Jáder Barbalho (Pará), que acabaram eleitos, e Pedro Simon (Rio Grande do Sul), derrotado no pleito pelo candidato do PDS, Jair Soares. As atividades do MR-8 não se restringem mais ao apoio clandestino. Segundo relata a documentação, o agrupamento também promove festas com o objetivo de arrecadar fundos para os candidatos apoiados pelo grupo, como o "Grito Carnavalesco", no dia 23 de janeiro de 1982, no Royal Clube, em São Paulo, com o intuito de ajudar na campanha de Ricardo Zaratini Filho a deputado federal,[29] ou um show com a sambista Beth Carvalho, em 11 de setembro do mesmo ano, em Cuiabá (MT), para beneficiar a candidatura de Dante de Oliveira, deputado que, eleito, seria o autor da emenda constitucional derrotada que propunha eleições diretas para presidente em 1984.[30] O MR-8, segundo a documentação, também teria participação na vida política, já que dois de seus apontados membros haviam sido eleitos para cargos públicos: Antônio Carlos Nunes, vereador carioca, e Raymundo Theodoro Carvalho de Oliveira, deputado estadual pelo Rio de Janeiro.[31]

Mas o PT, embora ainda com organização modesta, é um dos partidos que mais trazem preocupações aos órgãos de vigilância. Alguns de seus membros, como José Genoino Neto, militante do PC do B preso na guerrilha do Araguaia, têm seus passos rigorosamente seguidos. Um agente acompanha uma palestra do ex-guerrilheiro e se mostra bastante temeroso de suas idéias: "[José Genoino] É contrário a [sic] tomada pacífica do poder pelo voto não acredi-

---

[26] Cf. 50-Z-9, 223, 44.689-44.688. Também são citados no documento: Marcelo Cerqueira, Antônio Modesto da Silveira e Hércules Correia dos Reis (RJ); Antônio Tidei de Lima, Antônio Resk, Marcelo Gatto e Luiz Tenório de Lima (SP); Lauro Hageman, Júlio de Souza Teixeira e Elias Guazelli (RS); Marcelo Cordeiro (BA); Júlio César Ramalho Ramos (PB) e Jackson Barreto Lima (SE).

[27] 50-Z-9, 223, 44.615-44.614. A lista inclui ainda os deputados federais Antônio Modesto da Silveira e Marcelo Cerqueira (RJ); os deputados estaduais Antônio Resk, Antônio Tidei de Lima, Robson Marinho e Luiz Carlos Santos (SP); José Alves de Brito e Heloneida Studart (RJ); Domingos Leonelli Neto e Luciano Ribeiro Santos (BA); Hugo Martins Gomes (PE) e Roberto Moaccar Orro (MS); e os vereadores Plínio Barbosa Martins (Campo Grande - MS) e José Maria de Barros Pinheiro (Fortaleza - CE).

[28] 50-Z-9, 222, 44.433.

[29] Cf. 50-Z-9, 224, 44.751.

[30] Cf. 50-Z-9, 225, 45.134.

[31] 50-Z-9, 223, 44.614.

tando em Eleições já que a seu ver o PODER CENTRAL não será abalado com votos esparsos de GOVERNOS a nível Estadual".[32]

Embora o Brasil estivesse próximo de restaurar sua normalidade democrática, e os agrupamentos que pregavam a luta armada tivessem sido extintos, sua ameaça, para o aparato repressivo, ainda era premente. Sem um perigo iminente, no qual o fantasma da revolução comunista sempre foi o que despertou maiores temores, a grande máquina burocrática, criada pelo Estado para impor a ordem social, perderia a função de existir. Anistiado em 1979, Genoino tem um passado que, aos olhos da polícia política, ainda o condena. Para a repressão, apesar de ser candidato a um cargo eletivo, suas idéias de tomada do poder pelas armas não haviam mudado. Em outra palestra proferida em Jundiaí, no interior de São Paulo, no dia 28 de setembro de 1982, as falas do político recebem o apoio da platéia. Mas esse assentimento, de acordo com o agente que escreve o relatório, é artificial e forçado: "Elementos infiltrados na assistência faziam perguntas ao ex-guerrilheiro, interrompendo dessa forma a palestra com jargões adrede preparados, rebuscados de proselitismo comunista".[33]

Surgido após as lutas operárias no ABC paulista no final da década de 70 e contando com uma base ligada ao sindicalismo, além do apoio de intelectuais, de artistas e de alguns setores da Igreja Católica, a nova legenda é vista como extremamente perigosa pelo aparato repressivo. Congregando muitos ex-militantes de organizações guerrilheiras atuantes na década de 70, o partido poderia, segundo o DEOPS, desestabilizar a política de abertura do governo federal, ao radicalizar suas posições:

> [O PT é] o Partido-Frente (legal) do trotskismo brasileiro, principalmente dos militantes da OSI [Organização Socialista Internacionalista] e CS [Convergência Socialista], que dominam grande quantidade de suas bases. Em 08AGO81, foi eleita sua Diretoria Nacional composta de 92 dirigentes, dos quais 73 (80%) militaram em todas as organizações subversivas atuantes na década de 70, com exceção do PCB.[34]

---

[32] Cf.: 50-Z-9, 225, 45.233.

[33] Cf.: 50-Z-9, 225, 45.197.

[34] 50-Z-9, 223, 44.614-44.613. A OSI, conhecida no movimento estudantil como Liberdade e Luta, era formada por remanescentes do Grupo 1° de Maio e da Fração Bolchevique Trotskista (FBT). Foi absorvida pelo PT e, no interior deste, formou a base para a tendência O Trabalho, que atua até hoje no partido. Já a Convergência Socialista, criada por remanescentes da FBT, inicialmente sob o nome de Liga Operária, acabou expulsa do PT. Posteriormente, em 1994, formou um novo partido, o PSTU (Partido Socialista dos Trabalhadores Unificado). Ver: RIDENTI, Marcelo. *Ecos de Trotsky na esquerda armada brasileira, 1964-1974*. *Estudos de Sociologia* (Faculdade de Ciências e Letras da Unesp de Araraquara), 2 (2), 1997, p. 93-95.

Se a infiltração de organizações de esquerda com alguma estrutura, como era o caso do PCB e do MR-8, nos partidos legais ainda é visível, fica cada vez mais difícil de investigar a incorporação, nos partidos legais, de antigos militantes de organizações clandestinas extintas. Em relatório sobre o PDT, por exemplo, o agente descobre que, entre seus seguidores, havia ex-membros da ALN, da VPR, do MNR (Movimento Nacional Revolucionário), da VAR-Palmares (Vanguarda Armada Revolucionária Palmares) e das antigas ligas camponesas. Com tudo isso, o agente chega a uma conclusão aterradora para a época:

> Cabe a esta AI [Agência de Informações] ressaltar que a 'dupla militância' não se restringe apenas ao campo político. As vantagens dessa tática do MCB [Movimento Comunista Brasileiro] também são exploradas intensivamente nos Movimentos Sindical e Estudantil e nas dezenas e dezenas de Organizações de Massa que, proliferando dia a dia, dificultam cada vez mais o acompanhamento da subversão.[35]

A visão recorrente nessa documentação, após tantas derrotas dos agrupamentos de esquerda e do massacre que haviam sofrido os grupos guerrilheiros na década de 70, é a de alerta contra um perigo iminente de revolução e de novos ataques ao governo instituído, valorizando substancialmente o poder de fogo do inimigo. A gradativa restauração da normalidade democrática é vista como excessivamente liberal, dando oportunidade para que figuras banidas da vida política brasileira pudessem retornar à militância. Mesmo extintas, organizações como ALN, VPR e VAR-Palmares são vistas ainda como atuantes, graças à inserção gradual de seus ex-militantes na nova realidade política brasileira. Ao conceder a possibilidade de que esses personagens não mais atuassem clandestinamente, mas se vinculassem, sob a vista de todos, aos diversos partidos políticos e aos movimentos sociais que emergiam no início da década de 80, o governo perdia sua força de coerção. Com tanta diversidade e atuando às claras, fica a cada dia mais difícil acompanhar e controlar as ações desses personagens diante da quantidade de entidades atuando livremente no período.

Ao anunciar e conduzir o processo de distensão e de abertura, o presidente Geisel - e, posteriormente o presidente Figueiredo - trouxe à tona um conflito que existia no interior das Forças Armadas e de seus aliados. Parte da corporação simplesmente queria repassar logo o poder aos civis. Por outro lado, havia um grupo, no qual figuravam vários oficiais e até civis trabalhando no

---

[35] 50-Z-9, 223, 44.613. São citados, entre outros: Domingos Fernandes, Tânia Regina Fernandes e Eduardo Fayal de Lyra (ALN), Alfredo Sirkis (VPR), Vânia Amoretty Abrantes (VAR-Palmares), Adão Manoel Nunes Pereira (PCB), Leonel Brizola (MNR) e Francisco Julião (Ligas Camponesas).

aparato repressivo, que não queria perder o poder e a importância conseguida durante o regime militar. Temerosos com o futuro do órgão ao qual haviam se vinculado, relatavam as atividades políticas do país como se fosse premente um perigo de subversão da ordem, que, em momento algum durante o regime militar chegou a ser seriamente ameaçada. Para esses, conforme anotou Alfred Stepan, durante a Abertura e até o final do regime militar, "os conflitos sociais colocavam ameaças para a segurança interna e para o desenvolvimento nacional e, portanto, precisavam ser reprimidos".[36]

O final do regime militar e o ocaso do DEOPS é acompanhado pela perda do controle total da transição democrática. Em 1982, o PDS sofre derrotas significativas nos principais Estados da federação. Se a emenda Dante de Oliveira é rejeitada pelo Congresso, em 1984, por apenas 22 votos, o governo já sofria com o desgaste provocado pela inflação, pela estagnação do crescimento econômico e pelo arrocho salarial. Seu último revés seria a derrota, no Colégio Eleitoral, em 1985, de seu candidato, Paulo Maluf, que já nem contava com o apoio do presidente João Batista Figueiredo.

Conclusão

Embora mais severa com as organizações clandestinas de esquerda, a vigilância dos órgãos repressores do regime militar, representados neste trabalho pelo DEOPS/SP, Oban e DOI-CODI, sempre deu atenção às atividades políticas realizadas pelos partidos legalizados e por seus principais membros. Se conseguiu aniquilar os grupos que pregavam a luta armada, considerados sua ameaça mais premente, o governo militar não obteve o mesmo sucesso nas urnas, nem com as limitações impostas pelas constantes mudanças nas leis eleitorais. As vitórias da oposição, principalmente nas eleições de 1974 e 1982, enfraqueceram a legitimidade do regime autoritário, guindado ao poder em 1964. Se era mais fácil combater os agrupamentos de esquerda, que preconizavam a luta armada, isolando-se do resto da sociedade, foi muito mais complicado controlar as atividades políticas, com sua margem legal, organizadas pelo PCB e, já na década de 80, também pelo MR-8. Se é difícil (ou quase impossível) medir a eficácia dessas organizações e seu papel nas vitórias da oposição nas eleições, é inegável que, não criando uma redoma intransponível em torno de si, puderam sobreviver para, ainda razoavelmente estruturadas, poderem desempenhar um papel mais importante nas eleições diretas de 1982, as últimas realizadas sob a tutela militar.

---

[36] STEPAN, Alfred. *Os militares: da Abertura à Nova República*. Rio de Janeiro: Paz e Terra, 1986, p. 39.

A vigilância do DEOPS/SP, em seus estertores, foi cada vez mais dificultada pela constante liberalização vinda com a Abertura e com a anistia geral, a qual também beneficiou elementos do próprio aparato repressivo, e pelos limites impostos à atuação da polícia política. Embora com pouca representatividade após a derrocada dos movimentos que pregavam a luta armada, pouco a pouco, seus sobreviventes foram se incorporando aos novos partidos e movimentos sociais que iam surgindo. Gradativamente, tornou-se impossível de controlar o que um agente do órgão repressor chamou exageradamente de *"dupla militância"*. A maioria das organizações clandestinas citadas pela documentação como atuantes já nem existia mais. O novo quadro político, substituindo o bipartidarismo, que havia sido implantado de modo artificial, deu bases de sustentação a uma democracia, que, se ainda tem muito a ser aperfeiçoada, mostra sinais de uma estabilidade partidária maior. A maioria das legendas dominantes no Congresso Nacional neste começo de milênio são de agrupamentos políticos surgidos com a reforma partidária de 1980 ou de suas dissidências. Se ainda o poder econômico atua de maneira importante nos pleitos, ao menos há uma diversidade e uma liberdade maior de tendências no quadro eleitoral brasileiro.

IMAGENS DO ACERVO DEOPS/SP

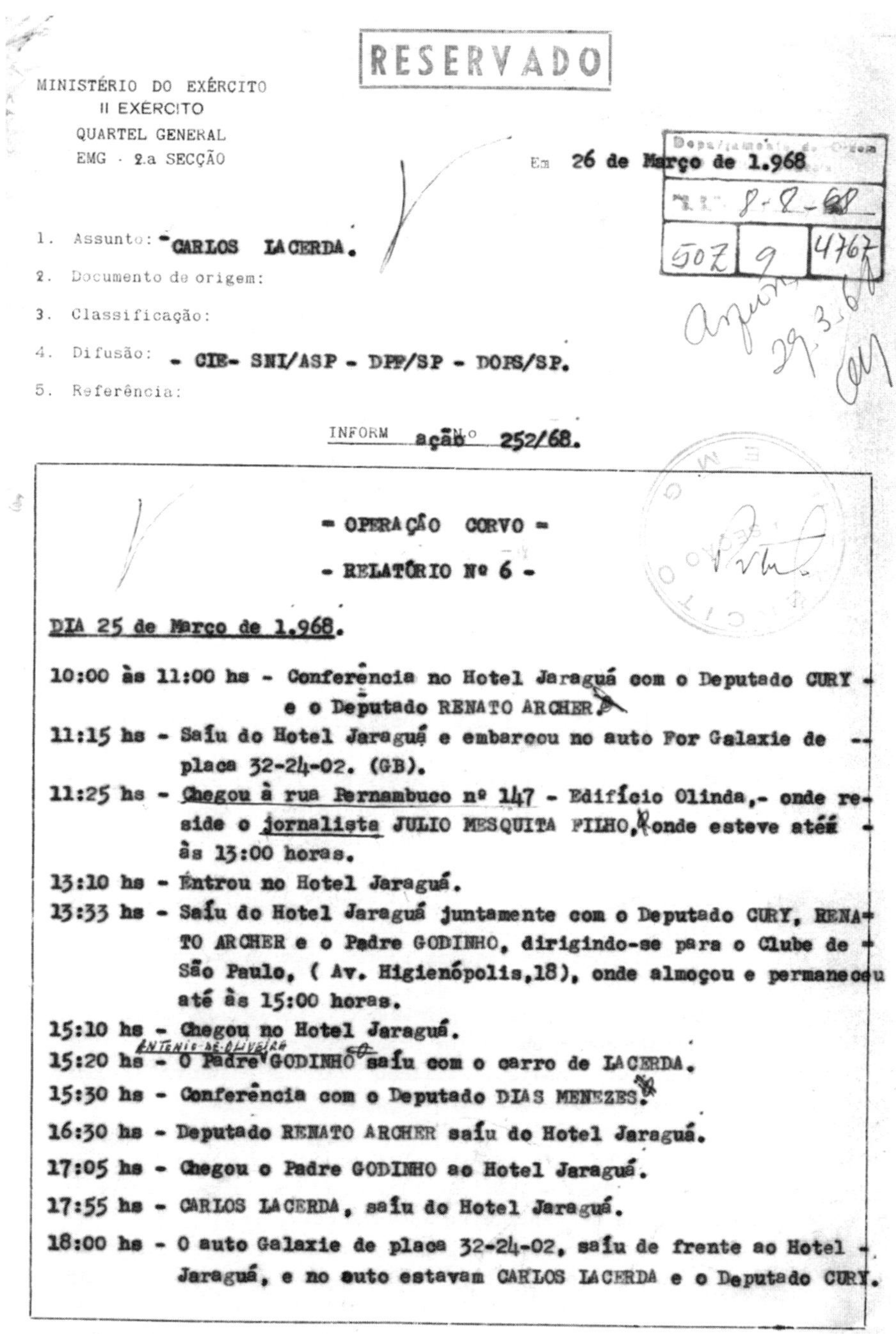

RESERVADO

MINISTÉRIO DO EXÉRCITO
II EXÉRCITO
QUARTEL GENERAL
EMG - 2.a SECÇÃO

Em 26 de Março de 1.968

1. Assunto: - CARLOS LACERDA.
2. Documento de origem:
3. Classificação:
4. Difusão: - CIE- SNI/ASP - DPF/SP - DOPS/SP.
5. Referência:

INFORMAÇÃO Nº 252/68.

- OPERAÇÃO CORVO -

- RELATÓRIO Nº 6 -

DIA 25 de Março de 1.968.

10:00 às 11:00 hs - Conferência no Hotel Jaraguá com o Deputado CURY - e o Deputado RENATO ARCHER.

11:15 hs - Saiu do Hotel Jaraguá e embarcou no auto For Galaxie de -- placa 32-24-02. (GB).

11:25 hs - Chegou à rua Pernambuco nº 147 - Edifício Olinda,- onde reside o jornalista JULIO MESQUITA FILHO, onde esteve até - às 13:00 horas.

13:10 hs - Entrou no Hotel Jaraguá.

13:33 hs - Saiu do Hotel Jaraguá juntamente com o Deputado CURY, RENATO ARCHER e o Padre GODINHO, dirigindo-se para o Clube de - São Paulo, (Av. Higienópolis,18), onde almoçou e permaneceu até às 15:00 horas.

15:10 hs - Chegou no Hotel Jaraguá.

15:20 hs - O Padre GODINHO saiu com o carro de LACERDA.

15:30 hs - Conferência com o Deputado DIAS MENEZES.

16:30 hs - Deputado RENATO ARCHER saiu do Hotel Jaraguá.

17:05 hs - Chegou o Padre GODINHO ao Hotel Jaraguá.

17:55 hs - CARLOS LACERDA, saiu do Hotel Jaraguá.

18:00 hs - O auto Galaxie de placa 32-24-02, saiu de frente ao Hotel - Jaraguá, e no auto estavam CARLOS LACERDA e o Deputado CURY.

"Operação Corvo": utilizando o apelido depreciativo pelo qual era conhecido Carlos Lacerda, o II Exército segue os passos do político durante atividades políticas em São Paulo, no dia 25 de março de 1968. Como um dos articuladores da Frente Ampla, Lacerda era um dos principais alvos da vigilância dos militares. Localização: 50-Z-9 (27) , doc. N.º 4.767. Data de Arquivamento: 8/08/1968.

CONFIDENCIAL

MINISTÉRIO DO EXÉRCITO
CMDO II EX - 2.a SEÇÃO

São Paulo-SP., 14 JUL 1982

INFORME N.o 004/82/E243

1. ASSUNTO: PALESTRA DE JOÃO AMAZONAS DE SOUZA PEDROSO
2. ORIGEM: OPERAÇÃO GUARANI
3. AVALIAÇÃO: A-2
4. DIFUSÃO: CIE - CISA - II Ex - IV COMAR - DOPS/SP - 2ª DE
5. DIFUSÃO ANTERIOR:
6. REFERÊNCIA:
7. ANEXO:

O DESTINATÁRIO É RESPONSÁVEL PELA MANUTENÇÃO DO SIGILO DESTE DOCUMENTO (ART 12 DO RSAS - DEC 79099 DE 6 JAN. 77).

O marginalizado iniciou às 10:00 horas do dia 12 Jul 82 no Ciclo Básico/UNICAMP sua palestra, acompanhado por JOSÉ DUARTE DO LAGO PACHECO PEREIRA e conduzido por ROGÉRIO de Tal, estudante.

JOÃO AMAZONAS expôs que o Capitalismo é um sistema que está agonizando, isto é morrendo, e está sendo dada a ele a extrema-Unção.

Cada vez mais floresce o Socialismo, que é uma transição / para o Comunismo.

Criticou o Socialismo Soviético, dizendo que alí na Rússia não existe Socialismo, mas sim acordos com o Bloco Capitalista.

O Socialismo, nasce, nos países mais pobres.

Explicou que LENIN, é que tinha as bases para o Socialismo, o stalinismo, deturpou toda revolução bolchevique, e que o verdadeiro Socialismo existe na ALBÂNIA.

Em outros países existem acordos com os blocos capitalistas.

Criticou o Socialismo de MITERAN, na França, dizendo ser "é um acordo com a burguesia francesa".

O Partido Comunista Italiano quer implantar um Socialismo em acordos com a burguesia.

Quanto à Polônia, o Solidariedade, mostra que o povo Polonês não está satisfeito com a União Soviética, que há um Imperialismo da URSS, e que todo bloco que quer imperializar, não tem realmente um verdadeiro Socialismo.

Disse do Socialismo, que é preciso ser feito através de uma revolução. Socialismo é a revolução do proletariado, verdadeiro Socialismo é a ditadura do proletariado.

Aqui no BRASIL, só existe um Partido Comunista, que é o

"Operação Guarani": agente do II Exército acompanha a palestra do líder do PC do B, João Amazonas, proferida na Unicamp, em 12 de julho de 1982. Com a abertura e o multipartidarismo, Amazonas prega voto ao PMDB, na sua visão, o verdadeiro partido oposicionista. Localização: 50-Z-9 (224) , doc. N.º 4.968. Data de Arquivamento: s/d.

S.G. - S.S.P. - Mod. 27

SECRETARIA DE ESTADO DOS NEGÓCIOS DA SEGURANÇA PÚBLICA
DEPARTAMENTO EST DE ORDEM POLITICA E SOCIAL=DOPS=
POLÍCIA CIVIL DE SÃO PAULO
GABINETE DO DELEGADO DE POLICIA CHEFE

MLAS/

Registro	:	1121/81
Despacho	:	020/81
Natureza	:	Of.nº32/81
Procedência	:	2º AUDITORIA da 2º C.J.M.
Interessado	:	DOPS.
Assunto	:	Comunica autorização de viagem ao Exterior para Luiz Inácio da Silva

À DIVISÃO DE ORDEM SOCIAL, solicitando-se cientificar à Divisão de Estrangerios e Passaportes, Setores de Fiscalização dos Aeroportos de Congonhas e Viracopos.

DOPS, 12 de Janeiro de 1981.

ROMEU TUMA
DELEGADO DE POLICIA CHEFE DO DOPS

O delegado-chefe do DEOPS, Romeu Tuma, comunica à Divisão de Estrangeiros e Passaportes a autorização ao líder operário Luiz Inácio Lula da Silva para viajar ao exterior. Lula foi à Inglaterra, Suíça, França, Alemanha, Itália e Holanda para proferir palestras sobre o movimento sindical brasileiro. Localização: 50-Z-9 (221), doc. N.º 44.098. Data de Arquivamento: 10/03/1981.

Manifestação em defesa da Amazônia, realizada no dia 5 de setembro de 1979, na Praça da Sé (São Paulo). Localização: 50-Z, doc. N.º 015.368. Data de Arquivamento: 1/02/1980.

Florestan Fernandes em homenagem póstuma à memória de Roger Bastide, realizada no Grêmio Recreativo e Cultural Coimbra, em São Paulo, no dia 23 de maio de 1974. Localização: 50-Z-0, doc. N.º 13.452. Data de Arquivamento: 18/07/1974.

S.G. - S.S.P. - Mod. 8

SECRETARIA DE ESTADO DOS NEGÓCIOS DA SEGURANÇA PÚBLICA

POLÍCIA CIVIL DE SÃO PAULO

DIVISÃO DE INFORMAÇÕES - CPI - DOPS

"MOVIMENTO"

jornal semanário da empresa "Edição S/A., Editora de Livros Jornais e revistas"

52-Z-0-20.070

No pedido de Busca nº 101, da "2ª Secção do II Exercito, de 25/04/77, consta o seguinte: -

Em 8/04/75, os seguintes elementos jornalistas constituiram a Empresa Edição S/A, Editora de Livros, Jornais e Revistas, responsavel pela edição do semanário "Movimento", sob censura prévia e com capital social de Cr.$1.000.000,00 (um milhão de cruzeiros) divididos em 20.000 ações, subscrita da seguinte forma: -

a) LUIZ MARCOS DE MAGALHÃES GOMES (prontuário nº 1827 anexo) subscreveu 1.660 ações, no valôr de Cr.$83.000,00;

b) OSCAR MAURICIO DE LIMA AZEDO (prontuário nº 1312 anexo), subscreceu 1.660 ações , no valor de Cr.$83.000,00;

c) Jean Claude George Rene Bernardet (aposentado em 29/abril/1969, com base no AI-5 e proibido de quaisquer vinculo com a administração pública. Considerada subversiva sua ação na Cinemateca brasileira de São Paulo, por abastecer com filmes subversivos e políticos a rede de clubes de cinema. Foi expulso em 1965 da União, digo Universidade Federal de Brasilia e aposentado da Escola de Comunicações da USP pelo AI-5, por atividades subversivas. Subscreveu 1.610 ações, no valor de Cr.$83.000,00;

d) ELIFAS VICENTE ANDREATTO, brasileiro, desenhista, residente à rua Barão de bananal, 282, apto. 7, São Paulo, foi conferêncista sobre direitos humanos entre 10 e 15 de novembro de 75 na Igreja São Domingos, rua Bambui, 164, Perdizes - São Paulo; foi colaborador do mensario editado sob a responsabilidade de do comunista Narciso Kalili e mais de Milton Almeida Filho e Paula Patarra, subscreveu 1.660 ações no valor de Cr.83.000,00;

e) Fernando Amaral dos Guimarães Peixoto, prontuário nº 1850, Teatrólogo marxista, amigo pessoal de Gianfrescesco Guarnieri, lançará este ano a peça Tupac Amaru, do jornalista marxista argentino Osvaldo Bragun, subscreveu 1.660 ações ....

Resumo de informações sobre o jornal alternativo *Movimento,* compilado pela Divisão de Informações do DEOPS/SP. Localização: 52-Z-0, doc. N.º 20.070. Data de Arquivamento: s/d.

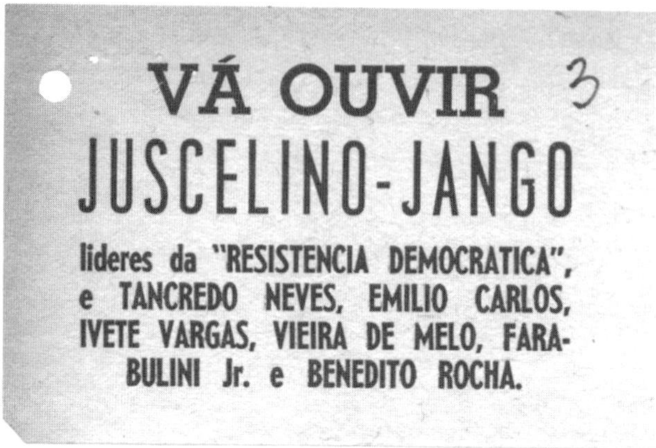

Convite para o comício de Juscelino Kubitschek e João Goulart (candidatos a presidente e a vice-presidente respectivamente), realizado em Sorocaba, em agosto de 1955. Localização: 50-Z-300 (8), doc. N.º 1336. Data de Arquivamento: s/d.

Sessão de encerramento de uma reunião do Comitê Nacional do PCB, em 1946, que contou com a presença de alguns dos principais dirigentes do partido. Localização: 50-Z-81 (20), doc. N.º 2356A. Data de Arquivamento: 10/05/1954.

Foto do encerramento da "Passeata de Protesto e à Lembrança dos Desaparecidos" realizada no dia 22 de agosto de 1980 no Largo São Francisco (centro de São Paulo). Localização: 50-Z-0 (86), doc. N.º 15542. Data de Arquivamento: s/d.

VI Congresso Paulista dos Municípios, realizado na cidade de Franca em outubro de 1957. Localização: 50-Z-344 (2), doc. N.º 159. Data de Arquivamento: 30/07/1957.

CATÁLOGO

DOSSIÊS/ PASTAS		ASSUNTO	ARQUIVAMENTO	PRODUÇÃO
50-Z-000		**São investigados estrangeiros, comunistas, estudantes, políticos e movimentos da sociedade civil.**	**22/11/43 - 16/02/83**	**1938 - 1982**
	001	Suspeita de atividade eixista, suspeita de atividade nazista, suspeita de atividade fascista. Os investigados são lavradores descontentes com a falta de sementes de algodão.	22/11/43 - 12/12/45	1943 - 1944
	002	Suspeita de atividade eixista. Os investigados são elementos suspeitos de origem alemã,	17/12/43 - 20/12/43	1943 - 1943
	003	Suspeita de atividade nazista, suspeita de atividade fascista, suspeita de atividade comunista. Os investigados são estrangeiros no contexto de guerra e estudantes da Faculdade de Direito da Universidade de São Paulo (USP).	20/12/43 - 27/01/44	1943 - 1944
	004	Suspeita de atividade eixista. Os investigados são japoneses e europeus.	27/01/44 - 11/02/44	1944 - 1944
	005	Suspeita de atividade eixista. Os investigados são judeus, italianos, japoneses e alemães.	11/02/44 - 16/11/44	1941 - 1944
	006	Suspeita de atividade eixista, censura postal a estrangeiros. Os investigados são estrangeiros, principalmente japoneses e alemães.	16/11/44 - 28/11/44	1940 - 1944
	007	Movimento da sociedade civil e movimento político/partidário. São investigados estrangeiros, jornais, políticos, empresas que trabalham com equipamentos importados ou com importação/exportação e manifestações públicas.	28/11/44 - 19/01/45	1940 - 1945
	008	Suspeita de atividade eixista e suspeita de atividade comunista.São investigadas atividades estrangeiras de pessoas e instituições suspeitas de terem ligações com os países do Eixo (Alemanha, Itália e Japão) ou com o comunismo.	29/01/45 - 16/04/45	1941 - 1945
	009	Suspeita de atitude anti-nacional e Suspeita de atividade comunista. Os investigados são Sana Kahn e Jorge Chaca, quiromancistas .	16/04/45 - 21/05/45	1940 - 1945
	010	Suspeita de atividade eixista e Suspeita de atividade subversiva. Os investigados são estrangeiros residentes em municípios do interior do Estado de São Paulo.	21/05/45 - 16/06/45	1939 - 1950
	011	Suspeita de atividade anti-nacional e Suspeita de atividade eixista. Os investigados são estrangeiros acusados de exercerem atividades anti-nacionais.	16/06/45 - 20/07/45	1941 - 1945
	012	Suspeita de atividade eixista. Os investigados são pessoas acusadas de terem alguma ligação com os países do Eixo (Alemanha, Itália e Japão).	20/07/45 - 08/08/45	1940 - 1945
	013	Suspeita de atitude anti-nacional e Suspeita de atividade eixista. São investigadas atividades anti-nacionais em cidades do interior do Estado de São Paulo.	08/08/45 - 23/08/45	1940 - 1944
	014	Suspeita de atividade nipônica. Suspeita de atividade nazista.	23/08/45 - 17/09/45	1941 - 1942
	015	Movimento da sociedade civil, movimento grevista e movimento sindical. Os investigados são italianos, alemães, associações, manifestações públicas e sindicatos.	17/09/45 - 15/02/44	1938 - 1950
	016	Suspeita de atividade nazista, movimento sindical, movimento grevista e suspeita de atividade fascista. Os investigados são italianos, alemães, japoneses, associações, manifestações públicas e sindicatos.	22/11/43 - 26/10/45	1942 - 1942
	017	Suspeita de atividade nazista, movimento sindical, movimento grevista e suspeita de atividade fascista. Os investigados são italianos, alemães, japoneses, associações, manifestações públicas e sindicatos.	26/10/45 - 07/11/45	1942 - 1943
	018	Suspeita de atividade nazista, movimento sindical, movimento grevista e suspeita de atividade fascista. Os investigados são italianos, alemães, japoneses, associações, manifestações públicas, sindicatos e a aliança entre Brasil e Estados Unidos.	07/11/45 - 21/11/45	1940 - 1945
	019	Suspeita de atividade nazista, movimento sindical, movimento grevista e suspeita de atividade fascista. Os investigados são italianos, alemães, japoneses, associações, manifestações públicas, sindicatos e artigos de jornais.	22/11/45 - 09/12/45	1938 - 1953
	020	Suspeita de atividade nazista, movimento sindical, movimento grevista e suspeita de atividade fascista. Os investigados são italianos, alemães, japoneses, associações, manifestações públicas, sindicatos e documentos referentes ao comunismo.	10/12/45 - 30/01/46	1939 - 1945
	021	Suspeita de atividade nazista, movimento sindical, movimento grevista e suspeita de atividade fascista. Os investigados são italianos, alemães, japoneses, associações, manifestações públicas e sindicatos.	30/01/46 - 11/03/46	1939 - 1946
	022	Suspeita de atividade anti-nacional e Suspeita de atividade nazista.São investigados documentos referentes à nazistas e de atentados no município de Santos-SP, a suspeita da presença de submarinos no litoral sul paulista, a São Paulo Railway Cia., a Sociedade Madereira Ltda e a empresa Geraldo Lion e Cia.	13/03/46 - 03/04/46	1942 - 1942
	023	Movimento sindical, suspeita de atitude anti-nacional e suspeita de atividade nipônica. São investigados sindicatos no Estado do Rio Grande do Sul, japoneses, italianos e alemães residentes nos municípios de Ibitinga-SP, Casa Branca-SP e Matão-SP e a "Shindo-Renmei".	03/04/46 - 26/04/46	1942 - 1942
	024	Suspeita de atividade anti-nacional e suspeita de atividade eixista. Os investigados são japoneses, italianos e alemães residentes nos municípios de Itápolis-SP, Araraquara-SP, Marília-SP, Campinas-SP, Botucatu-SP, Capivari-SP, Leme-SP, Jundiaí-SP e Itapira-SP.	26/04/46 - 18/05/46	1942 - 1942
	025	Suspeita de atitude anti-nacional. Os investigados são japoneses, italianos e alemães residentes nos municípios de Ribeirão Preto-SP, Birigui-SP, Barretos-SP, Ituverava-SP, Cravinhos-SP e Apiai - SP.	18/05/46 - 10/06/46	1942 - 1942
	026	Suspeita de atitude anti-nacional. Os investigados são japoneses, italianos e alemães residentes nos municípios de Birigui-SP, Itu-SP, Itajubi-SP, Franca-SP e Lins-SP.	10/06/46 - 24/06/46	1943 - 1943

DOSSIÊS/ PASTAS	ASSUNTO	ARQUIVAMENTO	PRODUÇÃO
027	Suspeita de atitude anti-nacional. Os investigados são japoneses, italianos e alemães residentes nos municípios de Lins-SP, Monte Aprazível-SP, Olímpia-SP e Araraquara-SP e o Comitê Anticomunista do Brasil.	24/06/46 - 06/09/46	1941 - 1946
028	Suspeita de atividade comunista. Os investigados são Alexandre Kraus, funcionário da "Companhia Westernz", Guenther Karl George Bernert e a Sociedade Cultural e Agronômica do Norte de São Paulo.	11/09/46 - 13/05/47	1947 - 1947
029	Suspeita de atividade comunista, movimento operário, movimento estudantil e distribuição de material subversivo. São investigados comunista, reuniões estudantis, jornalistas, o Círculo Operário e uma conferência judaica.	14/05/47 - 06/11/47	1947 - 1947
030	Movimento sindical e suspeita de atividade nipônica. São investigados o Sindicato dos garçons, o Sindicato dos atores teatrais, o Sindicato dos cenógrafos, o Sindicato dos cenotécnicos, o Sindicato dos comerciantes de minérios, uma tipografia japonesa clandestina e o Centro Social Brasileiro.	11/11/47 - 20/04/48	1947 - 1947
031	Suspeita de atitude anti-nacional, movimento religioso, suspeita de atividade comunista e suspeita de atividade subversiva. São investigados estrangeiros, o Clube Epistolar Dom Bosco e o jornal "Hoje".	20/04/48 - 23/06/48	1948 - 1949
032	Movimento da sociedade civil. São investigados o 2º congresso mundial das mulheres e a Cruzada Social e Cultural do Preto Brasileiro	23/06/48 - 14/12/48	1948 - 1948
033	Suspeita de conduta ilegal, suspeita de atividade comunista, suspeita de sabotagem, movimento da sociedade civil e movimento grevista. São investigados o Congresso nacional dos jornalistas, a depredação nos trilhos da Companhia Metropolitana de Transporte Coletivo (CMTC), o Instituto Racional de Assistência Social.	11/01/49 - 08/06/49	1949 - 1949
034	Movimento religioso, movimento sindical e distribuição de material subversivo. São investigados um grupo espírita, o filme "A Cortina de ferro", a Ronda policial e diversas conferências.	20/06/49 - 08/10/49	1949 - 1949
035	Suspeita de atividade comunista, suspeita de atividade subversiva, suspeita de sabotagem. Os investigados são o filme "A Ameaça Vermelha", a Liga Eleitoral do Trabalhador, rondas noturnas e a repercussão nos 15 principais jornais de São Paulo da violência policial durante um comício no Vale do Anhangabau, que resultou no espancamento de comunistas, populares e membros da imprensa.	12/10/49 - 23/03/53	1949 - 1949
036	Suspeita de atividade comunista, movimento sindical, movimento grevista, movimento da sociedade civil, suspeita de atividade subversiva e escuta telefônica.São investigados o Movimento Renascentista Nacional, greves, passeatas, a Companhia Metropolitana de Transporte Coletivo (CMTC), o tráfico de drogas, a ronda noturna, o Instituto Racional de Assistência Social e a Liga Eleitoral do Trabalho.	-	1950 - 1950
037	Suspeita de atividade comunista, movimento sindical, suspeita de contrabando, movimento grevista e suspeita de atividade comunista. São investigados o Instituto Brasileiro Geográfico (IBG), greves e a Frente Ferroviária.	-	1944 - 1953
038	Movimento grevista e movimento da sociedade civil. São investigados crimes contra a economia popular, as rondas volantes, a Rádio Excelsior e manifestações anticomunistas.	26/03/53 - 20/07/51	1951 - 1951
039	Movimento grevista e movimento sindical. São investigadas a Rádio e Televisão Paulista e a ronda volante.	25/07/51 - 21/03/52	1952 - 1952
040	Movimento da sociedade civil, movimento grevista, movimento sindical e suspeita de sabotagem. São investigados comícios, sindicatos, funcionários públicos federais e estaduais, congressos, assembléias e jornalistas.	21/03/52 - 19/11/52	1951 - 1955
041	Movimento sindical e distribuição de material subversivo. São investigados panfletos subversivos e o Núcleo de Atualização Cultural.	20/11/52 - 05/06/53	1949 - 1953
042	Movimento sindical, suspeita de atividade comunista, relatório e suspeita de sabotagem. São investigados jornais, associações profissionais e assembléias sindicais.	19/06/53 - 24/05/54	1952 - 1954
043	Movimento sindical, suspeita de atividade comunista, relatório e suspeita de sabotagem. São investigados jornais, associações profissionais e assembléias sindicais, atos públicos, a Comissão do IV Centenário da Cidade de São Paulo e sociedades Amigos de Bairro.	26/05/54 - 17/02/56	1952 - 1956
044	Movimento da sociedade civil. suspeita de conduta ilegal e movimento sindical. São investigados sindicatos, a Associação dos Engenheiros do Estado, a Frente Parlamentar, a Convenção do Povo Paulistano, a I Convenção Paulista do Negro e a Sociedade do Cemitério Israelita.	21/02/56 - 28/03/57	1956 - 1957
044A	Distribuição de material subversivo, movimento sindical, movimento religioso, movimento político/partidário. São investigadas a campanha do desarmamento infantil, seitas budistas, a União das Sociedades Espíritas de São Paulo e a Frente Interpartidária Popular.	01/04/57 - 20/11/57	1956 - 1957
045	Movimento da sociedade civil, suspeita de atividade comunista, suspeita de atividade	22/11/57 - 19/11/63	1945 - 1963

DOSSIÊS/ PASTAS	ASSUNTO	ARQUIVAMENTO	PRODUÇÃO
	subversiva e movimento sindical. São investigados o Centro Cultural Brasil-Suécia, a Congregação Israelita de São Paulo, pessoas suspeitas de subversão e o comunismo.		
046	Movimento da sociedade civil, movimento sindical e suspeita de atividade subversiva. São investigados o Movimento Unitário do Povo Brasileiro, os Ferroviários da Santos-Jundiaí, o Tribunal Superior do Trabalho (TST) e pessoas suspeitas de subversão.	16/09/63 - 28/07/65	1963 - 1971
046A	Suspeita de sabotagem e suspeita de conduta ilegal. São investigados atentados terroristas e pessoas suspeitas de subversão.	25/06/64 - 30/07/65	1962 - 1965
047	Movimento político/partidario, suspeita de conduta ilegal, relatório e movimento grevista. Contém Relatórios sobre pessoas, locais e eventos considerados suspeitos.	25/06/64 - 29/03/65	1964 - 1965
048	Movimento da sociedade civil, relatório, movimento religioso e movimento grevista. Relatórios da Delegacia de Ordem Política (OP) e do Serviço Nacional de Informação (SNI). São investigadas a Ação Católica, manifestações favoráveis a João Goulart (Jango), greves de estudantes e as candidaturas de Faria Lima e Manoel de Figueiredo Ferraz para prefeitura de São Paulo.	05/04/65 - 15/06/65	1961 - 1966
049	Movimento estudantil, relatório e movimento da sociedade civil. Documentação proveniente da delegacia de Ordem Política (OP) sobre investigações na Livraria das Bandeiras, uma manifestação no Bairro Vila Verde e assembléias ocorridas em diversas faculdades.	12/08/65 - 24/03/66	1962 - 1966
050	Suspeita de contrabando, movimento sindical e movimento estudantil. São investigados o Sindicato dos Institutos de Beleza e pessoas envolvidas com o contrabando de mercadorias.	24/03/66 - 03/08/66	1965 - 1966
051	Suspeita de conduta ilegal e movimento sindical. São investigados Pedro San Miguel, a União Estadual dos Estudantes (UEE), o Sindicato de jornalistas e a indústria e comércio de roupas Big Style Ltda.	27/07/66 - 19/06/67	1965 - 1967
052	São investigados o Moinho São Jorge, funcionários da Secretaria de Turismo do Estado de São Paulo e a publicação *Encontros com a Civilização Brasileira*.	24/04/67 - 14/04/67	1963 - 1967
053	Movimento sindical, movimento estudantil e suspeita de atividade comunista. São investigados políticos cassados, ciclos de conferências, a União Cultural Brasil - União Soviética, atos públicos, estrangeiros, atentados terroristas e as Centrais Elétricas de Urubupungá.	14/08/57 - 27/12/68	1962 - 1969
054	Movimento da sociedade civil e suspeita de conduta ilegal. São invvestigados a Tradição, Família e Propriedade (TFP), atos públicos, casos de estelionato; reuniões subversivas, defensores da monarquia e a compra de votos.	20/01/69 - 15/07/69	1960 - 1969
055	Movimento sindical, movimento religioso e suspeita de conduta ilegal. São investigados sequestros de aviões, o Centro de Educação Religiosa Judaica e jornalistas.	19/08/69 - 10/12/69	1967 - 1968
056	Suspeita de conduta ilegal e movimento estudantil. São investigados estelionatos, professores, assaltos a bancos, um condomínio no município de Ilhabela-SP e o Fundo Estadual de Construção Escolar.	15/12/69 - 05/05/70	1969 - 1970
057	São investigados o tráfico de drogas, a suspeita de posse de rádio transmissor e a IV Conferência da Ordem dos Advogados do Brasil (OAB).	11/06/70 - 03/03/71	1938 - 1971
058	Suspeita de conduta ilegal, movimento da sociedade civil. São investigados o Departamento de Águas e Energia Elétrica, a Extratifera de Diamantes Brasil S.A., o Centro de Informações da Marinha (Cenimar), o Movimento de Promoção Humana e a fabricação de bombas caseiras.	08/07/71 - 22/11/71	1971 - 1972
059	Movimento sindical e movimento estudantil. São investigados o tráfico de drogas, a Viação Aérea Rio-Grandense (Varig), tentativas de extorsão e a Campanha Mundial de Desarmamento Infantil.	19/04/72 - 14/01/72	1969 - 1972
060	Suspeita de conduta ilegal, suspeita de posse de rádio transmissor. São investigados o condomínio Lemer's, o edifício Martinelli, a Organização Brasileira de Hotéis, o Clube de veraneio Holiday e o Teatro Ruth Escobar.	09/05/72 - 22/09/72	1968 - 1972
061	Suspeita de atividade subversiva e suspeita de conduta ilegal, suspeita de atitude anti-nacional. É investigados estrangeiros de origem asiática e a indústria Estratífera de Diamantes.	06/11/72 - 29/12/72	1971 - 1972
062	São investigados diversos tipos de fraudes e condutas ilícitas.	04/01/73 - 21/08/73	1965 - 1973
063	São investigados casos de acidentes provocados pela utilização de fogos de artifícios, atendidos no Hospital da Clínicas.	14/08/73 - 11/02/74	1949 - 1973
064	Suspeita de atividade subversiva. Relatórios sobre o abastecimento de óleo diesel.	11/02/74 - 22/04/74	1959 - 1974
065	Movimento estudantil, suspeita de conduta ilegal e de atividade subversiva. Os investigados são Celso Furtado e Florestan Fernandes; movimento "terrorista"; furtos e roubos; Apreensão de armas; União de bancos brasileiros.	22/04/74 - 26/07/74	1973 - 1974
066	Investigações sobre fraudes, tráfico de drogas, prostituição e dinheiro falso.	27/07/74 - 28/07/75	1971 - 1975
067	Contém documentação proveniente da Interpol.	29/07/76 - 16/03/76	1972 - 1976

DOSSIÊS/ PASTAS	ASSUNTO	ARQUIVAMENTO	PRODUÇÃO
068	Compilação de material subversivo, suspeita de atividade subversiva. São investigados Paulo Stuart Wright, James Wright, Paul Singer, Guy Rocher e C. Wright Mills.	17/03/76 - 18/06/76	1973 - 1976
069	Compilação de material subversivo. São investigadas as publicações *Companheiro*, da Pastoral Operária de São Paulo, *Pró-Brasileiro* e *Conjuntura Brasileira*.	16/07/76 - 08/11/76	1976 - 1976
070	Suspeita de atividade subvresiva. São investigados movimentos de contestação ao regime militar, a Livraria chinesa Chin-Shon, o Instituto Brasileiro de Estudos Africanistas e o jornalista Wladimir Herzog.	08/11/76 - 07/03/77	1973 - 1977
071	Documentação proveniente da Secretaria de Segurança Pública e da Delegacia Especializada de Crimes contra a Fazenda. São investigados o roubo de passaportes pelo Exército Vermelho, peças teatrais e a Superintendencia Nacional de Abastecimento (Sunab).	07/03/77 - 23/03/77	1970 - 1977
072	Movimento estudantil, movimento sindical, conduta suspeita, suspeita de atividade subversiva. Documentação proveniente da Secretaria de Segurança Pública, da Polícia Civil de São Paulo. São investigados a Escola de Comunicação e Artes da Universidade de São Paulo (ECA/USP), a Faculdade de Direito da Universidade de São Paulo, a União Nacional dos Estudantes (UNE), a União Estadual dos Estudantes (UEE), a Faculdade de Filosofia, Letras e Ciências Humanas da Universidade de São Paulo (FFLCH/USP), a Ordem dos Advogados do Brasil (OAB), o Movimento Brasileiro dos Partidários da Paz, o Partido Comunista Brasileiro (PCB), o Partido Democrático Republicano, a Sociedade de Estudos Políticos, Econômicos e Sociais e o pedido de autorização para Nabil Mohamed Badr exercer a função de cônsul do Egito em São Paulo .	24/03/77 - 02/09/77	1975 - 1977
073	Movimento sindical, movimento estudantil solicitação de procedimento, movimento da sociedade civil, movimento religioso e relatório. São investigados o Sindicato dos Artistas e Técnica em Espetáculos de Diversões no Estado de São Paulo, a Faculdade de Filosofia, Ciências e Letras São Marcos, a Organização para Libertação da Palestina (OLP), a autorização para William Frank Bristocke exercer a função de cônsul da Austrália em São Paulo, o movimentos pela anistia, o movimento feminista, a Igreja Católica Romana e a Frente Nacional do Trabalho.	09/09/77 - 24/02/78	1977 - 1978
074	Movimento da sociedade civil, movimento operário e relatório. São investigados o Comitê Brasileiro de Anistia, cidadãos estrangeiros, o manifesto de Euzébio Rocha em favor da indústria petrolífera nacional e manifestações operárias no dia 1° de maio.	27/02/78 - 16/05/78	1978 - 1978
075	Movimeto operário, movimento da sociedade civil, movimento religioso e suspeita de atividade comunista. São investigados o movimento de anistia, manifestações de solidariedade no dia do trabalho, reuniões de operários, atos religiosos, a Semana dos Jornalistas e o Instituto dos Arquitetos do Brasil.	16/05/78 - 08/06/78	1978 - 1978
076	Suspeita de atividade ilegal, movimento operário e relatório. São investigados o II Ciclo de Debates no Teatro Ruth Escobar, a falsificação de atestados de óbito e um folheto sobre a história do movimento operário no Brasil.	09/06/78 - 15/07/78	1978 - 1978
077	Movimento da sociedade civil, movimento grevista, movimento sindical, movimento grevista e suspeita de sabotagem. É investigados o Comitê Brasileiro pela Anistia, o Movimento Contra o Custo de Vida, a 30ª reunião da Sociedade Brasileira para o Progresso da Ciência (SBPC), um ato público contra o racismo e uma ameaça de atentado terrorista.	15/07/78 - 21/08/78	1978 - 1978
078	Movimento da sociedade civil, suspeita de conduta ilegal, suspeita de atividade comunista, movimento sindical.São investigados o Movimento Contra o Custo de Vida e Direitos Humanos, o Congresso Nacional pela Anistia, a I Convenção Nacional de Convergência Socialista, o movimento negro e a vigília de solidariedade.	21/08/78 - 10/11/78	1978 - 1978
079	Movimento da sociedade civil. São investigados o I Congresso Brasileiro pela Anistia, o movimento negro, denúncias de presos políticos sobre tortura, o dia dos Direitos Humanos e o I Ciclo de Debates sobre Partidos Políticos e Democratização.	13/11/78 - 29/12/78	1978 - 1978
080	Movimento da sociedade civil. São investigados o 1° Congresso Brasileiro pela Anistia, a 30ª reunião da Sociedade Brasileira Para o Progresso da Ciência (SBPC), a imprensa alternativa, uma reunião da Convergência Socialista e o livro *Ditadura dos cartéis* de Kurt Mirow.	04/01/79 - 07/02/79	1978 - 1978
081	Movimento da sociedade civil. São investigados o Teatro Ruth Escobar, Grupos Pró-Convergência Socialista, o Hospital Infantil Cândido Fontoura, o Congresso Nacional pela Anistia, o Movimento Feminino pela Anistia, manifestações contra a guerra do Líbano, a peça teatral "A cidade impossível de Pedro Santana", de Consuelo de Castro.	07/02/79 - 05/04/79	1978 - 1979
082	Relatório, movimento da sociedade civil . É investigado o Congresso Nacional pela Anistia.	05/04/79 - 15/05/79	1979 - 1979
083	Movimento estudantil e movimento da sociedade civil. É invetigados Movimento Contra a Carestia, o Seminário de Direito, Cidadania e Participação na Pontifícia	04/06/79 - 20/04/79	1979 - 1979

DOSSIÊS/ PASTAS		ASSUNTO	ARQUIVAMENTO	PRODUÇÃO
		Universidade Católica (PUC), uma entrevista com o presidente Tito da Iugoslávia, manifestações públicas contra a tortura e a favor da anistia, a 3º mostra Internacional de Filmes de São Paulo, o Movimento Contra a Carestia e o Seminário de Direito, Cidadania e Participação na Pontifícia Universidade Católica (PUC).		
	084	Movimento da sociedade civil. É investigado o Comitê Brasileiro pela Anistia.	20/11/79 - 05/02/80	1979 - 1980
	085	Movimento estudantil, movimento da sociedade civil. São investigados o Comitê Brasileiro pela Anistia, um debate sobre a reformulação partidária, manifestos contra a invasão do Afeganistão pela União Soviética, protestos contra a mudança da capital do Estado de São Paulo, a Semana dos Direitos Humanos, o movimento estudantil na Universidade de São Paulo (USP), na Pontifícia Universidade Católica e na Universidade Mackenzie; a luta contra a carestia e a Empresa Brasileira de Estudos de Patrimônio.	04/02/80 - 20/06/80	1979 - 1980
	086	Movimento da sociedade civil e movimento grevista. São investigados o secretario da Justiça, a discussão sobre a problemática hospitalar brasileira, a I Conferência Brasileira de Educação, o Movimento Contra a Carestia, Movimento Cultural popular, o Comitê Brasileiro pela Anistia, o movimento contra a mudança da capital do Estado de São Paulo, o 2º Congresso da Mulher Paulista, a Sociedade Brasileira para o Progresso da Ciência (SBPC) e o Oriente Médio.	13/06/80 - 20/11/81	1979 - 1980
	087	Movimento da sociedade civil, movimento político/partidário, movimento religioso. São investigados o Iº Ciclo de Estudos e Debates sobre a Questão Urbana, uma reunião de representantes dos partidos políticos, a Campanha Nacional Contra a Violência Policial, artigos de Plinio Correa de Oliveira da Tradição, Família e Propriedade (TFP), o Conselho Indigenista Missionário (Cimi) e a Vanguarda de Caça aos Comunistas.	16/12/80 - 16/02/83	1980 - 1982
50-Z-001		**É investigada a pensão "Alince", cujos proprietários são o japonês Luiz Kamekito Morin, o romeno Henrique Pahul e Henrique Stenoy.**	**18/02/44 - 18/02/44**	**1943 - 1943**
50-Z-002		**Movimento sindical, suspeita de atividade comunista e conduta suspeita. É investigada a Companhia Metropolitana de Transporte Coletivo (CMTC).**	**29/07/47 - 20/05/77**	**1947 - 1977**
	001	Movimento operário, movimento grevista. É investigada a Companhia Metropolitana de Transportes Coletivos (CMTC).	08/08/47 - 08/08/47	1947 - 1949
	002	Movimento operário, movimento grevista. É investigada a Companhia Metropolitana de Transportes Coletivos (CMTC).	08/08/47 - 08/08/47	1947 - 1947
	003	Movimento operário, movimento grevista, suspeita de atividade comunista. São investigadas a Companhia Metropolitana de Transportes Coletivos (CMTC) e a Light and Power Company.	29/07/47 - 23/09/47	1947 - 1947
	004	Movimento operário, movimento grevista, suspeita de atividade comunista. São investigadas a Companhia Metropolitana de Transportes Coletivos (CMTC) e a "Light and Power Company".	01/10/47 - 26/10/48	1947 - 1948
	005	Movimento operário, movimento grevista. É investigada a Companhia Metropolitana de Transportes Coletivos (CMTC).	-	1947 - 1947
	006	Movimento operário, movimento grevista. É investigada a Companhia Metropolitana de Transportes Coletivos (CMTC).	22/09/48 - 21/03/49	1947 - 1949
	007	Movimento grevista, suspeita de atividade comunista, compilação de material subversivo. São investigados o jornal "O Breque" e a Companhia Metropolitana de Transportes Coletivos (CMTC).	19/04/49 - 14/11/49	1947 - 1950
	008	Suspeita de atividade comunista, movimento grevista, movimento político/partidário. São investigados o Partido Trabalhista Brasileiro (PTB), a Companhia Metropolitana de Transportes Coletivos (CMTC), a ronda volante e reinvidicações de abono salarial.	03/02/53 - 26/06/51	1949 - 1951
	009	Movimento operário, movimento grevista. É investigada a Companhia Metropolitana de Transportes Coletivos (CMTC).	26/06/51 - 02/09/53	1951 - 1953
	010	Movimento operário, movimento grevista. É investigada a Companhia Metropolitana de Transportes Coletivos (CMTC).	03/09/55 - 10/03/55	1953 - 1955
	011	Movimento operário, movimento grevista. É investigada a Companhia Metropolitana de Transportes Coletivos (CMTC).	14/03/55 - 15/05/56	1955 - 1956
	012	Movimento operário, movimento grevista. É investigada a Companhia Metropolitana de Transportes Coletivos (CMTC).	15/05/56 - 12/12/57	1956 - 1957
	013	Movimento sindical, movimento grevista. São investigados É o Pacto de Unidade Intersindical, a Companhia Metropolitana de Transportes Coletivos (CMTC) e o movimento contra o aumento das tarifas dos transportes coletivos.	12/12/57 - 02/02/59	1957 - 1959
	013A	Movimento sindical, movimento grevista. É investigada a Companhia Metropolitana de Transportes Coletivos (CMTC).	15/02/59 - 18/10/60	1959 - 1960
	014	Movimento sindical, movimento grevista. É investigada a Companhia Metropolitana de Transportes Coletivos (CMTC).	21/10/60 - 20/05/77	1960 - 1977

DOSSIÊS/ PASTAS	ASSUNTO	ARQUIVAMENTO	PRODUÇÃO
50-Z-003	**Censura postal. O invetsigado é o médico Cyro de Oliveira Guimarães, residente no município de Lins-SP que teria mantido correspondência com a Argentina.**	**22/11/43 - 02/05/44**	**1943 - 1956**
50-Z-004	**Censura postal a estrangeiros. O investigado é o inglês Fred Charles Brown, funcionário do Frigorífico Anglo S/A.**	**22/11/43 - 17/03/43**	**1943 - 1944**
50-Z-005	**Suspeita de posse de rádio transmissor. O investigado é Rodolfo Lobermann, alemão.**	**22/11/43 - 22/11/43**	**1943 - 1943**
50-Z-006	**Suspeita de atividade anti-subversiva. O investigado é Paulino José Gomes, capitão reformado da força policial, proprietário dos cinemas São Caetano e Rialto.**	**22/11/43 - 22/11/43**	**1943 - 1943**
50-Z-007	**O investigado é Assis Chateaubriand.**	**26/11/43 - 20/11/63**	**1943 - 1963**
50-Z-008	**São investigadas as atividades de membros do Exército.**	**03/12/43 - 02/10/78**	**1940 - 1978**
001	Suspeita de atividade eixista e relatório. São investigados vários alemães, italianos, e japoneses residentes em municípios do interior do Estado de São Paulo.	03/12/43 - 08/03/44	1941 - 1944
002	Suspeita de atividade eixista, relatório e suspeita de atividade subversiva. São investigados os quartéis de São Paulo, a II Região Militar, cidadãos estrangeiros, cartas censuradas, o suborno para a isenção do serviço militar e comunidade de japoneses, alemães e italianos.	08/05/44 - 01/04/47	1942 - 1947
003	É investigada a II Região Militar.	18/10/47 - 16/10/46	1940 - 1942
004	Suspeita de atividade comunista, relatório, suspeita de atividade integralista e solicitação de atestado de antecedentes. É investigada a II Região Militar.	19/10/46 - 12/05/48	1942 - 1948
005	Suspeita de atividade comunista e relatório. É investigada a II Região Militar.	25/06/48 -	1948 - 1948
006	Suspeita de atividade comunista, suspeita de sabotagem, relatório, suspeita de atividade nipônica. São investigadod vários municípios do interior do Estado de São Paulo, a II Região Militar, japoneses, militares e tentativas de sabotagem.	06/10/48 - 20/11/49	1948 - 1950
007	Suspeita de atividade comunista e solicitação de atestado de antecedentes. É investigada a II Região Militar.	- 30/12/50	1950 - 1950
008	Suspeita de atividade comunista e movimento da sociedade civil. São investigadas a II Região Militar, manifestações pela paz e a "Casa do Sargento".	08/03/51 - 04/09/51	1950 - 1951
009	Suspeita de atividade comunista, movimento sindical e movimento da sociedade civil. São investigadas a II Região Militar e manifestações pela paz.	10/09/51 - 22/01/52	1951 - 1952
010	Suspeita de atividade comunista e censura à imprensa. São investigados militares comunistas, documentos referentes à imprensa comunista, jornalistas presos e os jornais "Voz Operária" e "Hoje".	26/01/52 - 06/05/52	1952 - 1952
011	Suspeita de atividade comunista. É investigada a atuação de comunistas no Exército.	08/05/52 - 17/11/52	1951 - 1952
012	Suspeita de atividade comunista e censura à imprensa. São investigados militares comunistas e os jornais "Voz Operária" e "Hoje"	19/11/52 - 22/05/53	1952 - 1952
013	Suspeita de atividade comunista. São investigados jornalistas suspeitos de serem comunistas e a atuação de comunistas no Exército e na Aeronáutica.	22/05/53 - 12/04/54	1953 - 1954
014	Suspeita de atividade comunista. É investigada a atuação de comunistas no Exército.	26/04/54 - 26/09/55	1941 - 1955
015	Suspeita de atividade comunista e solicitação de atestado de antecedentes. São investigados os antecedentes políticos de pessoas residentes no interior do Estado de São Paulo.	07/10/55 - 12/08/57	1955 - 1957
016	Suspeita de atividade comunista. São investigadas atividades militares, a divulgação do comunismo em escolas do município de Barueri-SP, jornalistas e Cuba.	03/09/57 - 29/04/64	1964 - 1964
016A	Suspeita de atividade comunista e movimento da sociedade civil. São investigadas atividades militares, a divulgação do comunismo em escolas do município de Barueri-SP, a "Intentona de Brasília", a Ação Popular (AP), a Associação Brasileira de Defesa dos Direitos do Homem, a reforma agrária e professores e jornalistas suspeitos de serem comunistas.	21/05/64 - 20/08/64	1964 - 1964
017	Suspeita de atividade comunista, movimento sindical, movimento religioso e movimento estudantil. São investigados sindicatos, diretórios acadêmicos, atividades do clero, Imprensa; a Operação Bandeirantes (Oban) e a Assembléia no Sindicato dos Metalúrgicos.	03/09/64 - 31/07/75	1963 - 1975
018	Suspeita de atividade comunista, movimento guerrilheiro e movimento da sociedade civil. São investigados o Partido Comunista Brasileiro (PCB), Wladimir Herzog, a Junta de Coordenação Revolucionária, asilados políticos na América do Sul e o Movimento Feminino em Favor da Anistia.	02/10/75 - 06/02/75	1975 - 1975
019	Suspeita de atividade comunista. São investigados jornalistas, professores, estudantes universitários e o Partido Comunista Brasileiro (PCB).	06/02/76 - 05/04/76	1975 - 1975
020	Suspeita de atividade comunista e suspeita de atividade subversiva. São investigados Wladimir Herzog, a atuação de comunistas na Imprensa, a União Progressista e Nelson Werneck Sodré.	15/04/76 - 02/10/78	1975 - 1978

DOSSIÊS/ PASTAS		ASSUNTO	ARQUIVAMENTO	PRODUÇÃO
50-Z-009		**Documentação produzida pelo II Exército, pela Operação Bandeirante (Oban) e pelo DOI-CODI (Centro de Operações e Defesa Interna - Destacamento de Operações e Informações).**	**03/12/43 - 13/07/81**	**1942 - 1982**
	001	Documentação produzida pelo II Exército. Suspeita de atividade integralista, suspeita de atividade nazista e suspeita de atividade comunista.	03/12/43 - 16/10/52	1942 - 1942
	002	Documentação produzida pelo II Exército. Suspeita de atividade comunista e suspeita de atitude antinacional. É investigada a propaganda contra o governo de Getúlio Vargas.	22/12/52 - 04/12/57	1952 - 1957
	003	Documentação produzida pelo II Exército. Suspeita de atividade comunista. O investigado é o marechal Teixeira Lott.	21/01/58 - 13/05/60	1960 - 1960
	004	Documentação produzida pelo II Exército. Suspeita de atividade comunista.	23/01/61 - 30/11/63	1960 - 1960
	005	Documentação produzida pelo II Exército. Movimento político/partidário. São investigados movimentos nacionalistas e a mobilização política dos Sargentos na década de 1960.	03/12/63 - 26/10/64	1963 - 1963
	006	Documentação produzida pelo II Exército. Suspeita de atividade comunista. São investigados quartéis do Exército.	03/11/64 - 23/02/65	1961 - 1978
	007	Documentação produzida pelo II Exército. É investigada a mobilização política dos sargentos.	24/02/65 - 20/04/65	1964 - 1964
	008	Documentação produzida pelo II Exército. É investigada a mobilização política dos sargentos.	01/04/65 - 14/09/64	1964 - 1965
	009	Documentação produzida pelo II Exército. Suspeita de atividade subversiva. É investigada a mobilização política dentro das Forças Armadas.	16/09/64 - 24/04/64	1962 - 1965
	010	Documentação produzida pelo II Exército. Suspeita de atividade subversiva. É investigada a mobilização política dentro das Forças Armadas.	23/04/64 - 24/11/64	1964 - 1964
	011	Documentação produzida pelo II Exército. Suspeita de atividade subversiva. É investigada a mobilização política dentro do Exército.	26/11/64 - 22/10/65	1965 - 1965
	012	Compilação de documentos de outros setores administrativos. Documentação produzida pelo II exército e/ou pelo Centro de Operações e Defesa Interna - Destacamento de Operações e Informações (DOI-CODI). Movimento estudantil. É investigada a atuação da Justiça Militar.	22/10/65 - 02/03/66	1964 - 1975
	013	Documentação produzida pelo II Exército. É investigada a atuação da Justiça Militar.	02/03/66 - 28/04/65	1965 - 1965
	014	Documentação produzida pelo II Exército. Suspeita de atividade subversiva e suspeita de atividade comunista. São investigados o Inquérito Policial Militar (IPM) do Iseb, as Forças Armadas, o inquérito policial militar (IPMI) inquérito do Partido Comunista Brasileiro (PCB) e as eleições da Escola Superior de Guerra (ESG).	28/09/65 - 30/03/66	1963 - 1967
	015	Documentação produzida pelo II Exército. Movimento estudantil e suspeita de atividade subversiva. São investigados o Centro Acadêmico XI de agosto da faculdade de direito da Universidade de São Paulo (USP), a União Nacional Estudantes (UNE), a União Estadual dos Estudantes (UEE) e estabelecimentos comerciais que teriam cometido crimes contra a economia popular.	30/03/66 - 26/05/66	1964 - 1966
	016	Documentação produzida pelo II Exército. É investigado o Superior Tribunal Militar (STM).	31/05/66 - 02/08/66	1964 - 1966
	017	Documentação produzida pelo II Exército. São investigadas a Justiça Militar e a Aliança Brasil-União Soviética.	09/08/66 - 19/04/67	1966 - 1979
	018	Documentação produzida pelo II Exército. São investigados o contrabando de diamantes e a fabricação ilegal de armas.	19/04/67 - 16/08/66	1967 - 1967
	019	Documentação produzida pelo II Exército. Suspeita de atividade subversiva, suspeita de atividade comunista, movimento guerrilheiro e movimento estudantil. São investigadas a formação de guerrilha no Chinacom, a Frente Popular e a União Nacional dos Estudantes (UNE).	16/08/66 - 14/12/66	1966 - 1966
	020	Documentação produzida pelo II Exército. São investigados o XIX Congresso da União Estadual dos Estudantes (UEE), o comunismo chinês, a mobilização política de militares, a Justiça Militar e a União Nacional dos Estudantes (UNE).	14/12/66 - 11/05/67	1964 - 1967
	021	Documentação produzida pelo II Exército. São investigados o Partido Comunista Brasileiro (PCB), o Partido Comunista do Brasil (PC do B), o V Congresso Latino-Americano de Estudantes em Havana, a União Nacional dos Estudantes (UNE) e a União Brasileira dos Estudantes Secundaristas (UBES).	11/05/67 - 27/09/66	1966 - 1967

DOSSIÊS/ PASTAS	ASSUNTO	ARQUIVAMENTO	PRODUÇÃO
022	Documentação produzida pelo II Exército. São investigadas a visita do príncipe japonês Akhito ao Brasil, a morte do presidente Castelo Branco e o Estado de Santa Catarina.	27/09/66 - 25/09/67	1966 - 1968
023	Documentação produzida pelo II Exército. Suspeita de atividade comunista, movimento guerrilheiro e movimento estudantil. São investigados o Partido Comunista Brasileiro (PCB), o Partido Socialista Brasileiro (PSB), a União Nacional dos Estudantes (UNE), a União Estadual dos Estudantes (UEE) e uma suposta tentativa de golpe de Estado.	25/09/67 - 13/09/67	1967 - 1968
024	Documentação produzida pelo II Exército. Suspeita de atividade comunista. São investigados o comunismo internacional e a Juventude Operária Católica (JOC).	13/09/67 - 04/09/67	1967 - 1968
025	Documentação produzida pelo II Exército. Suspeita de atividade comunista, suspeita de atividade subversiva e movimento guerrilheiro.	05/09/67 - 17/07/67	1967 - 1967
026	Documentação produzida pelo II Exército. Suspeita de atividade comunista. São Investigados o Partido Comunista Brasileiro (PCB), o Partido Comunista do Brasil (PC do B) e a Política Operária (Polop).	17/07/67 - 27/06/68	1967 - 1968
027	Compilação de documentos de outros setores administrativos. Documentação produzida pelo II Exército e/ou pela Operação Bandeirantes (Oban). Suspeita de atividade comunista, movimento político/partidário e suspeita de atividade subversiva. São investigados os indivíduos pertencentes a organizações clandestinas de esquerda, o Movimento Democrático Brasileiro (MDB), a Aliança Renovadora Nacional (Arena) e os municípios de Cárceres-MT, de Santos-SP, de Pindamonhangaba-SP, de Bauru-SP e de Ribeirão Preto-SP.	27/06/68 - 21/08/68	1967 - 1969
028	Documentação produzida pelo II Exército. Suspeita de atividade comunista, de movimento guerrilheiro, de movimento estudantil. São investigados grupos de luta armada dos Estados de São Paulo e de Minas Gerais, a Universidade de São Paulo (USP), a Universidade Federal de Minas Gerais (UFMG), a 5ª região militar e atividades comunistas nos Estados do Paraná e de Santa Catarina.	21/08/68 - 07/10/68	1967 - 1968
029	Documentação produzida pelo II Exército. Suspeita de atividade comunista, de movimento estudantil e de compilação de documentos de outros setores administrativos. São investigadas a luta armada (guerrilha) e a Justiça Militar.	07/10/68 - 16/10/68	1964 - 1968
030	Documentação produzida pelo II Exército. São investigados os membros da Associação Brasileira de Assistência Social (Abas).	16/10/68 - 31/10/68	1967 - 1968
031	Documentação produzida pelo II Exército. São investigados o 29º Congresso da União Nacional dos Estudantes (UNE), a União Estadual dos Estudantes (UEE), o Partido Comunista Brasileiro (PCB), o Partido Operário Comunista (POC), a Ação Popular (AP), os recortes de jornais narrando a atuação da justiça militar, as vendas ilegais de terras, as fábricas clandestinas de armas e de explosivos, o comunismo internacional e os brasileiros com contatos na China.	21/10/68 - 11/08/68	1962 - 1968
032	Documentação produzida pelo II Exército. São investigados os manifestos de operários da Companhia Siderúrgica Paulista (Cosipa), os informes do Partido Operário Revolucionário, a União Nacional dos Estudantes (UNE), o Movimento Democrático Brasileiro (MDB), o Partido Democrata Cristão (PDC) e o contrabando no porto de Santos.	07/08/68 - 25/11/68	1968 - 1968
033	Documentação produzida pelo II Exército. São investigados o Sindicato dos Metalúrgicos, a União Nacional dos Estudantes (UNE), o extravio de passaportes brasileiros, a Justiça Militar, o movimento dos sargentos e sindicalistas brasileiros que estavam fazendo cursos na União Soviética e na China.	25/11/68 - 12/12/68	1968 - 1968
033A	Documentação produzida pelo II Exército. São investigados o Movimento Democrático Brasileiro (MDB), a prisão de comunistas de Cuba e da China e a Aliança Renovadora Nacional (Arena).	18/12/68 - 06/01/69	1967 - 1968
034	Documentação produzida pelo II Exército e/ou pela Operação Bandeirantes (Oban). Movimento estudantil, movimento sindical e compilação de documentos de outros setores administrativos. São investigados os brasileiros que entravam em contato com a China, a Ala Marighela do Partido Comunista Brasileiro (PCB) e o comunismo internacional.	31/01/68 - 31/01/69	1966 - 1969
035	Documentação produzida pelo II Exército e/ou pela Operação Bandeirantes (Oban). Movimento estudantil, suspeita de atividade comunista e compilação de documentos de outros setores administrativos. São investigados o Grupo dos 11, o Partido Comunista Brasileiro (PCB), a Pontifícia Universidade Católica (PUC), a União Estadual dos Estudantes (UEE), a União Nacional dos Estudantes (UNE), a Ação Popular (AP) e a Conferência Nacional dos Bispos do Brasil (CNBB).	24/01/69 - 04/02/69	1964 - 1969
036	Documentação produzida pelo II Exército e/ou pela Operação Bandeirantes (Oban).	09/10/68 - 12/02/69	1968 - 1969

DOSSIÊS/ PASTAS	ASSUNTO	ARQUIVAMENTO	PRODUÇÃO
	Movimento estudantil, movimento sindical, suspeita de atividade comunista, movimento da sociedade civil e compilação de documentos de outros setores administrativos. São investigados o 28º Congresso da União Nacional dos Estudantes, o V Congresso Nacional dos Trabalhadores Metalúrgicos, a censura, peças de teatro e as manifestações de 1º de maio.		
037	Documentação produzida pelo II Exército e/ou pela Operação Bandeirantes (Oban). Suspeita de atividade comunista, movimento político/partidário e movimento estudantil. São investigados o Movimento Democrático Brasileiro, a Aliança Cultural Brasil-União Soviética, a Ação Popular (AP), a Aliança Renovadora Nacional (Arena) e o 30º Congresso da União Nacional dos Estudantes (UNE) no município de Ibiúna e o 28º Congresso da União Estadual dos Estudantes (UEE).	10/02/69 - 23/04/69	1965 - 1969
038	Documentação produzida pelo II Exército e/ou pela Operação Bandeirantes (Oban). Movimento grevista. São investigadas as greves no Estado de São Paulo.	23/04/69 - 30/04/69	1968 - 1969
039	Documentação produzida pelo II Exército e/ou pela Operação Bandeirantes (Oban). Movimento grevista. São investigadas as greves no Estado de São Paulo e os artigos de jornais que trazem informações sobre funcionários públicos do Estado de São Paulo cassados pelo regime militar.	30/04/69 - 09/05/69	1969 - 1969
040	Documentação produzida pelo II Exército e/ou pela Operação Bandeirantes (Oban). Movimento estudantil, movimento da sociedade civil. São investigados os estudantes envolvidos em atividades subversivas, a Ação Popular (AP), a Política Operária (Polop) e o Partido Comunista Brasileiro Revolucionário (PCBR).	15/05/69 - 04/06/69	1968 - 1969
041	Documentação produzida pelo II Exército e/ou pela Operação Bandeirantes (Oban). Movimento da sociedade civil e compilação de documentos de outros setores administrativos.	09/06/69 - 11/06/69	1969 - 1970
042	Documentação produzida pelo II Exército e/ou pela Operação Bandeirantes (Oban). É investigado o Comando de Libertação Nacional (Colina).	11/06/69 - 06/05/69	1969 - 1969
043	Documentação produzida pelo II Exército e/ou pela Operação Bandeirantes (Oban) e/ou pelo Centro de Operações e Defesa Interna - Destacamento de Operações e Informações (DOI-CODI). Suspeita de atividade subversiva, de movimento da sociedade civil. São investigados japoneses, russos, os professores acusados de subversão e a Vanguarda Popular Revolucionária (VPR).	06/05/69 - 19/06/69	1968 - 1970
044	Documentação produzida pelo II Exército e/ou pela Operação Bandeirantes (Oban) e/ou pelo Centro de Operações e Defesa Interna - Destacamento de Operações e Informações (DOI-CODI). Movimento estudantil, suspeita de sabotagem e compilação de documentos de outros setores administrativos. São investigados um padre francês, operários e informações sobre sabotagem no município de São José do Rio Preto - SP.	20/06/69 - 30/06/69	1969 - 1972
045	Documentação produzida pelo II Exército e/ou pela Operação Bandeirantes (Oban). São investigados os hóspedes de hotéis de São Paulo e os passageiros no aeroporto de Congonhas em janeiro de 1969.	23/04/69 - 26/06/69	1969 - 1969
046	Documentação produzida pelo II Exército. Movimento estudantil e suspeita de atividade subversiva.	26/06/69 - 02/07/69	1968 - 1968
047	Documentação produzida pelo II Exército. Movimento da sociedade civil, movimento religioso. São invetsigados setores progressistas da Igreja Católica Romana, a Sociedade Brasileira de Defesa da Tradição Família e Propriedade e os municípios de Itapecirica da Serra-SP e Álvaro de Carvalho-SP.	02/07/69 - 16/07/69	1968 - 1968
048	Documentação produzida pelo II Exército e/ou pela Operação Bandeirantes (Oban).	16/07/69 - 21/07/69	1968 - 1969
049	Documentação produzida pelo II Exército. São investigadas pessoas que prestaram concurso para ingressar na Petrobrás.	21/07/69 - 20/09/69	1968 - 1968
050	Documentação produzida pelo II Exército e/ou pela Operação Bandeirantes (Oban). São investigados estudantes do município de São Bernardo do Campo-SP, José Dirceu e a relação de passageiros brasileiros e estrangeiros no Aeroporto de Viracopos.	20/10/68 - 24/07/69	1968 - 1969
051	Documentação produzida pelo II Exército e/ou pela Operação Bandeirantes (Oban). Relatório, movimento estudantil e compilação de documentos de outros setores administrativos. São investigados passageiros brasileiros e estrangeiros nos aeroportos de Viracopos e Congonhas, hóspedes de hotéis de São Paulo e estudantes condenados por crimes contra a segurança nacional.	25/07/69 - 25/07/69	0 - 0
052	Documentação produzida pelo II Exército e/ou pela Operação Bandeirantes (Oban). Movimento estudantil.	25/07/69 - 29/07/69	1969 - 1969
053	Documentação produzida pelo II Exército e/ou pela Operação Bandeirantes (Oban). Relatório, movimento estudantil e compilação de documentos de outros setores administrativos. São investigados passageiros nos aeroportos de Viracopos e Congonhas e hóspedes de hotéis de São Paulo.	20/10/68 - 21/08/69	1968 - 1969

DOSSIÊS/ PASTAS	ASSUNTO	ARQUIVAMENTO	PRODUÇÃO
054	Documentação produzida pelo II Exército e/ou pela Operação Bandeirantes (Oban). Compilação de documentos de outros setores administrativos.	21/10/69 - 27/08/69	1969 - 1969
055	Documentação produzida pelo II Exército e/ou pela Operação Bandeirantes (Oban).	27/08/69 - 27/08/69	1969 - 1969
056	Documentação produzida pelo II Exército e/ou pela Operação Bandeirantes (Oban). Movimento sindical.. É investigado o Sindicato dos Metalúrgicos de Santo André.	18/07/69 - 05/09/69	1967 - 1969
057	Documentação produzida pelo II Exército e/ou pela Operação Bandeirantes (Oban).	05/09/69 - 16/09/69	1969 - 1969
058	Documentação produzida pelo II Exército e/ou pela Operação Bandeirantes (Oban).	16/09/69 - 01/10/69	1969 - 1969
059	Documentação produzida pelo II Exército e/ou pela Operação Bandeirantes (Oban).	01/10/69 - 21/10/69	1969 - 1969
060	Documentação produzida pelo II Exército e/ou pela Operação Bandeirantes (Oban).	13/10/69 - 03/11/69	1969 - 1969
061	Documentação produzida pelo II Exército e/ou pela Operação Bandeirantes (Oban).	04/01/69 - 28/11/69	1969 - 1973
062	Documentação produzida pelo II Exército e/ou pela Operação Bandeirantes (Oban). São investigados o Movimento Revolucionário 8 de Outubro (MR-8), Carlos Marighella e a repercussão do Ato Institucional n.o. 5 (AI-5).	15/12/69 - 26/12/69	1969 - 1969
063	Documentação produzida pelo II Exército e/ou pela Operação Bandeirantes (Oban) e/ou pelo Centro de Operações e Defesa Interna - Destacamento de Operações e Informações (DOI-CODI). Movimento estudantil, suspeita de atividades subversivas. São investigados o capitão Carlos Lamarca e o roubo de armas do Exército.	26/12/69 - 06/11/70	1969 - 1969
063A	Documentação produzida pelo II Exército e/ou pela Operação Bandeirantes (Oban) e/ou pelo Centro de Operações e Defesa Interna - Destacamento de Operações e Informações (DOI-CODI). Movimento da sociedade civil, suspeita de atividade comunista e compilação de documentos de outros setores administrativos. São investigadas a Ação Popular (AP), a prisão de terroristas e exilados políticos brasileiros.	26/12/69 - 06/01/70	1969 - 1969
064	Documentação produzida pelo II Exército e/ou pela Operação Bandeirantes (Oban) e/ou pelo Centro de Operações e Defesa Interna - Destacamento de Operações e Informações (DOI-CODI). movimento estudantil, suspeita de atividade comunista. São investigados assaltos a bancos, manifestações de estudantes, as atividades de exilados políticos, a Ação Popular (AP) e Carlos Marighella.	06/01/70 - 23/01/70	1969 - 1970
065	Documentação produzida pelo II Exército e/ou pela Operação Bandeirantes (Oban) e/ou pelo Centro de Operações e Defesa Interna - Destacamento de Operações e Informações (DOI-CODI).	23/01/70 - 26/01/70	1964 - 1964
065A	Documentação produzida pelo II Exército e/ou pela Operação Bandeirantes (Oban) e/ou pelo Centro de Operações e Defesa Interna - Destacamento de Operações e Informações (DOI-CODI).	21/01/70 - 26/01/70	1964 - 1964
066	Documentação produzida pelo II Exército e/ou pela Operação Bandeirantes (Oban) e/ou pelo Centro de Operações e Defesa Interna - Destacamento de Operações e Informações (DOI-CODI). Suspeita de atividade comunista.	27/01/70 - 13/02/70	1969 - 1970
067	Documentação produzida pelo II Exército e/ou pela Operação Bandeirantes (Oban) e/ou pelo Centro de Operações e Defesa Interna - Destacamento de Operações e Informações (DOI-CODI).	13/02/70 - 06/03/70	1969 - 1970
068	Documentação produzida pelo II Exército e/ou pela Operação Bandeirantes (Oban) e/ou pelo Centro de Operações e Defesa Interna - Destacamento de Operações e Informações (DOI-CODI). São investigados o contrabando de armas e as atividades sindicais.	01/06/70 - 07/04/70	1970 - 1970
069	Documentação produzida pelo II Exército e/ou pela Operação Bandeirantes (Oban) e/ou pelo Centro de Operações e Defesa Interna - Destacamento de Operações e Informações (DOI-CODI). É investigado o material apreendido com Guiomar Silva Lopes.	07/04/70 - 24/04/70	1970 - 1970
070	Documentação produzida pelo II Exército e/ou pela Operação Bandeirantes (Oban) e/ou pelo Centro de Operações e Defesa Interna - Destacamento de Operações e Informações (DOI-CODI).	24/04/70 - 22/05/70	1970 - 1970
071	Documentação produzida pelo II Exército e/ou pelo Centro de Operações e Defesa Interna - Destacamento de Operações e Informações (DOI-CODI). Suspeita de atividade subversiva e movimento sindical. São investigados o roubo do cofre de Adhemar de Barros, a União dos Ferroviários da Estrada de Ferro Sorocabana, padres da Igreja Católica Romana, aposentadorias compulsórias pelo Ato Institucional nº 5 (AI-5).	22/05/70 - 25/05/70	1970 - 1970
072	Documentação produzida pelo II Exército e/ou pela Operação Bandeirantes (Oban) e/ou pelo Centro de Operações e Defesa Interna - Destacamento de Operações e Informações (DOI-CODI). São investigadas a Operação Agulha no Palheiro, as pessoas detidas pela Operação Bandeirantes (Oban), a Vanguarda Armada Revolucionária-Palmares (VAR-Palmares) e prisões de jornalistas, de professores e de estudantes.	26/01/70 - 10/06/70	1970 - 1970

DOSSIÊS/ PASTAS	ASSUNTO	ARQUIVAMENTO	PRODUÇÃO
073	Documentação produzida pelo II Exército e/ou pelo Centro de Operações e Defesa Interna - Destacamento de Operações e Informações (DOI-CODI). São investigados o seqüestro do Embaixador da Alemanha no Brasil, o XIV Congresso da União Paulista dos Estudantes Secundaristas (Upes) e as prisões de pessoas por ocasião do Ato Institucional nº 5 (AI-5)	10/06/70 - 29/06/70	1970 - 1970
074	Documentação produzida pelo II Exército e/ou pelo Centro de Operações e Defesa Interna - Destacamento de Operações e Informações (DOI-CODI). Suspeita de atividade subversiva, movimento guerrilheiro. São investigados o Partido Revolucionário dos Trabalhadores (PRT) e a Vanguarda Popular Revolucionária (VPR).	29/06/70 - 08/07/70	1970 - 1970
075	Documentação produzida pelo II Exército e/ou pelo Centro de Operações e Defesa Interna - Destacamento de Operações e Informações (DOI-CODI). Suspeita de atividade subversiva e movimento guerrilheiro. São investigadas denúncias de tortura publicadas em periódicos.	08/07/70 - 21/07/70	1970 - 1970
076	Documentação produzida pelo II Exército e/ou pelo Centro de Operações e Defesa Interna - Destacamento de Operações e Informações (DOI-CODI). Suspeita de atividade subversiva e de movimento guerrilheiro. São investigados indivíduos presos pela Operação Bandeirantes (Oban) e assaltos a bancos.	21/07/70 - 28/07/70	1970 - 1970
077	Documentação produzida pelo II Exército e/ou pelo Centro de Operações e Defesa Interna - Destacamento de Operações e Informações (DOI-CODI). Suspeita de atividade subversiva, movimento guerrilheiro. São investigadas a Vanguarda Armada Revolucionária Palmares (VAR-Palmares) e a Vanguarda Popular Revolucionária (VPR);	30/07/70 - 31/07/70	1970 - 1970
078	Documentação produzida pelo II Exército e/ou pelo Centro de Operações e Defesa Interna - Destacamento de Operações e Informações (DOI-CODI). Suspeita de atividade subversiva e movimento guerrilheiro. São investigados Rubens Hirsel Bergel e integrantes de agrupamentos de luta armada.	23/07/70 - 19/08/70	1970 - 1970
079	Documentação produzida pelo II Exército e/ou pelo Centro de Operações e Defesa Interna - Destacamento de Operações e Informações (DOI-CODI). Suspeita de atividade subversiva , movimento guerrilheiro e compilação de documentos de outros setores administrativos. São investigados membros do Partido Comunista Brasileiro Revolucionário (PCBR), demissões provocadas pelo Ato Institucional nº 5 (AI-5), o Movimento Comunista Internacional e o julgamento dos seqüestradores do Embaixador Americano.	19/08/70 - 09/10/70	1970 - 1970
080	Documentação produzida pelo II Exército e/ou pelo Centro de Operações e Defesa Interna - Destacamento de Operações e Informações (DOI-CODI). Suspeita de atividade subversiva e movimento guerrilheiro. São investigados membros da Vanguarda Armada Revolucionária Palmares (VAR-Palmares) e da Vanguarda Popular Revolucionária (VPR).	19/08/70 - 25/11/70	1970 - 1970
080A	Documentação produzida pelo II Exército e/ou pelo Centro de Operações e Defesa Interna - Destacamento de Operações e Informações (DOI-CODI). Suspeita de atividade subversiva e movimento guerrilheiro. São investigados membros da Vanguarda Armada Revolucionária Palmares (VAR-Palmares) e a guerrilha urbana.	25/11/70 - 09/12/70	1970 - 1970
081	Documentação produzida pelo II Exército e/ou pelo Centro de Operações e Defesa Interna - Destacamento de Operações e Informações (DOI-CODI). Suspeita de atividade subversiva e movimento guerrilheiro. São investigados os membros da Vanguarda Armada Revolucionária Palmares (VAR-Palmares) e da Vanguarda Popular Revolucionária (VPR).	23/11/70 - 08/12/70	1970 - 1970
082	Documentação produzida pelo II Exército e/ou pelo Centro de Operações e Defesa Interna - Destacamento de Operações e Informações (DOI-CODI). Suspeita de atividade subversiva e movimento guerrilheiro. Contém resumos de declarações e de fichas individuais dos presos políticos e mandados de prisão.	23/11/70 - 01/03/71	1970 - 1970
083	Documentação produzida pelo II Exército e/ou pelo Centro de Operações e Defesa Interna - Destacamento de Operações e Informações (DOI-CODI). Suspeita de atividade subversiva e movimento guerrilheiro. Contém resumos de declarações e de de fichas individuais dos presos políticos e mandados de prisão.	01/03/71 -	1970 - 1970
084	Documentação produzida pelo II Exército e/ou pelo Centro de Operações e Defesa Interna - Destacamento de Operações e Informações (DOI-CODI). São investigados os documentos produzidos pelo Ministério da Marinhal, organogramas com a hierarquia de partidos e organizações de luta armada, o Partido Comunista do Brasil (PC do B) e a Ação Popular (AP).	10/03/71 - 18/03/71	1966 - 1971
085	Documentação produzida pelo II Exército e/ou pelo Centro de Operações e Defesa Interna - Destacamento de Operações e Informações (DOI-CODI).	16/03/70 - 16/03/71	1970 - 1970
086	Documentação produzida pelo II Exército e/ou pelo Centro de Operações e Defesa	06/04/71 - 06/01/71	1970 - 1971

DOSSIÊS/ PASTAS	ASSUNTO	ARQUIVAMENTO	PRODUÇÃO
	Interna - Destacamento de Operações e Informações (DOI-CODI). Suspeita de atividade subversiva, movimento guerrilheiro. São investigadas as organizações de luta armada e a guerrilha urbana.		
087	Documentação produzida pelo II Exército e/ou pelo Centro de Operações e Defesa Interna - Destacamento de Operações e Informações (DOI-CODI). São investigadas a Vanguarda Popular Revolucionária (VPR), a Ação Popular (AP) e a guerrilha urbana.	24/03/71 -	1971 - 1971
088	Documentação produzida pelo II Exército e/ou pelo Centro de Operações e Defesa Interna - Destacamento de Operações e Informações (DOI-CODI).	02/04/71 - 07/04/71	1971 - 1971
089	Documentação produzida pelo II Exército e/ou pelo Centro de Operações e Defesa Interna - Destacamento de Operações e Informações (DOI-CODI).	15/04/71 -	1971 - 1971
090	Documentação produzida pelo II Exército e/ou pelo Centro de Operações e Defesa Interna - Destacamento de Operações e Informações (DOI-CODI). São investigadas a Vanguarda Popular Revolucionária (VPR), a Ação Libertadora Nacional (ALN) e a Vanguarda Armada Revolucionária (VAR).	06/04/71 - 14/04/71	1971 - 1971
091	Documentação produzida pelo II Exército e/ou pelo Centro de Operações e Defesa Interna - Destacamento de Operações e Informações (DOI-CODI). São investigados o movimento estudantil e a Secretaria de Educação do Estado de São Paulo.	11/03/71 - 15/04/71	1971 - 1971
092	Documentação produzida pelo II Exército e/ou pelo Centro de Operações e Defesa Interna - Destacamento de Operações e Informações (DOI-CODI).	15/04/71 - 22/04/71	1971 - 1971
093	Documentação produzida pelo II Exército e/ou pelo Centro de Operações e Defesa Interna - Destacamento de Operações e Informações (DOI-CODI).	22/04/71 - 01/05/71	1970 - 1971
094	Documentação produzida pelo II Exército e/ou pelo Centro de Operações e Defesa Interna - Destacamento de Operações e Informações (DOI-CODI). É investigado o Condomínio Residencial da Universidade de São Paulo (CRUSP).	- 03/05/71	1968 - 1970
095	Documentação produzida pelo II Exército e/ou pelo Centro de Operações e Defesa Interna - Destacamento de Operações e Informações (DOI-CODI). Contém uma documentação proveniente da divisão de Infantaria.	04/05/71 - 29/04/71	1970 - 1970
096	Documentação produzida pelo II Exército e/ou pelo Centro de Operações e Defesa Interna - Destacamento de Operações e Informações (DOI-CODI).	- 29/04/71	1970 - 1970
097	Documentação produzida pelo II Exército e/ou pelo Centro de Operações e Defesa Interna - Destacamento de Operações e Informações (DOI-CODI).	07/05/71 - 27/04/71	1970 - 1971
097A	Documentação produzida pelo II Exército e/ou pelo Centro de Operações e Defesa Interna - Destacamento de Operações e Informações (DOI-CODI).	23/04/71 - 13/05/71	1970 - 1971
098	Documentação produzida pelo II Exército e/ou pelo Centro de Operações e Defesa Interna - Destacamento de Operações e Informações (DOI-CODI). Contém documentação proveniente da Justiça Militar.	18/05/71 - 21/10/70	1970 - 1971
099	Documentação produzida pelo II Exército e/ou pelo Centro de Operações e Defesa Interna - Destacamento de Operações e Informações (DOI-CODI). Contém pedidos de busca e apreensão, mandados de prisão e listas de presos.	20/11/70 - 09/02/71	1970 - 1971
100	Documentação produzida pelo II Exército e/ou pelo Centro de Operações e Defesa Interna - Destacamento de Operações e Informações (DOI-CODI). Contém pedidos de busca e apreensão, mandados de prisão e listas de presos.	21/09/70 - 06/07/71	1970 - 1971
101	Documentação produzida pelo II Exército e/ou pelo Centro de Operações e Defesa Interna - Destacamento de Operações e Informações (DOI-CODI). Contém pedidos de busca e apreensão, mandados de prisão e listas de presos.	23/09/71 - 02/07/71	1970 - 1971
102	Documentação produzida pelo II Exército e/ou pelo Centro de Operações e Defesa Interna - Destacamento de Operações e Informações (DOI-CODI). Contém pedidos de busca e apreensão, mandados de prisão e listas de presos.	03/09/70 - 30/08/71	1970 - 1971
103	Documentação produzida pelo II Exército e/ou pelo Centro de Operações e Defesa Interna - Destacamento de Operações e Informações (DOI-CODI). Contém pedidos de busca e apreensão, mandados de prisão e listas de presos.	31/08/71 - 04/08/71	1971 - 1971
104	Documentação produzida pelo II Exército e/ou pelo Centro de Operações e Defesa Interna - Destacamento de Operações e Informações (DOI-CODI). Contém pedidos de busca e apreensão, mandados de prisão e lista de presos.	04/08/71 - 02/09/71	1971 - 1971
105	Documentação produzida pelo II Exército e/ou pelo Centro de Operações e Defesa Interna - Destacamento de Operações e Informações (DOI-CODI). Contém pedidos de busca e apreensão, mandados de prisão e listas de presos.	03/09/71 - 16/07/71	1970 - 1971
106	Documentação produzida pelo II Exército e/ou pelo Centro de Operações e Defesa Interna - Destacamento de Operações e Informações (DOI-CODI). Contém pedidos de busca e apreensão, mandados de prisão, listas de presos e o inquérito policial militar (IPM) de Olavo Hansen.	- 03/03/71	1970 - 1970
107	Documentação produzida pelo II Exército e/ou pelo Centro de Operações e Defesa Interna - Destacamento de Operações e Informações (DOI-CODI). Contém pedidos	- 26/10/70	1970 - 1970

DOSSIÊS/ PASTAS	ASSUNTO	ARQUIVAMENTO	PRODUÇÃO
	de busca e apreensão, mandados de prisão e listas de presos.		
108	Documentação produzida pelo II Exército e/ou pelo Centro de Operações e Defesa Interna - Destacamento de Operações e Informações (DOI-CODI). Contém pedidos de busca e apreensão, mandados de prisão e listas de presos.	07/09/71 - 25/08/71	1971 - 1971
109	Documentação produzida pelo II Exército e/ou pelo Centro de Operações e Defesa Interna - Destacamento de Operações e Informações (DOI-CODI). Contém pedidos de busca e apreensão, mandados de prisão e listas de presos.	03/09/71 - 03/09/71	1971 - 1971
110	Documentação produzida pelo II Exército e/ou pelo Centro de Operações e Defesa Interna - Destacamento de Operações e Informações (DOI-CODI). Contém pedidos de busca e apreensão, mandados de prisão e listas de presos.	16/09/71 - 23/03/71	1970 - 1971
111	Documentação produzida pelo II Exército e/ou pelo Centro de Operações e Defesa Interna - Destacamento de Operações e Informações (DOI-CODI). Contém pedidos de busca e apreensão, mandados de prisão e listas de presos.	12/03/71 - 28/09/71	1970 - 1971
111A	Documentação produzida pelo II Exército e/ou pelo Centro de Operações e Defesa Interna - Destacamento de Operações e Informações (DOI-CODI). Contém pedidos de busca e apreensão, mandados de prisão e listas de presos.	04/11/70 - 06/01/71	1970 - 1970
112	Documentação produzida pelo II Exército e/ou pelo Centro de Operações e Defesa Interna - Destacamento de Operações e Informações (DOI-CODI). Contém pedidos de busca e apreensão, mandados de prisão, listas de presos e boletins informativos.	03/09/70 - 12/05/71	1968 - 1970
112A	Documentação produzida pelo II Exército e/ou pelo Centro de Operações e Defesa Interna - Destacamento de Operações e Informações (DOI-CODI). Contém pedidos de busca e apreensão, mandados de prisão, listas de presos e boletins informativos.	30/09/70 - 21/05/71	1970 - 1970
113	Documentação produzida pelo II Exército e/ou pelo Centro de Operações e Defesa Interna - Destacamento de Operações e Informações (DOI-CODI). Contém pedidos de busca e apreensão, mandados de prisão, listas de presos e boletins informativos.	20/05/71 - 16/05/71	1968 - 1970
114	Documentação produzida pelo II Exército e/ou pelo Centro de Operações e Defesa Interna - Destacamento de Operações e Informações (DOI-CODI). Contém pedidos de busca e apreensão, mandados de prisão, listas de presos e boletins informativos.	13/10/71 - 11/10/71	1971 - 1971
115	Documentação produzida pelo II Exército e/ou pelo Centro de Operações e Defesa Interna - Destacamento de Operações e Informações (DOI-CODI). Contém pedidos de busca e apreensão, mandados de prisão, listas de presos e boletins informativos.	06/01/72 - 14/01/72	1971 - 1971
116	Documentação produzida pelo II Exército e/ou pelo Centro de Operações e Defesa Interna - Destacamento de Operações e Informações (DOI-CODI). Contém pedidos de busca e apreensão, mandados de prisão, listas de presos e boletins informativos.	21/01/72 - 13/10/77	1971 - 1971
117	Documentação produzida pelo II Exército e/ou pelo Centro de Operações e Defesa Interna - Destacamento de Operações e Informações (DOI-CODI). Contém pedidos de busca e apreensão, mandados de prisão, listas de presos e boletins informativos.	12/10/71 - 03/02/72	1971 - 1971
118	Documentação produzida pelo II Exército e/ou pelo Centro de Operações e Defesa Interna - Destacamento de Operações e Informações (DOI-CODI). Contém pedidos de busca e apreensão, mandados de prisão, listas de presos e boletins informativos.	03/02/72 - 22/09/71	1971 - 1972
119	Documentação produzida pelo II Exército e/ou pelo Centro de Operações e Defesa Interna - Destacamento de Operações e Informações (DOI-CODI). Contém pedidos de busca e apreensão, mandados de prisão, listas de presos e boletins informativos.	17/02/72 - 08/02/72	1971 - 1972
120	Documentação produzida pelo II Exército e/ou pelo Centro de Operações e Defesa Interna - Destacamento de Operações e Informações (DOI-CODI). Contém pedidos de busca e apreensão, mandados de prisão, listas de presos e boletins informativos.	09/03/72 - 16/05/72	1969 - 1972
121	Documentação produzida pelo II Exército e/ou pelo Centro de Operações e Defesa Interna - Destacamento de Operações e Informações (DOI-CODI). Contém pedidos de busca e apreensão, mandados de prisão, listas de presos e boletins informativos.	18/05/72 - 02/05/72	1967 - 1972
122	Documentação produzida pelo II Exército e/ou pelo Centro de Operações e Defesa Interna - Destacamento de Operações e Informações (DOI-CODI). Contém pedidos de busca e apreensão, mandados de prisão, listas de presos e boletins informativos.	02/05/72 - 06/04/72	1971 - 1972
123	Documentação produzida pelo II Exército e/ou pelo Centro de Operações e Defesa Interna - Destacamento de Operações e Informações (DOI-CODI). Contém pedidos de busca e apreensão, mandados de prisão, listas de presos e boletins informativos.	06/04/72 - 30/06/72	1972 - 1972
124	Documentação produzida pelo II Exército e/ou pelo Centro de Operações e Defesa Interna - Destacamento de Operações e Informações (DOI-CODI). Contém pedidos de busca e apreensão, mandados de prisão, listas de presos e boletins informativos.	03/07/72 - 07/06/72	1972 - 1972
125	Documentação produzida pelo II Exército e/ou pelo Centro de Operações e Defesa Interna - Destacamento de Operações e Informações (DOI-CODI). Contém pedidos de busca e apreensão, mandados de prisão, listas de presos e boletins informativos.	17/07/72 - 11/05/72	1972 - 1972
126	Documentação produzida pelo II Exército e/ou pelo Centro de Operações e Defesa Interna - Destacamento de Operações e Informações (DOI-CODI). Contém pedidos	16/05/72 - 24/07/72	1972 - 1972

DOSSIÊS/ PASTAS	ASSUNTO	ARQUIVAMENTO	PRODUÇÃO
	de busca e apreensão, mandados de prisão, listas de presos e boletins informativos.		
127	Documentação produzida pelo II Exército e/ou pelo Centro de Operações e Defesa Interna - Destacamento de Operações e Informações (DOI-CODI). Contém pedidos de busca e apreensão, mandados de prisão, listas de presos e boletins informativos.	23/06/72 - 22/03/72	1971 - 1972
128	Documentação produzida pelo II Exército e/ou pelo Centro de Operações e Defesa Interna - Destacamento de Operações e Informações (DOI-CODI). Contém pedidos de busca e apreensão, mandados de prisão, listas de presos e boletins informativos.	10/08/72 - 31/08/72	1972 - 1972
128A	Documentação produzida pelo II Exército e/ou pelo Centro de Operações e Defesa Interna - Destacamento de Operações e Informações (DOI-CODI). Contém pedidos de busca e apreensão, mandados de prisão, listas de presos e boletins informativos.	14/08/72 - 15/03/72	1971 - 1972
129	Documentação produzida pelo II Exército e/ou pelo Centro de Operações e Defesa Interna - Destacamento de Operações e Informações (DOI-CODI). Contém pedidos de busca e apreensão, mandados de prisão, listas de presos e boletins informativos.	05/09/72 - 14/09/72	1968 - 1972
130	Documentação produzida pelo II Exército e/ou pelo Centro de Operações e Defesa Interna - Destacamento de Operações e Informações (DOI-CODI). Contém pedidos de busca e apreensão, mandados de prisão, listas de presos e boletins informativos.	08/09/72 - 29/09/72	1972 - 1972
131	Documentação produzida pelo II Exército e/ou pelo Centro de Operações e Defesa Interna - Destacamento de Operações e Informações (DOI-CODI). Contém pedidos de busca e apreensão, mandados de prisão, listas de presos e boletins informativos.	02/10/72 - 10/10/72	1969 - 1972
132	Documentação produzida pelo II Exército e/ou pelo Centro de Operações e Defesa Interna - Destacamento de Operações e Informações (DOI-CODI). Contém pedidos de busca e apreensão, mandados de prisão, listas de presos e boletins informativos.	10/10/72 - 01/02/72	1969 - 1972
133	Documentação produzida pelo II Exército e/ou pelo Centro de Operações e Defesa Interna - Destacamento de Operações e Informações (DOI-CODI). Contém pedidos de busca e apreensão, mandados de prisão, listas de presos e boletins informativos.	16/10/72 - 16/10/72	1971 - 1972
134	Documentação produzida pelo II Exército e/ou pelo Centro de Operações e Defesa Interna - Destacamento de Operações e Informações (DOI-CODI). Contém pedidos de busca e apreensão, mandados de prisão, listas de presos e boletins informativos.	10/10/72 - 09/11/72	1971 - 1972
135	Documentação produzida pelo II Exército e/ou pelo Centro de Operações e Defesa Interna - Destacamento de Operações e Informações (DOI-CODI). Contém pedidos de busca e apreensão, mandados de prisão, listas de presos e boletins informativos.	08/11/72 - 16/11/72	1971 - 1972
136	Documentação produzida pelo II Exército e/ou pelo Centro de Operações e Defesa Interna - Destacamento de Operações e Informações (DOI-CODI). Contém pedidos de busca e apreensão, mandados de prisão, listas de presos e boletins informativos.	20/11/72 - 22/11/72	1971 - 1972
137	Documentação produzida pelo II Exército e/ou pelo Centro de Operações e Defesa Interna - Destacamento de Operações e Informações (DOI-CODI). Contém pedidos de busca e apreensão, mandados de prisão, listas de presos e boletins informativos.	22/11/72 - 08/12/72	1971 - 1972
138	Documentação produzida pelo II Exército e/ou pelo Centro de Operações e Defesa Interna - Destacamento de Operações e Informações (DOI-CODI). Contém pedidos de busca e apreensão, mandados de prisão, listas de presos e boletins informativos.	15/12/72 - 22/12/72	1972 - 1972
139	Documentação produzida pelo II Exército e/ou pelo Centro de Operações e Defesa Interna - Destacamento de Operações e Informações (DOI-CODI). Contém pedidos de busca e apreensão, mandados de prisão, listas de presos e boletins informativos.	19/12/72 - 29/12/72	1971 - 1972
140	Documentação produzida pelo II Exército e/ou pelo Centro de Operações e Defesa Interna - Destacamento de Operações e Informações (DOI-CODI). Contém pedidos de busca e apreensão, mandados de prisão, listas de presos e boletins informativos.	22/01/73 - 31/01/73	1971 - 1972
141	Documentação produzida pelo II Exército e/ou pelo Centro de Operações e Defesa Interna - Destacamento de Operações e Informações (DOI-CODI). Contém pedidos de busca e apreensão, mandados de prisão, listas de presos e boletins informativos.	28/02/66 - 29/01/73	1971 - 1973
142	Documentação produzida pelo II Exército e/ou pelo Centro de Operações e Defesa Interna - Destacamento de Operações e Informações (DOI-CODI). Contém pedidos de busca e apreensão, mandados de prisão, listas de presos e boletins informativos.	30/10/73 - 02/01/73	1971 - 1973
143	Documentação produzida pelo II Exército e/ou pelo Centro de Operações e Defesa Interna - Destacamento de Operações e Informações (DOI-CODI). Contém pedidos de busca e apreensão, mandados de prisão, listas de presos e boletins informativos.	01/02/73 - 15/03/71	1970 - 1973
144	Documentação produzida pelo II Exército e/ou pelo Centro de Operações e Defesa Interna - Destacamento de Operações e Informações (DOI-CODI). Contém pedidos de busca e apreensão, mandados de prisão, listas de presos e boletins informativos.	02/02/73 - 23/06/72	1971 - 1972
145	Documentação produzida pelo II Exército e/ou pelo Centro de Operações e Defesa Interna - Destacamento de Operações e Informações (DOI-CODI). Contém pedidos de busca e apreensão, mandados de prisão, listas de presos e boletins informativos.	22/03/72 - 05/02/73	1972 - 1972
146	Documentação produzida pelo II Exército e/ou pelo Centro de Operações e Defesa Interna - Destacamento de Operações e Informações (DOI-CODI). Contém pedidos	16/03/71 - 30/01/73	1970 - 1973

DOSSIÊS/ PASTAS	ASSUNTO	ARQUIVAMENTO	PRODUÇÃO
	de busca e apreensão, mandados de prisão, listas de presos e boletins informativos.		
147	Documentação produzida pelo II Exército e/ou pelo Centro de Operações e Defesa Interna - Destacamento de Operações e Informações (DOI-CODI). Contém pedidos de busca e apreensão, mandados de prisão, listas de presos e boletins informativos.	20/01/73 - 13/02/73	1971 - 1973
148	Documentação produzida pelo II Exército e/ou pelo Centro de Operações e Defesa Interna - Destacamento de Operações e Informações (DOI-CODI). Contém pedidos de busca e apreensão, mandados de prisão, listas de presos e boletins informativos.	07/02/73 - 19/03/73	1973 - 1973
149	Documentação produzida pelo II Exército e/ou pelo Centro de Operações e Defesa Interna - Destacamento de Operações e Informações (DOI-CODI). Contém pedidos de busca e apreensão, mandados de prisão, listas de presos e boletins informativos.	29/09/70 - 07/02/73	1970 - 1972
150	Documentação produzida pelo II Exército e/ou pelo Centro de Operações e Defesa Interna - Destacamento de Operações e Informações (DOI-CODI). Contém pedidos de busca e apreensão, mandados de prisão, listas de presos e boletins informativos.	28/09/71 - 14/08/70	1971 - 1971
151	Documentação produzida pelo II Exército e/ou pelo Centro de Operações e Defesa Interna - Destacamento de Operações e Informações (DOI-CODI). Contém pedidos de busca e apreensão, mandados de prisão, listas de presos e boletins informativos.	31/03/71 - 03/04/73	1970 - 1973
152	Documentação produzida pelo II Exército e/ou pelo Centro de Operações e Defesa Interna - Destacamento de Operações e Informações (DOI-CODI). Contém pedidos de busca e apreensão, mandados de prisão, listas de presos e boletins informativos.	03/04/73 - 03/07/73	1971 - 1971
153	Documentação produzida pelo II Exército e/ou pelo Centro de Operações e Defesa Interna - Destacamento de Operações e Informações (DOI-CODI). Contém pedidos de busca e apreensão, mandados de prisão, listas de presos e boletins informativos.	03/01/73 - 03/01/73	1972 - 1972
154	Documentação produzida pelo II Exército e/ou pelo Centro de Operações e Defesa Interna - Destacamento de Operações e Informações (DOI-CODI). Contém pedidos de busca e apreensão, mandados de prisão, listas de presos e boletins informativos.	07/01/73 - 07/01/73	1971 - 1973
155	Documentação produzida pelo II Exército e/ou pelo Centro de Operações e Defesa Interna - Destacamento de Operações e Informações (DOI-CODI). Contém pedidos de busca e apreensão, mandados de prisão, listas de presos e boletins informativos.	16/05/73 - 17/05/73	1971 - 1973
156	Documentação produzida pelo II Exército e/ou pelo Centro de Operações e Defesa Interna - Destacamento de Operações e Informações (DOI-CODI). Contém pedidos de busca e apreensão, mandados de prisão, listas de presos e boletins informativos.	29/05/75 - 18/04/73	1971 - 1973
157	Documentação produzida pelo II Exército e/ou pelo Centro de Operações e Defesa Interna - Destacamento de Operações e Informações (DOI-CODI). Contém pedidos de busca e apreensão, mandados de prisão, listas de presos e boletins informativos.	01/01/73 - 03/01/73	1971 - 1972
158	Documentação produzida pelo II Exército e/ou pelo Centro de Operações e Defesa Interna - Destacamento de Operações e Informações (DOI-CODI). Contém pedidos de busca e apreensão, mandados de prisão, listas de presos e boletins informativos.	01/01/73 - 01/01/73	1963 - 1973
159	Documentação produzida pelo II Exército e/ou pelo Centro de Operações e Defesa Interna - Destacamento de Operações e Informações (DOI-CODI). Contém pedidos de busca e apreensão, mandados de prisão, listas de presos e boletins informativos.	18/06/73 - 26/07/73	1973 - 1973
160	Documentação produzida pelo II Exército e/ou pelo Centro de Operações e Defesa Interna - Destacamento de Operações e Informações (DOI-CODI). Contém pedidos de busca e apreensão, mandados de prisão, listas de presos e boletins informativos.	26/07/73 - 01/01/73	1972 - 1972
161	Documentação produzida pelo II Exército e/ou pelo Centro de Operações e Defesa Interna - Destacamento de Operações e Informações (DOI-CODI). Contém pedidos de busca e apreensão, mandados de prisão, listas de presos e boletins informativos.	02/07/73 - 16/08/73	1972 - 1972
162	Documentação produzida pelo II Exército e/ou pelo Centro de Operações e Defesa Interna - Destacamento de Operações e Informações (DOI-CODI). Contém pedidos de busca e apreensão, mandados de prisão, listas de presos e boletins informativos.	19/05/71 - 28/09/71	1971 - 1973
163	Documentação produzida pelo II Exército e/ou pelo Centro de Operações e Defesa Interna - Destacamento de Operações e Informações (DOI-CODI). Contém pedidos de busca e apreensão, mandados de prisão, listas de presos e boletins informativos.	21/08/73 - 11/02/72	1972 - 1972
164	Documentação produzida pelo II Exército e/ou pelo Centro de Operações e Defesa Interna - Destacamento de Operações e Informações (DOI-CODI). Contém pedidos de busca e apreensão, mandados de prisão, listas de presos e boletins informativos.	01/01/73 - 03/01/73	1971 - 1971
165	Documentação produzida pelo II Exército e/ou pelo Centro de Operações e Defesa Interna - Destacamento de Operações e Informações (DOI-CODI). Contém pedidos de busca e apreensão, mandados de prisão, listas de presos e boletins informativos.	03/01/73 - 13/09/73	1971 - 1973
166	Documentação produzida pelo II Exército e/ou pelo Centro de Operações e Defesa Interna - Destacamento de Operações e Informações (DOI-CODI). Contém pedidos de busca e apreensão, mandados de prisão, listas de presos e boletins informativos.	03/01/73 - 11/02/72	1976 - 1972
167	Documentação produzida pelo II Exército e/ou pelo Centro de Operações e Defesa Interna - Destacamento de Operações e Informações (DOI-CODI). Contém pedidos	11/02/72 - 11/02/72	1971 - 1971

DOSSIÊS/ PASTAS	ASSUNTO	ARQUIVAMENTO	PRODUÇÃO
	de busca e apreensão, mandados de prisão, listas de presos e boletins informativos.		
168	Documentação produzida pelo II Exército e/ou pelo Centro de Operações e Defesa Interna - Destacamento de Operações e Informações (DOI-CODI). Contém pedidos de busca e apreensão, mandados de prisão, listas de presos e boletins informativos.	13/01/71 - 13/01/71	1970 - 1970
169	Documentação produzida pelo II Exército e/ou pelo Centro de Operações e Defesa Interna - Destacamento de Operações e Informações (DOI-CODI). Contém pedidos de busca e apreensão, mandados de prisão, listas de presos e boletins informativos.	21/03/72 - 27/04/72	1971 - 1971
170	Documentação produzida pelo II Exército e/ou pelo Centro de Operações e Defesa Interna - Destacamento de Operações e Informações (DOI-CODI). Contém pedidos de busca e apreensão, mandados de prisão, listas de presos e boletins informativos.	26/09/73 - 16/10/73	1973 - 1973
171	Documentação produzida pelo II Exército e/ou pelo Centro de Operações e Defesa Interna - Destacamento de Operações e Informações (DOI-CODI). Contém pedidos de busca e apreensão, mandados de prisão, listas de presos e boletins informativos.	03/04/72 - 15/10/73	1971 - 1973
172	Documentação produzida pelo II Exército e/ou pelo Centro de Operações e Defesa Interna - Destacamento de Operações e Informações (DOI-CODI). Contém pedidos de busca e apreensão, mandados de prisão, listas de presos e boletins informativos.	27/04/72 - 27/04/72	1969 - 1971
173	Documentação produzida pelo II Exército e/ou pelo Centro de Operações e Defesa Interna - Destacamento de Operações e Informações (DOI-CODI). Contém pedidos de busca e apreensão, mandados de prisão, listas de presos e boletins informativos.	21/03/72 - 27/11/73	1971 - 1973
174	Documentação produzida pelo II Exército e/ou pelo Centro de Operações e Defesa Interna - Destacamento de Operações e Informações (DOI-CODI). Contém pedidos de busca e apreensão, mandados de prisão, listas de presos e boletins informativos.	06/03/72 - 05/12/73	1971 - 1973
175	Documentação produzida pelo II Exército e/ou pelo Centro de Operações e Defesa Interna - Destacamento de Operações e Informações (DOI-CODI). Contém pedidos de busca e apreensão, mandados de prisão, listas de presos e boletins informativos.	21/03/72 - 21/03/72	1971 - 1971
176	Documentação produzida pelo II Exército e/ou pelo Centro de Operações e Defesa Interna - Destacamento de Operações e Informações (DOI-CODI). Contém pedidos de busca e apreensão, mandados de prisão, listas de presos e boletins informativos.	21/03/72 - 21/03/72	1971 - 1971
177	Documentação produzida pelo II Exército e/ou pelo Centro de Operações e Defesa Interna - Destacamento de Operações e Informações (DOI-CODI). Contém pedidos de busca e apreensão, mandados de prisão, listas de presos e boletins informativos.	30/11/73 - 04/02/74	1973 - 1974
178	Documentação produzida pelo II Exército e/ou pelo Centro de Operações e Defesa Interna - Destacamento de Operações e Informações (DOI-CODI). Contém pedidos de busca e apreensão, mandados de prisão, listas de presos e boletins informativos.	18/01/74 - 18/01/74	1973 - 1974
179	Documentação produzida pelo II Exército e/ou pelo Centro de Operações e Defesa Interna - Destacamento de Operações e Informações (DOI-CODI). Contém pedidos de busca e apreensão, mandados de prisão, listas de presos e boletins informativos.	15/02/74 - 20/03/74	1971 - 1974
180	Documentação produzida pelo II Exército e/ou pelo Centro de Operações e Defesa Interna - Destacamento de Operações e Informações (DOI-CODI). Contém pedidos de busca e apreensão, mandados de prisão, listas de presos e boletins informativos.	13/03/74 - 09/09/74	1973 - 1974
181	Documentação produzida pelo II Exército e/ou pelo Centro de Operações e Defesa Interna - Destacamento de Operações e Informações (DOI-CODI). Contém pedidos de busca e apreensão, mandados de prisão, listas de presos e boletins informativos.	02/05/74 - 17/05/74	1973 - 1974
182	Documentação produzida pelo II Exército e/ou pelo Centro de Operações e Defesa Interna - Destacamento de Operações e Informações (DOI-CODI). Contém pedidos de busca e apreensão, mandados de prisão, listas de presos e boletins informativos.	24/01/72 - 20/05/74	1970 - 1974
183	Documentação produzida pelo II Exército e/ou pelo Centro de Operações e Defesa Interna - Destacamento de Operações e Informações (DOI-CODI). Contém pedidos de busca e apreensão, mandados de prisão, listas de presos e boletins informativos.	29/05/74 - 03/06/74	1972 - 1974
184	Documentação produzida pelo II Exército e/ou pelo Centro de Operações e Defesa Interna - Destacamento de Operações e Informações (DOI-CODI). Contém pedidos de busca e apreensão, mandados de prisão, listas de presos e boletins informativos.	04/06/74 - 24/07/74	1973 - 1974
185	Documentação produzida pelo II Exército e/ou pelo Centro de Operações e Defesa Interna - Destacamento de Operações e Informações (DOI-CODI). Contém pedidos de busca e apreensão, mandados de prisão, listas de presos e boletins informativos.	30/07/74 - 16/07/74	1966 - 1974
186	Documentação produzida pelo II Exército e/ou pelo Centro de Operações e Defesa Interna - Destacamento de Operações e Informações (DOI-CODI). Contém pedidos de busca e apreensão, mandados de prisão, listas de presos e boletins informativos.	15/07/74 - 09/09/74	1968 - 1974
187	Documentação produzida pelo II Exército e/ou pelo Centro de Operações e Defesa Interna - Destacamento de Operações e Informações (DOI-CODI). Contém pedidos de busca e apreensão, mandados de prisão, listas de presos e boletins informativos.	02/09/74 - 21/08/74	1962 - 1974
188	Documentação produzida pelo II Exército e/ou pelo Centro de Operações e Defesa Interna - Destacamento de Operações e Informações (DOI-CODI). Contém pedidos	29/10/74 - 29/10/74	1971 - 1974

DOSSIÊS/ PASTAS	ASSUNTO	ARQUIVAMENTO	PRODUÇÃO
	de busca e apreensão, mandados de prisão, listas de presos e boletins informativos.		
189	Documentação produzida pelo II Exército e/ou pelo Centro de Operações e Defesa Interna - Destacamento de Operações e Informações (DOI-CODI). Contém pedidos de busca e apreensão, mandados de prisão, listas de presos e boletins informativos.	13/01/74 - 02/08/74	1973 - 1974
190	Documentação produzida pelo II Exército e/ou pelo Centro de Operações e Defesa Interna - Destacamento de Operações e Informações (DOI-CODI). Contém pedidos de busca e apreensão, mandados de prisão, listas de presos e boletins informativos.	05/08/74 - 10/12/74	1974 - 1974
191	Documentação produzida pelo II Exército e/ou pelo Centro de Operações e Defesa Interna - Destacamento de Operações e Informações (DOI-CODI). Contém pedidos de busca e apreensão, mandados de prisão, listas de presos e boletins informativos.	26/09/74 - 26/01/75	1974 - 1974
192	Documentação produzida pelo II Exército e/ou pelo Centro de Operações e Defesa Interna - Destacamento de Operações e Informações (DOI-CODI). Contém pedidos de busca e apreensão, mandados de prisão, listas de presos e boletins informativos.	-	1974 - 1975
193	Documentação produzida pelo II Exército e/ou pelo Centro de Operações e Defesa Interna - Destacamento de Operações e Informações (DOI-CODI). Contém pedidos de busca e apreensão, mandados de prisão, listas de presos e boletins informativos.	21/01/75 - 25/04/75	1973 - 1975
194	Documentação produzida pelo II Exército e/ou pelo Centro de Operações e Defesa Interna - Destacamento de Operações e Informações (DOI-CODI). Contém pedidos de busca e apreensão, mandados de prisão, listas de presos e boletins informativos.	25/04/75 - 02/06/75	1974 - 1975
195	Documentação produzida pelo II Exército e/ou pelo Centro de Operações e Defesa Interna - Destacamento de Operações e Informações (DOI-CODI). Contém pedidos de busca e apreensão, mandados de prisão, listas de presos e boletins informativos.	22/04/75 - 22/04/75	1970 - 1975
196	Documentação produzida pelo II Exército e/ou pelo Centro de Operações e Defesa Interna - Destacamento de Operações e Informações (DOI-CODI). Contém pedidos de busca e apreensão, mandados de prisão, listas de presos e boletins informativos.	26/08/74 - 22/07/75	1974 - 1975
197	Documentação produzida pelo II Exército e/ou pelo Centro de Operações e Defesa Interna - Destacamento de Operações e Informações (DOI-CODI). Contém pedidos de busca e apreensão, mandados de prisão, listas de presos e boletins informativos.	22/07/75 - 08/08/75	1973 - 1973
198	Documentação produzida pelo II Exército e/ou pelo Centro de Operações e Defesa Interna - Destacamento de Operações e Informações (DOI-CODI). Contém pedidos de busca e apreensão, mandados de prisão, listas de presos e boletins informativos.	18/08/75 - 16/09/75	1975 - 1975
199	Documentação produzida pelo II Exército e/ou pelo Centro de Operações e Defesa Interna - Destacamento de Operações e Informações (DOI-CODI). Contém pedidos de busca e apreensão, mandados de prisão, listas de presos e boletins informativos.	17/09/75 - 01/12/75	1975 - 1975
200	Documentação produzida pelo II Exército e/ou pelo Centro de Operações e Defesa Interna - Destacamento de Operações e Informações (DOI-CODI). Contém pedidos de busca e apreensão, mandados de prisão, listas de presos e boletins informativos.	05/12/75 - 27/01/76	1975 - 1976
201	Documentação produzida pelo II Exército e/ou pelo Centro de Operações e Defesa Interna - Destacamento de Operações e Informações (DOI-CODI). Contém pedidos de busca e apreensão, mandados de prisão, listas de presos e boletins informativos.	28/01/76 - 16/02/76	1975 - 1975
202	Documentação produzida pelo II Exército e/ou pelo Centro de Operações e Defesa Interna - Destacamento de Operações e Informações (DOI-CODI). Contém pedidos de busca e apreensão, mandados de prisão, listas de presos e boletins informativos.	17/03/76 - 07/04/76	1975 - 1975
203	Documentação produzida pelo II Exército e/ou pelo Centro de Operações e Defesa Interna - Destacamento de Operações e Informações (DOI-CODI). Contém pedidos de busca e apreensão, mandados de prisão, listas de presos e boletins informativos. É investigada a morte de Manoel Fiel Filho.	07/04/76 - 19/07/76	1972 - 1975
204	Documentação produzida pelo II Exército e/ou pelo Centro de Operações e Defesa Interna - Destacamento de Operações e Informações (DOI-CODI). Contém pedidos de busca e apreensão, mandados de prisão, listas de presos e boletins informativos.	27/07/76 - 27/09/76	1975 - 1976
204A	Documentação produzida pelo II Exército e/ou pelo Centro de Operações e Defesa Interna - Destacamento de Operações e Informações (DOI-CODI). Contém pedidos de busca e apreensão, mandados de prisão, listas de presos e boletins informativos.	-	1972 - 1972
205	Documentação produzida pelo II Exército e/ou pelo Centro de Operações e Defesa Interna - Destacamento de Operações e Informações (DOI-CODI). Contém pedidos de busca e apreensão, mandados de prisão, listas de presos e boletins informativos.	01/10/76 - 20/12/76	1975 - 1976
206	Documentação produzida pelo II Exército e/ou pelo Centro de Operações e Defesa Interna - Destacamento de Operações e Informações (DOI-CODI). Contém pedidos de busca e apreensão, mandados de prisão, listas de presos e boletins informativos.	20/12/76 - 02/02/77	0 - 0
207	Documentação produzida pelo II Exército e/ou pelo Centro de Operações e Defesa Interna - Destacamento de Operações e Informações (DOI-CODI). Contém pedidos de busca e apreensão, mandados de prisão, listas de presos e boletins informativos.	04/02/77 - 10/03/77	1974 - 1977
208	Documentação produzida pelo II Exército e/ou pelo Centro de Operações e Defesa	10/03/77 - 31/03/77	1975 - 1977

DOSSIÊS/ PASTAS	ASSUNTO	ARQUIVAMENTO	PRODUÇÃO
	Interna - Destacamento de Operações e Informações (DOI-CODI). Contém pedidos de busca e apreensão, mandados de prisão, listas de presos e boletins informativos.		
209	Documentação produzida pelo II Exército e/ou pelo Centro de Operações e Defesa Interna - Destacamento de Operações e Informações (DOI-CODI). Contém pedidos de busca e apreensão, mandados de prisão, listas de presos e boletins informativos.	12/04/77 - 16/06/77	1975 - 1977
210	Documentação produzida pelo II Exército e/ou pelo Centro de Operações e Defesa Interna - Destacamento de Operações e Informações (DOI-CODI). Contém pedidos de busca e apreensão, mandados de prisão, listas de presos e boletins informativos.	23/03/77 - 21/09/77	1976 - 1977
211	Documentação produzida pelo II Exército e/ou pelo Centro de Operações e Defesa Interna - Destacamento de Operações e Informações (DOI-CODI). Contém pedidos de busca e apreensão, mandados de prisão, listas de presos e boletins informativos.	21/09/77 - 06/12/77	1976 - 1978
212	Documentação produzida pelo II Exército e/ou pelo Centro de Operações e Defesa Interna - Destacamento de Operações e Informações (DOI-CODI). Contém pedidos de busca e apreensão, mandados de prisão, listas de presos e boletins informativos.	09/12/77 - 21/03/78	1978 - 1978
213	Documentação produzida pelo II Exército e/ou pelo Centro de Operações e Defesa Interna - Destacamento de Operações e Informações (DOI-CODI). Contém pedidos de busca e apreensão, mandados de prisão, listas de presos e boletins informativos.	21/03/78 - 14/06/78	1977 - 1978
214	Documentação produzida pelo II Exército e/ou pelo Centro de Operações e Defesa Interna - Destacamento de Operações e Informações (DOI-CODI). Contém pedidos de busca e apreensão, mandados de prisão, listas de presos e boletins informativos.	20/06/78 - 04/08/78	1978 - 1978
215	Documentação produzida pelo II Exército e/ou pelo Centro de Operações e Defesa Interna - Destacamento de Operações e Informações (DOI-CODI). Contém pedidos de busca e apreensão, mandados de prisão, listas de presos e boletins informativos.	04/08/78 - 15/12/78	1976 - 1978
216	Documentação produzida pelo II Exército e/ou pelo Centro de Operações e Defesa Interna - Destacamento de Operações e Informações (DOI-CODI). Contém pedidos de busca e apreensão, mandados de prisão, listas de presos e boletins informativos.	01/12/78 - 28/02/79	1978 - 1978
217	Documentação produzida pelo II Exército e/ou pelo Centro de Operações e Defesa Interna - Destacamento de Operações e Informações (DOI-CODI). Contém pedidos de busca e apreensão, mandados de prisão, listas de presos e boletins informativos. Também contém cópia da sentença proferida no processo movido por Clarice Herzog para responsabilizar a união pela morte de Wladimir Herzog e prontuários de militantes de esquerda.	08/03/79 - 17/08/79	1979 - 1979
218	Documentação produzida pelo II Exército e/ou pelo Centro de Operações e Defesa Interna - Destacamento de Operações e Informações (DOI-CODI). Contém pedidos de busca e apreensão, mandados de prisão, listas de presos e boletins informativos.	29/10/79 - 23/01/80	1979 - 1979
219	Documentação produzida pelo II Exército e/ou pelo Centro de Operações e Defesa Interna - Destacamento de Operações e Informações (DOI-CODI). Contém pedidos de busca e apreensão, mandados de prisão, listas de presos e boletins informativos.	23/01/80 - 08/12/80	1979 - 1980
220	Documentação produzida pelo II Exército e/ou pelo Centro de Operações e Defesa Interna - Destacamento de Operações e Informações (DOI-CODI). Contém pedidos de busca e apreensão, mandados de prisão, listas de presos e boletins informativos.	20/06/80 - 15/12/80	1980 - 1980
221	Documentação produzida pelo II Exército e/ou pelo Centro de Operações e Defesa Interna - Destacamento de Operações e Informações (DOI-CODI). Contém pedidos de busca e apreensão, mandados de prisão, listas de presos e boletins informativos.	03/11/80 - 27/04/81	1980 - 1981
221A	Documentação produzida pelo II Exército e/ou pelo Centro de Operações e Defesa Interna - Destacamento de Operações e Informações (DOI-CODI). Contém pedidos de busca e apreensão, mandados de prisão, listas de presos e boletins informativos.	29/06/81 - 19/05/81	1981 - 1981
222	Documentação produzida pelo II Exército e/ou pelo Centro de Operações e Defesa Interna - Destacamento de Operações e Informações (DOI-CODI). Contém pedidos de busca e apreensão, mandados de prisão, listas de presos e boletins informativos.	13/05/81 - 13/07/81	1981 - 1981
223	Documentação produzida pelo II Exército e/ou pelo Centro de Operações e Defesa Interna - Destacamento de Operações e Informações (DOI-CODI). Contém pedidos de busca e apreensão, mandados de prisão, listas de presos e boletins informativos.	-	1981 - 1982
224	Documentação produzida pelo II Exército e/ou pelo Centro de Operações e Defesa Interna - Destacamento de Operações e Informações (DOI-CODI). Contém pedidos de busca e apreensão, mandados de prisão, listas de presos e boletins informativos.	-	1982 - 1982
225	Documentação produzida pelo II Exército e/ou pelo Centro de Operações e Defesa Interna - Destacamento de Operações e Informações (DOI-CODI). Contém pedidos de busca e apreensão, mandados de prisão, listas de presos e boletins informativos.	-	1982 - 1982
226	Documentação produzida pelo II Exército e/ou pelo Centro de Operações e Defesa Interna - Destacamento de Operações e Informações (DOI-CODI). Contém pedidos de busca e apreensão, mandados de prisão, listas de presos e boletins informativos.	-	1982 - 1982

DOSSIÊS/ PASTAS		ASSUNTO	ARQUIVAMENTO	PRODUÇÃO
50-Z-010		**São investigadas as Indústrias Reunidas Francisco Matarazzo.**	**06/12/43 - 27/07/76**	**1943 - 1976**
	001	São investigadas as Indústrias Reunidas Francisco Matarazzo.	06/12/43 - 15/04/52	1943 - 1952
	002	São investigadas as Indústrias Reunidas Francisco Matarazzo.	09/05/51 - 27/07/76	1951 - 1976
50-Z-011		**É investigada a empresa J. J. Soar. Também existem comentários sobre a situação política internacional**	**07/12/43 - 11/05/45**	**1943 - 1963**
50-Z-012		**Documentação da Polícia Marítima de Santos -SP.**	**11/12/43 - 03/03/70**	**1943 - 1970**
	001	Documentação da Polícia Marítima de Santos - SP	11/12/43 - 17/11/44	1943 - 1944
	002	Documentação da Polícia Marítima de Santos - SP	17/11/44 - 27/10/44	1944 - 1949
	003	Documentação da Polícia Marítima de Santos - SP	15/05/57 - 03/03/70	1951 - 1970
50-Z-013		**É investigada a Faculdade de Direito da Universidade de São Paulo (USP).**	**12/12/43 - 17/01/78**	**1941 - 1973**
	001	Os investigados são estudantes da Faculdade de Direito da USP (Universidade de São Paulo), que teriam distribuído exemplares de panfletos com propaganda comunista no Teatro Municipal, durante a colação de grau.	12/12/43 - 07/08/53	1943 - 1952
	002	Os investigados são estudantes da Faculdade de Direito da USP (Universidade de São Paulo), que teriam distribuído exemplares de panfletos com propaganda comunista no Teatro Municipal, durante a colação de grau.	17/02/44 - 01/07/49	1941 - 1949
	003	Os investigados são estudantes da Faculdade de Direito da USP (Universidade de São Paulo), que teriam distribuído exemplares de panfletos com propaganda comunista no Teatro Municipal, durante a colação de grau.	11/08/45 - 14/10/53	1945 - 1953
	004	Os investigados são estudantes da Faculdade de Direito da USP (Universidade de São Paulo), que teriam distribuído exemplares de panfletos com propaganda comunista no Teatro Municipal, durante a colação de grau.	19/10/53 - 09/05/66	1953 - 1966
	005	Os investigados são estudantes da Faculdade de Direito da USP (Universidade de São Paulo), que teriam distribuído exemplares de panfletos com propaganda comunista no Teatro Municipal, durante a colação de grau.	16/05/66 - 11/06/73	1966 - 1973
	006	Os investigados são estudantes da Faculdade de Direito da USP (Universidade de São Paulo), que teriam distribuído exemplares de panfletos com propaganda comunista no Teatro Municipal, durante a colação de grau.	12/06/73 - 17/01/78	1973 - 1973
50-Z-014		**São investigados os passageiros tanto brasileiros quanto estrangeiros que trafegaram, via aérea e via férrea, pelo Brasil entre as regiões sul, sudeste e centro-oeste, e pelas capitais da América do Sul.**	**12/12/43 - 12/10/70**	**1943 - 1970**
	001	São investigados os passageiros tanto brasileiros quanto estrangeiros que trafegaram, via aérea e via férrea, pelo Brasil entre as regiões sul, sudeste e centro-oeste e pelas capitais da América do Sul.	12/12/43 - 08/01/45	1943 - 1944
	002	São investigados os passageiros tanto brasileiros quanto estrangeiros que trafegaram, via aérea e via férrea, pelo Brasil entre as regiões sul, sudeste e centro-oeste, e pelas capitais da América do Sul.	08/01/45 - 27/05/45	1945 - 1945
	002A	São investigados passageiros tanto brasileiros quanto estrangeiros que trafegaram, via aérea e via férrea, pelo Brasil entre as regiões sul, sudeste e centro-oeste, e pelas capitais da América do Sul.	28/03/45 - 14/07/45	1945 - 1945
	003	São investigados os passageiros tanto brasileiros quanto estrangeiros que trafegaram, via aérea e via férrea, pelo Brasil entre as regiões sul, sudeste e centro-oeste, e pelas capitais da América do Sul.	16/07/45 - 11/12/45	1945 - 1950
	004	São investigados os passageiros tanto brasileiros quanto estrangeiros que trafegaram, via aérea e via férrea, pelo Brasil entre as regiões sul, sudeste e centro-oeste, e pelas capitais da América do Sul.	11/12/45 - 02/05/46	1945 - 1950
	005	São investigados os passageiros tanto brasileiros quanto estrangeiros que trafegaram, via aérea e via férrea, pelo Brasil entre as regiões sul, sudeste e centro-oeste, e pelas capitais da América do Sul.	20/12/54 - 12/10/70	1950 - 1970
50-Z-015		**Suspeita de atividade comunista. São investigados os passageiros que viajaram via rodoviária, férrea e aérea, com ênfase na investigação dos trens que provinham da fronteira com o Uruguai e da região sul do Brasil, que tinham como destino a Estrada Ferroviária Sorocabana e a Central do Brasil.**	**13/12/43 - 18/10/49**	**1943 - 1949**
50-Z-016		**Censura postal a estrangeiros. O investigado é John Lacyhennesey, coronel inglês.**	**12/12/43 - 28/03/44**	**1943 - 1947**
50-Z-017		**Censura postal a estrangeiros. O investigado é Marcus (ou Markus) Maksimilian Tabak, polonês, sem ocupação definida.**	**11/12/43 - 11/12/43**	**1943 - 1943**
50-Z-018		**Suspeita de atividade comunista. A investigada é Maria Aldenora de Sá Porto, funcionária da Secretaria de Educação em Alagoas, escritora.**	**23/08/45 - 06/08/62**	**1945 - 1978**
50-Z-019		**O investigado é Reinaldo Leopoldo Bromert, possivelmente estrangeiro, proprietário de oficina.**	**15/12/43 - 15/12/43**	**1943 - 1943**
50-Z-020		**Suspeita de atividade nazista. O investigado é Etienne Blum, húngaro, engenheiro, que estaria sondando posições estratégicas das cidades de São**	**23/08/45 - 22/03/46**	**1942 - 1942**

DOSSIÊS/ PASTAS		ASSUNTO	ARQUIVAMENTO	PRODUÇÃO
		Paulo e Santos - SP.		
50-Z-021		**Censura postal. A investigada é Gerda Zaff, brasileira descendente de alemães, representante de uma livraria alemã.**	**17/12/43 - 17/12/43**	**1943 - 1943**
50-Z-022		**Suspeita de posse de rádio transmissor. O investigado é Maurício Sandor, húngaro, veterinário.**	**20/12/43 - 20/12/43**	**1943 - 1943**
50-Z-023		**Censura postal a estrangeiros. O investigado é Edgard Dietrich Wolff, alemão, judeu, remetente de cartas suspeitas censuradas pela Censura Postal Brasileira, funcionário da Companhia Algodoeira Paulista.**	**20/12/43 - 14/06/45**	**1943 - 1945**
50-Z-024		**Suspeita de atividade eixista. O investigado é um indivíduo de origem alemã residente nesta capital.**	**20/12/43 - 14/07/45**	**1942 - 1943**
50-Z-025		**É investigado um individuo acusado de investir contra o regime de Getúlio Vargas.**	**14/11/45 - 06/01/71**	**1944 - 1971**
50-Z-026		**É investigado o Departamento Estadual de Trânsito (DETRAN), de São Paulo.**	**20/08/43 - 26/01/78**	**1944 - 1962**
	001	Os investigados são funcionários públicos do setor do Serviço de Trânsito de São Paulo, suspeitos de irregularidades que prejudicam a economia popular.	20/08/43 - 06/12/62	1944 - 1962
	002	É investigado o Departamento Estadual de Trânsito.	20/06/63 - 26/01/78	1962 - 1962
50-Z-027		**Suspeita de posse de rádio transmissor. O investigado é o conjunto residencial da rua das Andradas.**	**20/12/43 - 20/12/43**	**1943 - 1943**
50-Z-028		**Suspeita de atividade eixista. O investigado é Helbert Baldus, professor de origem alemã, que teria relação suspeita com um japonês.**	**21/12/43 - 10/07/45**	**1941 - 1943**
50-Z-029		**É investigado o relatório sobre a publicação e produção da Revista do Clube Militar.**	**23/12/43 - 23/12/43**	**1943 - 1943**
50-Z-030		**Documentação da Secretaria de Segurança Pública do Estado de São Paulo.**	**13/01/44 - 15/05/78**	**1940 - 1978**
	001	Trata-se de documentos provenientes da Secretaria de Segurança Pública sobre vários assuntos, como niponismo e atividade dos militares.	13/01/44 - 23/08/60	1942 - 1960
	002	Trata-se de uma documentação trocada entre a Secretaria de Segurança Pública e o DEOPS - SP sobre funcionários suspeitos de subversão. Também contém informações internas de ambos os órgãos.	09/12/47 - 06/07/48	1940 - 1940
	003	Trata-se de uma documentação proveniente da Secretaria de Segurança Pública, que versa sobre o Partido Comunista Brasileiro (PCB).	28/10/48 - 28/07/49	1947 - 1950
	004	Trata-se de uma documentação proveniente da Secretaria de Segurança Pública.	26/03/51 - 30/04/53	1950 - 1953
	005	Trata-se de uma documentação proveniente da Secretaria de Segurança Pública.	05/05/53 - 01/03/55	1944 - 1953
	006	Trata-se de uma documentação proveniente da Secretaria de Segurança Pública.	10/03/55 - 30/01/62	1954 - 1960
	007	Trata-se de uma documentação proveniente da Secretaria de Segurança Pública, que versa sobre comunismo e política interna.	05/12/62 - 18/09/68	1962 - 1968
	008	Trata-se de uma documentação proveniente da Secretaria de Segurança Pública e de boletins do Departamento de Investigações Criminais.	07/10/68 - 03/12/69	1967 - 1969
	009	Trata-se de uma documentação proveniente da Secretaria de Segurança Pública, versando sobre atividades comunistas.	07/10/68 - 06/02/70	1969 - 1969
	010	Trata-se de uma documentação proveniente da Secretaria de Segurança Pública., que versa sobre subversão, comunismo, movimento estudantil e atividade empresarial.	06/02/70 - 11/08/70	1969 - 1970
	011	Trata-se de uma documentação proveniente da Secretaria de Segurança Pública.	12/08/70 - 02/04/71	1970 - 1970
	012	Trata-se de uma documentação proveniente da Secretaria de Segurança Pública, que versa sobre lista de indivíduos do Presídio Tiradentes.	06/11/70 - 13/09/70	1970 - 1970
	013	Trata-se de uma documentação proveniente da Secretaria de Segurança Pública, que versa sobre lista de indivíduos do "Presídio Tiradentes".	12/08/70 - 06/11/70	1970 - 1970
	014	Trata-se de uma documentação proveniente da Secretaria de Segurança Pública, que versa sobre lista de indivíduos do Presídio Tiradentes.	04/01/71 - 24/02/71	1970 - 1971
	015	Trata-se de uma documentação proveniente da Secretaria de Segurança Pública, que versa sobre lista de indivíduos do Presídio Tiradentes.	19/02/71 - 25/03/71	1970 - 1971
	016	Trata-se de uma documentação proveniente da Secretaria de Segurança Pública, que versa sobre lista de indivíduos do Presídio Tiradentes.	07/06/71 - 23/03/71	1971 - 1971
	017	Trata-se de uma documentação proveniente da Secretaria de Segurança Pública, que versa sobre lista de indivíduos do Presídio Tiradentes.	07/06/71 - 21/05/71	1971 - 1971
	017A	Trata-se de uma documentação proveniente da Secretaria de Segurança Pública, que versa sobre lista de indivíduos do Presídio Tiradentes.	31/05/71 - 07/10/70	1970 - 1971
	018	Trata-se de uma documentação proveniente da Secretaria de Segurança Pública, que versa sobre lista de indivíduos do Presídio Tiradentes.	15/03/71 - 15/03/71	0 - 0
	019	Trata-se de uma documentação proveniente da Secretaria de Segurança Pública, que versa sobre lista de indivíduos do Presídio Tiradentes.	10/05/71 - 11/08/70	1970 - 1971
	019A	Trata-se de uma documentação proveniente da Secretaria de Segurança Pública, que versa sobre lista de indivíduos do Presídio Tiradentes.	15/07/71 - 15/07/71	1970 - 1971
	020	Trata-se de uma documentação proveniente da Secretaria de Segurança Pública.	06/08/71 - 03/08/71	1971 - 1971

DOSSIÊS/ PASTAS	ASSUNTO	ARQUIVAMENTO	PRODUÇÃO
021	Trata-se de uma documentação proveniente da Secretaria de Segurança Pública.	30/07/71 - 24/09/71	1971 - 1971
022	Trata-se de uma documentação proveniente da Secretaria de Segurança Pública, que versa sobre lista de indivíduos do Presídio Tiradentes.	24/09/71 - 07/09/71	1971 - 1971
022A	Trata-se de uma documentação proveniente da Secretaria de Segurança Pública, que versa sobre lista de indivíduos do Presídio Tiradentes.	07/09/71 - 06/12/71	1971 - 1971
023	Trata-se de uma documentação proveniente da Secretaria de Segurança Pública, que versa sobre lista de indivíduos do Presídio Tiradentes.	14/12/71 - 28/10/71	1971 - 1971
024	Trata-se de uma documentação proveniente da Secretaria de Segurança Pública, que versa sobre lista de indivíduos do Presídio Tiradentes.	20/10/71 - 03/01/72	1971 - 1971
025	Trata-se de uma documentação proveniente da Secretaria de Segurança Pública, que versa sobre lista de indivíduos do Presídio Tiradentes.	03/01/72 - 06/01/72	1971 - 1972
026	Trata-se de uma documentação proveniente da Secretaria de Segurança Pública, que versa sobre lista de indivíduos do Presídio Tiradentes.	06/01/72 - 10/02/72	1972 - 1972
027	Trata-se de uma documentação proveniente da Secretaria de Segurança Pública, que versa sobre lista de indivíduos do Presídio Tiradentes.	10/02/72 - 16/02/72	1970 - 1972
028	Trata-se de uma documentação proveniente da Secretaria de Segurança Pública.	21/02/72 - 12/04/72	1971 - 1972
029	Trata-se de uma documentação proveniente da Secretaria de Segurança Pública, que versa sobre lista de indivíduos do Presídio Tiradentes.	06/04/72 - 07/04/72	1971 - 1972
030	Trata-se de uma documentação proveniente da Secretaria de Segurança Pública.	03/04/72 - 13/06/72	1971 - 1972
031	Trata-se de uma documentação proveniente da Secretaria de Segurança Pública, que versa sobre lista de indivíduos do Presídio Tiradentes.	23/06/72 - 17/07/72	1972 - 1972
032	Trata-se de uma documentação proveniente da Secretaria de Segurança Pública, que versa sobre lista de indivíduos do Presídio Tiradentes.	17/07/72 - 16/08/72	1972 - 1972
033	Trata-se de uma documentação proveniente da Secretaria de Segurança Pública, que versa sobre lista de indivíduos do Presídio Tiradentes.	18/08/72 - 08/09/72	1972 - 1972
034	Trata-se de uma documentação proveniente da Secretaria de Segurança Pública, que versa sobre lista de indivíduos do Presídio Tiradentes.	08/09/72 - 12/10/72	1972 - 1972
035	Trata-se de uma documentação proveniente da Secretaria de Segurança Pública.	21/08/72 - 09/10/72	1971 - 1972
036	Trata-se da Anistia Internacional, de acusações de tortura no Brasil, sobre o Presídio Tiradentes, sobre empresas de segurança e sobre o Juizado de Menores.	09/10/72 - 06/11/72	1972 - 1972
037	Trata-se de uma documentação sobre o Presídio Tiradentes de boletim do Departamento de Investigações Criminais (DEIC)	08/11/72 - 11/12/72	1972 - 1972
038	Trata-se de uma documentação proveniente da Delegacia de Ordem Social do DEOPS/SP, do Presídio Tiradentes, do Departamento de Investigações Criminais (DEIC) e da Divisão de Diversões Públicas (DDP).	03/01/73 - 18/12/72	1972 - 1972
039	Trata-se de uma documentação proveniente da Delegacia de Ordem Social do DEOPS/SP, do Presídio Tiradentes, do Departamento de Investigações Criminais (DEIC) e da Divisão de Diversões Públicas (DDP).	24/01/72 - 26/01/73	1972 - 1972
040	Trata-se de uma documentação proveniente da Delegacia de Ordem Social do DEOPS/SP, do Presídio Tiradentes, do Departamento de Investigações Criminais (DEIC) e da Divisão de Diversões Públicas (DDP).	09/02/73 - 27/03/73	1967 - 1973
041	Trata-se de uma documentação do Departamento de Investigações Criminais (DEIC) e do Presídio Tiradentes.	28/03/73 - 10/04/73	1973 - 1973
042	Trata-se de boletins internos do Departamento de Investigações Criminais (DEIC) e do Presídio Tiradentes.	10/04/73 - 19/06/73	1973 - 1973
043	Trata-se de uma documentação do Departamento de Investigações Criminais (DEIC), do Presídio do Hipódromo e do Presídio Tiradentes.	07/08/73 - 10/07/73	1973 - 1973
044	Trata-se de uma documentação do Departamento de Investigações Criminais (DEIC) e do Presídio Tiradentes.	12/07/73 - 19/09/73	1973 - 1973
045	Trata-se de uma documentação do Departamento de Investigações Criminais (DEIC) e do Presídio Tiradentes.	26/09/73 - 11/10/73	1971 - 1973
046	Trata-se de uma documentação do Departamento de Investigações Criminais (DEIC) e do Presídio Tiradentes.	25/10/73 - 30/11/73	1973 - 1973
047	Trata-se de uma documentação do Departamento de Investigações Criminais (DEIC) e do Presídio Tiradentes. Trata-se também de processo criminal contra o delegado Sérgio Fleury.	03/12/73 - 06/08/73	1973 - 1973
048	Trata-se de uma documentação do Departamento de Investigações Criminais (DEIC) e do Presídio Tiradentes.	05/11/73 - 15/03/74	1973 - 1974
049	Trata-se de uma documentação do Departamento de Investigações Criminais (DEIC) e do Presídio Tiradentes.	13/03/74 - 30/04/74	1974 - 1974
050	Trata-se de uma documentação do Departamento de Investigações Criminais (DEIC) e do	16/04/74 - 30/04/74	1974 - 1974

DOSSIÊS/ PASTAS		ASSUNTO	ARQUIVAMENTO	PRODUÇÃO
		Presídio Tiradentes.		
	051	Trata-se de uma documentação do Departamento de Investigações Criminais (DEIC).	30/04/74 - 24/05/74	1974 - 1974
	052	Trata-se de uma documentação do Departamento de Investigações Criminais (DEIC).	23/05/74 - 18/07/74	1974 - 1974
	053	Trata-se de uma documentação proveniente da Delegacia de Furtos de Automóveis.	26/06/74 - 02/09/74	1974 - 1974
	054	Trata-se de uma documentação proveniente da Delegacia de Furtos de Automóveis.	09/09/74 - 06/08/74	1974 - 1974
	055	Trata-se de uma documentação proveniente da Delegacia de Furtos de Automóveis e do Presídio do Hipódromo.	06/08/74 - 26/07/74	1974 - 1974
	056	Trata-se de uma documentação do Departamento de Investigações Criminais (DEIC).	15/07/74 - 14/08/74	1974 - 1974
	057	Trata-se de uma documentação do Departamento de Investigações Criminais (DEIC), do Presídio do Hipódromo e do Departamento Regional de Polícia da Grande São Paulo (DEGRAN).	20/09/74 - 19/11/74	1973 - 1974
	058	Trata-se de uma documentação do Departamento de Investigações Criminais (DEIC) e do Presídio do Hipódromo.	06/12/74 - 26/11/74	1974 - 1974
	059	Trata-se de uma documentação do Departamento de Investigações Criminais (DEIC) e do Presídio do Hipódromo.	22/11/74 - 15/04/75	1974 - 1974
	060	Trata-se de uma documentação do Departamento de Investigações Criminais (DEIC) e do Presídio do Hipódromo.	15/04/75 - 15/01/75	1973 - 1975
	061	Trata-se de uma documentação do Departamento de Investigações Criminais (DEIC) e do Presídio do Hipódromo.	22/01/75 - 03/06/75	1974 - 1975
	062	Trata-se de uma documentação do Departamento de Investigações Criminais (DEIC) e do Presídio do Hipódromo.	11/04/75 - 19/11/75	1975 - 1975
	063	Trata-se de uma documentação do Departamento de Investigações Criminais (DEIC) e do Presídio do Hipódromo.	24/11/75 - 13/05/76	1975 - 1975
	064	Trata-se de uma documentação sobre falsificação de documentos e comunicação de entrada de cadáveres no Instituto Médico Legal (IML).	14/05/76 - 19/08/76	1976 - 1976
	065	Trata-se de documentos produzidos pela Secretaria de Segurança Pública.	03/09/76 - 17/12/76	1976 - 1976
	066	Trata-se de documentos produzidos pela Secretaria de Segurança Pública.	20/12/76 - 30/06/77	1975 - 1977
	067	Trata-se de documentos produzidos pela Secretaria de Segurança Pública.	30/06/77 - 19/09/77	1977 - 1977
	068	Trata-se de documentos produzidos pela Secretaria de Segurança Pública.	21/11/77 - 15/05/78	1977 - 1978
50-Z-031		**É investigada a Estrada de Ferro Sorocabana**	**23/12/45 - 08/06/77**	**1942 - 1977**
	001	Movimento operário, suspeitas de atividades comunista e sabotagem. Os investigados são operários da Estrada de Ferro Sorocabana e da Estrada de Ferro Barra Funda; e relação dos empregados estrangeiros da Estrada de Ferro Sorocabana.	23/12/45 - 26/06/46	1944 - 1946
	002	Movimento operário, suspeitas de atividades comunista e sabotagem. Os investigados são operários da Estrada de Ferro Sorocabana.	11/06/46 - 18/02/48	1942 - 1942
	003	Movimento operário, suspeitas de atividades comunista e sabotagem. Os investigados são operários da Estrada de Ferro Sorocabana.	-	0 - 0
	004	Movimento operário, suspeitas de atividades comunista e sabotagem. São investigados operários da Estrada de Ferro Sorocabana. Existem documentos da Delegacia Regional de Botucatu.	23/03/48 - 29/03/45	1948 - 1949
	005	Movimento operário, suspeitas de atividades comunista e sabotagem. Os investigados são operários da Estrada de Ferro Sorocabana.	19/04/49 - 19/04/49	1947 - 1950
	006	Movimento operário, suspeita de atividade comunista e movimento grevista. Os investigados são operários da Estrada de Ferro Sorocabana.	25/06/49 - 08/04/57	1949 - 1953
	007	Movimento operário, suspeita de atividade comunista e suspeita de sabotagem. Os investigados são operários da Estrada de Ferro Sorocabana.	23/04/51 - 23/06/54	1950 - 1950
	008	Movimento operário, suspeita de atividade comunista e suspeita de sabotagem. Os investigados são operários da Estrada de Ferro Sorocabana.	12/08/54 - 03/07/56	1954 - 1959
	009	Movimento operário, suspeita de atividade comunista e suspeita de sabotagem. Os investigados são operários da Estrada de Ferro Sorocabana.	11/07/59 - 03/11/65	1959 - 1965
	010	Movimento operário, suspeita de atividade comunista e suspeita de sabotagem. Os investigados são operários da Estrada de Ferro Sorocabana.	10/11/65 - 08/06/77	1965 - 1977
50-Z-032		**É investigado o município de Campinas - SP.**	**23/12/43 - 29/06/81**	**1943 - 1982**
	001	É investigado o município de Campinas-SP.	23/12/43 - 16/04/46	1943 - 1975
	002	É investigado o município de Campinas-SP.	25/06/47 - 10/03/49	1947 - 1949
	003	É investigado o município de Campinas-SP.	14/03/49 - 17/11/49	1948 - 1949
	004	É investigado o município de Campinas-SP.	01/12/49 -	1949 - 1951
	005	É investigado o município de Campinas-SP.	20/03/51 - 08/07/52	1951 - 1952
	006	É investigado o município de Campinas-SP.	08/07/52 - 04/12/53	1951 - 1953
	007	É investigado o município de Campinas-SP.	09/12/53 - 27/08/54	1953 - 1954
	008	É investigado o município de Campinas-SP.	27/08/54 - 19/11/57	1954 - 1957

DOSSIÊS/ PASTAS	ASSUNTO	ARQUIVAMENTO	PRODUÇÃO
009	É investigado o município de Campinas-SP.	19/11/57 - 28/01/59	1957 - 1959
009A	É investigado o município de Campinas-SP.	15/01/59 - 30/11/61	1959 - 1961
010	É investigado o município de Campinas-SP.	03/11/61 - 24/05/65	1961 - 1965
011	É investigado o município de Campinas-SP.	02/07/64 - 27/09/66	1966 - 1966
012	É investigado o município de Campinas-SP.	16/12/66 - 02/06/69	1966 - 1969
013	É investigado o município de Campinas-SP.	03/06/69 - 24/03/71	1969 - 1971
014	É investigado o município de Campinas-SP.	12/04/71 - 05/09/72	1967 - 1967
015	É investigado o município de Campinas-SP.	01/09/72 - 05/06/73	1972 - 1973
016	É investigado o município de Campinas-SP.	12/06/73 - 22/11/74	1973 - 1973
017	É investigado o município de Campinas-SP.	22/11/74 - 16/08/74	1974 - 1974
018	É investigado o município de Campinas-SP.	15/08/74 - 07/02/75	1974 - 1975
019	É investigado o município de Campinas-SP.	13/01/75 - 24/07/75	1974 - 1975
020	É investigado o município de Campinas-SP.	31/10/75 - 20/01/76	1975 - 1976
021	É investigado o município de Campinas-SP.	- 14/04/76	1975 - 1976
022	É investigado o município de Campinas-SP.	19/04/76 - 07/10/76	1975 - 1976
023	É investigado o município de Campinas-SP.	13/10/76 - 21/03/77	1975 - 1977
024	É investigado o município de Campinas-SP.	04/03/77 - 20/06/77	1974 - 1977
025	É investigado o município de Campinas-SP.	23/06/77 - 14/09/77	1977 - 1977
026	É investigado o município de Campinas-SP.	-	1977 - 1977
027	É investigado o município de Campinas-SP.	14/09/77 - 12/09/77	1976 - 1976
028	É investigado o município de Campinas-SP.	12/09/77 - 27/12/77	1977 - 1977
029	É investigado o município de Campinas-SP.	27/12/77 - 19/04/78	1977 - 1978
030	É investigado o município de Campinas-SP.	26/04/78 - 31/05/78	1977 - 1978
031	É investigado o município de Campinas-SP.	31/05/78 - 08/08/78	1977 - 1978
032	É investigado o município de Campinas-SP.	08/08/78 - 23/04/79	1977 - 1977
033	É investigado o município de Campinas-SP.	29/05/79 - 18/12/80	1979 - 1980
034	É investigado o município de Campinas-SP.	06/06/80 - 19/11/80	1980 - 1980
035	É investigado o município de Campinas-SP.	19/11/80 - 29/06/81	1981 - 1981
036	É investigado o município de Campinas-SP.	-	1981 - 1982
50-Z-033	**Movimento estudantil. O investigado é Daniel Figueredo de Araujo.**	**27/12/43 - 27/12/43**	**1943 - 1943**
50-Z-034	**O investigado é Roberto Loriatti, funcionário da Cooperativa da Estrada de Ferro Sorocabana, casado com uma alemã.**	**28/12/43 - 28/12/43**	**1943 - 1943**
50-Z-035	**É investigado o município de Itaporanga-SP.**	**07/06/48 - 13/07/78**	**1948 - 1978**
50-Z-036	**Suspeita de atividade nazista. O investigado é Maximo Bastian Walter, alemão naturalizado chileno.**	**05/01/44 - 02/04/46**	**1943 - 1945**
50-Z-037	**O investigado é Jorge Miguel Boabaid, industrial, residente em Corumbá - MT, que teria realizado viagens para Assunção-Paraguai.**	**08/01/44 - 25/07/44**	**1944 - 1944**
50-Z-038	**Censura postal a estrangeiros. Trata-se de Albert William Chapman, analista econômico dos Estados Unidos.**	**10/01/44 - 10/01/44**	**1944 - 1944**
50-Z-039	**O investigado é José Rusky, polonês, que teve seu pedido de prisão solicitado pelo presidente da Companhia Siderúrgica Nacional, por ter se ausentado do trabalho.**	**11/01/44 - 02/09/69**	**1944 - 1959**
50-Z-040	**Trata-se de uma documentação trocada entre o DEOPS/RJ e o DEOPS/SP.**	**14/01/44 - 20/02/68**	**1934 - 1978**
001	Suspeita de atividade eixista. suspeita de atividade comunista e relatório. Trata-se de uma documentação proveniente da Divisão de Segurança Política e Social.	14/01/44 - 19/06/47	1942 - 1951
002	São investigadas inúmeras sociedades de estrangeiros. É também investigado o jornal *Imprensa Policial.*	30/10/47 - 11/11/49	1947 - 1949
003	Suspeita de atividade comunista. Os investigados são estrangeiros.	21/05/51 - 15/05/51	1949 - 1951
004	Suspeita de atividade comunista e de movimento da sociedade civil. São investigadas diversas associações de trabalhadores no Rio de Janeiro e manifestações populares de 1º de maio.	04/05/51 - 11/07/51	1951 - 1951
005	Suspeita de atividade comunista e suspeita de atividade integralista. São investigados grupos e associações de trabalhadores no Rio de Janeiro e em Minas Gerais, além da IV Convenção Nacional do Partido de Representação Popular (PRP).	14/07/51 - 19/07/51	0 - 0
006	Suspeita de atividade comunista e movimento estudantil. São investigados o I Congresso Nacional de Mulheres (no Rio de Janeiro), o Partido Comunista Brasileiro (PCB) e o IV Congresso Paulista de Estudantes Secundários (no Rio de Janeiro).	19/07/51 - 31/10/51	1951 - 1951
007	Suspeita de atividade comunista, movimento estudantil e movimento sindical. É investigada uma documentação produzida pelo Departamento Federal de Segurança Pública.	31/10/51 - 06/12/51	1951 - 1951
008	Suspeita de atividade comunista, movimento estudantil e movimento sindical. É investigado todo o Estado do Rio de Janeiro.	17/12/51 - 05/05/52	1951 - 1952

DOSSIÊS/ PASTAS		ASSUNTO	ARQUIVAMENTO	PRODUÇÃO
	009	Suspeita de atividade comunista.	28/01/52 - 12/07/52	1951 - 1952
	010	Suspeita de atividade comunista e de movimento da sociedade civil. Os investigados são funcionários públicos.	19/08/52 - 03/12/52	1934 - 1952
	011	Suspeita de atividade comunista.	17/12/52 - 04/05/53	1952 - 1953
	012	Suspeita de atividade comunista. É investigado todo o Estado do Rio de Janeiro.	05/05/53 - 22/02/54	1953 - 1954
	013	Suspeita de atividade comunista. É investigado todo o Estado do Rio de Janeiro.	17/02/54 - 14/12/55	1954 - 1955
	014	Suspeita de atividade comunista. São investigadas uma colônia polonesa no Paraná e várias associações de mulheres.	23/12/55 - 19/01/60	1957 - 1960
	015	Suspeita de atividade eixista, suspeita de atividade comunista e suspeita de atividade subversiva.	22/10/60 - 20/02/68	1953 - 1978
50-Z-041		**É investigado o Departamento Estadual de Imprensa e Propaganda.**	**13/01/44 - 13/05/58**	**1944 - 1957**
50-Z-042		**Trata-se de material apreendido com simpatizantes nazistas.**	**17/02/44 - 20/04/55**	**1942 - 1951**
	001	Trata-se de material apreendido com simpatizantes nazistas.	17/02/44 - 15/05/45	1942 - 1944
	002	Trata-se de material apreendido com simpatizantes nazistas.	25/03/46 - 20/04/55	1942 - 1951
50-Z-043		**A investigada é a judia alemã Sally Bayer, refugiada da II Guerra Mundial.**	**20/01/44 - 20/01/44**	**1944 - 1944**
50-Z-044		**É investigado o município de Itapevi - SP.**	**20/07/59 - 08/08/77**	**1959 - 1977**
50-Z-045		**É investigada a Empresa Brasileira de Correios e Telégrafos.**	**26/01/44 - 08/03/79**	**1942 - 1979**
	001	Suspeita de atividade eixista e censura postal. Os investigados são servidores da Diretoria Regional dos Correios e Telégrafos de São Paulo.	26/01/44 - 03/06/47	1942 - 1947
	002	Suspeita de atividade comunista. Os investigados são funcionários dos Correios e Telégrafos.	03/06/47 - 01/12/70	1947 - 1970
	003	Trata-se de uma documentação sobre a Empresa Brasileira de Correios e Telégrafos.	29/01/77 - 17/05/77	1971 - 1977
	004	Os investigados são funcionários da Empresa Brasileira de Correios e Telégrafos.	22/06/77 - 28/03/78	1977 - 1978
	005	É investigado um contrabando pelo sistema de coles posteaux.	17/05/78 - 16/05/78	1977 - 1977
	006	São investigadas irregularidades na liberação de encomendas vindas do exterior.	05/06/70 - 11/01/79	1978 - 1978
	007	São investigadas as irregularidades na liberação de encomendas vindas do exterior.	11/01/79 - 11/01/79	1970 - 1970
	008	São investigados furtos de correspondência.	08/03/79 - 08/03/79	1979 - 1979
50-Z-046		**Suspeita de atividade comunista. O investigado é Domingo Soares da Cruz, funcionário da prefeitura de Santos - SP, que seria organizador do MUSP (Movimento Unificador dos Servidores Públicos).**	**19/02/46 - 26/08/47**	**1954 - 1954**
50-Z-047		**Os investigados são presos políticos, de origem italiana, encarcerados no Presídio da Imigração, em Bauru-SP.**	**15/02/44 - 18/01/46**	**1942 - 1943**
50-Z-048		**O investigado é Giácomo Leber.**	**31/01/44 - 31/01/44**	**1944 - 1944**
50-Z-049		**É investigada a tripulação de navios italianos e alemães que chegavam ao Brasil.**	**03/02/44 - 18/10/60**	**1942 - 1960**
	001	Trata-se de uma lista da tripulação do navio alemão Winduck e da relação de presos a serem conduzidos a Bauru, provenientes do Presídio da Imigração.	03/02/44 - 18/03/46	1942 - 1942
	002	Trata-se de uma lista da tripulação do navio alemão Winduck e da relação de presos a serem conduzidos a Bauru, provenientes do Presídio da Imigração. Trata-se, também, de fugitivos do navio Conte Grande.	20/03/46 - 18/10/60	1942 - 1960
50-Z-050		**O investigado é Friede Fraufmam, de origem alemã.**	**01/02/44 - 01/02/44**	**1943 - 1944**
50-Z-051		**Trata-se da listagem de bens móveis de cidadãos dos países do Eixo.**	**02/02/44 - 02/02/44**	**1942 - 1942**
50-Z-052		**Investiga-se o município de Santa Cruz da Conceição.**	**15/07/58 - 23/12/76**	**1957 - 1976**
50-Z-053		**Trata-se de uma documentação sobre Mariangela Matarazzo e Luiz Eduardo Matarazzo.**	**04/02/44 - 04/02/44**	**1942 - 1942**
50-Z-054		**O investigado é José Moura, português, que possui escritório de representações têxteis.**	**04/02/44 - 04/02/44**	**1943 - 1943**
50-Z-055		**Trata-se de uma documentação do Serviço de Salvo-Condutos do DEOPS/SP.**	**08/03/44 - 17/10/46**	**1942 - 1943**
	001	Trata-se de uma listagem de nomes cujas fichas deveriam ser retiradas do Serviço Secreto do DEOPS/SP, em virtude de ser desnecessária sua permanência ali. Também constam a relação de estrangeiros que se ausentaram de São Paulo em 1945 e documentos provenientes do serviço de salvo-condutos.	08/03/44 - 27/07/45	1942 - 1943
	002	Solicitação de salvo-conduto permanente.	01/06/44 - 17/10/46	1942 - 1942
50-Z-056		**O investigado é Gastons Shulman.**	**01/07/44 - 08/11/45**	**1943 - 1945**
50-Z-057		**Os investigados são João Sadao Oyafroma e José Oabbri.**	**09/02/44 - 09/02/44**	**1944 - 1944**
50-Z-058		**O investigado é Yoshito Ezoe.**	**09/02/44 - 09/02/44**	**1944 - 1944**
50-Z-059		**Trata-se de uma documentação produzida pelo Departamento de Correios e Telégrafos.**	**10/02/44 - 29/11/44**	**1944 - 1944**
	001	Trata-se de uma documentação produzida pelo Departamento dos Correios e Telégrafos. Também constam cartas de estrangeiros, em sua maioria ligados aos países do Eixo.	10/02/44 - 13/04/44	1944 - 1944
	002	Trata-se de uma documentação produzida pelo Serviço de Censura, do Departamento dos Correios e Telégrafos.	20/04/44 - 26/04/44	1944 - 1944
	003	Trata-se de uma documentação produzida pelo Serviço de Censura, do Departamento dos	26/06/44 - 28/11/44	1944 - 1944

DOSSIÊS/ PASTAS		ASSUNTO	ARQUIVAMENTO	PRODUÇÃO
		Correios e Telégrafos.		
	004	Trata-se de uma documentação produzida pelo Serviço de Censura, do Departamento dos Correios e Telégrafos.	02/06/44 - 29/11/44	1944 - 1944
50-Z-060		**Suspeita de atividade comunista. São investigados Orlando Corradini e depredação e incêndio de ônibus no bairro paulista da Freguesia do Ó.**	**06/11/45 - 06/12/45**	**1945 - 1946**
50-Z-061		**O investigado é Rolando Antonio Canadini.**	**24/02/44 - 24/02/44**	**1944 - 1944**
50-Z-062		**Suspeita de atividade nazista. O investigado é Guilherme Loseh, alemão.**	**22/03/46 - 18/06/46**	**1942 - 1942**
50-Z-063		**O investigado é Antônio Ferreira Fontes.**	**14/02/44 - 14/08/68**	**1944 - 1968**
50-Z-064		**O investigado é Coriolano Rodrigues, proprietário e professor da Escola de Mecânicos para a Aviação Santos Dumont.**	**10/12/44 - 10/12/70**	**1945 - 1947**
50-Z-065		**O investigado é Frent Chistian Erhard Stanze, alemão.**	**13/03/47 - 13/03/47**	**1946 - 1947**
50-Z-066		**Suspeita de posse de rádio transmissor. O investigado é Paulo Guilherme Ferraz.**	**18/02/44 - 18/02/44**	**1943 - 1943**
50-Z-067		**O investigado é Heinrich Rahmer, alemão.**	**18/02/44 - 18/02/44**	**1943 - 1943**
50-Z-068		**Censura postal. Trata-se de um telegrama enviado por Kunie Yoshima.**	**18/02/44 - 18/02/44**	**1943 - 1943**
50-Z-069		**Censura postal. Trata-se de um telegrama eniviado por Ryoti Kusano, japonês, vendedor de óleo de hortelã-pimenta.**	**18/02/44 - 04/05/44**	**1942 - 1943**
50-Z-070		**Censura postal. O investigado é Francisco Vasquez Martinez, espanhol, exportador de bananas e sócio de pequena cabotagem.**	**16/02/44 - 01/02/44**	**1943 - 1944**
50-Z-071		**Trata-se de uma documentação do DEOPS/PR.**	**16/02/44 - 28/06/78**	**1939 - 1978**
	001	Trata-se de uma documentação do DEOPS do Paraná.	16/02/44 - 26/06/51	1941 - 1951
	002	Trata-se de uma documentação do DEOPS do Paraná.	26/04/51 - 17/04/52	1939 - 1952
	003	Trata-se de uma documentação do DEOPS do Paraná.	17/04/52 - 12/11/52	1951 - 1952
	004	Trata-se de uma documentação do DEOPS do Paraná.	02/12/52 - 20/06/56	1952 - 1956
	005	Trata-se de uma documentação do DEOPS do Paraná.	30/10/56 - 23/08/66	1956 - 1967
	006	Trata-se de uma documentação do DEOPS do Paraná.	02/10/67 - 27/10/75	1967 - 1975
	007	Trata-se de uma documentação do DEOPS do Paraná.	11/08/76 - 19/04/77	1975 - 1977
	008	Trata-se de uma documentação do DEOPS do Paraná.	20/04/77 - 28/06/78	1977 - 1978
50-Z-072		**É investigado o Serviço Nacional de Aprendizagem Industrial (SENAI).**	**17/09/46 - 22/04/76**	**1946 - 1976**
50-Z-073		**Censura postal. Trata-se de uma carta enviada por Vitório Lobne, morador de Santos, encerador e calafetador, na qual teria pedido sigilo sobre um encontro em São Paulo.**	**17/02/47 - 06/03/44**	**1943 - 1944**
50-Z-074		**É investigado o município de Campinas.**	**17/02/44 - 04/07/69**	**1943 - 1969**
50-Z-075		**É investigado o Centro do Professorado Paulista (CPP)**	**31/07/46 - 05/04/78**	**1946 - 1978**
50-Z-076		**Censura postal. Trata-se de uma carta enviada por Arnaldo Millon, residente em Santos - SP, despachante da alfândega.**	**17/02/44 - 08/03/44**	**1944 - 1944**
50-Z-077		**Censura postal. Trata-se de uma carta enviada por Alfredo Kurth Bernstein, alemão, membro da Ordem do Fole, sociedade que contribui monetariamente para aquisição de aviões para as Forças Aliadas e brasileiras.**	**18/02/44 - 17/11/45**	**1943 - 1943**
50-Z-078		**Escuta telefônica. Trata-se de conversas entre Claudia Bruno e Milla Garavalha sobre pendências com a Coordenação de Mobilização Econômica.**	**18/02/44 - 18/02/44**	**1942 - 1944**
50-Z-079		**Trata-se de observações de logradouros públicos.**	**26/02/44 - 08/03/44**	**1944 - 1944**
50-Z-080		**O investigado é Geraldo de Oliveira, redator-secretário do jornal *Companhia Taubaté Industrial*.**	**26/06/46 - 07/10/46**	**1946 - 1946**
50-Z-081		**É investigado o município de Santos - SP.**	**24/02/44 - 24/03/80**	**1940 - 1980**
	001	É investigado o município de Santos - SP.	24/02/44 - 25/03/46	1940 - 1944
	002	É investigado o município de Santos - SP.	10/06/46 - 02/10/48	1943 - 1948
	003	É investigado o município de Santos - SP.	06/10/48 - 09/12/48	1948 - 1948
	004	É investigado o município de Santos - SP.	08/01/49 - 17/01/49	1948 - 1949
	005	É investigado o município de Santos - SP.	19/01/49 - 17/05/49	1949 - 1949
	006	É investigado o município de Santos - SP.	17/05/49 - 07/12/49	1948 - 1950
	007	É investigado o município de Santos - SP.	28/01/50 -	1948 - 1950
	008	É investigado o município de Santos - SP.	-	1949 - 1951
	009	É investigado o município de Santos - SP.	09/03/51 - 09/10/51	1951 - 1951
	010	É investigado o município de Santos - SP.	09/10/51 - 09/10/51	1951 - 1951
	011	É investigado o município de Santos - SP.	09/10/51 - 17/01/52	1951 - 1952
	012	É investigado o município de Santos - SP.	18/01/52 - 04/04/52	1952 - 1952
	013	É investigado o município de Santos - SP.	04/04/52 - 19/06/52	1952 - 1952
	014	É investigado o município de Santos - SP.	20/06/52 - 10/09/52	1952 - 1952
	015	É investigado o município de Santos - SP.	11/09/52 - 11/12/52	1952 - 1952
	016	É investigado o município de Santos - SP.	13/12/52 - 03/03/53	1952 - 1953
	017	É investigado o município de Santos - SP.	04/03/53 - 12/05/53	1953 - 1953
	018	É investigado o município de Santos - SP.	13/05/53 - 07/07/53	1953 - 1953

DOSSIÊS/ PASTAS	ASSUNTO	ARQUIVAMENTO	PRODUÇÃO
019	E investigado o município de Santos - SP.	10/08/53 - 26/10/53	1953 - 1953
020	É investigado o município de Santos - SP.	27/10/53 - 19/02/54	1953 - 1954
021	É investigado o município de Santos - SP.	19/02/54 - 18/06/54	1954 - 1954
022	É investigado o município de Santos - SP.	18/06/54 - 01/10/54	1954 - 1954
023	É investigado o município de Santos - SP.	02/10/54 - 07/11/57	1954 - 1957
024	É investigado o município de Santos - SP.	16/02/55 - 16/08/55	1955 - 1955
025	É investigado o município de Santos - SP.	17/08/55 - 31/01/56	1955 - 1955
026	É investigado o município de Santos - SP.	02/02/56 - 15/10/56	1955 - 1956
027	É investigado o município de Santos - SP.	05/11/56 - 04/09/57	1957 - 1958
028	É investigado o município de Santos - SP.	05/09/57 - 27/11/57	1957 - 1957
029	É investigado o município de Santos - SP.	03/12/57 - 01/02/58	1957 - 1958
030	É investigado o município de Santos - SP.	01/02/58 - 14/05/58	1958 - 1958
031	É investigado o município de Santos - SP.	17/05/58 - 25/07/58	1958 - 1958
032	É investigado o município de Santos - SP.	03/07/58 - 14/03/59	1958 - 1958
033	É investigado o município de Santos - SP.	24/03/59 - 04/12/59	1959 - 1959
034	É investigado o municípiode Santos - SP.	19/12/59 - 26/04/60	1959 - 1960
035	É investigado o município de Santos - SP.	26/04/60 - 18/10/60	1960 - 1960
036	É investigado o município de Santos - SP.	17/10/60 - 02/03/61	1960 - 1961
037	É investigado o municípiode Santos - SP.	02/03/61 - 21/07/61	1961 - 1961
038	É investigado o município de Santos - SP.	21/07/61 - 20/01/62	1961 - 1961
039	É investigado o município de Santos - SP.	20/01/62 - 21/09/62	1962 - 1962
040	É investigado o municípiode Santos - SP.	02/10/62 - 30/11/62	1961 - 1962
041	É investigado o município de Santos - SP.	18/12/62 - 24/12/62	1962 - 1962
042	É investigado o município de Santos - SP.	18/12/62 - 21/10/63	1962 - 1963
043	É investigado o municípiode Santos - SP.	03/07/63 - 09/02/65	1962 - 1963
044	É investigado o município de Santos - SP.	09/02/65 - 06/01/65	1963 - 1964
045	É investigado o município de Santos - SP.	01/12/64 - 06/01/64	1963 - 1964
046	É investigado o município de Santos - SP.	06/01/64 - 03/08/65	1965 - 1965
047	É investigado o município de Santos - SP.	18/08/65 - 27/09/65	1965 - 1965
048	É investigado o município de Santos - SP.	20/09/65 - 30/11/65	1965 - 1965
049	É investigado o município de Santos - SP.	13/12/65 - 28/07/66	1965 - 1966
050	É investigado o município de Santos - SP.	04/08/66 - 03/10/66	1966 - 1966
051	É investigado o município de Santos - SP.	29/04/67 - 09/10/67	1967 - 1967
052	É investigado o município de Santos - SP.	18/01/68 - 02/08/68	1967 - 1967
053	É investigado o município de Santos - SP.	11/08/68 - 29/08/68	1968 - 1968
054	É investigado o município de Santos - SP.	29/08/68 - 31/10/68	1965 - 1968
055	É investigado o município de Santos - SP.	13/11/68 - 15/03/69	1968 - 1969
056	É investigado o município de Santos - SP.	03/03/69 - 31/10/68	1968 - 1969
057	É investigado o município de Santos - SP.	24/09/68 - 28/05/69	1968 - 1969
058	É investigado o município de Santos - SP.	28/05/69 - 08/07/69	1968 - 1969
059	É investigado o municípiode Santos - SP.	08/07/69 - 26/08/69	1967 - 1969
060	É investigado o município de Santos - SP.	26/08/69 - 06/11/69	1968 - 1969
061	É investigado o município de Santos - SP.	06/11/69 - 09/03/70	1969 - 1970
062	É investigado o municípiode Santos - SP.	10/03/70 - 09/09/70	1970 - 1970
064	É investigado o município de Santos - SP.	24/09/70 - 01/03/71	1970 - 1971
065	É investigado o município de Santos - SP.	12/03/71 - 23/04/71	1970 - 1971
066	É investigado o município de Santos - SP.	27/04/71 - 11/08/71	1970 - 1972
067	É investigado o município de Santos - SP.	28/09/71 - 21/03/72	1971 - 1972
068	É investigado o município de Santos - SP.	28/03/72 - 10/07/72	1971 - 1972
069	É investigado o município de Santos - SP.	17/08/72 - 04/01/73	1972 - 1972
070	É investigado o município de Santos - SP.	10/01/73 - 04/04/73	1972 - 1973
071	É investigado o município de Santos - SP.	18/04/73 - 09/10/72	1973 - 1973
072	É investigado o município de Santos - SP.	15/01/74 - 26/09/73	1973 - 1974
073	É investigado o município de Santos - SP.	11/07/74 - 09/09/74	1973 - 1974
074	É investigado o município de Santos - SP.	09/09/74 - 05/12/74	1974 - 1974
075	É investigado o município de Santos - SP.	07/02/75 - 12/12/75	1974 - 1975
076	É investigado o município de Santos - SP.	12/12/75 - 17/05/76	1975 - 1976
077	É investigado o município de Santos - SP.	17/05/76 - 28/09/76	1975 - 1976

DOSSIÊS/ PASTAS		ASSUNTO	ARQUIVAMENTO	PRODUÇÃO
	078	É investigado o município de Santos - SP.	01/10/76 - 27/12/76	1975 - 1976
	079	É investigado o município de Santos - SP.	30/12/76 - 21/03/77	1958 - 1977
	080	É investigado o município de Santos - SP.	25/03/77 - 20/07/77	1958 - 1977
	081	É investigado o município de Santos - SP.	20/07/77 - 23/09/77	1976 - 1977
	082	É investigado o município de Santos - SP.	23/09/77 - 22/05/77	1977 - 1978
	083	É investigado o município de Santos - SP.	06/06/78 - 18/09/78	1977 - 1978
	084	É investigado o município de Santos - SP.	28/09/78 - 24/03/80	1978 - 1980
50-Z-082		**São investigadas as atividades de estrangeiros no Brasil, contendo uma documentação da Delegacia Especializada de Estrangeiros.**	**23/02/44 - 27/02/88**	**1941 - 1980**
	001	Trata-se de uma documentação produzida pela Delegacia Especializada de Estrangeiros. Consta listagem de estrangeiros registrados no Estado de São Paulo.	23/02/44 - 28/01/50	1941 - 1950
	002	Trata-se de uma documentação produzida pela Delegacia Especializada de Estrangeiros. Consta listagem de estrangeiros registrados no Estado de São Paulo.	-	1950 - 1950
	003	Trata-se de uma documentação produzida pela Delegacia Especializada de Estrangeiros. Consta listagem de estrangeiros registrados no Estado de São Paulo.	-	1950 - 1950
	004	Trata-se de uma documentação produzida pela Delegacia Especializada de Estrangeiros. Consta listagem de estrangeiros registrados no Estado de São Paulo.	-	1950 - 1950
	005	Trata-se de uma documentação produzida pela Delegacia Especializada de Estrangeiros. Consta listagem de estrangeiros registrados no Estado de São Paulo.	-	1950 - 1950
	006	Trata-se de uma documentação produzida pela Delegacia Especializada de Estrangeiros. Consta listagem de estrangeiros registrados no Estado de São Paulo.	-	1950 - 1950
	007	Trata-se de uma documentação produzida pela Delegacia Especializada de Estrangeiros. Constam listas de estrangeiros registrados no Estado de São Paulo e de estrangeiros expulsos do país.	04/05/57 - 12/11/73	1951 - 1973
	008	Trata-se de uma documentação produzida pela Delegacia Especializada de Estrangeiros. Consta listagem de estrangeiros registrados no Estado de São Paulo.	29/11/73 - 26/09/75	1973 - 1975
	009	Trata-se de uma documentação produzida pela Delegacia Especializada de Estrangeiros. Constam autos de sindicância cujo investigados são: Khaled Mohamad Kambous, Abdallah Hassan Gebra e Hussun Ahmad Anca.	26/09/75 - 07/04/76	1973 - 1976
	010	Trata-se de estrangeiros residentes no país.	14/04/76 - 07/05/76	1969 - 1976
	011	Trata-se de estrangeiros residentes no país.	07/05/76 - 20/08/76	1975 - 1976
	012	Trata-se de uma documentação produzida pela Delegacia Especializada de Estrangeiros. Há também um grande número de telex produzidos pela Divisão de Comunicações (DICOM), da Polícia Civil.	24/08/76 - 13/10/76	1961 - 1976
	013	Trata-se de documentos produzidos pela Divisão de Infomações e pela Operação Imigrantes.	24/11/76 - 26/10/76	1976 - 1976
	014	Trata-se de informações sobre atividades de estrangeiros no Brasil. Também existem telex da Divisão de Comunicação da Polícia Civil.	16/11/76 - 20/12/76	1976 - 1976
	015	Trata-se de estrangeiros residentes no país.	26/01/77 - 27/12/76	1976 - 1977
	016	Trata-se de estrangeiros residentes no país.	03/02/77 - 09/03/77	1975 - 1977
	017	Trata-se de estrangeiros residentes no país.	09/03/77 - 14/03/77	1976 - 1977
	018	Trata-se de estrangeiros residentes no país.	-	1976 - 1976
	019	Trata-se de estrangeiros residentes no país.	22/03/77 - 23/05/77	1976 - 1977
	020	Trata-se de uma documentos da Divisão de Informações do DEOPS/SP.	09/08/77 - 30/05/77	1976 - 1977
	021	Trata-se de uma documentação sobre a Operação Imigrantes, em especial relacionada à imigração asiática no Brasil.	24/08/77 - 24/08/77	1976 - 1976
	022	Trata-se de uma documentação sobre a Operação Imigrantes, em especial relacionada à imigração asiática no Brasil.	01/06/78 - 01/06/78	1976 - 1976
	023	Trata-se de uma documentação sobre a Operação Imigrantes.	02/06/78 - 02/06/78	1976 - 1976
	024	Trata-se de uma documentação sobre a Operação Imigrantes, em especial relacionada à imigração asiática no Brasil.	02/06/78 - 02/06/78	1976 - 1976
	025	Trata-se de uma documentação sobre a Operação Imigrantes.	02/06/78 - 02/06/78	1976 - 1976
	026	Trata-se de uma documentação sobre a Operação Imigrantes.	05/06/78 - 05/06/78	1975 - 1976
	027	Trata-se de uma documentação sobre a Operação Imigrantes.	05/06/78 - 05/06/78	1975 - 1976
	028	Trata-se de uma documentação sobre a Operação Imigrantes, em especial a imigração asiática.	06/06/78 - 06/06/78	1966 - 1976
	029	Trata-se de uma documentação sobre a Operação Imigrantes, em especial relativas às associações chinesas em São Paulo.	06/06/78 - 06/06/78	1973 - 1976
	030	Trata-se de uma documentação sobre a Operação Imigrantes, em especial relacionada à imigração asiática no Brasil.	06/06/78 - 06/06/78	1976 - 1976
	031	Trata-se de uma documentação sobre a Operação Imigrantes, em especial relacionada à	07/06/78 - 07/06/78	1976 - 1976

DOSSIÊS/ PASTAS		ASSUNTO	ARQUIVAMENTO	PRODUÇÃO
		imigração asiática no Brasil.		
	032	Trata-se de uma documentação da Divisão de Informações de São Paulo sobre estrangeiros.	08/09/77 - 29/05/78	1977 - 1978
	033	Trata-se de uma documentação da Divisão de Informações de São Paulo sobre estrangeiros.	06/06/78 - 10/11/78	1978 - 1978
	034	Trata-se de uma documentação da Divisão de Informações de São Paulo sobre estrangeiros.	07/12/78 - 28/02/79	1978 - 1978
	035	Trata-se de uma documentação da Divisão de Informações de São Paulo sobre estrangeiros.	28/02/79 - 26/06/79	1978 - 1978
	036	Trata-se de uma documentação da Divisão de Informações de São Paulo sobre estrangeiros.	26/06/79 - 26/06/79	1977 - 1978
	037	Trata-se de uma documentação proveniente da Divisão de Estrangeiros e Passaportes.	21/01/80 - 27/02/88	1979 - 1980
50-Z-083		**Movimento dos trabalhadores rurais. O investigado é Antônio Lopes.**	**26/02/44 - 26/02/44**	**1944 - 1944**
50-Z-084		**Censura postal. Investiga-se Seici Hanashiro, negociante japonês.**	**25/02/44 - 29/09/48**	**1943 - 1948**
50-Z-085		**O investigado é José Dias de Almeida.**	**26/02/44 - 26/02/44**	**1944 - 1944**
50-Z-086		**Trata-se de uma documentação sobre o campo de concentração em Pindamonhangaba (lista de visitantes, correspondência censurada, informes, etc). Trata-se, também, do Aeroporto de Congonhas.**	**24/02/44 - 25/07/62**	**1944 - 1962**
50-Z-087		**Suspeita de atividade nazista. O investigado é Conde Heibel von Dommersmarck, proprietário rural.**	**01/03/44 - 01/03/44**	**1942 - 1942**
50-Z-088		**Movimento sindical. É investigada a Federação dos Trabalhadores nas Indústrias de Alimentação do Estado de São Paulo.**	**31/07/46 - 12/01/78**	**1946 - 1977**
50-Z-089		**É investigado o Litoral do Estado de São Paulo.**	**29/02/44 - 10/06/46**	**1942 - 1946**
	001	Suspeita de atividade eixista e de movimento operário. É investigado o litoral do Estado de São Paulo.	29/02/44 - 09/01/45	1942 - 1945
	002	Suspeita de atividade eixista. É investigado o litoral do Estado de São Paulo.	18/03/46 - 10/06/46	1942 - 1946
50-Z-090		**O investigado é Manuel Aguilar, sub-delegado da 8ª Delegacia de Polícia.**	**29/02/44 - 15/07/70**	**1944 - 1970**
50-Z-091		**É investigado o abaixo-assinado da população de São José do Rio Pardo - SP, pedindo o restabelecimento da agência do Banco do Brasil. Trata-se, também, da Estrada de Ferro Sorocabana.**	**30/01/45 - 30/01/46**	**1940 - 1944**
50-Z-092		**É investigada uma tinturaria cujo proprietário é japonês.**	**01/03/44 - 01/03/44**	**1944 - 1944**
50-Z-093		**O investigado é Otto Cardoso, de origem alemã.**	**03/03/44 - 03/03/44**	**1943 - 1944**
50-Z-094		**Suspeita de atividade integralista. Os investigados são Olga Silva Teixeira e João Luiz Teixeira, seu marido, que também é 2º tenente da reserva.**	**03/03/44 - 28/11/68**	**1940 - 1968**
50-Z-095		**Suspeita de atividade eixista. Os investigados são frequentadores do hospital Casa de Saúde Matarazzo.**	**03/03/44 - 12/06/46**	**1942 - 1945**
50-Z-096		**Investiga-se o município de Jundiaí-SP.**	**02/03/44 - 22/05/78**	**1942 - 1978**
	001	Investiga-se o município de Jundiaí-SP.	02/03/44 - 03/10/49	1942 - 1950
	002	Investiga-se o município de Jundiaí-SP.	06/03/51 - 22/06/54	1950 - 1950
	002A	Investiga-se o município de Jundiaí-SP.	23/06/54 - 28/10/57	1954 - 1957
	003	Investiga-se o município de Jundiaí-SP.	12/11/57 - 17/07/64	1957 - 1965
	004	Investiga-se o município de Jundiaí-SP.	17/07/64 - 24/01/73	1964 - 1973
	005	Investiga-se o município de Jundiaí-SP.	20/01/73 - 21/01/74	1975 - 1975
	006	Investiga-se o município de Jundiaí-SP.	29/01/74 - 22/06/76	1972 - 1976
	007	Investiga-se o município de Jundiaí-SP.	25/06/76 - 20/05/77	1976 - 1976
	008	Investiga-se o município de Jundiaí-SP.	19/07/77 - 22/05/78	1976 - 1978
	011	Investiga-se o município de Jundiaí-SP.	11/05/65 - 18/07/69	1965 - 1965
50-Z-097		**Investiga-se o município de Lins-SP.**	**06/03/44 - 13/06/78**	**1942 - 1978**
	001	Investiga-se o município de Lins-SP.	06/03/44 - 10/08/49	1942 - 1950
	002	Investiga-se o município de Lins-SP. Há também informações sobre outros municípios da região, como Andradina e Getulina.	17/03/51 - 22/01/65	1950 - 1950
	003	Investiga-se o município de Lins-SP.	06/10/65 - 03/02/77	1966 - 1976
	004	Investiga-se o município de Lins-SP.	14/03/77 - 13/06/78	1976 - 1978
50-Z-098		**Trata-se de documentos produzidos pelo DEOPS do Rio Grande do Sul.**	**07/03/44 - 29/06/78**	**1950 - 1976**
	001	Trata-se de documentos produzidos pelo DEOPS do Rio Grande do Sul.	07/03/44 - 01/02/50	1950 - 1950
	002	Trata-se de documentos produzidos pelo DEOPS do Rio Grande do Sul.	28/03/51 - 30/11/57	1950 - 1951
	003	Trata-se de documentos produzidos pelo DEOPS do Rio Grande do Sul.	05/12/51 - 15/04/52	1951 - 1951
	004	Trata-se de documentos produzidos pelo DEOPS do Rio Grande do Sul.	19/04/52 - 01/07/52	1951 - 1952
	005	Trata-se de documentos produzidos pelo DEOPS do Rio Grande do Sul.	03/07/52 - 12/09/52	1952 - 1952
	006	Trata-se de documentos produzidos pelo DEOPS do Rio Grande do Sul.	15/05/52 - 28/11/53	1952 - 1952
	007	Trata-se de documentos produzidos pelo DEOPS do Rio Grande do Sul.	29/01/53 - 07/07/53	1953 - 1953
	008	Trata-se de documentos produzidos pelo DEOPS do Rio Grande do Sul.	10/08/53 - 23/03/54	1953 - 1954
	009	Trata-se de documentos produzidos pelo DEOPS do Rio Grande do Sul.	29/03/54 - 17/11/53	1954 - 1955
	010	Trata-se de documentos produzidos pelo DEOPS do Rio Grande do Sul.	17/11/55 - 30/05/63	1955 - 1964
	011	Trata-se de documentos produzidos pelo DEOPS do Rio Grande do Sul.	07/06/63 - 22/02/65	1951 - 1965
	012	Trata-se de documentos produzidos pelo DEOPS do Rio Grande do Sul.	16/07/69 - 21/09/71	1969 - 1971

DOSSIÊS/ PASTAS		ASSUNTO	ARQUIVAMENTO	PRODUÇÃO
	013	Trata-se de documentos produzidos pelo DEOPS do Rio Grande do Sul.	24/12/71 - 30/05/72	1969 - 1971
	014	Trata-se de documentos produzidos pelo DEOPS do Rio Grande do Sul.	17/07/72 - 27/08/74	1972 - 1972
	015	Trata-se de documentos produzidos pelo DEOPS do Rio Grande do Sul.	02/10/74 - 18/05/77	1974 - 1974
	016	Trata-se de documentos produzidos pelo DEOPS do Rio Grande do Sul.	18/05/77 - 29/06/78	1976 - 1976
50-Z-099		**Suspeita de atividade eixista. O investigado é Rogério de Andrade.**	**09/03/44 - 10/03/44**	**1943 - 1944**
50-Z-100		**O investigado é Milton Rilter Vigna, em função de ter apresentado o atestado de óbito de sua esposa Icléa.**	**09/03/44 - 09/03/04**	**1944 - 1944**
50-Z-101		**Suspeita de atividade eixista. A investigada é Dona Elva de Souza Aranha, proprietária de casa onde se suspeitava existirem reuniões de alemães residentes no Brasil.**	**09/03/44 - 09/03/44**	**1944 - 1944**
50-Z-102		**São investigados descendentes de japoneses e profissionais desta língua.**	**03/02/44 - 26/09/55**	**1942 - 1955**
50-Z-103		**Troca de informações entre o Departamento Federal de Segurança Públíca e o DEOPS/SP.**	**02/01/59 - 18/04/79**	**1958 - 1978**
	001	Troca de informações entre o Departamento Federal de Segurança Pública e o DEOPS/SP.	02/01/59 - 10/12/69	1958 - 1969
	002	Troca de informações entre o Departamento Federal de Segurança Pública e o DEOPS/SP.	25/04/66 - 31/10/68	1969 - 1969
	003	Troca de informações entre o Departamento Federal de Segurança Pública e o DEOPS/SP.	23/07/69 - 02/02/75	1969 - 1975
	004	Troca de informações entre o Departamento Federal de Segurança Pública e o DEOPS/SP.	02/02/75 - 19/07/76	1975 - 1975
	005	Troca de informações entre o Departamento Federal de Segurança Pública e o DEOPS/SP.	19/07/76 - 27/10/76	1976 - 1976
	006	Troca de informações entre o Departamento Federal de Segurança Pública e o DEOPS/SP.	26/10/76 - 12/04/77	1976 - 1976
	007	Troca de informações entre o Departamento Federal de Segurança Pública e o DEOPS/SP.	19/04/77 - 12/09/78	1977 - 1978
	008	Troca de informações entre o Departamento Federal de Segurança Pública e o DEOPS/SP.	13/09/78 - 18/04/79	1978 - 1978
50-Z-104		**É investigada a firma Anderson Glayton S.A., que estaria guardando produtos em estoque de forma a prejudicar o comércio.**	**02/05/44 - 14/12/73**	**1944 - 1973**
50-Z-105		**Investiga-se o município de Presidente Prudente-SP.**	**17/03/44 - 24/05/78**	**1941 - 1978**
	001	Investiga-se o município de Presidente Prudente-SP.	17/03/44 - 13/05/48	1941 - 1949
	002	Investiga-se o município de Presidente Prudente-SP.	20/05/48 - 11/09/51	1948 - 1951
	003	Investiga-se o município de Presidente Prudente-SP.	14/09/51 - 07/07/53	1951 - 1953
	004	Investiga-se o município de Presidente Prudente-SP.	11/08/53 - 13/07/56	1953 - 1953
	005	Investiga-se o município de Presidente Prudente-SP.	24/10/56 - 09/10/58	1956 - 1958
	006	Investiga-se o município de Presidente Prudente-SP.	09/10/58 - 16/08/66	1958 - 1965
	007	Investiga-se o município de Presidente Prudente-SP.	14/09/66 - 03/09/69	1966 - 1969
	008	Investiga-se o município de Presidente Prudente-SP.	10/01/69 - 24/10/72	1968 - 1968
	009	Investiga-se o município de Presidente Prudente-SP.	08/01/73 - 23/12/75	1972 - 1975
	010	Investiga-se o município de Presidente Prudente-SP.	05/01/76 - 04/11/77	1975 - 1977
	011	Investiga-se o município de Presidente Prudente-SP.	28/11/77 - 24/05/78	1977 - 1978
50-Z-106		**A investigada é Mali Ulle Rotheder ou Amalia Rotheder, costureira de origem alemã, judia, que perdeu num bonde uma ficha de inscrição na Aliança Francesa, onde constava que seria de nacionalidade alemã.**	**17/03/44 - 17/03/44**	**1942 - 1943**
50-Z-107		**O investigado é Tsuguo Kishimoto, ligado à Shindo Renmei.**	**21/03/44 - 26/09/55**	**1940 - 1946**
	001	O investigado é Tsuguro Kishimoto, japonês, naturalizado brasileiro, que seria integrante da organização Shindo Remmei e da colônia japonesa do Paraná..	21/03/44 - 18/05/46	1940 - 1946
	002	O investigado é Tsuguro Kishimoto, japonês, naturalizado brasileiro, que seria integrante da organização Shindo Remmei e da colônia japonesa do Paraná.	12/07/46 - 26/09/55	1946 - 1946
50-Z-108		**O investigado é Hugo Soares de Queiroz, que teria participado de extração de quartzo e estaria ligado à fabricação ou comercialização de produtos de guerra.**	**26/03/46 - 26/03/46**	**1942 - 1942**
50-Z-109		**Investiga-se o município de José Bonifácio-SP.**	**27/03/44 - 26/07/77**	**1938 - 1977**
50-Z-110		**O investigado é José Fernando Prado, morador do município de Lins-SP, na fazenda Indiana.**	**29/03/44 - 22/04/70**	**1944 - 1970**
50-Z-111		**É investigado o Instituto de Aposentadorias e Pensões dos Industriários (IAPI).**	**20/08/46 - 19/02/71**	**1946 - 1971**
50-Z-112		**É investigada a Associação dos Fundadores do PTB (Partido Trabalhista Brasileiro).**	**02/07/69 - 02/07/69**	**1969 - 1969**

DOSSIÊS/ PASTAS		ASSUNTO	ARQUIVAMENTO	PRODUÇÃO
50-Z-113		**Investiga-se o município de Clementina-SP.**	**02/04/58 - 19/12/76**	**1958 - 1975**
50-Z-114		**É investigado Domingos Leonardo Cerávolo, médico, ex-prefeito de Presidente Prudente.**	**28/03/47 - 26/02/69**	**1943 - 1969**
50-Z-115		**O investigado é Nicolau Zarnos suspeito de ser simpatizante de Luiz Carlos Prestes e de falsificar fardas de algodão.**	**06/03/46 - 28/08/59**	**1946 - 1959**
50-Z-116		**Investiga-se o município de Garça-SP.**	**07/06/48 - 09/03/78**	**1948 - 1978**
	001	Investiga-se o município de Garça-SP.	07/06/48 - 15/10/57	1948 - 1957
	002	Investiga-se o município de Garça-SP.	07/11/57 - 08/10/68	1957 - 1968
	003	Investiga-se o município de Garça-SP.	20/08/69 - 09/03/78	1969 - 1978
50-Z-117		**Censura postal a estrangeiros. O investigado é John Brown, norte-americano, remetente de carta para Londres com referências aos pontos vulneráveis na Alemanha.**	**19/04/44 - 12/05/44**	**1943 - 1944**
50-Z-118		**São investigados funcionários do Hospital das Clínicas de São Paulo e alunos da Faculdade de Medicina da Universidade de São Paulo (USP). É também investigado o Centro Acadêmico Osvaldo Cruz, da mesma faculdade.**	**22/04/44 - 29/03/78**	**1944 - 1977**
	001	São investigados funcionários do Hospital das Clínicas de São Paulo e alunos da Faculdade de Medicina da Universidade de São Paulo (USP). É também investigado o Centro Acadêmico Osvaldo Cruz, da mesma faculdade.	22/04/44 - 27/02/73	1944 - 1973
	002	São investigados funcionários do Hospital das Clínicas de São Paulo e alunos da Faculdade de Medicina da Universidade de São Paulo (USP). É também investigado o Centro Acadêmico Osvaldo Cruz, da mesma faculdade.	10/04/73 - 14/02/75	1973 - 1974
	003	São investigados funcionários do Hospital das Clínicas de São Paulo e alunos da Faculdade de Medicina da Universidade de São Paulo (USP). É também investigado o Centro Acadêmico Osvaldo Cruz, da mesma faculdade.	13/01/75 - 29/03/78	1974 - 1977
50-Z-119		**São investigadas várias correspondências censuradas pela CPB (Censura Postal Brasileira), entre empresas do país e do exterior, versando basicamente sobre transporte marítimo de diferentes tipos de mercadoria.**	**02/05/44 - 23/05/45**	**1943 - 1945**
50-Z-120		**São investigados aspectos variados da política internacional, durante a década de 1940. É também investigado Newton Carlos, por ter escrito artigo para jornal sobre o Vietnã.**	**02/05/44 - 06/10/71**	**1944 - 1971**
50-Z-121		**São investigados os alemães Wener Glass, Willian Franz Konig e Jorge Karl Klinger, que teriam abrigado em sua residência a esposa de um chanceler alemão.**	**22/10/45 - 14/01/52**	**1941 - 1946**
50-Z-122		**Censura postal aos estrangeiros. São investigadas as cartas com referência à Argentina, sua situação política e econômica e relação com o Brasil.**	**02/05/44 - 14/08/51**	**1944 - 1951**
	001	Censura postal aos estrangeiros. São investigadas as cartas com referência à Argentina, sua situação política e econômica e relação com o Brasil.	02/05/44 - 13/01/45	1944 - 1944
	002	Censura postal aos estrangeiros. São investigadas as cartas com referência à Argentina, sua situação política e econômica e relação com o Brasil.	19/01/45 - 17/07/45	1945 - 1945
	003	Censura postal aos estrangeiros. São investigadas as cartas com referência à Argentina, sua situação política e econômica e relação com o Brasil.	17/07/45 - 14/08/51	1945 - 1951
50-Z-123		**São investigados os indivíduos que tiveram cartas censuradas com referências a importações e exportações.**	**02/05/44 - 14/07/45**	**1944 - 1945**
	001	São investigadas as cartas com referências a importações e exportações relacionadas ao mercado brasileiro.	02/05/44 - 14/07/44	1944 - 1944
	001A	São investigadas as cartas com referências a importações e exportações relacionadas com o mercado brasileiro.	14/07/44 - 14/07/45	1944 - 1945
50-Z-124		**Suspeita de posse de rádio transmissor e censura postal a estrangeiros.**	**02/05/44 - 04/07/45**	**1944 - 1945**
50-Z-125		**É investigada a Federação dos Trabalhadores nas Indústrias de Fiação e Tecelagem de São Paulo.**	**10/04/45 - 12/11/74**	**1945 - 1974**
50-Z-126		**Investiga-se o município de Santos, principalmente sua prefeitura.**	**03/05/44 - 11/11/53**	**1942 - 1963**
50-Z-127		**Investiga-se a Associação Palmares.**	**05/05/44 - 28/02/46**	**1943 - 1944**
50-Z-128		**Investiga-se o município de Marília - SP.**	**05/05/44 - 13/06/78**	**1942 - 1978**
	001	Investiga-se o município de Marília - SP.	05/05/44 - 01/06/49	1942 - 1949
	002	Investiga-se o município de Marília - SP.	13/07/49 - 08/08/51	1949 - 1953
	003	Investiga-se o município de Marília - SP.	14/08/51 - 21/07/60	1951 - 1960
	004	Investiga-se o município de Marília - SP.	05/05/52 - 10/12/52	1952 - 1952
	005	Investiga-se o município de Marília - SP.	15/12/52 - 03/06/53	1952 - 1953
	005A	Investiga-se o município de Marília - SP.	03/06/53 - 27/02/54	1953 - 1954
	006	Investiga-se o município de Marília - SP.	03/03/54 - 17/05/56	1954 - 1956
	007	Investiga-se o município de Marília - SP.	19/05/56 - 30/03/60	1956 - 1956
	008	Investiga-se o município de Marília - SP.	05/04/60 - 17/02/65	1960 - 1965
	009	Investiga-se o município de Marília - SP.	16/08/65 - 23/03/67	1965 - 1965

DOSSIÊS/ PASTAS	ASSUNTO	ARQUIVAMENTO	PRODUÇÃO
010	Investiga-se o município de Marília - SP.	28/08/67 - 17/01/73	1967 - 1972
011	Investiga-se o município de Marília - SP.	01/02/72 - 10/12/75	1972 - 1975
012	Investiga-se o município de Marília - SP.	10/12/75 - 06/10/76	1975 - 1976
013	Investiga-se o município de Marília - SP.	01/11/76 - 13/06/78	1976 - 1978
50-Z-129	**Trata-se do Serviço de Plantão do DEOPS/SP, versando sobre ocorrências registradas e sobre listas de presos.**	**05/05/44 - 29/06/81**	**1942 - 1983**
001	Trata-se do Serviço de Plantão do DEOPS/SP, versando sobre ocorrências registradas e sobre listas de presos.	05/05/44 - 28/07/45	1942 - 1942
002	Trata-se do Serviço de Plantão do DEOPS/SP, versando sobre ocorrências registradas e sobre listas de presos.	02/08/45 - 15/05/46	1942 - 1942
003	Trata-se do Serviço de Plantão do DEOPS/SP, versando sobre ocorrências registradas e sobre listas de presos.	30/08/45 - 03/05/49	1942 - 1949
004	Trata-se do Serviço de Plantão do DEOPS/SP, versando sobre ocorrências registradas e sobre listas de presos.	03/05/49 - 09/11/49	1949 - 1951
005	Trata-se do Serviço de Plantão do DEOPS/SP, versando sobre ocorrências registradas e sobre listas de presos.	- 17/06/52	1949 - 1950
006	Trata-se do Serviço de Plantão do DEOPS/SP, versando sobre ocorrências registradas e sobre listas de presos.	-	1950 - 1950
007	Trata-se do Serviço de Plantão do DEOPS/SP, versando sobre ocorrências registradas e sobre listas de presos.	07/03/51 - 10/05/51	1950 - 1951
008	Trata-se do Serviço de Plantão do DEOPS/SP, versando sobre ocorrências registradas e sobre listas de presos.	15/05/51 - 14/01/52	1951 - 1952
009	Trata-se do Serviço de Plantão do DEOPS/SP, versando sobre ocorrências registradas e sobre listas de presos.	14/01/52 - 22/12/52	1952 - 1952
010	Trata-se do Serviço de Plantão do DEOPS/SP, versando sobre ocorrências registradas e sobre listas de presos.	26/12/52 - 23/02/54	1952 - 1954
011	Trata-se do Serviço de Plantão do DEOPS/SP, versando sobre ocorrências registradas e sobre listas de presos.	25/02/54 - 28/06/55	1954 - 1955
012	Trata-se do Serviço de Plantão do DEOPS/SP, versando sobre ocorrências registradas e sobre listas de presos.	02/07/55 - 19/12/56	1955 - 1956
013	Trata-se do Serviço de Plantão do DEOPS/SP, versando sobre ocorrências registradas e sobre listas de presos.	22/12/56 - 31/01/58	1956 - 1958
014	Trata-se do Serviço de Plantão do DEOPS/SP, versando sobre ocorrências registradas e sobre listas de presos.	04/02/58 - 03/01/59	1958 - 1959
015	Trata-se do Serviço de Plantão do DEOPS/SP, versando sobre ocorrências registradas e sobre listas de presos.	13/01/59 - 04/10/61	1959 - 1961
016	Trata-se do Serviço de Plantão do DEOPS/SP, versando sobre ocorrências registradas e sobre listas de presos.	10/10/61 - 13/12/62	1960 - 1962
017	Trata-se do Serviço de Plantão do DEOPS/SP, versando sobre ocorrências registradas e sobre listas de presos.	09/01/63 - 28/10/63	1963 - 1963
018	Trata-se do Serviço de Plantão do DEOPS/SP, versando sobre ocorrências registradas e sobre listas de presos.	08/11/63 - 31/03/64	1963 - 1964
019	Trata-se do Serviço de Plantão do DEOPS/SP, versando sobre ocorrências registradas e sobre listas de presos.	24/04/64 - 16/06/64	1964 - 1964
020	Trata-se do Serviço de Plantão do DEOPS/SP, versando sobre ocorrências registradas e sobre listas de presos.	08/05/64 - 23/11/64	1964 - 1964
021	Trata-se do Serviço de Plantão do DEOPS/SP, versando sobre ocorrências registradas e sobre listas de presos.	26/11/64 - 03/05/65	1964 - 1965
022	Trata-se do Serviço de Plantão do DEOPS/SP, versando sobre ocorrências registradas e sobre listas de presos.	03/05/65 - 17/01/66	1965 - 1966
023	Trata-se do Serviço de Plantão do DEOPS/SP, versando sobre ocorrências registradas e sobre listas de presos.	11/01/66 - 14/12/66	1966 - 1966
024	Trata-se do Serviço de Plantão do DEOPS/SP, versando sobre ocorrências registradas e sobre listas de presos.	14/12/66 - 01/05/69	1966 - 1969
025	Trata-se do Serviço de Plantão do DEOPS/SP, versando sobre ocorrências registradas e sobre listas de presos.	06/05/69 - 05/03/69	1969 - 1969
026	Trata-se do Serviço de Plantão do DEOPS/SP, versando sobre ocorrências registradas e sobre listas de presos.	05/03/69 - 15/09/69	1969 - 1969
027	Trata-se do Serviço de Plantão do DEOPS/SP, versando sobre ocorrências registradas e sobre listas de presos.	15/09/69 - 03/11/69	1969 - 1969

DOSSIÊS/ PASTAS	ASSUNTO	ARQUIVAMENTO	PRODUÇÃO
028	Trata-se do Serviço de Plantão do DEOPS/SP, versando sobre ocorrências registradas e sobre listas de presos..	04/11/69 - 21/02/70	1969 - 1970
029	Trata-se do Serviço de Plantão do DEOPS/SP, versando sobre ocorrências registradas e sobre listas de presos.	21/01/70 - 28/11/70	1970 - 1970
030	Trata-se do Serviço de Plantão do DEOPS/SP, versando sobre ocorrências registradas e sobre listas de presos.	28/04/70 - 14/07/70	1970 - 1970
031	Trata-se do Serviço de Plantão do DEOPS/SP, versando sobre ocorrências registradas e sobre listas de presos.	14/07/70 - 21/09/70	1970 - 1970
031A	Trata-se do Serviço de Plantão do DEOPS/SP, versando sobre ocorrências registradas e sobre listas de presos.	21/09/70 - 15/10/70	1970 - 1970
032	Trata-se do Serviço de Plantão do DEOPS/SP, versando sobre ocorrências registradas e sobre listas de presos.	16/10/70 - 10/12/70	1970 - 1970
033	Trata-se do Serviço de Plantão do DEOPS/SP, versando sobre ocorrências registradas e sobre listas de presos.	14/12/70 - 29/01/71	1970 - 1970
034	Trata-se do Serviço de Plantão do DEOPS/SP, versando sobre ocorrências registradas e sobre listas de presos.	02/02/71 - 09/03/71	1971 - 1971
034A	Trata-se do Serviço de Plantão do DEOPS/SP, versando sobre ocorrências registradas e sobre listas de presos.	10/03/71 - 12/04/71	1971 - 1971
035	Trata-se do Serviço de Plantão do DEOPS/SP, versando sobre ocorrências registradas e sobre listas de presos.	13/04/71 - 14/05/71	1971 - 1971
036	Trata-se do Serviço de Plantão do DEOPS/SP, versando sobre ocorrências registradas e sobre listas de presos.	14/05/71 - 08/05/71	1971 - 1971
037	Trata-se do Serviço de Plantão do DEOPS/SP, versando sobre ocorrências registradas e sobre listas de presos.	08/06/71 - 27/06/71	1971 - 1971
038	Trata-se do Serviço de Plantão do DEOPS/SP, versando sobre ocorrências registradas e sobre listas de presos.	28/06/71 - 27/07/71	1971 - 1971
039	Trata-se do Serviço de Plantão do DEOPS/SP, versando sobre ocorrências registradas e sobre listas de presos.	27/07/71 - 20/08/71	1971 - 1971
040	Trata-se do Serviço de Plantão do DEOPS/SP, versando sobre ocorrências registradas e sobre listas de presos.	20/08/71 - 15/09/71	1971 - 1971
041	Trata-se do Serviço de Plantão do DEOPS/SP, versando sobre ocorrências registradas e listas de presos.	16/09/71 - 13/10/71	1971 - 1971
042	Trata-se do Serviço de Plantão do DEOPS/SP, versando sobre ocorrências registradas e sobre listas de presos.	15/10/71 - 08/11/71	1971 - 1971
043	Trata-se do Serviço de Plantão do DEOPS/SP, versando sobre ocorrências registradas e sobre listas de presos.	09/11/71 - 02/11/71	1971 - 1971
044	Trata-se do Serviço de Plantão do DEOPS/SP, versando sobre ocorrências registradas e sobre listas de presos.	22/11/71 - 02/12/71	1971 - 1971
045	Trata-se do Serviço de Plantão do DEOPS/SP, versando sobre ocorrências registradas e sobre listas de presos.	03/12/71 - 28/11/71	1971 - 1971
046	Trata-se do Serviço de Plantão do DEOPS/SP, versando sobre ocorrências registradas e sobre listas de presos.	29/11/71 - 23/12/71	1971 - 1971
047	Trata-se do Serviço de Plantão do DEOPS/SP, versando sobre ocorrências registradas e sobre listas de presos.	24/12/71 - 10/02/72	1971 - 1971
048	Trata-se do Serviço de Plantão do DEOPS/SP, versando sobre ocorrências registradas e sobre listas de presos.	10/02/72 - 16/03/72	1972 - 1972
049	Trata-se do Serviço de Plantão do DEOPS/SP, versando sobre ocorrências registradas e sobre listas de presos.	08/03/72 - 18/04/72	1972 - 1972
050	Trata-se do Serviço de Plantão do DEOPS/SP, versando sobre ocorrências registradas e sobre listas de presos.	19/04/72 - 16/05/72	1972 - 1972
051	Trata-se do Serviço de Plantão do DEOPS/SP, versando sobre ocorrências registradas e sobre listas de presos.	16/05/72 - 05/06/72	1972 - 1972
052	Trata-se do Serviço de Plantão do DEOPS/SP, versando sobre ocorrências registradas e sobre listas de presos.	06/06/72 - 21/06/72	1972 - 1972
053	Trata-se do Serviço de Plantão do DEOPS/SP, versando sobre ocorrências registradas e sobre listas de presos.	24/06/72 - 11/04/72	1972 - 1972
054	Trata-se do Serviço de Plantão do DEOPS/SP, versando sobre ocorrências registradas e sobre listas de presos.	17/07/72 - 15/08/72	1972 - 1972
055	Trata-se do Serviço de Plantão do DEOPS/SP, versando sobre ocorrências registradas e sobre listas de presos.	14/08/72 - 12/09/72	1972 - 1972
056	Trata-se do Serviço de Plantão do DEOPS/SP, versando sobre ocorrências registradas	06/09/72 - 10/10/72	1972 - 1972

DOSSIÊS/ PASTAS	ASSUNTO	ARQUIVAMENTO	PRODUÇÃO
	e sobre listas de presos.		
057	Trata-se do Serviço de Plantão do DEOPS/SP, versando sobre ocorrências registradas e sobre listas de presos.	11/10/72 - 08/11/72	1972 - 1972
058	Trata-se do Serviço de Plantão do DEOPS/SP, versando sobre ocorrências registradas e sobre listas de presos.	08/11/72 - 05/12/72	1972 - 1972
059	Trata-se do Serviço de Plantão do DEOPS/SP, versando sobre ocorrências registradas e sobre listas de presos.	05/12/72 - 22/01/73	1972 - 1973
060	Trata-se do Serviço de Plantão do DEOPS/SP, versando sobre ocorrências registradas e sobre listas de presos.	22/01/73 - 12/02/73	1973 - 1973
061	Trata-se do Serviço de Plantão do DEOPS/SP, versando sobre ocorrências registradas e sobre listas de presos.	12/02/73 - 14/03/73	1973 - 1973
062	Trata-se do Serviço de Plantão do DEOPS/SP, versando sobre ocorrências registradas e sobre listas de presos.	14/03/73 - 17/03/73	1973 - 1973
063	Trata-se do Serviço de Plantão do DEOPS/SP, versando sobre ocorrências registradas e sobre listas de presos.	18/04/73 - 02/05/73	1973 - 1973
064	Trata-se do Serviço de Plantão do DEOPS/SP, versando sobre ocorrências registradas e sobre listas de presos.	13/05/73 - 29/05/73	1973 - 1973
065	Trata-se do Serviço de Plantão do DEOPS/SP, versando sobre ocorrências registradas e sobre listas de presos.	29/05/73 - 26/06/73	1973 - 1973
066	Trata-se do Serviço de Plantão do DEOPS/SP, versando sobre ocorrências registradas e sobre listas de presos.	02/07/73 - 26/07/73	1973 - 1973
067	Trata-se do Serviço de Plantão do DEOPS/SP, versando sobre ocorrências registradas e sobre listas de presos.	26/07/73 - 21/08/73	1973 - 1973
068	Trata-se do Serviço de Plantão do DEOPS/SP, versando sobre ocorrências registradas e sobre listas de presos.	21/08/73 - 04/09/73	1973 - 1973
069	Trata-se do Serviço de Plantão do DEOPS/SP, versando sobre ocorrências registradas e listas de presos.	15/10/73 - 19/10/73	1973 - 1973
070	Trata-se do Serviço de Plantão do DEOPS/SP, versando sobre ocorrências registradas e sobre listas de presos.	19/10/73 - 08/11/73	1973 - 1973
071	Trata-se do Serviço de Plantão do DEOPS/SP, versando sobre ocorrências registradas e sobre listas de presos.	29/11/73 - 27/12/73	1973 - 1973
072	Trata-se do Serviço de Plantão do DEOPS/SP, versando sobre ocorrências registradas e sobre listas de presos.	04/01/74 - 23/01/74	1973 - 1974
073	Trata-se do Serviço de Plantão do DEOPS/SP, versando sobre ocorrências registradas e sobre listas de presos.	24/01/74 - 20/02/74	1974 - 1974
074	Trata-se do Serviço de Plantão do DEOPS/SP, versando sobre ocorrências registradas e sobre listas de presos.	20/02/74 - 28/03/74	1974 - 1974
075	Trata-se do Serviço de Plantão do DEOPS/SP, versando sobre ocorrências registradas e sobre listas de presos.	28/03/74 - 01/05/74	1974 - 1974
076	Trata-se do Serviço de Plantão do DEOPS/SP, versando sobre ocorrências registradas e sobre listas de presos.	30/04/74 - 03/06/74	1974 - 1974
077	Trata-se do Serviço de Plantão do DEOPS/SP, versando sobre ocorrências registradas e sobre listas de presos.	03/06/74 - 26/06/74	1974 - 1974
078	Trata-se do Serviço de Plantão do DEOPS/SP, versando sobre ocorrências registradas e sobre listas de presos.	26/06/74 - 25/07/74	1974 - 1974
079	Trata-se do Serviço de Plantão do DEOPS/SP, versando sobre ocorrências registradas e sobre listas de presos.	25/07/74 - 03/09/74	1974 - 1974
080	Trata-se do Serviço de Plantão do DEOPS/SP, versando sobre ocorrências registradas e sobre listas de presos.	30/08/74 - 11/10/74	1974 - 1974
081	Trata-se do Serviço de Plantão do DEOPS/SP, versando sobre ocorrências registradas e sobre listas de presos.	11/11/74 - 29/11/74	1974 - 1974
082	Trata-se do Serviço de Plantão do DEOPS/SP, versando sobre ocorrências registradas e sobre listas de presos.	29/11/74 - 27/01/75	1974 - 1975
083	Trata-se do Serviço de Plantão do DEOPS/SP, versando sobre ocorrências registradas e sobre listas de presos.	28/01/75 - 01/04/75	1975 - 1975
084	Trata-se do Serviço de Plantão do DEOPS/SP, versando sobre ocorrências registradas e sobre listas de presos.	04/04/75 - 12/05/75	1975 - 1975
085	Trata-se do Serviço de Plantão do DEOPS/SP, versando sobre ocorrências registradas e sobre listas de presos.	12/05/75 - 13/05/75	1975 - 1975
086	Trata-se do Serviço de Plantão do DEOPS/SP, versando sobre ocorrências registradas e sobre listas de presos.	07/07/75 - 14/08/75	1975 - 1975

DOSSIÊS/ PASTAS	ASSUNTO	ARQUIVAMENTO	PRODUÇÃO
087	Trata-se de observações na Escola de Comunicação e Arte da Universidade de São Paulo(ECA-USP). Também se trata de uma missa ecumênica oferecida aos presos políticos promovida pela Comissão da Justiça e Paz.	14/08/75 - 23/09/75	1975 - 1975
088	Trata-se do Serviço de Plantão do DEOPS/SP, versando sobre ocorrências registradas e sobre listas de presos.Trata-se, também, de suicídio de preso.	24/09/75 - 26/12/75	1975 - 1975
089	Trata-se do Serviço de Plantão do DEOPS/SP, versando sobre ocorrências registradas e sobre listas de presos.	31/12/75 - 09/02/76	1975 - 1976
090	Trata-se do Serviço de Plantão do DEOPS/SP, versando sobre ocorrências registradas e sobre listas de presos.	13/02/76 - 29/04/76	1976 - 1976
091	Trata-se do Serviço de Plantão do DEOPS/SP, versando sobre ocorrências registradas e sobre listas de presos. Investiga-se, também, as atividades do Partido Comunista Brasileiro (PCB).	03/05/76 - 14/06/76	1975 - 1976
092	Trata-se do Serviço de Plantão do DEOPS/SP, versando sobre ocorrências registradas e sobre listas de presos. Investiga-se, também, as atividades do Partido Comunista Brasileiro (PCB).	15/07/76 - 16/07/76	1976 - 1976
093	Trata-se do Serviço de Plantão do DEOPS/SP, versando sobre ocorrências registradas e sobre listas de presos. Investiga-se, também, as atividades do Partido Comunista Brasileiro (PCB).	19/07/76 - 15/09/76	1976 - 1976
094	Trata-se do Serviço de Plantão do DEOPS/SP, versando sobre ocorrências registradas e sobre listas de presos. Investiga-se, também, as atividades do Partido Comunista Brasileiro (PCB).	15/09/76 - 14/10/76	1976 - 1976
095	Trata-se do Serviço de Plantão do DEOPS/SP, versando sobre ocorrências registradas e sobre listas de presos. Investiga-se, também, as atividades do Partido Comunista Brasileiro (PCB).	15/10/76 - 09/12/76	1976 - 1976
096	Trata-se do Serviço de Plantão do DEOPS/SP, versando sobre ocorrências registradas e sobre listas de presos.	- 05/01/77	1976 - 1977
097	Trata-se do Serviço de Plantão do DEOPS/SP, versando sobre ocorrências registradas e sobre listas de presos. Investiga-se, também, as atividades do Partido Comunista Brasileiro (PCB).	06/01/77 - 10/02/77	1976 - 1977
098	Trata-se do Serviço de Plantão do DEOPS/SP, versando sobre ocorrências registradas e sobre listas de presos.	11/02/77 - 23/03/77	1977 - 1977
099	Trata-se do Serviço de Plantão do DEOPS/SP, versando sobre ocorrências registradas e sobre listas de presos.	17/03/77 - 13/04/77	1977 - 1977
100	Trata-se do Serviço de Plantão do DEOPS/SP, versando sobre ocorrências registradas e sobre listas de presos.	15/04/77 - 03/05/77	1977 - 1977
101	Trata-se do Serviço de Plantão do DEOPS/SP, versando sobre ocorrências registradas e sobre listas de presos.	02/05/77 - 15/06/77	1977 - 1977
102	Trata-se do Serviço de Plantão do DEOPS/SP, versando sobre ocorrências registradas e sobre listas de presos.	16/06/77 - 08/07/77	1977 - 1977
103	Trata-se do Serviço de Plantão do DEOPS/SP, versando sobre ocorrências registradas e sobre listas de presos.	08/07/77 - 05/09/77	1977 - 1977
104	Trata-se do Serviço de Plantão do DEOPS/SP, versando sobre ocorrências registradas e sobre listas de presos.	05/09/77 - 11/10/77	1977 - 1977
105	Trata-se do Serviço de Plantão do DEOPS/SP, versando sobre ocorrências registradas e sobre listas de presos.	12/10/77 - 12/12/77	1977 - 1977
106	Trata-se do Serviço de Plantão do DEOPS/SP, versando sobre ocorrências registradas e sobre listas de presos.	12/12/77 - 23/01/78	1977 - 1978
107	Trata-se do Serviço de Plantão do DEOPS/SP, versando sobre ocorrências registradas, sobre listas e declarações de presos e mandados de prisão.	23/01/78 - 01/03/78	1977 - 1978
108	Trata-se do Serviço de Plantão do DEOPS/SP, versando sobre ocorrências registradas, sobre listas e declarações de presos e mandados de prisão.	01/03/78 - 26/01/78	1978 - 1978
109	Trata-se do Serviço de Plantão do DEOPS/SP, versando sobre ocorrências registradas, sobre listas e declarações de presos e mandados de prisão.	16/01/78 - 19/05/78	1978 - 1978
110	Trata-se do Serviço de Plantão do DEOPS/SP, versando sobre ocorrências registradas, sobre listas e declarações de presos e mandados de prisão.	19/05/78 - 30/05/78	1978 - 1978
111	Trata-se do Serviço de Plantão do DEOPS/SP, versando sobre ocorrências registradas, sobre listas e declarações de presos e mandados de prisão.	31/05/78 - 27/07/78	1978 - 1978
112	Trata-se do Serviço de Plantão do DEOPS/SP, versando sobre ocorrências registradas, sobre listas e declarações de presos e mandados de prisão.	28/07/78 - 22/09/78	1978 - 1978
113	Trata-se do Serviço de Plantão do DEOPS/SP, versando sobre ocorrências registradas, sobre listas e declarações de presos e mandados de prisão.	22/09/78 - 26/10/78	1978 - 1978
114	Trata-se do Serviço de Plantão do DEOPS/SP, versando sobre ocorrências registradas,	01/11/78 - 08/12/78	1978 - 1978

DOSSIÊS/ PASTAS	ASSUNTO	ARQUIVAMENTO	PRODUÇÃO
	sobre listas e declarações de presos e mandados de prisão.		
115	Trata-se do Serviço de Plantão do DEOPS/SP, versando sobre ocorrências registradas, sobre listas e declarações de presos e mandados de prisão.	06/12/78 - 16/01/79	1978 - 1979
116	Trata-se do Serviço de Plantão do DEOPS/SP, versando sobre ocorrências registradas, sobre listas e declarações de presos e mandados de prisão.	16/01/79 - 05/03/79	1978 - 1979
117	Trata-se do Serviço de Plantão do DEOPS/SP, versando sobre ocorrências registradas, sobre listas e declarações de presos e mandados de prisão.	08/03/79 - 27/04/79	1979 - 1979
118	Trata-se do Serviço de Plantão do DEOPS/SP, versando sobre ocorrências registradas, sobre listas e declarações de presos e mandados de prisão.	02/05/79 - 16/08/79	1979 - 1979
119	Trata-se do Serviço de Plantão do DEOPS/SP, versando sobre ocorrências registradas, sobre listas e declarações de presos e mandados de prisão.	10/05/79 - 20/08/79	1979 - 1979
120	Trata-se do Serviço de Plantão do DEOPS/SP, versando sobre ocorrências registradas, sobre listas e declarações de presos e mandados de prisão.	24/08/79 - 16/10/79	1979 - 1979
121	Trata-se do Serviço de Plantão do DEOPS/SP, versando sobre ocorrências registradas, sobre listas e declarações de presos e mandados de prisão.	16/10/79 - 29/02/80	1979 - 1980
122	Trata-se do Serviço de Plantão do DEOPS/SP, versando sobre ocorrências registradas, sobre listas e declarações de presos e mandados de prisão.	28/11/79 - 01/02/80	1979 - 1980
123	Trata-se do Serviço de Plantão do DEOPS/SP, versando sobre ocorrências registradas, sobre listas e declarações de presos e mandados de prisão.	06/02/80 - 26/11/80	1980 - 1980
124	Trata-se do Serviço de Plantão do DEOPS/SP, versando sobre ocorrências registradas, sobre listas e declarações de presos e mandados de prisão.	28/04/80 - 27/05/81	1980 - 1981
125	Trata-se do Serviço de Plantão do DEOPS/SP, versando sobre ocorrências registradas, sobre listas e declarações de presos e mandados de prisão.	27/05/81 - 18/04/80	1980 - 1981
126	Trata-se do Serviço de Plantão do DEOPS/SP, versando sobre ocorrências registradas, sobre listas e declarações de presos e mandados de prisão.	23/04/80 - 14/10/80	1980 - 1980
127	Trata-se do Serviço de Plantão do DEOPS/SP, versando sobre ocorrências registradas, sobre listas e declarações de presos e mandados de prisão.	17/06/80 - 11/11/80	1980 - 1980
128	Trata-se do Serviço de Plantão do DEOPS/SP, versando sobre ocorrências registradas, sobre listas e declarações de presos e mandados de prisão.	10/12/80 - 04/02/81	1980 - 1981
129	Trata-se do Serviço de Plantão do DEOPS/SP, versando sobre ocorrências registradas, sobre listas e declarações de presos e mandados de prisão.	02/02/81 - 29/06/81	1981 - 1981
130	Trata-se do Serviço de Plantão do DEOPS/SP, versando sobre ocorrências registradas, sobre listas e declarações de presos e mandados de prisão.	29/06/81 -	1981 - 1981
131	Trata-se do Serviço de Plantão do DEOPS/SP, versando sobre ocorrências registradas, sobre listas e declarações de presos e mandados de prisão.	-	1981 - 1981
132	Trata-se do Serviço de Plantão do DEOPS/SP, versando sobre ocorrências registradas, sobre listas e declarações de presos e mandados de prisão.	-	1981 - 1981
133	Trata-se do Serviço de Plantão do DEOPS/SP, versando sobre ocorrências registradas, sobre listas e declarações de presos e mandados de prisão.	-	1981 - 1982
134	Trata-se do Serviço de Plantão do DEOPS/SP, versando sobre ocorrências registradas, sobre listas e declarações de presos e mandados de prisão.	-	1982 - 1982
135	Trata-se do Serviço de Plantão do DEOPS/SP, versando sobre ocorrências registradas, sobre listas e declarações de presos e mandados de prisão.	-	1982 - 1982
136	Trata-se do Serviço de Plantão do DEOPS/SP, versando sobre ocorrências registradas, sobre listas e declarações de presos e mandados de prisão.	-	1973 - 1983
50-Z-130	**Relatórios e outros documentos produzidos pelo Serviço Secreto/Serviço de Informações/Divisão de Informações do DEOPS/SP.**	**05/05/44 - 01/03/83**	**1940 - 1983**
001	Relatórios e outros documentos produzidos pelo Serviço Secreto/Serviço de Informações/Divisão de Informações do DEOPS/SP.	05/05/44 - 26/06/44	1940 - 1940
003	Relatórios e outros documentos produzidos pelo Serviço Secreto/Serviço de Informações/Divisão de Informações do DEOPS/SP.	26/09/46 - 17/06/48	1946 - 1948
004	Relatórios e outros documentos produzidos pelo Serviço Secreto/Serviço de Informações/Divisão de Informações do DEOPS/SP.	01/07/48 - 13/10/49	1948 - 1949
005	Relatórios e outros documentos produzidos pelo Serviço Secreto/Serviço de Informações/Divisão de Informações do DEOPS/SP.	-	1947 - 1949
006	Relatórios e outros documentos produzidos pelo Serviço Secreto/Serviço de Informações/Divisão de Informações do DEOPS/SP.	13/04/51 - 25/06/51	1950 - 1951
007	Relatórios e outros documentos produzidos pelo Serviço Secreto/Serviço de Informações/Divisão de Informações do DEOPS/SP.	02/07/51 - 18/01/52	1951 - 1952
008	Relatórios e outros documentos produzidos pelo Serviço Secreto/Serviço de Informações/Divisão de Informações do DEOPS/SP.	21/01/52 - 08/09/52	1952 - 1952
009	Relatórios e outros documentos produzidos pelo Serviço Secreto/Serviço de	09/09/52 - 25/02/53	1952 - 1953

DOSSIÊS/ PASTAS	ASSUNTO	ARQUIVAMENTO	PRODUÇÃO
	Informações/Divisão de Informações do DEOPS/SP.		
010	Relatórios e outros documentos produzidos pelo Serviço Secreto/Serviço de Informações/Divisão de Informações do DEOPS/SP.	06/03/53 - 18/05/53	1953 - 1953
011	Relatórios e outros documentos produzidos pelo Serviço Secreto/Serviço de Informações/Divisão de Informações do DEOPS/SP.	27/05/53 - 15/09/53	1953 - 1953
012	Relatórios e outros documentos produzidos pelo Serviço Secreto/Serviço de Informações/Divisão de Informações do DEOPS/SP.	16/09/53 - 23/02/54	1953 - 1954
013	Relatórios e outros documentos produzidos pelo Serviço Secreto/Serviço de Informações/Divisão de Informações do DEOPS/SP.	24/02/54 - 29/12/54	1954 - 1954
014	Relatórios e outros documentos produzidos pelo Serviço Secreto/Serviço de Informações/Divisão de Informações do DEOPS/SP.	03/01/55 - 15/10/55	1955 - 1955
015	Relatórios e outros documentos produzidos pelo Serviço Secreto/Serviço de Informações/Divisão de Informações do DEOPS/SP.	18/10/55 - 24/02/56	1955 - 1955
015A	Relatórios e outros documentos produzidos pelo Serviço Secreto/Serviço de Informações/Divisão de Informações do DEOPS/SP.	09/04/56 - 02/05/56	1956 - 1956
016	Relatórios e outros documentos produzidos pelo Serviço Secreto/Serviço de Informações/Divisão de Informações do DEOPS/SP.	15/04/75 - 28/06/77	1975 - 1977
017	Relatórios e outros documentos produzidos pelo Serviço Secreto/Serviço de Informações/Divisão de Informações do DEOPS/SP.	28/06/77 - 13/09/77	1977 - 1977
018	Relatórios e outros documentos produzidos pelo Serviço Secreto/Serviço de Informações/Divisão de Informações do DEOPS/SP.	16/09/77 - 24/01/78	1977 - 1977
019	Relatórios e outros documentos produzidos pelo Serviço Secreto/Serviço de Informações/Divisão de Informações do DEOPS/SP.	07/02/78 - 22/03/78	1977 - 1977
020	Relatórios e outros documentos produzidos pelo Serviço Secreto/Serviço de Informações/Divisão de Informações do DEOPS/SP.	27/02/78 - 12/05/78	1978 - 1978
021	Relatórios e outros documentos produzidos pelo Serviço Secreto/Serviço de Informações/Divisão de Informações do DEOPS/SP.	15/05/78 - 07/08/78	1977 - 1978
022	Relatórios e outros documentos produzidos pelo Serviço Secreto/Serviço de Informações/Divisão de Informações do DEOPS/SP.	09/08/78 - 21/09/78	1978 - 1978
023	Relatórios e outros documentos produzidos pelo Serviço Secreto/Serviço de Informações/Divisão de Informações do DEOPS/SP.	21/09/78 - 20/12/78	1978 - 1978
024	Relatórios e outros documentos produzidos pelo Serviço Secreto/Serviço de Informações/Divisão de Informações do DEOPS/SP.	21/12/78 - 04/05/79	1979 - 1979
025	Relatórios e outros documentos produzidos pelo Serviço Secreto/Serviço de Informações/Divisão de Informações do DEOPS/SP.	07/05/79 - 17/10/79	1979 - 1979
026	Relatórios e outros documentos produzidos pelo Serviço Secreto/Serviço de Informações/Divisão de Informações do DEOPS/SP.	19/10/79 - 19/11/79	1979 - 1979
026A	Relatórios e outros documentos produzidos pelo Serviço Secreto/Serviço de Informações/Divisão de Informações do DEOPS/SP.	- 24/01/69	1966 - 1969
027	Relatórios e outros documentos produzidos pelo Serviço Secreto/Serviço de Informações/Divisão de Informações do DEOPS/SP.	20/11/79 - 10/12/79	1969 - 1969
028	Relatórios e outros documentos produzidos pelo Serviço Secreto/Serviço de Informações/Divisão de Informações do DEOPS/SP.	10/12/79 - 13/02/80	1979 - 1980
029	Relatórios e outros documentos produzidos pelo Serviço Secreto/Serviço de Informações/Divisão de Informações do DEOPS/SP.	27/02/80 - 04/03/80	1980 - 1980
029A	Relatórios e outros documentos produzidos pelo Serviço Secreto/Serviço de Informações/Divisão de Informações do DEOPS/SP.	-	1971 - 1971
029B	Relatórios e outros documentos produzidos pelo Serviço Secreto/Serviço de Informações/Divisão de Informações do DEOPS/SP.	-	1971 - 1971
030	Relatórios e outros documentos produzidos pelo Serviço Secreto/Serviço de Informações/Divisão de Informações do DEOPS/SP.	04/03/80 - 04/03/80	1978 - 1978
030A	Relatórios e outros documentos produzidos pelo Serviço Secreto/Serviço de Informações/Divisão de Informações do DEOPS/SP.	25/02/72 - 09/03/72	1971 - 1972
031	Relatórios e outros documentos produzidos pelo Serviço Secreto/Serviço de Informações/Divisão de Informações do DEOPS/SP.	-	1972 - 1978
032	Relatórios e outros documentos produzidos pelo Serviço Secreto/Serviço de Informações/Divisão de Informações do DEOPS/SP.	-	1978 - 1978
033	Relatórios e outros documentos produzidos pelo Serviço Secreto/Serviço de Informações/Divisão de Informações do DEOPS/SP.	-	1978 - 1978
034	Relatórios e outros documentos produzidos pelo Serviço Secreto/Serviço de Informações/Divisão de Informações do DEOPS/SP.	- 04/03/82	1978 - 1978

DOSSIÊS/ PASTAS	ASSUNTO	ARQUIVAMENTO	PRODUÇÃO
034A	Relatórios e outros documentos produzidos pelo Serviço Secreto/Serviço de Informações/Divisão de Informações do DEOPS/SP.	-	1974 - 1975
035	Relatórios e outros documentos produzidos pelo Serviço Secreto/Serviço de Informações/Divisão de Informações do DEOPS/SP.	12/06/80 - 11/03/80	1980 - 1980
036	Relatórios e outros documentos produzidos pelo Serviço Secreto/Serviço de Informações/Divisão de Informações do DEOPS/SP.	14/03/80 - 18/06/80	1980 - 1980
037	Relatórios e outros documentos produzidos pelo Serviço Secreto/Serviço de Informações/Divisão de Informações do DEOPS/SP.	18/06/80 - 13/06/80	1980 - 1980
038	Relatórios e outros documentos produzidos pelo Serviço Secreto/Serviço de Informações/Divisão de Informações do DEOPS/SP.	14/06/80 - 09/10/80	1980 - 1980
039	Relatórios e outros documentos produzidos pelo Serviço Secreto/Serviço de Informações/Divisão de Informações do DEOPS/SP.	14/10/80 - 21/08/80	1980 - 1980
040	Relatórios e outros documentos produzidos pelo Serviço Secreto/Serviço de Informações/Divisão de Informações do DEOPS/SP.	21/08/80 - 21/08/80	1980 - 1980
041	Relatórios e outros documentos produzidos pelo Serviço Secreto/Serviço de Informações/Divisão de Informações do DEOPS/SP.	22/08/80 - 22/08/80	1980 - 1980
042	Relatórios e outros documentos produzidos pelo Serviço Secreto/Serviço de Informações/Divisão de Informações do DEOPS/SP.	22/08/80 - 22/08/80	1978 - 1979
043	Relatórios e outros documentos produzidos pelo Serviço Secreto/Serviço de Informações/Divisão de Informações do DEOPS/SP.	- 22/08/80	1978 - 1979
044	Relatórios e outros documentos produzidos pelo Serviço Secreto/Serviço de Informações/Divisão de Informações do DEOPS/SP.	22/08/80 - 22/08/80	1978 - 1979
045	Relatórios e outros documentos produzidos pelo Serviço Secreto/Serviço de Informações/Divisão de Informações do DEOPS/SP.	- 22/08/80	1978 - 1979
046	Relatórios e outros documentos produzidos pelo Serviço Secreto/Serviço de Informações/Divisão de Informações do DEOPS/SP.	- 22/08/80	1978 - 1978
047	Relatórios e outros documentos produzidos pelo Serviço Secreto/Serviço de Informações/Divisão de Informações do DEOPS/SP.	26/08/80 - 10/10/80	1978 - 1980
048	Relatórios e outros documentos produzidos pelo Serviço Secreto/Serviço de Informações/Divisão de Informações do DEOPS/SP. O investigado é Milton Nunes Campos, professor secundário.	25/08/80 - 25/08/80	1978 - 1980
049	Relatórios e outros documentos produzidos pelo Serviço Secreto/Serviço de Informações/Divisão de Informações do DEOPS/SP.Trata-se de assuntos internos da Pontifícia Universidade Católica (PUC).	26/08/80 - 26/08/80	1978 - 1978
050	Relatórios e outros documentos produzidos pelo Serviço Secreto/Serviço de Informações/Divisão de Informações do DEOPS/SP.	26/08/80 - 26/08/80	1977 - 1978
051	Relatórios e outros documentos produzidos pelo Serviço Secreto/Serviço de Informações/Divisão de Informações do DEOPS/SP.	26/08/80 - 26/08/80	1978 - 1978
052	Relatórios e outros documentos produzidos pelo Serviço Secreto/Serviço de Informações/Divisão de Informações do DEOPS/SP.	26/08/80 - 03/09/80	1977 - 1980
053	Relatórios e outros documentos produzidos pelo Serviço Secreto/Serviço de Informações/Divisão de Informações do DEOPS/SP.	- 28/08/80	1978 - 1978
054	Relatórios e outros documentos produzidos pelo Serviço Secreto/Serviço de Informações/Divisão de Informações do DEOPS/SP. É investigado o 3º Congresso Brasileiro pela Anistia.	28/08/80 - 05/11/80	1978 - 1978
055	Relatórios e outros documentos produzidos pelo Serviço Secreto/ Serviço de Informações/Divisão de Informações do DEOPS/SP. É investigado o 3º Congresso Brasileiro pela Anistia.	- 01/09/80	1978 - 1978
056	Relatórios e outros documentos produzidos pelo Serviço Secreto/Serviço de Informações/Divisão de Informações do DEOPS/SP. É investigada a Semana dos Direitos Humanos - Sede Sapientiae.	- 01/09/80	1978 - 1978
057	Relatórios e outros documentos produzidos pelo Serviço Secreto/Serviço de Informações/Divisão de Informações do DEOPS/SP. São investigadas as Comunidades Universitárias de Base - Cuba.	-	1978 - 1978
058	Relatórios e outros documentos produzidos pelo Serviço Secreto/Serviço de Informações/Divisão de Informações do DEOPS/SP. Trata-se de propagandas e de plataformas de partidos políticos.	- 01/09/80	1978 - 1980
058A	Relatórios e outros documentos produzidos pelo Serviço Secreto/Serviço de Informações/Divisão de Informações do DEOPS/SP.Trata-se de jornais de várias entidades e de textos doutrinários.	01/09/80 - 01/09/80	1978 - 1980
059	Relatórios e outros documentos produzidos pelo Serviço Secreto/Serviço de Informações/Divisão de Informações do DEOPS/SP. É investigado o seqüestro de	- 01/09/80	1978 - 1978

DOSSIÊS/ PASTAS		ASSUNTO	ARQUIVAMENTO	PRODUÇÃO
		Eduardo Baptistella.		
	060	Relatórios e outros documentos produzidos pelo Serviço Secreto/Serviço de Informações/Divisão de Informações do DEOPS/SP. É investigada a 30ª Reunião da Sociedade Brasileira para o Progresso da Ciência (SBPC).	- 01/09/80	1976 - 1978
	061	Relatórios e outros documentos produzidos pelo Serviço Secreto/Serviço de Informações/Divisão de Informações do DEOPS/SP. É investigada a 30ª Reunião da Sociedade Brasileira para o Progresso da Ciência (SBPC).	- 01/09/80	1977 - 1978
	062	Relatórios e outros documentos produzidos pelo Serviço Secreto/Serviço de Informações/Divisão de Informações do DEOPS/SP.	01/09/80 - 01/09/80	1977 - 1980
	063	Relatórios e outros documentos produzidos pelo Serviço Secreto/Serviço de Informações/Divisão de Informações do DEOPS/SP.	30/09/80 - 07/02/81	1979 - 1980
	064	Relatórios e outros documentos produzidos pelo Serviço Secreto/Serviço de Informações/Divisão de Informações do DEOPS/SP.	18/12/80 - 09/04/81	1979 - 1980
	065	Relatórios e outros documentos produzidos pelo Serviço Secreto/Serviço de Informações/Divisão de Informações do DEOPS/SP.	19/12/80 - 13/05/81	1980 - 1981
	066	Relatórios e outros documentos produzidos pelo Serviço Secreto/Serviço de Informações/Divisão de Informações do DEOPS/SP.	09/04/81 - 27/05/81	1981 - 1981
	067	Relatórios e outros documentos produzidos pelo Serviço Secreto/Serviço de Informações/Divisão de Informações do DEOPS/SP.	27/05/81 - 13/07/81	1980 - 1981
	068	Relatórios e outros documentos produzidos pelo Serviço Secreto/Serviço de Informações/Divisão de Informações do DEOPS/SP.	18/08/81 - 19/01/81	1981 - 1981
	069	Relatórios e outros documentos produzidos pelo Serviço Secreto/Serviço de Informações/Divisão de Informações do DEOPS/SP.	15/10/81 - 04/11/81	1981 - 1981
	070	Relatórios e outros documentos produzidos pelo Serviço Secreto/Serviço de Informações/Divisão de Informações do DEOPS/SP.	09/12/81 - 13/01/82	1981 - 1982
	071	Relatórios e outros documentos produzidos pelo Serviço Secreto/Serviço de Informações/Divisão de Informações do DEOPS/SP.	03/02/82 - 08/02/82	1982 - 1982
	072	Relatórios e outros documentos produzidos pelo Serviço Secreto/Serviço de Informações/Divisão de Informações do DEOPS/SP. Trata-se de atos públicos, de congressos e de manifestações relativas ao 1º de maio em São Bernardo do Campo - SP.	-	1982 - 1982
	073	Relatórios e outros documentos produzidos pelo Serviço Secreto/Serviço de Informações/Divisão de Informações do DEOPS/SP.	10/06/82 - 10/06/82	1982 - 1982
	074	Relatórios e outros documentos produzidos pelo Serviço Secreto/Serviço de Informações/Divisão de Informações do DEOPS/SP.	21/07/82 - 04/10/82	1982 - 1982
	075	Relatórios e outros documentos produzidos pelo Serviço Secreto/Serviço de Informações/Divisão de Infomações do DEOPS/SP. Trata-se uma de reunião da Sociedade Brasileira para o Progresso da Ciência (SBPC).	29/09/82 - 01/01/83	1982 - 1982
	076	Relatórios e outros documentos produzidos pelo Serviço Secreto/Serviço de Informações/Divisão de Informações do DEOPS/SP. Trata-se da 34ª Reunião Anual da Sociedade Brasileira para o Progresso da Ciência (SBPC).	-	1982 - 1982
	077	Relatórios e outros documentos produzidos pelo Serviço Secreto/Serviço de Informações/Divisão de Informações do DEOPS/SP.	-	1982 - 1983
	078	Relatórios e outros documentos produzidos pelo Serviço Secreto/Serviço de Informações/Divisão de Informações do DEOPS/SP.	-	1982 - 1982
	079	Relatórios e outros documentos produzidos pelo Serviço Secreto/Serviço de Informações/Divisão de Informações do DEOPS/SP.	01/01/83 - 01/03/83	1982 - 1983
50-Z-131		**O investigado é o comerciante russo Alexandre Nicolus Shetikoff, que trabalhava na Agência Americana de Assinaturas - U.S. Magazines.**	**20/10/45 - 20/10/45**	**1945 - 1945**
50-Z-132		**Conduta suspeita com base em censura postal. A investigada é Gertrud Glaser, alemã, judia que teria se correspondido com a firma Sintoquímica Ltda.**	**15/05/44 - 15/05/44**	**1944 - 1944**
50-Z-133		**Investiga-se o município de Barueri - SP.**	**15/05/44 - 27/02/78**	**1944 - 1978**
	001	Investiga-se o município de Barueri-SP.	15/05/44 - 12/10/72	1944 - 1972
	002	Investiga-se o município de Barueri-SP.	19/05/72 - 27/02/78	1972 - 1978
50-Z-134		**Trata-se de documentos de americanos, de bolivianos, roubados e outros.**	**15/05/44 - 12/12/45**	**1942 - 1945**
50-Z-135		**O investigado é Elpídio de Paula, brasileiro, reservista, fabricante de bolsas.**	**24/10/44 - 24/10/44**	**1944 - 1944**
50-Z-136		**Investiga-se o município de Cananéia - SP.**	**24/12/45 - 15/09/77**	**1945 - 1977**
50-Z-137		**O investigado é Geovani di Rosa, fugitivo, tripulante do navio Conte Grande.**	**24/05/44 - 24/05/44**	**1944 - 1944**
50-Z-138		**Investiga-se o município de São Carlos - SP.**	**28/06/45 - 24/03/80**	**1945 - 1980**
	001	Investiga-se o município de São Carlos – SP.	28/06/45 - 04/03/58	1945 - 1958
	002	Investiga-se o município de São Carlos - SP.	05/03/58 - 20/06/69	1958 - 1969

DOSSIÊS/ PASTAS		ASSUNTO	ARQUIVAMENTO	PRODUÇÃO
	003	Investiga-se o município de São Carlos – SP.	27/06/69 - 20/01/70	1969 - 1970
	004	Investiga-se o município de São Carlos – SP.	23/01/70 - 03/08/72	1970 - 1972
	005	Investiga-se o município de São Carlos - SP.	14/08/72 - 19/10/73	1972 - 1973
	006	Investiga-se o município de São Carlos - SP.	03/12/73 - 20/08/74	1973 - 1974
	007	Investiga-se o município de São Carlos - SP.	02/08/74 - 25/05/76	1974 - 1976
	008	Investiga-se o município de São Carlos - SP.	09/06/76 - 17/03/77	1976 - 1977
	009	Investiga-se o município de São Carlos - SP.	10/03/77 - 08/08/77	1976 - 1977
	010	Investiga-se o município de São Carlos - SP.	08/08/77 - 09/01/78	1977 - 1978
	011	Investiga-se o município de São Carlos - SP.	12/01/78 - 24/03/80	1978 - 1980
50-Z-139		**São investigados o Instituto Nacional de Colonização e Reforma Agrária (INCRA), o Conselho de Imigração e Colonização, o Instituto Nacional de Imigração e Colonização e os movimentos pela reforma agrária.**	**25/05/44 - 02/02/78**	**1944 - 1972**
50-Z-140		**Trata-se de um comunicado elaborado pelo Serviço Secreto do DEOPS/SP sobre os meios pelos quais industriais deixavam de pagar impostos.**	**26/05/44 - 26/05/44**	**1944 - 1944**
50-Z-141		**Trata-se de uma documentação da Casa de Detenção de São Paulo e do Presídio Tiradentes.**	**26/05/44 - 21/01/80**	**1944 - 1980**
	001	Trata-se de uma listagem de presos na Casa de Detenção de São Paulo e no Presídio Tiradentes.	26/05/44 - 16/03/72	1944 - 1972
	002	Trata-se de uma listagem de presos no Presídio do Hipódromo e no Presídio Tiradentes.	28/02/72 - 21/01/80	1972 - 1980
50-Z-142		**Investiga-se o município de Araraquara - SP.**	**27/05/44 - 07/03/78**	**1944 - 1978**
	001	Investiga-se o município de Araraquara - SP.	27/05/44 - 05/11/48	1944 - 1948
	002	Investiga-se o município de Araraquara - SP.	29/01/49 - 20/10/49	1948 - 1950
	003	Investiga-se o município de Araraquara - SP.	19/03/51 - 16/02/54	1950 - 1950
	004	Investiga-se o município de Araraquara - SP.	18/02/54 - 07/11/57	1954 - 1957
	005	Investiga-se o município de Araraquara - SP.	07/11/57 - 24/09/63	1957 - 1963
	006	Investiga-se o município de Araraquara - SP.	16/09/63 - 02/01/70	1962 - 1969
	007	Investiga-se o município de Araraquara - SP.	06/01/70 - 16/10/72	1962 - 1962
	008	Investiga-se o município de Araraquara - SP.	30/08/72 - 29/12/72	1972 - 1972
	009	Investiga-se o município de Araraquara - SP.	02/01/73 - 04/12/74	1973 - 1974
	010	Investiga-se o município de Araraquara - SP.	30/01/74 - 24/09/74	1974 - 1974
	011	Investiga-se o município de Araraquara - SP.	24/09/74 - 25/07/74	1974 - 1974
	012	Investiga-se o município de Araraquara - SP.	25/07/74 - 13/11/74	1974 - 1974
	013	Investiga-se o município de Araraquara - SP.	08/01/75 - 18/02/76	1974 - 1975
	014	Investiga-se o município de Araraquara - SP.	24/02/76 - 27/08/76	1975 - 1976
	015	Investiga-se o município de Araraquara - SP.	27/08/76 - 07/03/78	1975 - 1978
50-Z-143		**Investiga-se o município de Pompéia - SP.**	**27/05/44 - 27/01/78**	**1944 - 1977**
	001	Investiga-se o município de Pompéia - SP.	27/05/44 - 18/09/64	1944 - 1964
	002	Investiga-se o município de Pompéia - SP.	22/03/66 - 27/01/78	1966 - 1977
50-Z-144		**Suspeita de posse de rádio transmissor. Os investigados são espanhóis que estariam enviando sinais de código morse.**	**30/05/44 - 30/05/44**	**1944 - 1944**
50-Z-145		**Suspeita de atividade comunista. O investigado é João Gonçalves de Carvalho, que teria sido membro da Aliança Libertadora Nacional (ANL).**	**31/05/44 - 13/08/48**	**1944 - 1944**
50-Z-146		**Trata-se de documentos produzidos pela Diretoria da Guarda Noturna de São Paulo tratando da prisão de Edgar Tardelli.**	**31/05/44 - 31/05/44**	**1944 - 1944**
50-Z-147		**Informações sobre o investigador de polícia Nicolau Stuart.**	**31/05/44 - 05/01/59**	**1944 - 1958**
50-Z-148		**Trata-se de um pedido do estrangeiro Santi Miari para se transferir de Araraquara - SP para Santos - SP.**	**01/06/44 - 01/06/44**	**1942 - 1942**
50-Z-149		**É investigado o município de Bebedouro - SP.**	**01/06/44 - 26/05/78**	**1938 - 1978**
	001	É investigado o município de Bebedouro - SP.	01/06/44 - 13/08/58	1938 - 1958
	002	É investigado o município de Bebedouro - SP.	16/09/58 - 26/05/78	1958 - 1978
50-Z-150		**É investigado o município de Monte Azul - SP.**	**02/06/44 - 27/02/78**	**1942 - 1942**
50-Z-151		**É investigado o município de Pirangi - SP.**	**02/06/44 - 02/06/44**	**1942 - 1942**
50-Z-152		**Investiga-se o município de Ubatuba - SP.**	**02/06/44 - 16/09/77**	**1944 - 1976**
	001	É investigado o município de Ubatuba - SP.	02/06/44 - 11/06/76	1944 - 1976
	002	É investigado o município de Ubatuba - SP.	08/09/76 - 16/09/77	1976 - 1976
50-Z-153		**Investiga-se o município de Taquaritinga - SP.**	**06/06/44 - 05/01/78**	**1942 - 1977**
	001	É investigado o município de Taquaratinga - SP.	06/06/44 - 03/11/65	1942 - 1942
	002	É investigado o município de Taquaratinga - SP.	22/03/66 - 05/01/78	1966 - 1977
50-Z-154		**Investiga-se o município de Jaboticabal - SP.**	**06/06/44 - 07/03/78**	**1941 - 1978**
	001	É investigado o município de Jaboticabal - SP.	06/06/44 - 01/07/71	1941 - 1971

DOSSIÊS/ PASTAS		ASSUNTO	ARQUIVAMENTO	PRODUÇÃO
	002	E investigado o município de Jaboticabal - SP.	11/04/51 - 15/02/69	1950 - 1950
	003	É investigado o município de Jaboticabal - SP.	12/02/69 - 07/03/78	1968 - 1978
50-Z-155		**O requerente é Dom Severino Aloisio Kilgus, beneditino, que, tendo uma máquina fotográfica apreendida pelo Serviço Secreto do DEOPS, solicitou sua devolução.**	**28/08/45 - 09/08/69**	**1942 - 1968**
50-Z-156		**O investigado é Francisco Corrêa Neto.**	**04/10/45 - 04/10/45**	**0 - 0**
50-Z-157		**Suspeita de atividade eixista. O investigado é Leo Weiss, austríaco.**	**09/06/44 - 28/01/44**	**1943 - 1944**
50-Z-158		**Investigam-se greves de ferroviários.**	**08/04/46 - 10/12/47**	**1941 - 1947**
50-Z-159		**O investigado é Sam Jones Nesbitt.**	**24/06/44 - 24/06/44**	**1944 - 1944**
50-Z-160		**É investigado o evento realizado no Cine Odeon em homenagem ao 11 de Junho - Batalha do Riachuelo. Consta, também, investigação sobre a I Conferência Latino-Americana de Solidariedade.**	**26/06/44 - 03/09/68**	**1944 - 1967**
50-Z-161		**É investigado o município de Piracatu - SP.**	**02/04/58 - 08/02/77**	**1958 - 1976**
50-Z-162		**É investigado o Sindicato dos Mestres e Contra-Mestres na Indústria de Fiação e Tecelagem do Estado de São Paulo.**	**31/10/45 - 04/04/77**	**1954 - 1975**
50-Z-163		**Suspeita de atividade nazista. É investigada a Confeitaria Suíça.**	**25/06/45 - 25/06/45**	**1942 - 1945**
50-Z-164		**A investigada é Maria Conceição da Silva Carneiro.**	**05/07/44 - 05/07/44**	**1944 - 1944**
50-Z-165		**Trata-se de uma documentação produzida pela Secretaria de Segurança Pública de São Paulo.**	**05/07/44 - 28/06/45**	**1944 - 1945**
50-Z-166		**Trata-se de uma documentação produzida pela Secretaria de Segurança Pública de São Paulo.**	**29/03/46 - 07/07/46**	**1942 - 1944**
50-Z-167		**Trata-se de um documento denominado *Da situação de um mundo em guerra repercutindo no Brasil.***	**07/07/44 -**	**1944 - 1944**
50-Z-168		**São investigados artigos de jornais que tratam da participação dos alemães na II Guerra Mundial.**	**08/07/44 - 08/07/44**	**1944 - 1944**
50-Z-169		**Suspeita de atividade nipônica. São investigadas as empresas que possuíam funcionários de origem japonesa.**	**26/03/46 - 26/03/46**	**1942 - 1942**
50-Z-170		**O investigado é Wily Aureli.**	**12/07/44 - 18/01/58**	**1944 - 1958**
50-Z-171		**Trata-se de sugestões dadas e de atitudes tomadas pela polícia no sentido de controlar e de fiscalizar o serviço de comunicações na capital de São Paulo.**	**12/07/44 - 14/07/44**	**1942 - 1944**
50-Z-172		**Trata-se de uma documentação do Gabinete de Investigações - Serviço de Identificação, da Polícia Civil, a respeito do alemão Friedrich Wilhelm Aindt.**	**14/07/47 - 26/12/56**	**1944 - 1956**
50-Z-173		**Suspeita de atividade eixista. A investigada é Maria Bonomi.**	**15/07/44 - 05/05/75**	**1942 - 1975**
50-Z-174		**Trata-se de uma documentação da Delegacía de Polícia de Itanhaém - SP sobre propostas de códigos para comunicações de rádio-patrulha.**	**17/07/44 - 17/07/44**	**1940 - 1940**
50-Z-175		**Trata-se de uma documentação da Delegacia Especializada de Estrangeiros, requerendo a transferência de estrangeiros originários dos países do Eixo.**	**22/07/44 - 22/07/44**	**1944 - 1944**
50-Z-176		**Trata-se de uma carta de apresentação de Vicente Cinelli ao delegado de Ordem Política e Social do Rio de Janeiro.**	**24/07/44 - 24/07/44**	**1944 - 1944**
50-Z-177		**São investigados a Congregação Israelita Paulista, o Clube Colonial e a Casa de Portugal.**	**26/07/44 - 27/01/77**	**1943 - 1976**
50-Z-178		**É investigado o município de Guarujá - SP.**	**23/01/46 - 27/06/78**	**1941 - 1978**
	001	É investigado o município de Guarujá - SP.	23/01/46 - 28/01/69	1941 - 1969
	002	É investigado o município de Guarujá - SP.	06/02/69 - 10/02/76	1968 - 1976
	003	É investigado o município de Guarujá - SP.	13/02/76 - 20/01/77	1975 - 1977
	004	É investigado o município de Guarujá - SP.	-	1975 - 1976
	005	É investigado o município de Guarujá - SP.	01/08/77 - 23/09/77	1975 - 1977
	006	É investigado o município de Guarujá - SP.	16/01/78 - 27/06/78	1977 - 1978
50-Z-179		**É investigada a Polícia Internacional Espanhola.**	**28/07/44 - 28/07/44**	**1944 - 1944**
50-Z-180		**Trata-se de documentos provenientes do DEOPS do Rio de Janeiro.**	**31/07/44 - 04/05/78**	**1942 - 1978**
	001	Trata-se de documentos provenientes do DEOPS do Rio de Janeiro.	31/07/44 - 17/12/51	1942 - 1951
	002	Trata-se de documentos provenientes do DEOPS do Rio de Janeiro.	29/12/51 - 05/05/52	1951 - 1952
	003	Trata-se de documentos provenientes do DEOPS do Rio de Janeiro.	- 19/12/52	1951 - 1952
	004	Trata-se de documentos provenientes do DEOPS do Rio de Janeiro.	03/01/45 - 09/12/52	1952 - 1952
	005	Trata-se de documentos provenientes do DEOPS do Rio de Janeiro.	02/01/53 - 24/09/53	1952 - 1953
	006	Trata-se de documentos provenientes do DEOPS do Rio de Janeiro.	29/09/53 - 29/11/57	1953 - 1957
	007	Trata-se de documentos provenientes do DEOPS do Rio de Janeiro.	04/12/57 - 25/07/62	1957 - 1962
	008	Trata-se de documentos provenientes do DEOPS do Rio de Janeiro.	05/09/62 - 17/03/65	1962 - 1965
	009	Trata-se de documentos provenientes do DEOPS do Rio de Janeiro.	17/03/65 - 26/04/66	1965 - 1966
	010	Trata-se de documentos provenientes do DEOPS do Rio de Janeiro.	27/04/66 - 16/10/68	1966 - 1968
	011	Trata-se de documentos provenientes do DEOPS do Rio de Janeiro.	09/10/68 - 12/02/69	1968 - 1969
	012	Trata-se de documentos provenientes do DEOPS do Rio de Janeiro.	04/09/68 - 16/07/69	1967 - 1969
	013	Trata-se de documentos provenientes do DEOPS do Rio de Janeiro.	18/07/69 - 21/08/69	1969 - 1969

DOSSIÊS/ PASTAS		ASSUNTO	ARQUIVAMENTO	PRODUÇÃO
	014	Trata-se de documentos provenientes do DEOPS do Rio de Janeiro.	22/08/69 - 22/08/69	1968 - 1969
	015	Trata-se de documentos provenientes do DEOPS do Rio de Janeiro.	15/07/69 - 23/09/69	1968 - 1969
	016	Trata-se de documentos provenientes do DEOPS do Rio de Janeiro.	22/09/69 - 21/12/71	1969 - 1971
	017	Trata-se de documentos provenientes do DEOPS do Rio de Janeiro.	16/12/71 - 23/06/72	1971 - 1972
	018	Trata-se de documentos provenientes do DEOPS do Rio de Janeiro.	08/02/72 - 18/08/72	1972 - 1972
	019	Trata-se de documentos provenientes do DEOPS do Rio de Janeiro.	06/11/72 - 22/01/75	1972 - 1975
	020	Trata-se de documentos provenientes do DEOPS do Rio de Janeiro.	25/04/75 - 14/10/76	1975 - 1976
	021	Trata-se de documentos provenientes do DEOPS do Rio de Janeiro.	13/12/76 - 28/03/77	1976 - 1976
	022	Trata-se de documentos provenientes do DEOPS do Rio de Janeiro.	01/04/77 - 04/05/78	1976 - 1978
50-Z-181		**Investigações em torno dos municípios de Piracaia - SP, de Piracicaba - SP e de Santos - SP.**	**09/08/44 - 09/08/44**	**1944 - 1975**
50-Z-182		**Solicitação de uma permissão de Gertrude Longhi ao Ministro da Justiça para visitar filha na Argentina.**	**09/08/44 - 04/10/44**	**1944 - 1944**
50-Z-183		**O investigado é Paulo Gonçalves, que estaria trocando correspondência com sinais de taquigrafia com Alfred Horst, alemão internado no Campo de Concentração de Estação Experimental de Produção Animal, em Pindamonhangaba - SP.**	**09/08/44 - 09/08/44**	**1944 - 1944**
50-Z-184		**O investigado é Rodrigues Barbosa, destinatário de cartão postal proveniente da Argentina, que continha dois selos postais sobrepostos, um dos quais com a figura de um monumento alemão em Buenos Aires.**	**21/08/44 - 21/08/44**	**1944 - 1944**
50-Z-185		**São investigados Theodor Siebolt Visser e Christine Visser, alemães que teriam tentando sair do país com alta soma em dinheiro.**	**25/08/44 - 14/04/76**	**1944 - 1975**
50-Z-186		**Observações relativas ao Aeroporto de Congonhas, em São Paulo, e ao Aeroporto de Viracopos, em Campinas-SP.**	**25/08/44 - 07/03/80**	**1944 - 1979**
	001	Observações relativas ao Aeroporto de Congonhas, em São Paulo.	25/08/44 - 17/01/58	1944 - 1958
	002	Observações relativas ao Aeroporto de Congonhas, em São Paulo.	18/01/58 - 19/05/59	1958 - 1958
	003	Observações relativas ao Aeroporto de Congonhas, em São Paulo.	22/05/59 - 18/07/60	1959 - 1960
	004	Observações relativas ao Aeroporto de Congonhas, em São Paulo.	18/07/60 - 28/12/60	1960 - 1960
	004A	Observações relativas ao Aeroporto de Congonhas, em São Paulo.	02/01/61 - 30/10/61	1960 - 1961
	005	Observações relativas ao Aeroporto de Congonhas, em São Paulo.	13/11/61 - 27/03/62	1961 - 1962
	005A	Observações relativas ao Aeroporto de Congonhas, em São Paulo.	25/05/62 - 07/08/63	1962 - 1963
	006	Observações relativas ao Aeroporto de Congonhas, em São Paulo e ao Aeroporto de Viracopos, em Campinas-SP.	07/08/63 - 04/07/72	1963 - 1972
	007	Observações relativas ao Aeroporto de Congonhas, em São Paulo e ao Aeroporto de Viracopos, em Campinas-SP.	17/07/72 - 12/06/72	1972 - 1972
	008	Observações relativas ao Aeroporto de Congonhas, em São Paulo e ao Aeroporto de Viracopos, em Campinas-SP.	09/06/72 - 22/11/73	1972 - 1973
	009	Observações relativas ao Aeroporto de Congonhas, em São Paulo e ao Aeroporto de Viracopos, em Campinas-SP.	10/07/74 - 10/07/74	1973 - 1973
	010	Observações relativas ao Aeroporto de Congonhas, em São Paulo e ao Aeroporto de Viracopos, em Campinas-SP.	10/01/74 - 10/01/74	1974 - 1974
	011	Observações relativas ao Aeroporto de Congonhas, em São Paulo e ao Aeroporto de Viracopos, em Campinas-SP.	11/02/74 - 22/02/74	1969 - 1979
	012	Observações relativas ao Aeroporto de Congonhas, em São Paulo e ao Aeroporto de Viracopos, em Campinas-SP.	22/02/74 - 07/03/80	1974 - 1974
50-Z-187		**É investigada a Bolsa de Mercadorias de São Paulo.**	**25/08/44 - 07/05/52**	**1942 - 1952**
50-Z-188		**É investigado o Sindicato da Associação dos Despachantes de Documentos Civil e Comercial de São Paulo.**	**20/08/44 - 09/01/76**	**1944 - 1975**
50-Z-189		**O investigado é José Iesi, italiano, residente em São Paulo, que seria foragido de Minas Gerais.**	**28/08/44 - 28/08/44**	**1942 - 1942**
50-Z-190		**Suspeita de atividade fascista. O investigado é Fernando Nieri, italiano.**	**28/08/44 - 28/08/44**	**1942 - 1943**
50-Z-191		**O investigado é Nelson Dantas, diretor de diversas empresas falidas, que teria atentado contra a economia do país.**	**05/08/46 - 05/08/46**	**1946 - 1946**
50-Z-192		**O investigado é Paul Uldarich Werner, alemão que teve máquina fotográfica apreendida no Posto de Fiscalização de Bananal - SP.**	**31/08/44 - 24/01/47**	**1943 - 1944**
50-Z-193		**Os investigados são moradores da rua Imaculada Conceição. A investigação originou-se de uma denúncia da moradora Alice Stockler de Lima, que teria escutado conversa sobre possível movimento revolucionário no Brasil.**	**31/08/44 - 26/02/45**	**1944 - 1944**
50-Z-194		**Trata-se da Comissão de Abastecimento do Estado de São Paulo, que teria detetectado casos de contrabando de açúcar e problemas com requisição de gado no interior de São Paulo.**	**05/09/44 - 06/11/44**	**1944 - 1944**

DOSSIÊS/ PASTAS	ASSUNTO	ARQUIVAMENTO	PRODUÇÃO
50-Z-195	**O governo de Santa Catarina solicita investigações sobre Bráulio Simas, que seria responsável por fraudes no Estado.**	**05/09/44 - 05/09/44**	**1944 - 1944**
50-Z-196	**A investigada é Izolde Hatschbach, prostituta, que teria contado a um dos seus clientes uma história de três alemães que vieram do sul, atravessando o rio Paraná a nado.**	**11/09/44 - 11/09/44**	**1943 - 1943**
50-Z-197	**O investigado é Wilson Silva, que teria se passado por filho do general Benício da Silva e tornado-se noivo da filha do general Juvenal Vaz de Lima.**	**11/09/44 - 11/09/44**	**1944 - 1944**
50-Z-198	**O investigado é Antônio Ferreira de Almeida Júnior, professor da Faculdade de Direito e membro do conselho consultivo da União Cultural Brasil-URSS (União das Repúblicas Socialistas Soviéticas).**	**13/09/44 - 08/07/60**	**1944 - 1960**
50-Z-199	**Controle de passageiros que embarcavam e desembarcavam em São Paulo por via aérea ou por via férrea.**	**02/10/44 - 22/12/45**	**1944 - 1950**
001	Trata-se de controle de passageiros que desembarcaram em São Paulo por via férrea e por via aérea.	02/10/44 - 22/12/45	1944 - 1949
002	Trata-se de controle de passageiros que desembarcaram em São Paulo por via férrea e por via aérea.	-	1949 - 1950
50-Z-200	**É investigado o município de Iracemópolis - SP.**	**23/06/58 - 12/09/77**	**1958 - 1977**
50-Z-201	**O investigado é Jorge Cullen Ayerza, cônsul geral da Argentina, que teria sido hostil com os brasileiros.**	**29/09/44 - 29/09/44**	**1942 - 1942**
50-Z-202	**Suspeita de atividade nazista. O investigado é Oscar Raul Landmann, que nasceu na Rússia, morou na Alemanha e foi naturalizado brasileiro, proprietário da empresa Landmann & Filhos.**	**29/09/44 - 01/02/47**	**1942 - 1947**
50-Z-203	**Conduta suspeita com base em censura postal. A investigada é Susi P. Passalacqua, destinatária de correspondência que continha informação sobre construção de base aérea por norte-americanos na colônia Afonso Pena, no Paraná.**	**02/10/44 - 02/10/44**	**1944 - 1944**
50-Z-204	**Suspeita de conduta ilegal com base em censura postal. A investigada é Luzia Bernardes, que teria feito alusões, em carta, a atos de banditismo impunes, praticados em zonas de garimpo no Paraná.**	**02/10/44 - 02/10/44**	**1944 - 1944**
50-Z-205	**Censura postal. Trata-se de uma correspondência apreendida entre Manuel de Melo Freire e Paulo de Melo Freire por conter informações sobre os distúrbios em Mogi das Cruzes-SP, causados pela falta de açúcar.**	**04/10/44 - 04/10/44**	**1944 - 1944**
50-Z-206	**Suspeita de atividade fascista. O investigado é Trotta Luigi, italiano.**	**14/10/44 - 14/10/44**	**1942 - 1944**
50-Z-207	**Trata-se de um relatório da Secretaria da Agricultura, no qual informa sobre cooperativas, clubes, associações rurais, proprietários e trabalhadores rurais.**	**10/10/44 - 03/11/77**	**1944 - 1977**
001	Trata-se de um relatório da Secretaria da Agricultura, no qual informa sobre cooperativas, clubes, associações rurais, proprietários e trabalhadores rurais.	10/10/44 - 21/06/54	1944 - 1954
002	Trata-se de um relatório da Secretaria da Agricultura, no qual informa sobre cooperativas, clubes, associações rurais, proprietários e trabalhadores rurais.	18/12/54 - 11/09/70	1954 - 1975
003	Trata-se de um relatório da Secretaria da Agricultura, no qual informa sobre cooperativas, clubes, associações rurais, proprietários e trabalhadores rurais.	20/08/75 - 08/10/76	1975 - 1976
004	Trata-se de um relatório da Secretaria da Agricultura, no qual informa sobre cooperativas, clubes, associações rurais, proprietários e trabalhadores rurais.	17/05/77 - 03/11/77	1977 - 1977
50-Z-208	**Investiga-se o município de Mogi Mirim - SP.**	**23/10/44 - 20/09/77**	**1944 - 1977**
001	É investigado o município de Mogi Mirim-SP.	23/10/44 - 01/12/70	1944 - 1970
002	É investigado o município de Mogi Mirim-SP.	28/10/70 - 20/09/77	1977 - 1977
50-Z-209	**É investigado o município de Elias Fausto-SP.**	**21/06/48 - 24/02/77**	**1948 - 1977**
50-Z-210	**É investigado o município de Posse da Ressaca - SP.**	**14/10/44 - 14/10/44**	**1944 - 1944**
50-Z-211	**O investigado é João Perfeito de Magalhães e Meneses de Villas-Boas, português, funcionário público que teria pedido emprego a Acácio Nogueira, secretário de Segurança Pública de São Paulo.**	**26/02/44 - 26/02/46**	**1942 - 1942**
50-Z-212	**O investigado é Arnaldo Nunes Martins, que teria assinaturas diferentes e forneceria endereço errado.**	**26/12/45 - 26/12/45**	**1945 - 1945**
50-Z-213	**É investigada a empresa Loyd Brasileiro.**	**10/11/44 - 01/06/55**	**1942 - 1955**
50-Z-214	**Trata-se de folhetos com artigos sobre a União das Repúblicas Socialistas Soviéticas (URSS).**	**19/11/45 - 19/11/45**	**0 - 0**
50-Z-215	**Investiga-se o município de Bragança Paulista - SP.**	**15/05/45 - 15/12/77**	**1945 - 1977**
001	É investigado o município de Bragança Paulista - SP.	15/05/45 - 18/10/57	1945 - 1957
002	É investigado o município de Bragança Paulista - SP.	29/10/57 - 15/01/75	1957 - 1974
003	É investigado o município de Bragança Paulista - SP.	27/11/74 - 05/12/74	1974 - 1974
004	É investigado o município de Bragança Paulista - SP.	05/12/74 - 11/02/76	1974 - 1976
005	É investigado o município de Bragança Paulista - SP.	03/03/76 - 02/02/77	1975 - 1977
006	É investigado o município de Bragança Paulista - SP.	14/02/77 - 15/12/77	1977 - 1977
50-Z-216	**É investigado o Banco do Brasil.**	**17/11/44 - 21/02/78**	**1940 - 1971**
001	É investigado o Banco do Brasil.	17/11/44 - 23/07/70	1940 - 1970

DOSSIÊS/ PASTAS		ASSUNTO	ARQUIVAMENTO	PRODUÇÃO
	002	E investigado o Banco do Brasil.	01/12/70 - 21/02/78	1970 - 1971
50-Z-217		**O investigado é Alberto Ferreira Ramalho, por ter atacado os juízes do Tribunal de Segurança Nacional (TSN).**	**20/11/44 - 23/01/47**	**1944 - 1944**
50-Z-218		**O investigado é José Senoi, filho de japoneses, agricultor e candidato a vereador pelo Partido Social Trabalhista (PST).**	**25/11/44 - 28/07/58**	**1944 - 1958**
50-Z-219		**Trata-se de um apanhado de publicações estrangeiras com matérias e artigos relativos ao Brasil.**	**09/02/71 - 02/02/79**	**1944 - 1979**
	001	Trata-se de um apanhado de publicações estrangeiras com matérias e artigos relativos ao Brasil.	09/02/71 - 08/10/73	1944 - 1972
	002	Trata-se de um apanhado de publicações estrangeiras com matérias e artigos relativos ao Brasil.	29/11/73 - 21/10/75	1973 - 1975
	003	Trata-se de um apanhado de publicações estrangeiras com matérias e artigos relativos ao Brasil.	19/07/76 - 22/10/76	1976 - 1976
	004	Trata-se de um apanhado de publicações estrangeiras com matérias e artigos relativos ao Brasil.	26/10/76 - 30/11/76	1976 - 1976
	005	Trata-se de um apanhado de publicações estrangeiras com matérias e artigos relativos ao Brasil.	04/11/77 - 06/06/77	1976 - 1976
	006	Trata-se de um apanhado de publicações estrangeiras com matérias e artigos relativos ao Brasil.	20/06/77 - 23/01/78	1976 - 1977
	007	Trata-se de um apanhado de publicações estrangeiras com matérias e artigos relativos ao Brasil.	31/01/78 - 13/03/78	1977 - 1977
	008	Trata-se de um apanhado de publicações estrangeiras com matérias e artigos relativos ao Brasil.	09/05/78 - 31/05/78	1977 - 1977
	009	Trata-se de um apanhado de publicações estrangeiras com matérias e artigos relativos ao Brasil.	13/06/78 - 02/02/79	1977 - 1979
50-Z-220		**Trata-se de uma documentação produzida pelo Departamento Estadual do Trabalho e pela Delegacia Regional do Trabalho.**	**27/11/44 - 26/01/79**	**1941 - 1979**
	001	Trata-se de uma documentação produzida pelo Departamento Estadual do Trabalho.	27/11/44 - 20/12/45	1944 - 1945
	002	Trata-se de uma documentação produzida pelo Departamento Estadual do Trabalho.	20/12/45 - 12/03/53	1941 - 1953
	003	Trata-se de uma documentação produzida pelo Departamento Estadual do Trabalho.	14/03/53 - 08/04/54	1953 - 1953
	004	Trata-se de uma documentação produzida pelo Departamento Estadual do Trabalho.	23/02/53 - 08/04/54	1954 - 1954
	005	Trata-se de uma documentação produzida pelo Departamento Estadual do Trabalho e pela Delegacia Regional do Trabalho.	26/02/55 - 27/05/55	1955 - 1955
	006	Trata-se de uma documentação produzida pelo Departamento Estadual do Trabalho e pela Delegacia Regional do Trabalho.	30/05/55 - 21/10/55	1955 - 1955
	007	Trata-se de uma documentação produzida pelo Departamento Estadual do Trabalho e pela Delegacia Regional do Trabalho.	28/10/55 - 26/10/57	1955 - 1957
	008	Trata-se de uma documentação produzida pelo Departamento Estadual do Trabalho e pela Delegacia Regional do Trabalho.	29/10/57 - 25/03/58	1957 - 1958
	008A	Trata-se de uma documentação produzida pelo Departamento Estadual do Trabalho e pela Delegacia Regional do Trabalho.	14/04/58 - 19/03/59	1958 - 1958
	009	Trata-se de uma documentação produzida pelo Departamento Estadual do Trabalho e pela Delegacia Regional do Trabalho.	22/03/59 - 13/08/60	1953 - 1953
	010	Trata-se de uma documentação produzida pelo Departamento Estadual do Trabalho e pela Delegacia Regional do Trabalho.	18/08/60 - 27/05/61	1960 - 1961
	010A	Trata-se de uma documentação produzida pelo Departamento Estadual do Trabalho e pela Delegacia Regional do Trabalho.	29/05/61 - 23/10/61	1961 - 1961
	011	Trata-se de uma documentação produzida pelo Departamento Estadual do Trabalho e pela Delegacia Regional do Trabalho.	24/10/61 - 10/01/62	1961 - 1962
	011A	Trata-se de uma documentação produzida pelo Departamento Estadual do Trabalho e pela Delegacia Regional do Trabalho.	10/01/62 - 28/05/62	1962 - 1962
	012	Trata-se de uma documentação produzida pelo Departamento Estadual do Trabalho e pela Delegacia Regional do Trabalho.	28/05/62 - 29/03/63	1962 - 1963
	013	Trata-se de uma documentação produzida pelo Departamento Estadual do Trabalho e pela Delegacia Regional do Trabalho.	21/03/63 - 27/11/64	1963 - 1964
	014	Trata-se de uma documentação produzida pelo Departamento Estadual do Trabalho e pela Delegacia Regional do Trabalho.	07/01/65 - 06/04/67	1965 - 1967
	015	Trata-se de uma documentação produzida pelo Departamento Estadual do Trabalho e pela Delegacia Regional do Trabalho.	14/04/67 - 22/12/72	1966 - 1972
	016	Trata-se de uma documentação produzida pelo Departamento Estadual do Trabalho e pela Delegacia Regional do Trabalho.	04/11/73 - 03/07/73	1973 - 1973
	017	Trata-se de uma documentação produzida pelo Departamento Estadual do Trabalho e pela	04/10/73 - 18/10/74	1973 - 1974

DOSSIÊS/ PASTAS		ASSUNTO	ARQUIVAMENTO	PRODUÇÃO
		Delegacia Regional do Trabalho.		
	018	Trata-se de uma documentação produzida pelo Departamento Estadual do Trabalho e pela Delegacia Regional do Trabalho.	25/12/75 - 18/04/77	1975 - 1976
	019	Trata-se de uma documentação produzida pelo Departamento Estadual do Trabalho e pela Delegacia Regional do Trabalho.	26/04/77 - 29/03/78	1977 - 1978
	020	Trata-se de uma documentação produzida pelo Departamento Estadual do Trabalho e pela Delegacia Regional do Trabalho.	29/03/78 - 20/11/78	1978 - 1978
	021	Trata-se de uma documentação produzida pelo Departamento Estadual do Trabalho e pela Delegacia Regional do Trabalho.	- 26/01/79	1978 - 1979
50-Z-221		**Suspeita de sabotagem. Os investigados são Kakuo Jokura, Shigeo Nishimura e Kenkichi Abe, japoneses, lavradores, residentes em Pereira Barreto - SP, que teriam praticado um incêndio criminoso na propriedade em que trabalhavam.**	**28/11/44 - 28/11/44**	**1944 - 1952**
50-Z-222		**O requerente é Rodolfo Andrade Santos, que teria contrabandeado açúcar.**	**28/11/44 - 28/11/44**	**1944 - 1944**
50-Z-223		**O investigado é Nagib Hankasche, que teria facilitado a obtenção de passes de viagem e o desvio dos mesmos para outras facilidades.**	**30/11/44 - 26/12/44**	**1944 - 1944**
50-Z-224		**O investigado é Henrique Fialho, diretor da Companhia Nacional de Celulose, que estaria envolvido com falsificação de guias de trânsito.**	**30/11/44 - 06/11/44**	**1944 - 1946**
50-Z-225		**O investigado é Manoel Ferreira, funcionário da Refinadora Paulista.**	**02/12/44 - 09/08/45**	**1944 - 1945**
50-Z-226		**O investigado é José Teixeira Filho.**	**04/12/44 - 05/12/44**	**1944 - 1944**
50-Z-227		**Os investigados são Gilberto Fontes e Miguel Arale, que estariam envolvidos na venda de atestado de isenção.**	**05/12/44 - 15/12/45**	**1944 - 1950**
50-Z-228		**É investigada a Cooperativa dos Pescadores em Santos-SP.**	**05/12/44 - 15/01/45**	**1942 - 1944**
50-Z-229		**São investigadas as irregularidades no controle da distribuição de borracha no território nacional.**	**16/06/45 - 16/06/45**	**1944 - 1944**
50-Z-230		**É investigado o comércio atacadista e varejista de São Paulo.**	**06/12/44 - 24/07/44**	**1944 - 1944**
50-Z-231		**Suspeita de atividade anti-nazista. O investigado é Horácio Lobo de Andrade, cirurgião dentista, que teria perseguido alemães na cidade de Assis-SP.**	**28/01/46 - 15/03/52**	**1942 - 1952**
50-Z-232		**Os investigados são austríacos negociantes de pedras preciosas.**	**09/12/44 - 09/12/44**	**1941 - 1941**
50-Z-233		**Os investigados são militantes nazistas no Brasil.**	**10/12/44 - 10/12/44**	**1944 - 1944**
50-Z-234		**O investigado é Ausonio Arcancky Agner, que teria contrabandeado café.**	**11/12/44 - 22/03/46**	**1942 - 1942**
50-Z-235		**Suspeita de atividade nazista. O investigado é Fritz Schmidt Berna, alemão.**	**11/12/44 - 07/06/45**	**1939 - 1942**
50-Z-236		**O investigado é Fritz Petermann, que seria chefe de uma sociedade alemã nazista.**	**11/12/44 - 12/11/45**	**1938 - 1945**
50-Z-237		**Os investigados são Mário Gardano, Pedro Rosetti e José Rizzi, proprietários da fábrica de chocolates Gardano, que estariam envolvidos com o Partido Nazista.**	**12/12/44 - 17/11/45**	**1942 - 1943**
50-Z-238		**Suspeita de posse de rádio transmissor. O investigado é Alfredo Carreras, major reformado do Exército Italiano.**	**16/12/44 - 16/12/44**	**1943 - 1943**
50-Z-239		**O investigado é Joaquim de Oliveira, proprietário da firma Oliveira Campos & Cia.**	**18/12/44 - 30/12/44**	**1944 - 1944**
50-Z-240		**É investigado o Instituto Nacional do Café.**	**27/12/44 - 13/04/78**	**1944 - 1978**
50-Z-241		**Trata-se de uma documentação da Junta Comercial do Estado de São Paulo.**	**27/12/44 - 05/02/46**	**1941 - 1942**
	001	Documentação relativa à Junta Comercial do Estado de São Paulo.	27/12/44 - 06/12/45	1942 - 1942
	002	Trata-se de uma documentação proveniente da Junta Comercial do Estado de São Paulo, tratando de imigrantes ligados aos países do Eixo.	06/12/45 - 05/02/46	1941 - 1941
50-Z-242		**Solicitação de informações feita pela Comissão Técnica de Orientação Sindical, do Ministério do Trabalho, Indústria e Comércio, sobre dirigentes de diversos sindicatos paulistas.**	**25/12/44 - 30/07/58**	**1947 - 1958**
50-Z-243		**O investigado é Italo Caetano Pizarro.**	**08/02/45 - 18/07/47**	**1945 - 1945**
50-Z-244		**Trata-se do cultivo de bananas no Estado de São Paulo e de problemas referentes à sua distribuição, tanto no mercado interno quanto no externo, envolvendo a Comissão Executiva de Frutas, chefiada por Tasso Miranda.**	**04/01/45 - 04/01/45**	**1944 - 1944**
50-Z-245		**É investigado o Congresso Nacional do Cooperativismo.**	**04/01/45 - 27/12/44**	**1944 - 1945**
50-Z-246		**É investigado o Hospital Ipiranga.**	**12/01/45 - 15/02/65**	**1945 - 1945**
50-Z-247		**Trata-se das determinações da Coordenação da Mobilização Econômica da Presidência da República.**	**15/01/45 - 13/12/76**	**1943 - 1970**
50-Z-248		**Informações sobre indivíduos que cooperam com investigações anticomunistas, realizadas pelo DEOPS/SP ou pela Polícia Federal.**	**17/01/45 - 17/01/45**	**1940 - 1940**
50-Z-249		**Informação sobre o Conselho Nacional de Imprensa, que decidiu enquadrar o *Diário Carioca* na Lei de Imprensa, por ter tratado da questão do plebiscito sobre a Constituição de 1937.**	**18/01/45 - 29/11/45**	**1944 - 1944**
50-Z-250		**É investigado o município de Salto de Pirapora-SP.**	**24/03/58 - 30/03/77**	**1958 - 1976**
50-Z-251		**É investigado o Sindicato dos Comerciários.**	**23/01/45 - 12/01/48**	**1943 - 1943**

DOSSIÊS/ PASTAS		ASSUNTO	ARQUIVAMENTO	PRODUÇÃO
50-Z-252		**É investigado o 1º Congresso de Escritores Brasileiros.**	**20/02/45 - 20/02/45**	**1945 - 1945**
50-Z-253		**Trata-se de publicações periódicas proibidas pela censura brasileira, quase todas de cunho socialista.**	**31/01/45 - 20/04/77**	**1975 - 1976**
50-Z-254		**O investigado é Tobias Romeiro, que teria enviado uma carta para a revista *Seleções do Reader's Digest*, criticando a censura postal brasileira, em especial a realizada no Estado do Pará.**	**01/02/45 - 07/02/45**	**1945 - 1945**
50-Z-255		**É investigado o Congresso Brasileiro de Arquitetura.**	**09/02/45 - 04/08/77**	**1945 - 1976**
50-Z-256		**É investigada a escola Dante Alighieri.**	**20/02/45 - 26/07/44**	**1942 - 1942**
50-Z-257		**O investigado é Mário Braga.**	**20/02/45 - 20/02/45**	**1945 - 1945**
50-Z-258		**Movimento sindical. É investigada a Coorporação de Empregados de Santos.**	**22/02/45 - 22/02/45**	**1945 - 1945**
50-Z-259		**Trata-se de cartas enviadas por Y. Blumenschein, residente no Brasil, à Eugênio Cattini, residente em Buenos Aires - Argentina.**	**12/11/44 - 04/07/45**	**1944 - 1944**
50-Z-260		**O investigado é Carlos de Oliveira.**	**26/02/45 - 28/01/65**	**1945 - 1945**
50-Z-261		**Investiga-se o município de Piracicaba - SP.**	**14/02/45 - 10/03/80**	**1945 - 1980**
	001	É investigado o município de Piracicaba - SP.	10/03/45 - 29/05/48	1945 - 1945
	002	É investigado o município de Piracicaba - SP.	-	0 - 0
	003	É investigado o município de Piracicaba - SP.	-	0 - 0
	004	É investigado o município de Piracicaba - SP.	02/08/48 - 09/02/49	1948 - 1949
	005	É investigado o município de Piracicaba - SP.	14/02/45 - 28/01/50	1949 - 1950
	006	É investigado o município de Piracicaba - SP.	- 28/03/55	1949 - 1951
	007	É investigado o município de Piracicaba - SP.	13/04/51 - 04/12/52	1952 - 1952
	008	É investigado o município de Piracicaba - SP.	05/12/52 - 11/04/58	1952 - 1958
	009	É investigado o município de Piracicaba - SP.	23/04/58 - 12/04/65	1951 - 1965
	010	É investigado o município de Piracicaba - SP.	14/05/65 - 16/11/68	1965 - 1968
	011	É investigado o município de Piracicaba - SP.	27/08/68 - 25/07/72	1968 - 1972
	012	É investigado o município de Piracicaba - SP.	15/03/72 - 05/02/73	1971 - 1973
	013	É investigado o município de Piracicaba - SP.	05/02/73 - 16/07/73	1973 - 1973
	014	É investigado o município de Piracicaba - SP.	16/07/73 - 10/04/74	1973 - 1973
	015	É investigado o município de Piracicaba - SP.	20/03/74 - 12/11/74	1974 - 1974
	016	É investigado o município de Piracicaba - SP.	06/02/75 - 17/09/75	1975 - 1975
	017	É investigado o município de Piracicaba - SP.	07/10/75 - 03/05/76	1975 - 1975
	018	É investigado o município de Piracicaba - SP.	14/05/76 - 14/02/77	1975 - 1976
	019	É investigado o município de Piracicaba - SP.	17/02/77 - 06/06/77	1972 - 1972
	020	É investigado o município de Piracicaba - SP.	30/06/77 - 04/01/78	1976 - 1977
	021	É investigado o município de Piracicaba - SP.	15/05/78 - 04/01/78	1977 - 1978
	022	É investigado o município de Piracicaba - SP.	19/05/78 - 22/06/78	1978 - 1978
	023	É investigado o município de Piracicaba - SP.	15/07/78 - 15/09/78	1978 - 1978
	024	É investigado o município de Piracicaba - SP.	29/09/78 - 05/01/79	1978 - 1978
	025	É investigado o município de Piracicaba - SP.	05/01/75 - 06/04/79	1979 - 1979
	026	É investigado o município de Piracicaba - SP.	17/04/79 - 26/07/75	1979 - 1979
	027	É investigado o município de Piracicaba - SP.	26/07/79 - 26/07/79	1979 - 1979
	028	É investigado o município de Piracicaba - SP.	30/11/75 - 30/11/75	1979 - 1979
	029	É investigado o município de Piracicaba - SP.	30/11/75 - 30/11/75	1979 - 1979
	030	É investigado o município de Piracicaba - SP.	30/11/75 - 14/02/80	1979 - 1979
	031	É investigado o município de Piracicaba - SP.	14/02/80 - 14/02/80	1979 - 1980
	032	É investigado o município de Piracicaba - SP.	14/02/80 - 14/02/80	1979 - 1980
	033	É investigado o município de Piracicaba - SP.	22/02/80 - 10/03/80	1980 - 1980
50-Z-262		**Investiga-se o município de Jaú - SP.**	**03/09/48 - 06/03/78**	**1948 - 1978**
	001	É investigado o município de Jaú - SP.	03/09/48 - 07/12/49	1948 - 1950
	002	É investigado o município de Jaú - SP.	18/10/51 - 10/10/51	1949 - 1951
	003	É investigado o município de Jaú - SP.	13/10/51 - 07/05/54	1951 - 1954
	004	É investigado o município de Jaú - SP.	24/05/54 - 03/09/71	1954 - 1972
	005	É investigado o município de Jaú - SP.	03/01/73 - 06/03/78	1978 - 1978
50-Z-263		**É investigado o município de Jardinópolis - SP.**	**01/06/48 - 16/01/78**	**1948 - 1977**
50-Z-264		**Investiga-se o município de Assis - SP.**	**10/03/45 - 10/04/78**	**1945 - 1978**
	001	É investigado o município de Assis - SP.	10/03/45 - 09/11/57	1945 - 1957
	002	É investigado o município de Assis - SP.	24/03/51 - 13/10/53	1950 - 1953
	003	É investigado o município de Assis - SP.	23/10/53 - 30/07/62	1953 - 1962
	004	É investigado o município de Assis - SP.	18/05/63 - 14/08/68	1962 - 1968
	005	É investigado o município de Assis - SP.	24/09/68 - 28/10/71	1968 - 1971

DOSSIÊS/ PASTAS		ASSUNTO	ARQUIVAMENTO	PRODUÇÃO
	006	E investigado o município de Assis - SP.	03/01/72 - 18/05/76	1971 - 1976
	007	É investigado o município de Assis - SP.	26/05/76 - 10/04/78	1976 - 1978
50-Z-265		**É investigado o município de Orlândia-SP.**	**17/10/51 - 28/07/77**	**1948 - 1976**
50-Z-266		**Investiga-se o município de Guararapes-SP.**	**14/03/45 - 09/02/78**	**1945 - 1977**
	001	É investigado o município de Guararapes-SP.	14/03/45 - 12/10/49	1945 - 1951
	002	É investigado o município de Guararapes-SP.	14/03/51 - 03/03/59	1950 - 1959
	003	É investigado o município de Guararapes-SP.	26/10/59 - 09/02/78	1959 - 1977
50-Z-268		**O investigado é Feitosa, ex-prefeito de Tupã-SP.**	**16/03/45 - 16/03/45**	**1945 - 1945**
50-Z-269		**O investigado é Antônio Piccarolo, professor da Escola Livre de Sociologia e Política, que seria anti-fascista.**	**26/03/46 - 26/03/46**	**1942 - 1946**
50-Z-270		**O investigado é Orígenes Lessa, diretor da revista *Planalto*.**	**21/03/45 - 21/03/45**	**1945 - 1945**
50-Z-271		**Os investigados são Cristóbal Vera Asencio, Vicente da S.Moura e Herlino Milhazes de Magalhães, todos relacionados profissionalmente com imprensa e editoras.**	**21/05/45 - 11/09/52**	**1944 - 1953**
50-Z-272		**Os investigados são funcionários do jornal *A Noite*, que estariam envolvidos em um desvio de documentos.**	**05/04/45 - 08/09/45**	**1945 - 1949**
50-Z-273		**Suspeita de espionagem. O investigado é Alberico Sponza, ligado ao Partido da Representação Popular (PRP).**	**22/03/45 - 30/03/45**	**1940 - 1945**
50-Z-274		**A investigada é Diva de Souza Castro, enfermeira.**	**24/03/45 - 24/03/45**	**1945 - 1945**
50-Z-275		**O investigado é Benedito Vaz Cipolli, sargento reformado da Força Policial, que expediria salvo-condutos mediante propina.**	**25/03/45 - 05/12/47**	**1938 - 1947**
50-Z-276		**É investigada a Guarda Noturna de São Paulo.**	**05/04/45 - 04/08/76**	**1945 - 1976**
	001	É investigada a Guarda Noturna de São Paulo.	05/04/45 - 13/04/49	1945 - 1950
	002	É investigada a Guarda Noturna de São Paulo.	-	1949 - 1950
	003	É investigada a Guarda Noturna de São Paulo.	-	1949 - 1950
	004	É investigada a Guarda Noturna de São Paulo.	27/04/51 - 04/08/76	1950 - 1976
50-Z-277		**É investigado o município de Nova Europa - SP.**	**19/02/58 - 28/07/77**	**1958 - 1977**
50-Z-278		**É investigado O Informador Brasileiro, que presta serviço de informações gerais sobre lar, negócios e outros assuntos.**	**05/04/45 - 05/04/45**	**1945 - 1945**
50-Z-279		**É investigado o município de Cosmópolis - SP.**	**10/04/45 - 10/04/45**	**1944 - 1944**
50-Z-280		**Trata-se de uma relação de hóspedes de hotéis da cidade de São Paulo, preparada pelo Serviço de Informações do DEOPS/SP.**	**03/04/45 - 04/06/62**	**1945 - 1962**
50-Z-281		**São investigados marinheiros norte-americanos do cruzador Little Rock.**	**03/10/46 - 03/10/46**	**1945 - 1946**
	001	Solicitação do Gabinete de Investigações, da Polícia Civil de São Paulo, para que se investiguem ocorrências envolvendo os marinheiros norte-americanos do Cruzador Little Rock.	03/10/46 - 03/10/46	1945 - 1946
	002	Solicitação do Gabinete de Investigações, da Polícia Civil de São Paulo, para que se investiguem ocorrências envolvendo os marinheiros norte-americanos do Cruzador Little Rock.	03/10/46 - 03/10/46	1945 - 1946
50-Z-282		**É investigado o Conselho Nacional do Petróleo.**	**22/09/44 - 16/12/58**	**1944 - 1958**
50-Z-283		**É investigado Pedro Coutrucci.**	**13/04/45 - 13/04/45**	**0 - 0**
50-Z-284		**É investigado Péricles Hartmann.**	**14/04/45 - 14/04/45**	**1944 - 1944**
50-Z-285		**É investigado Jorge Barros Michelini.**	**17/04/45 - 17/04/45**	**1945 - 1945**
50-Z-286		**É investigada a Câmara Americana do Comércio de São Paulo.**	**30/05/45 - 24/04/75**	**1940 - 1954**
50-Z-287		**É investigada a Escola de Comércio da Vila Mariana, que abrigaria atividades de alemães nazistas.**	**26/02/46 - 26/02/46**	**1940 - 1946**
50-Z-288		**O investigado é Joaquim dos Santos Guimarães.**	**24/04/45 - 24/04/45**	**1945 - 1945**
50-Z-289		**Trata-se do Ministério da Agricultura.**	**26/04/45 - 05/12/77**	**1942 - 1977**
	001	Trata-se do Ministério da Agricultura.	26/04/45 - 28/07/75	1942 - 1975
	002	Trata-se do Ministério da Agricultura.	25/08/75 - 27/01/76	1975 - 1975
	003	Trata-se do Ministério da Agricultura.	27/01/76 - 06/05/76	1975 - 1976
	004	Trata-se do Ministério da Agricultura.	06/05/76 - 27/07/76	1975 - 1976
	005	Trata-se do Ministério da Agricultura.	27/07/76 - 26/11/76	1976 - 1976
	006	Trata-se do Ministério da Agricultura.	26/11/76 - 05/12/77	1975 - 1977
50-Z-290		**Trata-se do Ministério do Trabalho.**	**27/04/45 - 13/09/77**	**1945 - 1977**
	001	Trata-se do Ministério do Trabalho.	27/04/45 - 11/12/53	1945 - 1953
	002	Trata-se do Ministério do Trabalho.	11/12/53 - 08/02/55	1953 - 1955
	003	Trata-se do Ministério do Trabalho.	16/10/57 - 16/10/57	1955 - 1957
	004	Trata-se do Ministério do Trabalho.	18/10/57 - 17/12/68	1957 - 1968
	005	Trata-se do Ministério do Trabalho.	20/06/69 - 13/09/77	1967 - 1977
50-Z-291		**São investigados alguns juízes e funcionários do Tribunal de Segurança Nacional (TSN).**	**27/04/45 - 08/10/46**	**1942 - 1945**

DOSSIÊS/ PASTAS		ASSUNTO	ARQUIVAMENTO	PRODUÇÃO
50-Z-292		**São investigados oficiais argentinos, que estariam agindo sob disfarce, nos Estados do Paraná e de Santa Catarina.**	**05/05/45 - 28/08/45**	**1939 - 1942**
50-Z-293		**São investigados ministros e funcionários do Supremo Tribunal Federal (STF).**	**19/05/45 - 16/12/77**	**1945 - 1977**
50-Z-294		**É investigada a Comissão Executiva das Frutas, no âmbito do Ministério da Agricultura.**	**25/05/45 - 25/05/45**	**1944 - 1945**
50-Z-295		**É investigada a Bolsa de Cereais de São Paulo.**	**21/05/45 - 27/02/46**	**1942 - 1945**
50-Z-296		**É investigado o Instituto de Aposentadoria e Pensões dos Comerciários.**	**06/06/49 - 21/03/77**	**1943 - 1965**
50-Z-297		**O investigado é Benedito Aristeu Bretanha, ligado à Junta Comercial de São Paulo.**	**15/06/45 - 08/03/46**	**1942 - 1945**
50-Z-298		**Investiga-se o município de Ribeirão Preto - SP.**	**21/06/45 - 31/03/78**	**1942 - 1979**
	001	É investigado o município de Ribeirão Preto - SP.	21/06/45 - 09/04/48	1942 - 1948
	002	É investigado o município de Ribeirão Preto - SP.	20/11/48 - 07/12/49	1948 - 1950
	003	É investigado o município de Ribeirão Preto - SP.	21/06/51 - 11/03/53	1950 - 1953
	004	É investigado o município de Ribeirão Preto - SP.	13/03/53 - 29/03/53	1953 - 1953
	005	É investigado o município de Ribeirão Preto - SP.	12/10/53 - 14/03/55	1958 - 1955
	006	É investigado o município de Ribeirão Preto - SP.	31/03/55 - 03/12/57	1954 - 1957
	007	É investigado o município de Ribeirão Preto - SP.	03/12/57 - 09/04/64	1957 - 1964
	008	É investigado o município de Ribeirão Preto - SP.	22/04/64 - 23/03/65	1964 - 1965
	009	É investigado o município de Ribeirão Preto - SP.	07/05/65 - 15/08/68	1964 - 1968
	010	É investigado o município de Ribeirão Preto - SP.	15/08/68 - 24/11/69	1967 - 1969
	011	É investigado o município de Ribeirão Preto - SP.	24/11/69 - 16/08/71	1969 - 1979
	012	É investigado o município de Ribeirão Preto - SP.	10/08/72 - 20/11/72	1971 - 1972
	013	É investigado o município de Ribeirão Preto - SP.	10/01/73 - 14/03/75	1972 - 1975
	014	É investigado o município de Ribeirão Preto - SP.	06/12/74 - 23/12/75	1974 - 1975
	015	É investigado o município de Ribeirão Preto - SP.	23/12/75 - 11/03/76	1975 - 1976
	016	É investigado o município de Ribeirão Preto - SP.	12/03/76 - 03/03/77	1975 - 1976
	017	É investigado o município de Ribeirão Preto - SP.	21/03/77 - 26/07/77	1976 - 1977
	018	É investigado o município de Ribeirão Preto - SP.	15/12/77 - 31/03/78	1977 - 1978
50-Z-299		**É investigado o município de Oscar Bressane - SP.**	**04/04/49 - 28/07/77**	**1949 - 1976**
50-Z-300		**São investigados o município de Sorocaba e os municípios vizinhos, como São Roque, Boituva, Piedade, Tietê, Indaiatuba, Ibiúna, Pilar do Sul, Cabreúva, Salto e Porto Feliz.**	**04/04/46 - 29/06/81**	**1946 - 1982**
	001	São investigados o município de Sorocaba e os municípios vizinhos, como São Roque, Boituva, Porto Feliz, Itu, Piedade, Salto, Araçoiaba da Serra, Laranjal Paulista, Pilar do Sul, Ibiúna, Cabreúva, Tietê e Indaiatuba.	04/04/46 - 22/06/48	1946 - 1948
	002	São investigados o município de Sorocaba e os municípios vizinhos, como São Roque, Boituva, Porto Feliz, Itu, Piedade, Salto, Araçoiaba da Serra, Laranjal Paulista, Pilar do Sul, Ibiúna, Cabreúva, Tietê e Indaiatuba.	30/06/48 - 20/11/48	1948 - 1948
	003	São investigados o município de Sorocaba e os municípios vizinhos, como São Roque, Boituva, Porto Feliz, Itu, Piedade, Salto, Araçoiaba da Serra, Laranjal Paulista, Pilar do Sul, Ibiúna, Cabreúva, Tietê e Indaiatuba.	11/01/49 - 13/04/53	1948 - 1953
	004	São investigados o município de Sorocaba e os municípios vizinhos, como São Roque, Boituva, Porto Feliz, Itu, Piedade, Salto, Araçoiaba da Serra, Laranjal Paulista, Pilar do Sul, Ibiúna, Cabreúva, Tietê e Indaiatuba.	27/01/49 - 16/11/49	1949 - 1949
	005	São investigados o município de Sorocaba e os municípios vizinhos, como São Roque, Boituva, Porto Feliz, Itu, Piedade, Salto, Araçoiaba da Serra, Laranjal Paulista, Pilar do Sul, Ibiúna, Cabreúva, Tietê e Indaiatuba.	28/01/50 - 16/07/51	1949 - 1949
	006	São investigados o município de Sorocaba e os municípios vizinhos, como São Roque, Boituva, Porto Feliz, Itu, Piedade, Salto, Araçoiaba da Serra, Laranjal Paulista, Pilar do Sul, Ibiúna, Cabreúva, Tietê e Indaiatuba.	21/07/51 - 09/03/53	1951 - 1953
	007	São investigados o município de Sorocaba e os municípios vizinhos, como São Roque, Boituva, Porto Feliz, Itu, Piedade, Salto, Araçoiaba da Serra, Laranjal Paulista, Pilar do Sul, Ibiúna, Cabreúva, Tietê e Indaiatuba.	09/03/53 - 10/09/54	1953 - 1954
	008	São investigados o município de Sorocaba e os municípios vizinhos, como São Roque, Boituva, Porto Feliz, Itu, Piedade, Salto, Araçoiaba da Serra, Laranjal Paulista, Pilar do Sul, Ibiúna, Cabreúva, Tietê e Indaiatuba.	10/05/54 - 25/05/56	1954 - 1956
	009	São investigados o município de Sorocaba e os municípios vizinhos, como São Roque, Boituva, Porto Feliz, Itu, Piedade, Salto, Araçoiaba da Serra, Laranjal Paulista, Pilar do Sul, Ibiúna, Cabreúva, Tietê e Indaiatuba.	11/06/56 - 23/09/58	1956 - 1958
	010	São investigados o município de Sorocaba e os municípios vizinhos, como São Roque, Boituva, Porto Feliz, Itu, Piedade, Salto, Araçoiaba da Serra, Laranjal Paulista, Pilar	27/10/58 - 11/06/63	1958 - 1963

DOSSIÊS/ PASTAS		ASSUNTO	ARQUIVAMENTO	PRODUÇÃO
		do Sul, Ibiúna, Cabreúva, Tietê e Indaiatuba.		
	011	São investigados o município de Sorocaba e os municípios vizinhos, como São Roque, Boituva, Porto Feliz, Itu, Piedade, Salto, Araçoiaba da Serra, Laranjal Paulista, Pilar do Sul, Ibiúna, Cabreúva, Tietê e Indaiatuba.	21/06/63 - 15/08/68	1963 - 1968
	012	São investigados o município de Sorocaba e os municípios vizinhos, como São Roque, Boituva, Porto Feliz, Itu, Piedade, Salto, Araçoiaba da Serra, Laranjal Paulista, Pilar do Sul, Ibiúna, Cabreúva, Tietê e Indaiatuba.	26/09/68 - 08/01/73	1967 - 1972
	013	São investigados o município de Sorocaba e os municípios vizinhos, como São Roque, Boituva, Porto Feliz, Itu, Piedade, Salto, Araçoiaba da Serra, Laranjal Paulista, Pilar do Sul, Ibiúna, Cabreúva, Tietê e Indaiatuba.	10/01/73 - 23/03/73	1972 - 1973
	013A	São investigados o município de Sorocaba e os municípios vizinhos, como São Roque, Boituva, Porto Feliz, Itu, Piedade, Salto, Araçoiaba da Serra, Laranjal Paulista, Pilar do Sul, Ibiúna, Cabreúva, Tietê e Indaiatuba.	23/03/73 - 23/07/73	1973 - 1973
	014	São investigados o município de Sorocaba e os municípios vizinhos, como São Roque, Boituva, Porto Feliz, Itu, Piedade, Salto, Araçoiaba da Serra, Laranjal Paulista, Pilar do Sul, Ibiúna, Cabreúva, Tietê e Indaiatuba.	14/08/73 - 15/12/75	1973 - 1975
	015	São investigados o município de Sorocaba e os municípios vizinhos, como São Roque, Boituva, Porto Feliz, Itu, Piedade, Salto, Araçoiaba da Serra, Laranjal Paulista, Pilar do Sul, Ibiúna, Cabreúva, Tietê e Indaiatuba.	15/12/75 - 19/03/76	1975 - 1975
	016	São investigados o município de Sorocaba e os municípios vizinhos, como São Roque, Boituva, Porto Feliz, Itu, Piedade, Salto, Araçoiaba da Serra, Laranjal Paulista, Pilar do Sul, Ibiúna, Cabreúva, Tietê e Indaiatuba.	19/03/76 - 13/07/78	1975 - 1978
	017	São investigados o município de Sorocaba e os municípios vizinhos, como São Roque, Boituva, Porto Feliz, Itu, Piedade, Salto, Araçoiaba da Serra, Laranjal Paulista, Pilar do Sul, Ibiúna, Cabreúva, Tietê e Indaiatuba.	08/08/78 - 06/11/78	1978 - 1978
	018	São investigados o município de Sorocaba e os municípios vizinhos, como São Roque, Boituva, Porto Feliz, Itu, Piedade, Salto, Araçoiaba da Serra, Laranjal Paulista, Pilar do Sul, Ibiúna, Cabreúva, Tietê e Indaiatuba.	31/10/78 - 05/07/79	1978 - 1979
	019	São investigados o município de Sorocaba e os municípios vizinhos, como São Roque, Boituva, Porto Feliz, Itu, Piedade, Salto, Araçoiaba da Serra, Laranjal Paulista, Pilar do Sul, Ibiúna, Cabreúva, Tietê e Indaiatuba.	02/07/80 - 11/06/80	1978 - 1980
	020	São investigados o município de Sorocaba e os municípios vizinhos, como São Roque, Boituva, Porto Feliz, Itu, Piedade, Salto, Araçoiaba da Serra, Laranjal Paulista, Pilar do Sul, Ibiúna, Cabreúva, Tietê e Indaiatuba.	06/06/80 - 28/05/81	1980 - 1981
	021	São investigados o município de Sorocaba e os municípios vizinhos, como São Roque, Boituva, Porto Feliz, Itu, Piedade, Salto, Araçoiaba da Serra, Laranjal Paulista, Pilar do Sul, Ibiúna, Cabreúva, Tietê e Indaiatuba.	14/05/81 - 29/06/81	1981 - 1982
50-Z-301		**Investiga-se o município de Rio Claro - SP.**	**22/06/45 - 13/07/78**	**1945 - 1978**
	001	É investigado o município de Rio Claro – SP.	22/06/45 - 26/10/49	1945 - 1950
	002	É investigado o município de Rio Claro – SP.	20/03/51 - 15/07/63	1949 - 1963
	003	É investigado o município de Rio Claro - SP.	17/06/63 - 18/01/74	1963 - 1974
	004	É investigado o município de Rio Claro - SP.	21/03/73 - 25/05/77	1973 - 1977
	005	É investigado o município de Rio Claro - SP.	30/06/77 - 13/07/78	1976 - 1978
50-Z-302		**Investiga-se o município de Barretos - SP.**	**26/06/45 - 14/02/78**	**1942 - 1978**
	001	É investigado o município de Barretos - SP.	26/06/45 - 03/08/49	1942 - 1949
	002	É investigado o município de Barretos - SP.	18/08/49 - 28/01/50	1949 - 1950
	003	É investigado o município de Barretos - SP.	09/03/51 - 11/09/51	1950 - 1951
	004	É investigado o município de Barretos - SP.	14/09/51 - 07/12/51	1951 - 1952
	005	É investigado o município de Barretos - SP.	19/03/52 - 15/05/53	1952 - 1953
	006	É investigado o município de Barretos - SP.	16/06/53 - 06/03/56	1951 - 1955
	007	É investigado o município de Barretos - SP.	13/03/56 - 19/11/58	1956 - 1958
	008	É investigado o município de Barretos - SP.	04/12/58 - 04/05/65	1954 - 1968
	008A	É investigado o município de Barretos - SP.	04/05/65 - 14/11/68	1944 - 1968
	009	É investigado o município de Barretos - SP.	14/08/68 - 18/10/72	1967 - 1978
	010	É investigado o município de Barretos - SP.	09/11/72 - 30/03/74	1972 - 1974
	011	É investigado o município de Barretos - SP.	20/03/74 - 14/02/78	1973 - 1978
50-Z-303		**É investigado o município de Salesópolis - SP.**	**07/06/48 - 12/12/75**	**1948 - 1975**
50-Z-304		**O investigado é Architriclinio Almeida Santos.**	**12/07/45 - 12/07/45**	**1945 - 1945**
50-Z-305		**É investigado o município de Ituverava - SP.**	**28/07/45 - 05/08/77**	**1942 - 1976**
50-Z-306		**O investigado é Yatio Teramoto.**	**09/08/45 - 28/02/46**	**1942 - 1942**

DOSSIÊS/ PASTAS		ASSUNTO	ARQUIVAMENTO	PRODUÇÃO
50-Z-307		**E investigada a Câmara de Comércio Japonesa.**	**10/08/45 - 10/08/45**	**1941 - 1942**
50-Z-308		**É investigada a Cooperativa Agrícola Mista de Santa Catarina.**	**13/08/45 - 13/08/45**	**1942 - 1942**
50-Z-309		**É investigada a publicação periódica *Imposto de Consumo*.**	**13/08/45 - 13/08/45**	**1945 - 1945**
50-Z-310		**É investigada a Cooperativa Agrícola Mista de Santa Catarina.**	**13/08/45 - 13/08/45**	**1942 - 1964**
50-Z-311		**É investigado o município de Santo André - SP.**	**23/08/45 - 06/04/64**	**1945 - 1945**
50-Z-312		**São investigados os indivíduos recém-chegados à cidade de São Paulo, por avião ou por trem.**	**24/08/45 - 27/12/45**	**1942 - 1942**
50-Z-313		**É investigado o Hotel Aurora, bem como outros estabelecimentos hoteleiros.**	**31/08/45 - 09/11/57**	**1945 - 1960**
50-Z-314		**Trata-se de lista de endereços de diversas entidades e empresas.**	**25/09/45 - 25/09/45**	**1947 - 1947**
50-Z-315		**É investigado o Sindicato dos Trabalhadores em Fiação e Tecelagem.**	**17/11/45 - 17/02/78**	**1945 - 1978**
	001	É investigado o Sindicato dos Trabalhadores em Fiação e Tecelagem.	17/11/45 - 14/03/53	1945 - 1953
	002	É investigado o Sindicato dos Trabalhadores em Fiação e Tecelagem.	16/03/53 - 29/04/54	1953 - 1954
	003	É investigado o Sindicato dos Trabalhadores em Fiação e Tecelagem.	29/04/54 - 08/06/55	1954 - 1955
	004	É investigado o Sindicato dos Trabalhadores em Fiação e Tecelagem.	13/06/55 - 07/12/57	1955 - 1957
	005	É investigado o Sindicato dos Trabalhadores da Indústria Têxtil.	09/12/57 - 27/12/65	1957 - 1965
	006	É investigado o Sindicato dos Trabalhadores da Indústria Têxtil.	10/08/66 - 17/02/78	1966 - 1978
50-Z-316		**Investiga-se o município de Penápolis - SP.**	**24/11/45 - 16/01/78**	**1941 - 1977**
	001	É investigado o município de Penápolis - SP.	24/11/45 - 08/10/54	1941 - 1954
	002	É investigado o município de Penápolis - SP.	24/11/45 - 30/11/45	1942 - 1942
	003	É investigado o município de Penápolis - SP.	30/11/45 - 12/02/69	1942 - 1968
	004	É investigado o município de Penápolis - SP.	05/07/69 - 16/01/78	1968 - 1977
50-Z-317		**Investiga-se o município de Bauru - SP.**	**01/03/46 - 12/06/78**	**1942 - 1978**
	001	É investigado o município de Bauru - SP.	01/03/46 - 06/07/48	1942 - 1949
	002	É investigado o município de Bauru - SP.	21/07/48 - 21/07/48	0 - 0
	003	É investigado o município de Bauru - SP.	21/07/48 - 21/07/48	1948 - 1949
	004	É investigado o município de Bauru - SP.	19/03/51 - 28/03/51	1948 - 1951
	005	É investigado o município de Bauru - SP.	29/03/51 - 31/03/52	1950 - 1952
	006	É investigado o município de Bauru - SP.	01/04/52 - 29/05/54	1952 - 1954
	007	É investigado o município de Bauru - SP.	04/06/54 - 31/07/58	1954 - 1958
	008	É investigado o município de Bauru - SP.	02/08/58 - 15/10/65	1958 - 1965
	009	É investigado o município de Bauru - SP.	08/10/65 - 30/07/69	1965 - 1967
	010	É investigado o município de Bauru - SP.	15/07/69 - 16/03/72	1968 - 1971
	011	É investigado o município de Bauru - SP.	30/05/72 - 27/07/72	1972 - 1972
	012	É investigado o município de Bauru - SP.	21/09/72 - 05/01/73	1972 - 1972
	013	É investigado o município de Bauru - SP.	25/04/73 - 05/01/73	1973 - 1973
	014	É investigado o município de Bauru - SP.	21/08/73 - 03/07/74	1973 - 1974
	015	É investigado o município de Bauru - SP.	16/04/79 - 01/12/75	1974 - 1975
	016	É investigado o município de Bauru - SP.	01/12/75 - 04/11/76	1975 - 1976
	017	É investigado o município de Bauru - SP.	21/12/76 - 08/03/77	1975 - 1976
	018	É investigado o município de Bauru - SP.	10/03/77 - 18/07/77	1976 - 1976
	019	É investigado o município de Bauru - SP.	18/07/77 - 12/06/78	1976 - 1978
50-Z-318		**Investiga-se o município de Santo André (SP).**	**01/04/46 - 09/09/80**	**1941 - 1980**
	001	É investigado o município de Santo André - SP.	01/04/46 - 01/05/48	1941 - 1948
	002	É investigado o município de Santo André - SP.	13/05/48 - 25/02/49	1948 - 1949
	003	É investigado o município de Santo André - SP.	25/02/49 - 16/09/49	1949 - 1949
	004	É investigado o município de Santo André - SP.	25/07/49 - 14/11/49	1947 - 1950
	005	É investigado o município de Santo André - SP.	-	1949 - 1950
	006	É investigado o município de Santo André - SP.	07/03/51 - 20/04/51	1950 - 1951
	007	É investigado o município de Santo André - SP.	23/04/51 - 25/09/51	1951 - 1951
	008	É investigado o município de Santo André - SP.	03/10/51 - 21/01/53	1951 - 1953
	009	É investigado o município de Santo André - SP.	26/01/53 - 21/09/54	1953 - 1954
	010	É investigado o município de Santo André - SP.	22/09/54 - 02/04/57	1954 - 1956
	011	É investigado o município de Santo André - SP.	07/04/56 - 08/06/57	1956 - 1957
	012	É investigado o município de Santo André - SP.	22/05/58 - 16/09/57	1957 - 1958
	013	É investigado o município de Santo André - SP.	17/09/57 - 30/06/58	1957 - 1958
	014	É investigado o município de Santo André - SP.	02/07/58 - 10/01/59	1958 - 1959
	015	É investigado o município de Santo André - SP.	12/01/59 - 04/03/59	1959 - 1959
	016	É investigado o município de Santo André - SP.	25/06/59 - 15/01/60	1959 - 1960
	017	É investigado o município de Santo André - SP.	22/01/60 - 01/03/61	1960 - 1960

DOSSIÊS/ PASTAS		ASSUNTO	ARQUIVAMENTO	PRODUÇÃO
	018	É investigado o município de Santo André - SP.	08/03/61 - 07/05/65	1961 - 1965
	019	É investigado o município de Santo André - SP.	08/06/65 - 10/09/65	1965 - 1965
	020	É investigado o município de Santo André - SP.	18/09/64 - 24/07/68	1964 - 1968
	021	É investigado o município de Santo André - SP.	26/07/68 - 18/12/69	1968 - 1969
	022	É investigado o município de Santo André - SP.	29/12/69 - 17/07/72	1969 - 1972
	023	É investigado o município de Santo André - SP.	04/08/72 - 11/08/73	1971 - 1973
	024	É investigado o município de Santo André - SP.	14/06/73 - 22/01/75	1973 - 1975
	025	É investigado o município de Santo André - SP.	11/12/54 - 29/12/75	1972 - 1972
	026	É investigado o município de Santo André - SP.	29/12/75 - 05/05/76	1975 - 1975
	027	É investigado o município de Santo André - SP.	- 29/06/76	1974 - 1974
	028	É investigado o município de Santo André - SP.	13/07/76 - 09/05/77	1977 - 1977
	029	É investigado o município de Santo André - SP.	09/06/77 - 20/05/77	1977 - 1977
	030	É investigado o município de Santo André - SP.	- 11/04/77	1977 - 1977
	031	É investigado o município de Santo André - SP.	08/06/77 - 02/07/77	1977 - 1977
	032	É investigado o município de Santo André - SP.	02/07/77 - 28/03/78	1977 - 1978
	033	É investigado o município de Santo André - SP.	26/03/78 - 09/09/80	1978 - 1980
50-Z-319		**Trata-se de uma documentação proveniente do DEOPS de Santa Catarina.**	**06/04/46 - 28/04/78**	**1942 - 1975**
	001	Trata-se de documentos produzidos pelo DEOPS de Santa Catarina.	06/04/46 - 04/11/55	1942 - 1953
	002	Trata-se de documentos produzidos pelo DEOPS de Santa Catarina.	24/11/53 - 08/10/73	1953 - 1974
	003	Trata-se de documentos produzidos pelo DEOPS de Santa Catarina.	16/11/73 - 07/10/76	1973 - 1973
	004	Trata-se de documentos produzidos pelo DEOPS de Santa Catarina.	25/10/76 - 28/04/78	1975 - 1975
50-Z-320		**Investiga-se o município de São José do Rio Preto - SP.**	**23/04/46 - 06/06/80**	**1942 - 1977**
	001	É investigado o município de São José do Rio Preto - SP.	23/04/46 - 08/06/48	1942 - 1952
	002	É investigado o município de São José do Rio Preto - SP.	21/06/48 - 07/12/49	1948 - 1949
	003	É investigado o município de São José do Rio Preto - SP.	20/04/49 - 07/04/53	1948 - 1953
	004	É investigado o município de São José do Rio Preto - SP.	19/03/51 - 28/05/52	1950 - 1950
	005	É investigado o município de São José do Rio Preto - SP.	29/05/52 - 01/02/54	1952 - 1952
	006	É investigado o município de São José do Rio Preto - SP.	02/02/54 - 12/08/54	1954 - 1954
	007	É investigado o município de São José do Rio Preto - SP.	13/08/54 - 16/04/58	1954 - 1958
	008	É investigado o município de São José do Rio Preto - SP.	01/06/58 - 06/10/66	1950 - 1966
	009	É investigado o município de São José do Rio Preto - SP.	11/05/64 - 25/11/68	1964 - 1968
	010	É investigado o município de São José do Rio Preto - SP.	16/12/68 - 29/08/72	1968 - 1972
	011	É investigado o município de São José do Rio Preto - SP.	24/08/72 - 08/01/75	1972 - 1972
	012	É investigado o município de São José do Rio Preto - SP.	21/01/75 - 30/07/76	1974 - 1974
	013	É investigado o município de São José do Rio Preto - SP.	27/08/76 - 05/01/78	1975 - 1975
	014	É investigado o município de São José do Rio Preto - SP.	07/02/78 - 06/06/80	1977 - 1977
50-Z-321		**São investigadas as cooperativas do Estado de São Paulo.**	**08/07/46 - 03/04/63**	**1942 - 1963**
50-Z-322		**É investigado o Território do Acre.**	**28/07/51 - 23/01/78**	**1949 - 1977**
50-Z-323		**Investiga-se o município de Jacareí - SP.**	**16/11/45 - 09/02/78**	**1942 - 1977**
	001	É investigado o município de Jacareí - SP.	16/11/45 - 07/08/68	1942 - 1968
	002	É investigado o município de Jacareí - SP.	16/01/69 - 16/05/74	1968 - 1968
	003	É investigado o município de Jacareí - SP.	11/09/74 - 09/02/78	1974 - 1977
50-Z-324		**O investigado é Hans Adolf Wachter, residente no Uruguai (onde era considerado de má conduta pelas autoridades), que estaria a caminho do Brasil.**	**19/11/43 - 19/11/43**	**1943 - 1943**
50-Z-325		**O investigado é Décio de Queiroz Teles, diretor do Instituto Clemente Ferreira. Também é investigada a existência de comunistas no citado instituto.**	**06/11/45 - 17/12/47**	**1942 - 1947**
50-Z-326		**Trata-se de um projeto para a criação da Polícia Especial de São Paulo.**	**19/12/47 - 19/12/47**	**1947 - 1947**
50-Z-327		**É investigada o município de Nuporanga - SP.**	**29/01/48 - 28/07/77**	**1948 - 1976**
50-Z-328		**É investigado o município de Sales de Oliveira - SP.**	**29/01/48 - 20/09/77**	**1948 - 1976**
50-Z-329		**É investigado o município de Cunha - SP.**	**29/01/48 - 16/09/76**	**1948 - 1976**
50-Z-330		**É investigado o município de Barreiro - SP.**	**29/01/48 - 17/07/56**	**1948 - 1957**
50-Z-331		**É investigado o município de Queluz - SP.**	**29/01/48 - 01/08/77**	**1948 - 1976**
50-Z-332		**É investigado o município de Santa Branca - SP.**	**29/01/48 - 20/07/77**	**1948 - 1976**
50-Z-333		**É investigado o município de Lavínia - SP.**	**29/01/48 - 26/07/77**	**1948 - 1972**
50-Z-334		**É investigado o município de São José do Rio Pardo - SP.**	**29/01/48 - 12/12/77**	**1948 - 1977**
50-Z-335		**É investigado o município de Mineiros do Tietê - SP.**	**29/01/48 - 27/07/77**	**1948 - 1976**
50-Z-336		**É investigado o município de Alto Alegre - SP.**	**02/04/58 - 25/07/77**	**1958 - 1976**

DOSSIÊS/ PASTAS		ASSUNTO	ARQUIVAMENTO	PRODUÇÃO
50-Z-337		**E investigado o município de Joanópolis - SP.**	**12/12/43 - 26/07/77**	**1943 - 1976**
50-Z-338		**É investigado o município de Serro Azul - SP.**	**03/02/48 - 15/11/76**	**1941 - 1976**
50-Z-339		**Investiga-se o município de Vargem Grande do Sul - SP.**	**03/02/48 - 05/01/78**	**1972 - 1977**
	001	É investigado o município de Vargem Grande do Sul - SP.	03/02/48 - 11/01/73	1972 - 1972
	002	É investigado o município de Vargem Grande do Sul - SP.	26/11/73 - 05/01/78	1972 - 1977
50-Z-340		**É investigado o município de Altinópolis - SP.**	**22/04/45 - 01/08/77**	**1938 - 1938**
50-Z-341		**Investiga-se o município de São Bernardo do Campo - SP.**	**03/02/48 - 11/06/81**	**1948 - 1981**
	001	É investigado o município de São Bernardo do Campo - SP.	03/02/48 - 14/08/54	1948 - 1954
	002	É investigado o município de São Bernardo do Campo - SP.	18/08/54 - 08/10/64	1954 - 1964
	003	É investigado o município de São Bernardo do Campo - SP.	09/04/64 - 04/09/68	1968 - 1968
	004	É investigado o município de São Bernardo do Campo - SP.	04/09/68 - 15/07/71	1966 - 1971
	005	É investigado o município de São Bernardo do Campo - SP.	24/08/71 - 10/01/73	1971 - 1971
	006	É investigado o município de São Bernardo do Campo - SP.	22/12/72 - 16/04/74	1972 - 1974
	007	É investigado o município de São Bernardo do Campo - SP.	16/01/76 - 18/02/75	1974 - 1974
	008	É investigado o município de São Bernardo do Campo - SP.	18/02/74 - 11/07/74	1974 - 1974
	009	É investigado o município de São Bernardo do Campo - SP.	08/10/74 - 19/11/75	1973 - 1975
	010	É investigado o município de São Bernardo do Campo - SP.	16/12/75 - 16/12/75	1973 - 1974
	011	É investigado o município de São Bernardo do Campo - SP.	16/12/75 - 25/03/76	1974 - 1975
	012	É investigado o município de São Bernardo do Campo - SP.	26/04/76 - 03/02/77	1975 - 1976
	013	É investigado o município de São Bernardo do Campo - SP.	10/12/77 - 04/04/77	1977 - 1977
	014	É investigado o município de São Bernardo do Campo - SP.	04/04/77 - 11/05/77	1977 - 1977
	015	É investigado o município de São Bernardo do Campo - SP.	11/05/77 - 25/05/77	1976 - 1977
	016	É investigado o município de São Bernardo do Campo - SP.	31/05/57 - 21/09/77	1976 - 1977
	017	É investigado o município de São Bernardo do Campo - SP.	12/10/77 - 06/03/78	1977 - 1978
	018	É investigado o município de São Bernardo do Campo - SP.	06/03/78 - 14/06/78	1978 - 1978
	019	É investigado o município de São Bernardo do Campo - SP.	19/06/78 - 09/08/78	1978 - 1978
	020	É investigado o município de São Bernardo do Campo - SP.	16/08/78 - 02/05/79	1978 - 1979
	021	É investigado o município de São Bernardo do Campo - SP.	02/09/79 - 10/12/79	1979 - 1979
	022	É investigado o município de São Bernardo do Campo - SP.	13/12/79 - 06/06/80	1979 - 1979
	023	É investigado o município de São Bernardo do Campo - SP.	16/04/80 - 17/06/80	1980 - 1980
	024	É investigado o município de São Bernardo do Campo - SP.	18/06/80 - 12/11/80	1980 - 1980
	025	É investigado o município de São Bernardo do Campo - SP.	14/10/80 - 11/06/81	1980 - 1981
	026	É investigado o município de São Bernardo do Campo - SP.	11/06/81 - 07/01/81	1981 - 1981
50-Z-342		**É investigado o município de Miguelópolis - SP.**	**03/02/48 - 27/07/77**	**1948 - 1978**
50-Z-343		**Investiga-se o município de Ourinhos - SP.**	**05/02/48 - 25/05/81**	**1948 - 1982**
	001	É investigado o município de Ourinhos - SP.	05/02/48 - 21/03/58	1948 - 1958
	002	É investigado o município de Ourinhos - SP.	02/04/58 - 27/08/71	1958 - 1971
	003	É investigado o município de Ourinhos - SP.	02/09/71 - 14/08/73	1971 - 1971
	004	É investigado o município de Ourinhos - SP.	26/01/73 - 23/09/74	1972 - 1974
	005	É investigado o município de Ourinhos - SP.	24/01/75 - 23/02/78	1974 - 1978
	006	É investigado o município de Ourinhos - SP.	07/06/78 - 25/05/81	1978 - 1982
50-Z-344		**Investiga-se o município de Franca - SP.**	**16/12/45 - 06/03/78**	**1941 - 1978**
	001	É investigado o município de Franca - SP.	16/12/45 - 08/11/57	1941 - 1957
	002	É investigado o município de Franca - SP.	30/10/57 - 21/06/66	1957 - 1967
	003	É investigado o município de Franca - SP.	29/09/66 - 26/12/72	1966 - 1972
	004	É investigado o município de Franca - SP.	26/12/72 - 10/12/74	1972 - 1975
	005	É investigado o município de Franca - SP.	23/01/75 - 11/07/75	1974 - 1975
	006	É investigado o município de Franca - SP.	16/09/73 - 01/04/76	1973 - 1975
	007	É investigado o município de Franca - SP.	- 13/04/76	1975 - 1976
	008	É investigado o município de Franca - SP.	10/05/76 - 06/03/78	1975 - 1978
50-Z-345		**Suspeita de atividade comunista. São investigados os cidadãos russos, húngaros e poloneses.**	**07/06/48 - 12/01/52**	**1948 - 1952**
	001	Suspeita de atividade comunista. São investigados os cidadãos russos e poloneses residentes provisoriamente no Brasil.	07/06/48 - 07/01/49	1948 - 1949
	002	Suspeita de atividade comunista. É investigada a comunidade polonesa no Brasil, em especial no Estado de São Paulo.	17/01/49 - 12/01/52	1948 - 1952
50-Z-346		**Investiga-se o município de Promissão - SP.**	**12/02/48 - 01/08/77**	**1948 - 1976**
	001	É investigado o município de Promissão - SP.	12/02/48 - 21/11/72	1948 - 1970
	002	É investigado o município de Promissão - SP.	02/07/73 - 01/08/77	1972 - 1976

DOSSIÊS/ PASTAS		ASSUNTO	ARQUIVAMENTO	PRODUÇÃO
50-Z-347		**Investiga-se o município de Caçapava-SP.**	**06/02/48 - 25/03/77**	**1948 - 1976**
	001	É investigado o município de Caçapava.	06/02/48 - 04/07/71	1948 - 1971
	002	É investigado o município de Caçapava.	04/05/71 - 25/03/77	1971 - 1976
50-Z-348		**Investiga-se o município de Presidente Bernardes - SP.**	**06/02/48 - 20/07/77**	**1948 - 1976**
	001	É investigado o município de Presidente Bernardes - SP.	06/02/48 - 18/03/70	1948 - 1972
	002	É investigado o município de Presidente Bernardes - SP.	31/10/72 - 20/07/77	1972 - 1976
50-Z-349		**É investigado o município de Presidente Cajuru - SP.**	**06/02/48 - 18/07/77**	**1948 - 1976**
50-Z-350		**É investigado o município de Avaí - SP.**	**06/02/48 - 20/01/77**	**1948 - 1975**
50-Z-351		**Investiga-se o município de Piracicaba - SP**	**06/02/48 - 05/08/77**	**1948 - 1976**
	001	É investigado o município de Piracicaba - SP.	06/02/48 - 20/01/72	1948 - 1972
	002	É investigado o município de Piracicaba - SP.	26/12/72 - 05/08/77	1972 - 1976
50-Z-352		**É investigado o município de Brodosqui - SP.**	**22/01/48 - 04/08/77**	**1948 - 1976**
50-Z-353		**É investigado o município de Brodosqui - SP.**	**26/06/44 - 12/01/78**	**1942 - 1977**
50-Z-354		**É investigado o município de Guarantã - SP.**	**12/01/48 - 19/02/76**	**1948 - 1975**
50-Z-355		**É investigado o município de Andradina - SP.**	**12/02/48 - 27/07/77**	**1948 - 1976**
50-Z-356		**É investigado o município de Avanhadava - SP.**	**12/02/48 - 07/03/77**	**1948 - 1975**
50-Z-357		**Investiga-se o município de Getulina-SP.**	**05/10/44 - 19/07/77**	**1944 - 1976**
	001	É investigado o município de Getulina - SP.	05/10/44 - 05/10/51	1944 - 1950
	002	É investigado o município de Getulina - SP.	02/05/51 - 19/07/77	1950 - 1976
50-Z-358		**É investigado o município de Pedregulho - SP.**	**03/03/48 - 12/06/72**	**1948 - 1975**
50-Z-359		**Investiga-se o município de Porto Ferreira - SP.**	**17/01/48 - 22/03/78**	**1948 - 1978**
	001	É investigado o município de Porto Ferreira - SP.	17/01/48 - 14/12/64	1948 - 1964
	002	É investigado o município de Porto Ferreira - SP.	04/07/64 - 22/03/78	1964 - 1978
50-Z-360		**É investigado o município de Natividade da Serra - SP.**	**16/04/46 - 01/08/77**	**1948 - 1976**
50-Z-361		**É investigado o município de Paraibuna - SP.**	**21/06/48 - 18/04/78**	**1948 - 1976**
50-Z-362		**É investigado o município de Silveiras-SP.**	**03/06/64 - 03/12/75**	**1948 - 1948**
50-Z-363		**É investigado o município de São Bento de Sapucaí-SP.**	**16/04/46 - 31/01/78**	**1978 - 1978**
50-Z-364		**É investigado o município de Areias - SP.**	**16/04/46 - 06/01/76**	**1948 - 1975**
50-Z-365		**Investiga-se o município de Piquete - SP.**	**16/04/46 - 21/09/77**	**1948 - 1977**
	001	É investigado o município de Piquete-SP.	16/04/46 - 28/09/64	1948 - 1964
	002	É investigado o município de Piquete-SP.	06/10/65 - 21/09/77	1964 - 1977
50-Z-366		**É investigado o município de Pinheiros--SP.**	**16/04/46 - 12/11/59**	**1959 - 1959**
50-Z-367		**É investigado o município de Bananal-SP.**	**16/04/46 - 06/09/76**	**1949 - 1976**
50-Z-368		**É investigado o município de Redenção da Serra-SP.**	**05/10/51 - 10/03/77**	**1948 - 1976**
50-Z-369		**Investiga-se o município de Presidente Venceslau - SP.**	**12/02/48 - 16/01/78**	**1948 - 1977**
	001	É investigado o município de Presidente Venceslau-SP.	12/02/48 - 25/11/69	1948 - 1969
	002	É investigado o município de Presidente Venceslau-SP.	19/01/70 - 26/09/73	1970 - 1973
	003	É investigado o município de Presidente Venceslau-SP.	26/09/73 - 16/01/78	1973 - 1977
50-Z-370		**É investigado o município de São Luiz do Paratinga-SP.**	**01/03/48 - 29/03/77**	**1970 - 1970**
50-Z-371		**Investiga-se o município de Aparecida do Norte - SP.**	**16/04/46 - 15/02/78**	**1948 - 1978**
	001	É investigado o município de Aparecida do Norte-SP.	16/04/46 - 10/04/73	1948 - 1948
	002	É investigado o município de Aparecida do Norte-SP.	14/04/72 - 15/02/78	1972 - 1978
50-Z-372		**É investigado o município de Jambeiro-SP.**	**16/04/46 - 26/07/77**	**1948 - 1976**
50-Z-373		**Investiga-se o município de Campos do Jordão - SP.**	**16/04/46 - 15/02/78**	**1958 - 1978**
	001	É investigado o município de Campos do Jordão-SP.	16/04/46 - 21/10/48	1958 - 1958
	001A	É investigado o município de Campos do Jordão-SP.	04/11/58 - 10/11/65	1959 - 1965
	002	É investigado o município de Campos do Jordão-SP.	05/03/68 - 15/02/78	1968 - 1978
50-Z-374		**Investiga-se o município de Lorena - SP.**	**16/04/46 - 09/12/77**	**1948 - 1977**
	001	É investigado o município de Lorena-SP.	16/04/46 - 03/03/69	1948 - 1969
	002	É investigado o município de Lorena-SP.	21/02/69 - 09/12/77	1969 - 1977
50-Z-375		**Investigam-se os municípios de Lorena e de Pindamonhangaba - SP.**	**16/04/46 - 29/12/77**	**1948 - 1977**
	001	É investigado o município de Lorena-SP.	16/04/46 - 11/01/73	1948 - 1972
	002	É investigado o município de Lorena-SP.	08/09/73 - 04/05/77	1972 - 1977
	003	É investigado o município de Pindamonhangaba-SP.	13/06/77 - 29/12/77	1977 - 1977
	004	É investigado o município de Pindamonhangaba-SP.	07/07/69 - 24/01/73	1961 - 1973
50-Z-376		**Investiga-se o município de São José dos Campos - SP.**	**16/04/46 - 13/12/78**	**1949 - 1978**
	001	São investigados os municípios de São José dos Campos e de Pindamonhangaba - SP	16/04/46 -	1949 - 1949
	002	É investigado o município de São José dos Campos - SP.	27/09/51 - 28/12/54	1950 - 1950
	002A	É investigado o município de São José dos Campos - SP.	- 13/08/63	1954 - 1954
	003	É investigado o município de São José dos Campos - SP.	07/10/63 - 03/03/69	1963 - 1969
	005	É investigado o município de São José dos Campos - SP.	30/01/73 - 19/12/72	1972 - 1972

DOSSIÊS/ PASTAS		ASSUNTO	ARQUIVAMENTO	PRODUÇÃO
	006	E investigado o município de São José dos Campos - SP.	30/06/72 - 07/03/78	1972 - 1974
	007	É investigado o município de São José dos Campos - SP.	23/09/74 - 25/02/76	1974 - 1975
	008	É investigado o município de São José dos Campos - SP.	22/12/75 - 26/05/76	1975 - 1975
	009	É investigado o município de São José dos Campos - SP.	09/06/76 - 03/02/77	1975 - 1976
	010	É investigado o município de São José dos Campos - SP.	10/02/77 - 05/12/77	1975 - 1977
	011	É investigado o município de São José dos Campos - SP.	15/05/78 - 13/12/78	1978 - 1978
50-Z-377		**São investigados os municípios de Juqueri e de Mairiporã-SP.**	**07/02/49 - 16/01/78**	**1948 - 1977**
50-Z-378		**Investiga-se o município de Cruzeiro - SP.**	**14/06/46 - 09/03/78**	**1944 - 1978**
	001	É investigado o município de Cruzeiro-SP.	14/06/46 - 28/09/49	1944 - 1950
	002	É investigado o município de Cruzeiro-SP.	17/03/51 - 28/10/68	1950 - 1968
	003	É investigado o município de Cruzeiro-SP.	05/07/69 - 09/03/78	1968 - 1978
50-Z-379		**Investiga-se o município de Guaratinguetá - SP.**	**28/07/44 - 16/09/77**	**1941 - 1975**
	001	É investigado o município de Cruzeiro-SP.	28/07/44 - 25/07/52	1941 - 1952
	002	É investigado o município de Guaratinguetá - SP.	30/03/49 - 24/09/51	1949 - 1951
	003	É investigado o município de Guaratinguetá - SP.	25/09/51 - 12/08/53	1951 - 1953
	004	É investigado o município de Guaratinguetá - SP.	17/08/53 - 12/07/62	1953 - 1972
	005	É investigado o município de Guaratinguetá - SP.	02/01/63 - 23/04/70	1962 - 1970
	006	É investigado o município de Guaratinguetá - SP.	25/05/70 - 03/11/75	1970 - 1975
	007	É investigado o município de Guaratinguetá - SP.	03/12/75 - 16/09/77	1975 - 1975
50-Z-380		**É investigado o município de Tremembé-SP.**	**01/03/48 - 15/12/75**	**1948 - 1975**
50-Z-381		**É investigado o município de Piracaia-SP.**	**22/03/49 - 19/07/77**	**1948 - 1976**
50-Z-382		**É investigado o município de Ubirama-SP.**	**01/03/48 - 07/04/70**	**1947 - 1970**
50-Z-383		**É investigado o município de Descalvado-SP.**	**02/03/48 - 16/01/78**	**1948 - 1977**
50-Z-384		**É investigado o município de Guará-SP.**	**03/03/48 - 19/02/76**	**1947 - 1947**
50-Z-385		**Investiga-se o município de Fernandópolis - SP.**	**03/03/48 - 16/09/77**	**1948 - 1977**
	001	É investigado o município de Fernandópolis-SP.	03/03/48 - 29/09/49	1948 - 1950
	002	É investigado o município de Fernandópolis-SP.	07/06/51 - 02/02/70	1950 - 1969
	003	É investigado o município de Fernandópolis-SP.	09/04/70 - 16/09/77	1970 - 1977
50-Z-386		**Investiga-se o município de Casa Branca - SP e região.**	**03/03/48 - 12/09/77**	**1948 - 1977**
	001	É investigado o município de Casa Branca-SP.	03/03/48 - 07/12/49	1948 - 1950
	001A	É investigado o município de Casa Branca-SP.	28/03/51 - 19/12/51	1950 - 1951
	002	É investigado o município de Casa Branca-SP.	07/01/52 - 25/10/57	1951 - 1957
	003	É investigado o município de Casa Branca-SP.	29/10/57 - 01/09/75	1957 - 1975
	004	É investigado o município de Casa Branca-SP.	12/12/75 - 12/09/77	1975 - 1977
50-Z-387		**Investiga-se o município de Presidente Alves - SP.**	**03/03/48 - 20/01/77**	**1948 - 1976**
	001	É investigado o município de Presidente Alves-SP.	03/03/48 - 22/09/70	1948 - 1970
	002	É investigado o município de Presidente Alves-SP.	24/03/71 - 20/01/77	1970 - 1976
50-Z-388		**É investigado o município de Piratininga-SP.**	**03/03/48 - 20/01/77**	**1948 - 1975**
50-Z-389		**Investiga-se o município de Americana - SP.**	**03/09/48 - 09/03/78**	**1948 - 1978**
	001	É investigado o município de Americana - SP.	03/09/48 - 24/05/57	1948 - 1956
	002	É investigado o município de Americana - SP.	24/05/57 - 09/06/64	1957 - 1964
	003	É investigado o município de Americana - SP.	10/06/64 - 22/11/74	1964 - 1974
	004	É investigado o município de Americana - SP.	22/11/74 - 06/04/76	1974 - 1975
	005	É investigado o município de Americana - SP.	09/04/76 - 09/03/78	1975 - 1978
50-Z-390		**Investiga-se o município de Mogi das Cruzes - SP.**	**03/03/48 - 28/04/78**	**1948 - 1978**
	001	É investigado o município de Mogi das Cruzes - SP.	03/03/48 - 11/04/60	1948 - 1960
	002	É investigado o município de Mogi das Cruzes - SP.	28/04/61 - 13/11/67	1961 - 1967
	002A	É investigado o município de Mogi das Cruzes - SP.	08/09/64 - 13/12/67	1967 - 1964
	003	É investigado o município de Mogi das Cruzes - SP.	12/09/67 - 24/06/70	1967 - 1969
	004	É investigado o município de Mogi das Cruzes - SP.	03/10/68 - 23/04/74	1968 - 1974
	005	É investigado o município de Mogi das Cruzes - SP.	30/07/74 - 27/05/76	1972 - 1975
	006	É investigado o município de Mogi das Cruzes - SP.	27/05/76 - 17/06/77	1976 - 1977
	007	É investigado o município de Mogi das Cruzes - SP.	30/06/77 - 28/04/78	1977 - 1978
50-Z-391		**Investiga-se o município de Santa Rita do Passa Quatro - SP.**	**03/03/48 - 27/02/78**	**1948 - 1978**
	001	É investigado o município de Santa Rita do Passa Quatro-SP.	03/03/48 - 25/11/75	1948 - 1975
	002	É investigado o município de Santa Rita do Passa Quatro-SP.	26/11/75 - 27/02/78	1975 - 1978
50-Z-392		**Investiga-se o município de Avaré - SP.**	**03/03/48 - 20/06/80**	**1948 - 1980**
	001	É investigado o município de Avaré-SP.	03/03/48 - 04/01/65	1948 - 1964
	002	É investigado o município de Avaré-SP.	04/01/65 - 21/08/73	1964 - 1973

DOSSIÊS/ PASTAS	ASSUNTO	ARQUIVAMENTO	PRODUÇÃO
003	E investigado o município de Avaré-SP.	16/12/71 - 20/06/80	1971 - 1980
50-Z-393	**É investigado o município de Guararema-SP.**	**14/12/43 - 05/05/78**	**1943 - 1977**
50-Z-394	**É investigado o município de Cosmorama - SP.**	**12/02/49 - 18/07/77**	**1949 - 1976**
50-Z-395	**É investigado o município de Mirandópolis.**	**05/03/48 - 27/07/77**	**1948 - 1976**
50-Z-396	**Investiga-se o município de Ibitinga - SP.**	**05/03/48 - 25/07/77**	**1948 - 1976**
001	É investigado o município de Ibitinga.	05/03/48 - 26/08/70	1948 - 1972
002	É investigado o município de Ibitinga.	05/06/72 - 25/07/77	1972 - 1976
50-Z-397	**Investiga-se o município de Ibitinga - SP.**	**05/03/48 - 20/07/77**	**1948 - 1976**
001	É investigado o município de Tanabi-SP.	05/03/48 - 16/12/59	1948 - 1948
002	É investigado o municípo de Tanabi - SP.	18/02/60 - 20/07/77	1954 - 1976
50-Z-398	**É investigado o municípo de Santa Cruz das Palmeiras - SP.**	**05/03/48 - 10/02/78**	**1948 - 1978**
50-Z-399	**É investigado o municípo de Igarapava-SP.**	**19/06/48 - 29/07/77**	**1948 - 1976**
50-Z-400	**Investiga-se o município de Tabatinga - SP.**	**21/06/48 - 16/07/78**	**1948 - 1978**
001	É investigado o municípo de Tabatinga - SP.	21/06/48 - 16/10/72	1948 - 1974
002	É investigado o municípo de Tabatinga - SP.	23/10/75 - 16/07/78	1975 - 1978
50-Z-401	**Investiga-se o município de Birigüí - SP.**	**26/04/51 - 15/07/77**	**1948 - 1977**
001	É investigado o município de Birigüí - SP.	26/04/51 - 01/09/66	1948 - 1964
002	É investigado o município de Birigüí - SP.	26/09/68 - 15/07/77	1968 - 1977
50-Z-402	**Investiga-se o municípo de Santa Bárbara do Oeste - SP.**	**08/09/48 - 08/03/78**	**1948 - 1978**
001	É investigado o municípo de Santa Barbara do Oeste - SP.	08/09/48 - 04/03/67	1948 - 1965
002	É investigado o municípo de Santa Barbara do Oeste - SP.	06/09/67 - 08/03/78	1967 - 1978
50-Z-403	**É investigado o município de Boituva - SP.**	**08/03/48 - 30/12/76**	**1948 - 1976**
50-Z-404	**É investigado o municípo de Tabarai -SP.**	**06/08/68 - 13/05/77**	**1968 - 1976**
50-Z-405	**Investiga-se o munic ípio de S ão João da B oa Vist a - SP.**	**05/03/48 - 17/01/78**	**1948 - 1977**
001	É investigado o município de São João da Boa Vista - SP.	05/03/48 - 20/03/56	1948 - 1956
002	É investigado o municípo de Sã o João da B oa Vist a - SP.	27/03/56 - 30/05/69	1956 - 1969
003	É investigado o município de São João da Boa Vista - SP.	30/05/69 - 17/01/78	1968 - 1977
50-Z-406	**Investiga-se o município de Agudos - SP.**	**15/03/48 - 01/08/77**	**1948 - 1976**
001	É investigado o município de Agudos - SP.	15/03/48 - 21/05/71	1948 - 1972
002	É investigado o municípo de Agudos - SP.	21/08/73 - 01/08/77	1971 - 1976
50-Z-407	**É investigado o município de Analândia - SP.**	**15/03/48 - 18/07/77**	**1948 - 1976**
50-Z-408	**Investiga-se o município de Batatais - SP.**	**15/03/48 - 26/12/77**	**1948 - 1977**
001	É investigado o município de Batatais - SP.	15/03/48 - 28/08/69	1948 - 1970
002	É investigado o município de Batatais - SP.	26/06/70 - 26/12/77	1970 - 1977
50-Z-409	**É investigado o município de Bilac - SP.**	**15/03/48 - 04/01/78**	**1948 - 1977**
50-Z-410	**É investigado o município de Cedral - SP.**	**15/03/48 - 09/11/76**	**1948 - 1975**
50-Z-411	**É investigado o município de Cafelândia - SP.**	**17/03/48 - 18/07/77**	**1948 - 1976**
50-Z-412	**É investigado o município de Coroados - SP.**	**15/03/48 - 09/11/76**	**1948 - 1975**
50-Z-413	**É investigado o município de Cravinhos -SP.**	**15/03/48 - 10/08/77**	**1948 - 1976**
50-Z-414	**É investigado o município de Cedros -SP.**	**15/03/48 - 09/11/76**	**1948 - 1975**
50-Z-415	**É investigado o município de Itaí - SP.**	**15/03/48 - 05/12/77**	**1948 - 1977**
50-Z-416	**É investigado o município de Itatinga - SP.**	**15/03/48 - 26/12/77**	**1948 - 1977**
50-Z-417	**É investigado o município de Pedreiras.**	**15/03/48 - 13/05/77**	**1948 - 1976**
50-Z-418	**É investigado o município de Lutécia - SP.**	**15/03/48 - 21/03/77**	**1948 - 1976**
50-Z-419	**É investigado o município de Morro Agudo - SP.**	**15/03/48 - 27/07/77**	**1948 - 1948**
50-Z-420	**Investiga-se o municípo de Mococa - SP.**	**15/03/48 - 27/07/77**	**1948 - 1977**
001	É investigado o município de Mococa-SP.	15/03/48 - 14/08/74	1948 - 1974
002	É investigado o município de Mococa-SP.	04/11/74 - 06/12/76	1973 - 1973
003	É investigado o município de Mococa-SP.	04/03/77 - 27/07/77	1976 - 1977
50-Z-421	**Investiga-se o municípo de Mirassol - SP.**	**15/03/48 - 21/03/78**	**1948 - 1978**
001	É investigado o município de Mirassol-SP.	15/03/48 - 02/01/61	1948 - 1960
002	É investigado o município de Mirassol-SP.	18/01/61 - 21/03/78	1960 - 1978
50-Z-422	**É investigado o município de Óleo-SP.**	**15/03/48 - 01/08/77**	**1948 - 1976**
50-Z-423	**Investiga-se o m unicípi o de Pi rass ununga - SP.**	**15/03/48 - 30/12/77**	**1948 - 1977**
001	É investigado o municípo de Pirassununga-SP.	15/03/48 - 28/08/67	1948 - 1967
002	É investigado o município de Pirassununga-SP.	22/07/68 - 30/12/77	1967 - 1977
50-Z-424	**Investiga-se o município de Piraju - SP.**	**15/03/48 - 16/01/78**	**1948 - 1977**
001	É investigado o município de Piraju-SP.	15/03/48 - 22/10/71	1948 - 1971
002	É investigado o município de Piraju-SP.	09/11/71 - 16/01/78	1969 - 1977
50-Z-425	**É investigado o município de Pontal-SP.**	**15/03/48 - 15/12/77**	**1948 - 1977**

DOSSIÊS/ PASTAS		ASSUNTO	ARQUIVAMENTO	PRODUÇÃO
50-Z-426		**Investiga-se o município de Espírito Santo do Pinhal - SP.**	**15/02/48 - 15/02/77**	**1948 - 1975**
	001	É investigado o município de Pinhal-SP.	15/02/48 - 13/02/73	1948 - 1973
	002	É investigado o município de Pinhal-SP.	16/02/73 - 15/02/77	1973 - 1975
50-Z-427		**Investiga-se o município de Paranapanema - SP.**	**15/03/48 - 27/04/78**	**1948 - 1978**
	001	É investigado o município de Paranapanema-SP.	15/03/48 - 10/05/77	1948 - 1977
	002	É investigado o município de Paranapanema-SP.	17/05/77 - 27/04/78	1977 - 1978
50-Z-428		**Investiga-se o município de Rancharia - SP.**	**15/03/48 - 16/01/78**	**1948 - 1977**
	001	É investigado o município de Rancharia-SP.	15/03/48 - 06/05/71	1948 - 1971
	002	É investigado o município de Rancharia-SP.	08/02/71 - 16/01/78	1970 - 1977
50-Z-429		**É investigado o município de Ribeirão Bonito-SP.**	**15/03/48 - 08/02/78**	**1947 - 1977**
50-Z-430		**É investigado o município de Santa Bárbara do Rio Pardo-SP.**	**15/03/48 - 02/05/77**	**1948 - 1976**
50-Z-431		**É investigado o município de São Joaquim da Barra-SP.**	**15/03/48 - 04/01/78**	**1948 - 1977**
50-Z-432		**Investiga-se o município de Valparaíso-SP.**	**15/03/48 - 10/08/77**	**1948 - 1976**
	001	É investigado o município de Valparaíso-SP.	15/03/48 - 24/09/54	1948 - 1954
	002	É investigado o município de Valparaíso-SP.	14/04/55 - 10/08/77	1955 - 1976
50-Z-433		**Investiga-se o município de Cachoeira Paulista - SP.**	**15/03/48 - 27/01/78**	**1948 - 1978**
	001	É investigado o município de Cachoeira Paulista-SP.	15/03/48 - 15/01/73	1948 - 1972
	002	É investigado o município de Cachoeira Paulista-SP.	10/02/74 - 27/01/78	1974 - 1978
50-Z-434		**Investigam-se os municípios de Cachoeira Paulista e de Santo Anastácio - SP.**	**15/03/48 - 05/01/78**	**1948 - 1977**
	001	É investigado o município de Santo Anastácio-SP.	15/03/48 - 06/05/49	1948 - 1949
	002	É investigado o município de Santo Anastácio-SP.	20/05/49 - 04/12/52	1949 - 1952
	003	É investigado o município de Santo Anastácio-SP.	20/03/53 - 23/03/73	1953 - 1973
	004	É investigado o município de Cachoeira Paulista-SP.	05/08/74 - 05/01/78	1974 - 1977
50-Z-435		**Investiga-se o município de São Caetano do Sul - SP.**	**15/03/48 - 09/05/78**	**1948 - 1977**
	001	É investigado o município de São Caetano do Sul - SP.	15/03/48 - 10/03/49	1948 - 1949
	002	É investigado o município de São Caetano do Sul - SP.	11/03/49 - 27/02/50	1949 - 1949
	003	É investigado o município de São Caetano do Sul - SP.	19/03/51 - 18/11/52	1949 - 1952
	004	É investigado o município de São Caetano do Sul - SP.	01/12/52 - 21/01/57	1952 - 1956
	005	É investigado o município de São Caetano do Sul - SP.	21/01/57 - 02/10/61	1956 - 1959
	006	É investigado o município de São Caetano do Sul - SP.	05/05/60 - 24/09/69	1950 - 1969
	007	É investigado o município de São Caetano do Sul - SP.	29/08/69 - 28/08/73	1969 - 1973
	008	É investigado o município de São Caetano do Sul - SP.	20/07/73 - 13/08/73	1973 - 1973
	009	É investigado o município de São Caetano do Sul - SP.	13/08/73 - 13/08/73	1973 - 1973
	010	É investigado o município de São Caetano do Sul - SP.	13/08/73 - 30/04/74	1973 - 1973
	011	É investigado o município de São Caetano do Sul - SP.	30/04/74 - 02/04/76	1974 - 1974
	012	É investigado o município de São Caetano do Sul - SP.	19/04/76 - 05/10/76	1975 - 1975
	013	É investigado o município de São Caetano do Sul - SP.	09/05/77 - 17/05/77	1976 - 1977
	014	É investigado o município de São Caetano do Sul - SP.	19/05/77 - 05/01/78	1976 - 1977
	015	É investigado o município de São Caetano do Sul - SP.	17/01/78 - 09/05/78	1977 - 1977
50-Z-436		**É investigado o município de Paulo de Faria - SP.**	**16/01/48 - 29/09/77**	**1948 - 1977**
50-Z-437		**É investigado o município de Potirendaba - SP.**	**16/03/48 - 10/08/77**	**1948 - 1976**
50-Z-438		**É investigado o município de General Salgado - SP.**	**16/03/48 - 19/07/77**	**1948 - 1976**
50-Z-439		**É investigado o município de Palestina - SP.**	**16/03/48 - 19/07/77**	**1948 - 1976**
50-Z-440		**É investigado o município de Ibirá - SP.**	**16/03/48 - 08/09/76**	**1948 - 1976**
50-Z-441		**É investigado o município de Uchôa - SP.**	**16/03/48 - 09/03/78**	**1948 - 1978**
50-Z-442		**Investiga-se o município de Nova Granada - SP.**	**16/03/48 - 20/09/77**	**1948 - 1976**
	001	É investigado o município de Nova Granada - SP.	16/03/48 - 09/05/74	1948 - 1973
	002	É investigado o município de Nova Granada - SP.	10/12/74 - 20/09/77	1974 - 1976
50-Z-443		**É investigado o município de Itobi - SP.**	**14/09/48 - 25/07/77**	**1948 - 1977**
50-Z-444		**É investigado o município de Nhandeara (ou Nhandejara) - SP.**	**16/03/48 - 28/07/77**	**1948 - 1977**
50-Z-445		**Investiga-se o município de Monte Aprazível - SP.**	**16/03/48 - 27/07/77**	**1948 - 1977**
	001	É investigado o município de Monte Aprazível - SP.	16/03/48 - 02/07/69	1948 - 1969
	002	É investigado o município de Monte Aprazível - SP.	08/11/68 - 27/07/77	1968 - 1977
50-Z-446		**Investiga-se o município de Catanduva - SP.**	**16/03/48 - 22/05/78**	**1948 - 1978**
	001	É investigado o município de Catanduva - SP.	16/03/48 - 09/04/57	1948 - 1957
	002	É investigado o município de Catanduva - SP.	25/07/57 - 25/11/68	1955 - 1968
	003	É investigado o município de Catanduva - SP.	16/07/69 - 26/01/73	1956 - 1973
	004	É investigado o município de Catanduva - SP.	17/07/63 - 14/02/77	1973 - 1975
	005	É investigado o município de Catanduva - SP.	17/02/77 - 22/05/78	1975 - 1978

DOSSIÊS/ PASTAS		ASSUNTO	ARQUIVAMENTO	PRODUÇÃO
50-Z-447		**E investigado o município de Iepê - SP.**	**16/03/48 - 29/07/47**	**1948 - 1976**
50-Z-448		**Investiga-se o município de Votuporanga - SP.**	**17/03/48 - 01/08/77**	**1948 - 1977**
	001	É investigado o município de Votuporanga - SP.	17/03/48 - 08/07/58	1948 - 1958
	002	É investigado o município de Votuporanga - SP.	02/10/57 - 16/04/74	1957 - 1974
	003	É investigado o município de Votuporanga - SP.	18/10/71 - 01/08/77	1971 - 1977
50-Z-449		**Investiga-se o município de Eldorado Paulista - SP.**	**19/03/48 - 18/07/77**	**1948 - 1977**
	001	É investigado o município de Eldorado Paulista - SP.	19/03/48 - 11/03/75	1948 - 1970
	002	É investigado o município de Eldorado Paulista - SP.	08/12/75 - 18/07/77	1975 - 1977
50-Z-450		**Investiga-se o município de São Roque - SP.**	**19/03/48 - 27/04/78**	**1948 - 1978**
	001	É investigado o município de São Roque - SP.	19/03/48 - 22/02/65	1948 - 1965
	002	É investigado o município de São Roque - SP.	29/11/65 - 27/04/78	1965 - 1978
50-Z-451		**Investiga-se o município de Novo Horizonte - SP.**	**19/03/48 - 05/05/78**	**1948 - 1978**
	001	É investigado o município de Novo Horizonte - SP.	19/03/48 - 03/06/64	1948 - 1964
	002	É investigado o município de Novo Horizonte - SP.	22/03/66 - 05/05/78	1966 - 1978
50-Z-452		**Investiga-se o município de Santa Cruz do Rio Pardo - SP.**	**22/03/48 - 20/05/77**	**1948 - 1977**
	001	É investigado o município de Santa Cruz do Rio Pardo - SP.	22/03/48 - 15/05/54	1948 - 1953
	002	É investigado o município de Santa Cruz do Rio Pardo - SP.	18/05/53 - 17/09/63	1950 - 1963
	003	É investigado o município de Santa Cruz do Rio Pardo - SP.	21/10/63 - 20/05/77	1963 - 1977
50-Z-453		**É investigado o município de Iperó - SP.**	**22/03/48 - 02/08/77**	**1948 - 1976**
50-Z-454		**É investigado o município de Maracaí - SP.**	**24/03/48 - 27/07/77**	**1948 - 1976**
50-Z-455		**É investigado o município de Martinópolis - SP.**	**27/04/51 - 12/09/77**	**1948 - 1977**
50-Z-456		**Investiga-se o município de Regente Feijó - SP.**	**24/03/48 - 04/01/78**	**1948 - 1978**
	001	É investigado o município de Regente Feijó - SP.	24/03/48 - 11/08/70	1948 - 1970
	002	É investigado o município de Regente Feijó - SP.	- 04/01/78	1967 - 1978
50-Z-457		**É investigado o município de Quatá - SP.**	**24/03/48 - 12/02/76**	**1948 - 1975**
50-Z-458		**É investigado o município de Buri - SP.**	**29/03/48 - 14/02/78**	**1948 - 1978**
50-Z-459		**É investigado o município de Santo Adélio - SP.**	**30/03/48 - 11/12/75**	**1948 - 1975**
50-Z-460		**É investigado o município de Pereira Barreto - SP.**	**30/03/48 - 03/12/75**	**1948 - 1975**
50-Z-461		**É investigado o município de Rio das Pedras - SP.**	**01/04/48 - 22/12/75**	**1948 - 1975**
50-Z-462		**É investigado o município de Pirambóia - SP.**	**01/04/48 - 17/07/57**	**1948 - 1957**
50-Z-463		**É investigado o município de Pereiras - SP.**	**01/04/48 - 08/02/78**	**1948 - 1978**
50-Z-464		**É investigado o município de Patrocínio de Sapucaí - SP.**	**01/04/48 - 02/06/76**	**1948 - 1975**
50-Z-465		**É investigado o município de Monte-mor - SP.**	**01/04/48 - 21/09/77**	**1948 - 1977**
50-Z-466		**Investiga-se o município de Leme - SP.**	**01/04/48 - 21/12/77**	**1948 - 1977**
	001	É investigado o município de Leme - SP.	01/04/48 - 15/03/72	1948 - 1972
	002	É investigado o município de Leme - SP.	18/08/72 - 24/11/75	1972 - 1975
	003	É investigado o município de Leme - SP.	10/12/75 - 21/12/77	1975 - 1977
50-Z-467		**Investiga-se o município de Limeira - SP.**	**01/04/48 - 16/01/78**	**1948 - 1977**
	001	É investigado o município de Limeira - SP.	01/04/48 - 21/12/59	1948 - 1959
	002	É investigado o município de Limeira - SP.	28/01/60 - 23/08/71	1960 - 1971
	003	É investigado o município de Limeira - SP.	14/12/71 - 16/01/78	1971 - 1977
50-Z-468		**É investigado o município de Ibirarema - SP.**	**01/04/48 - 27/07/77**	**1948 - 1976**
50-Z-469		**É investigado o município de Dourado - SP.**	**01/04/48 - 17/02/77**	**1948 - 1977**
50-Z-470		**É investigado o município de Conchas - SP.**	**01/04/48 - 08/02/78**	**1948 - 1978**
50-Z-471		**Investiga-se o município de Capivari - SP.**	**01/04/48 - 16/09/77**	**1948 - 1977**
	001	É investigado o município de Capivari - SP.	01/04/48 - 21/05/64	1948 - 1964
	002	É investigado o município de Capivari - SP.	16/02/65 - 16/09/77	1965 - 1977
50-Z-472		**É investigado o município de Bofete - SP.**	**01/04/48 - 08/02/78**	**1948 - 1978**
50-Z-473		**É investigado o município de Bocaina - SP.**	**01/04/48 - 22/12/75**	**1948 - 1975**
50-Z-474		**É investigado o município de Apiaí - SP.**	**01/04/48 - 12/12/75**	**1948 - 1975**
50-Z-475		**É investigado o município de Angatuba - SP.**	**01/04/48 - 09/12/75**	**1948 - 1975**
50-Z-476		**É investigado o município de Japirativa - SP**	**12/08/48 - 18/05/76**	**1948 - 1976**
50-Z-477		**É investigado o município de Águas da Prata - SP.**	**01/04/48 - 06/04/76**	**1948 - 1976**
50-Z-478		**É investigado o município de Aguaí - SP.**	**01/04/48 - 18/12/75**	**1948 - 1975**
50-Z-479		**É investigado o município de Caconde - SP.**	**04/07/51 - 18/12/75**	**1948 - 1975**
50-Z-480		**É investigado o município de Grama - SP.**	**01/04/48 - 31/08/53**	**1948 - 1953**
50-Z-481		**É investigado o município de Icaturama - SP.**	**-**	**1948 - 1948**
50-Z-482		**É investigado o município de São Simão - SP.**	**01/04/48 - 25/10/76**	**1948 - 1976**
50-Z-483		**É investigado o município de Santo Antônio da Alegria - SP.**	**01/04/48 - 07/06/76**	**1948 - 1975**
50-Z-484		**É investigado o município de Tambaú - SP.**	**01/04/48 - 18/12/75**	**1948 - 1975**
50-Z-485		**É investigada a Cooperativa de Consumo dos Trabalhadores do Ipiranga.**	**- 02/04/48**	**1947 - 1950**

DOSSIÊS/ PASTAS		ASSUNTO	ARQUIVAMENTO	PRODUÇÃO
50-Z-486		**Investiga-se o município de Itararé - SP.**	**02/04/48 - 20/09/77**	**1948 - 1977**
	001	É investigado o município de Itararé - SP.	02/04/48 - 05/01/73	1948 - 1972
	002	É investigado o município de Itararé - SP.	19/03/73 - 20/09/77	1977 - 1977
50-Z-487		**É investigado o município de Palmital - SP.**	**02/04/48 - 10/05/76**	**1948 - 1976**
50-Z-488		**É investigado o município de Echaporã - SP.**	**02/04/48 - 12/07/76**	**1948 - 1975**
50-Z-489		**É investigado o município de Cândido Mota - SP.**	**02/04/48 - 12/07/76**	**1948 - 1976**
50-Z-490		**Investiga-se o município de Chavantes - SP.**	**02/04/48 - 18/07/77**	**1948 - 1976**
	001	É investigado o município de Chavantes - SP.	02/04/48 - 22/01/75	1948 - 1974
	002	É investigado o município de Chavantes - SP.	28/11/74 - 18/07/77	1974 - 1976
50-Z-491		**É investigado o município de Bernadino de Campos - SP.**	**02/04/48 - 18/02/76**	**1948 - 1975**
50-Z-492		**É investigado o município de Torrinha - SP.**	**12/04/48 - 30/12/75**	**1948 - 1975**
50-Z-493		**É investigado o município de Mairinque - SP.**	**12/04/48 - 27/07/77**	**1948 - 1977**
50-Z-494		**É investigado o município de Capão Bonito - SP.**	**14/04/48 - 03/03/77**	**1948 - 1975**
50-Z-495		**É investigado o município de Campo Limpo Paulista - SP.**	**31/01/69 - 30/09/77**	**1968 - 1968**
50-Z-496		**É investigado o município de Japiraí - SP.**	**26/04/48 - 22/10/76**	**1948 - 1970**
50-Z-497		**É investigado o município de Colina - SP.**	**10/03/49 - 19/03/73**	**1948 - 1948**
50-Z-498		**Investiga-se o município de Olímpia - SP.**	**12/08/48 - 04/01/78**	**1948 - 1977**
	001	É investigado o município de Olímpia - SP.	12/08/48 - 08/09/52	1948 - 1952
	002	É investigado o município de Olímpia - SP.	03/10/52 - 25/10/76	1952 - 1976
	003	É investigado o município de Olímpia - SP.	23/11/76 - 04/01/78	1976 - 1977
50-Z-499		**É investigado o município de Monte Alto - SP.**	**07/06/48 - 27/07/77**	**1948 - 1977**
50-Z-500		**É investigado o município de Guariba - SP.**	**12/08/48 - 16/01/78**	**1948 - 1978**
50-Z-501		**É investigado o município de Guaraci - SP.**	**12/08/48 - 19/07/77**	**1948 - 1948**
50-Z-502		**É investigado o município de Cajobi - SP.**	**12/08/48 - 03/12/75**	**1948 - 1975**
50-Z-503		**É investigado o município de Pitangueiras - SP.**	**12/08/48 - 10/11/76**	**1948 - 1976**
50-Z-504		**É investigado o município de Ferraz de Vasconcelos - SP.**	**08/05/48 - 14/12/77**	**1948 - 1977**
50-Z-505		**Investiga-se o município de Guarulhos - SP.**	**08/05/48 - 26/04/78**	**1948 - 1978**
	001	É investigado o município de Guarulhos - SP.	08/05/48 - 24/08/65	1948 - 1964
	002	É investigado o município de Guarulhos - SP.	06/04/66 - 28/12/72	1966 - 1972
	003	É investigado o município de Guarulhos - SP.	06/10/72 - 08/03/74	1972 - 1974
	004	É investigado o município de Guarulhos - SP.	09/11/71 - 14/03/77	1971 - 1977
	005	É investigado o município de Guarulhos - SP.	31/03/77 - 26/04/78	1977 - 1978
50-Z-506		**É investigado o município de Oriente - SP.**	**08/05/48 - 01/12/76**	**1948 - 1977**
50-Z-507		**Investiga-se o município de Atibaia - SP.**	**08/05/48 - 01/08/77**	**1948 - 1976**
	001	É investigado o município de Atibaia - SP.	08/05/48 - 14/01/69	1948 - 1969
	002	É investigado o município de Atibaia - SP.	06/01/69 - 01/08/77	1969 - 1976
50-Z-508		**Investiga-se o município de Osasco - SP.**	**13/05/48 - 12/05/81**	**1948 - 1979**
	001	É investigado o município de Osasco - SP.	13/05/48 - 19/05/64	1948 - 1964
	002	É investigado o município de Osasco - SP.	12/06/64 - 27/12/68	1964 - 1968
	003	É investigado o município de Osasco - SP.	29/03/69 - 06/02/70	1969 - 1970
	004	É investigado o município de Osasco - SP.	16/03/70 - 05/10/73	1970 - 1973
	005	É investigado o município de Osasco - SP.	31/08/71 - 13/05/76	1971 - 1976
	006	É investigado o município de Osasco - SP.	21/05/76 - 27/02/78	1976 - 1978
	007	É investigado o município de Osasco - SP.	03/03/78 - 14/02/79	1978 - 1978
	008	É investigado o município de Osasco - SP.	19/03/79 - 12/05/81	1978 - 1979
50-Z-509		**O investigado é Nelson Moura Campos, que já tinha sido prontuariado no Gabinete de Investigações da Polícia Civil de São Paulo, por utilizar nomes falsos.**	**- 15/05/48**	**1943 - 1948**
50-Z-510		**É investigado o município de Miracatu - SP.**	**18/05/48 - 03/03/78**	**1948 - 1978**
50-Z-511		**Investiga-se o município de Cubatão - SP.**	**18/05/48 - 08/08/77**	**1948 - 1977**
	001	É investigado o município de Cubatão - SP.	18/05/48 - 11/05/64	1948 - 1964
	002	É investigado o município de Cubatão - SP.	13/08/68 - 27/11/74	1968 - 1974
	003	É investigado o município de Cubatão - SP.	27/08/71 - 08/08/77	1971 - 1977
50-Z-512		**É investigado o município de Jacupiranga - SP.**	**18/05/48 - 02/01/78**	**1948 - 1978**
50-Z-513		**Investiga-se o município de Registro - SP.**	**18/05/48 - 09/03/78**	**1948 - 1978**
	001	É investigado o município de Registro - SP.	18/05/48 - 15/03/65	1948 - 1965
	002	É investigado o município de Registro - SP.	15/06/65 - 06/04/76	1965 - 1975
	003	É investigado o município de Registro - SP.	09/04/76 - 09/03/78	1975 - 1978
50-Z-514		**Investiga-se o município de Itanhaém - SP.**	**18/05/48 - 17/04/78**	**1948 - 1978**
	001	É investigado o município de Itanhaém - SP.	18/05/48 - 08/09/76	1948 - 1976
	002	É investigado o município de Itanhaém - SP.	27/12/76 - 17/04/78	1976 - 1978

DOSSIÊS/ PASTAS	ASSUNTO	ARQUIVAMENTO	PRODUÇÃO
50-Z-515	**Investiga-se o município de São Vicente – SP.**	**18/05/48 - 17/01/78**	**1948 - 1977**
001	É investigado o município de São Vicente - SP.	18/05/48 - 06/10/65	1948 - 1965
002	É investigado o município de São Vicente - SP.	06/09/67 - 22/12/71	1972 - 1972
003	É investigado o município de São Vicente - SP.	15/09/71 - 08/09/76	1972 - 1976
004	É investigado o município de São Vicente - SP.	10/12/76 - 17/01/78	1977 - 1977
50-Z-516	**Investiga-se o município de Caraguatatuba - SP.**	**19/05/48 - 05/04/77**	**1948 - 1975**
001	É investigado o município de Caraguatatuba - SP.	19/05/48 - 24/07/75	1948 - 1975
002	É investigado o município de Caraguatatuba - SP.	27/08/71 - 05/04/77	1971 - 1975
50-Z-517	**Trata-se de observações realizadas no município de Poços de Caldas - MG, durante a visita do Governador do Estado de São Paulo.**	**20/05/48 - 20/05/48**	**1948 - 1948**
50-Z-518	**É investigado o Consulado do Paraguai em São Paulo.**	**20/05/48 - 11/04/77**	**1942 - 1977**
50-Z-519	**É investigado o Centro Paulista de Estudos e Defesa do Petróleo.**	**20/05/48 - 18/09/69**	**1948 - 1969**
001	É investigado o Centro Paulista de Estudos e Defesa do Petróleo.	20/05/48 - 19/07/48	1948 - 1948
002	É investigado o Centro Paulista de Estudos e Defesa do Petróleo.	29/07/48 - 27/08/48	1948 - 1948
003	É investigado o Centro Paulista de Estudos e Defesa do Petróleo.	02/09/48 - 19/10/48	1948 - 1948
004	É investigado o Centro Paulista de Estudos e Defesa do Petróleo.	-	1948 - 1948
005	É investigado o Centro Paulista de Estudos e Defesa do Petróleo.	01/12/48 - 26/02/49	1948 - 1949
006	É investigado o Centro Paulista de Estudos e Defesa do Petróleo.	17/03/49 - 03/10/49	1949 - 1950
007	É investigado o Centro Paulista de Estudos e Defesa do Petróleo.	- 16/06/52	1950 - 1952
008	É investigado o Centro Paulista de Estudos e Defesa do Petróleo.	17/06/52 - 13/01/54	1952 - 1954
009	É investigado o Centro Paulista de Estudos e Defesa do Petróleo.	15/01/57 - 18/09/69	1957 - 1969
50-Z-520	**É investigado o município de Tabapuã - SP.**	**25/05/48 - 11/12/75**	**1948 - 1977**
50-Z-521	**Trata-se de planos de policiamento do DEOPS para as visitas de autoridades federais à cidade de São Paulo, notadamente presidentes da República.**	**21/03/72 - 17/07/78**	**1948 - 1978**
001	Trata-se de planos de policiamento do DEOPS/SP para as visitas presidenciais à cidade de São Paulo.	-	1948 - 1948
002	Trata-se de planos de policiamento do DEOPS/SP para as visitas presidenciais à cidade de São Paulo.	21/03/72 - 10/09/74	1972 - 1974
003	Trata-se de planos de policiamento do DEOPS/SP para as visitas presidenciais à cidade de São Paulo.	01/10/74 - 09/09/74	1973 - 1974
004	Trata-se de planos de policiamento do DEOPS/SP para as visitas presidenciais à cidade de São Paulo.	27/09/74 -	1974 - 1977
005	Trata-se de planos de policiamento do DEOPS/SP para as visitas presidenciais à cidade de São Paulo.	02/01/78 - 17/07/78	1977 - 1978
50-Z-522	**É investigado o município de Franco da Rocha - SP.**	**25/05/48 - 11/08/77**	**1948 - 1977**
50-Z-523	**O investigado é o russo Jorge Alexander Filipas, suspeito de espionagem.**	**10/06/48 - 10/06/48**	**1948 - 1948**
50-Z-524	**Investiga-se o município de Indaiatuba - SP.**	**17/01/49 - 13/04/77**	**1948 - 1977**
001	É investigado o município de Indaiatuba - SP.	17/01/49 - 28/08/69	1948 - 1968
002	É investigado o município de Indaiatuba - SP.	07/04/70 - 13/04/77	1970 - 1977
50-Z-525	**É investigado o município de Irapuã - SP.**	**20/07/48 - 05/08/77**	**1948 - 1976**
50-Z-526	**Investiga-se o município de Itapeva - SP.**	**24/03/49 - 29/11/77**	**1948 - 1977**
001	É investigado o município de Itapeva - SP.	24/03/49 - 03/01/72	1948 - 1972
002	É investigado o município de Itapeva - SP.	17/01/73 - 29/11/77	1972 - 1977
50-Z-527	**Investiga-se o município de Itu - SP.**	**22/06/48 - 07/03/78**	**1948 - 1978**
001	É investigado o município de Itu - SP.	22/06/48 - 04/11/70	1948 - 1970
002	É investigado o município de Itu - SP.	27/10/71 - 11/01/73	1971 - 1972
003	É investigado o município de Itu - SP.	21/01/74 - 30/11/76	1974 - 1976
004	É investigado o município de Itu - SP.	30/11/76 - 07/03/78	1976 - 1978
50-Z-528	**É investigado o município de Itápolis - SP.**	**20/07/48 - 27/02/78**	**1948 - 1978**
50-Z-529	**Investiga-se o município de Tupã - SP.**	**19/02/49 - 16/05/78**	**1948 - 1978**
001	É investigado o município de Tupã - SP.	19/02/49 - 30/12/53	1948 - 1953
002	É investigado o município de Tupã - SP.	04/01/54 - 11/07/66	1954 - 1966
003	É investigado o município de Tupã - SP.	16/03/65 - 04/09/73	1965 - 1973
004	É investigado o município de Tupã - SP.	23/03/73 - 16/12/71	1971 - 1973
005	É investigado o município de Tupã - SP.	28/02/72 - 31/08/76	1972 - 1976
006	É investigado o município de Tupã - SP.	31/08/76 - 21/09/77	1977 - 1977
007	É investigado o município de Tupã - SP.	22/12/77 - 16/05/78	1977 - 1978
50-Z-530	**É investigado o município de São Miguel Arcanjo - SP.**	**24/03/49 - 23/02/78**	**1948 - 1978**
50-Z-531	**É investigado o município de Porangaba - SP.**	**24/03/49 - 29/11/77**	**1948 - 1977**
50-Z-532	**É investigado o município de Rinópolis - SP.**	**04/10/49 - 12/04/77**	**1948 - 1977**

DOSSIÊS/ PASTAS		ASSUNTO	ARQUIVAMENTO	PRODUÇÃO
50-Z-533		Trata-se de observações do agente policial Mário Lima.	11/06/48 - 16/07/48	1948 - 1948
50-Z-534		O investigado é Júlio de Oliveira.	14/06/48 -	1948 - 1948
50-Z-535		O investigado é Júlio de Oliveira.	14/06/48 -	1948 - 1948
50-Z-536		É investigados o município de Salto- SP.	22/06/48 - 09/01/78	1948 - 1977
50-Z-537		É investigado o município de Boa Esperança do Sul (região de Jaú) - SP.	21/06/48 - 01/08/77	1948 - 1976
50-Z-538		É investigado o município de Porto Feliz - SP.	22/06/48 - 13/05/77	1948 - 1976
50-Z-539		É investigado o município de Sarapuí (região de Itapetininga) - SP.	21/06/48 - 10/02/78	1948 - 1977
50-Z-540		É investigado o município de Ribeira - SP.	21/06/48 - 13/05/77	1948 - 1977
50-Z-541		É investigado o município de Araçoiaba da Serra (região de Sorocaba) - SP.	22/06/48 - 18/02/77	1948 - 1975
50-Z-542		É investigado o município de Piedade - SP.	22/06/48 - 20/09/77	1948 - 1974
50-Z-543		É investigada a usina de açúcar Vassununga, em Santa Rita do Passa Quatro - SP.	23/06/48 - 03/08/60	1948 - 1960
50-Z-544		Suspeita de atividade comunista. O investigado é o jornalista Anselmo de Cielto, diretor da revista *Lei e Polícia*.	22/06/48 - 18/11/59	1948 - 1959
50-Z-545		Investiga-se o município de Amparo - SP.	25/08/44 - 28/02/77	1944 - 1977
	001	É investigado o município de Amparo - SP.	25/08/44 - 01/09/58	1944 - 1958
	002	É investigado o município de Amparo - SP.	29/12/53 - 28/02/77	1953 - 1977
50-Z-546		É investigado o município de Álvares Machado - SP.	05/03/49 - 12/04/77	1948 - 1977
50-Z-547		É investigado o município de Borborema - SP.	14/06/44 - 16/01/78	1948 - 1977
50-Z-548		É investigado o município de Brotas - SP.	14/06/44 - 09/03/78	1949 - 1978
50-Z-549		Investiga-se o município de Barra Bonita - SP.	02/12/51 - 12/04/77	1948 - 1976
	001	É investigado o município de Barra Bonita - SP.	02/12/51 - 29/09/70	1948 - 1970
	002	É investigado o município de Barra Bonita - SP.	18/03/70 - 12/04/77	1970 - 1976
50-Z-550		A pasta não traz documentos, a não ser uma nota produzida pelo DEOPS/SP, dizendo que "esta pasta está aguardando documentação", assinado por Hermes.	-	0 - 0
50-Z-551		O investigado é Miguel Castro.	-	0 - 0
50-Z-552		São investigados os municípios de Caiuá e Presidente Wenceslau.	25/06/48 - 29/09/77	1948 - 1976
50-Z-553		Trata-se de relatórios sobre a imprensa escrita no interior do Estado de São Paulo, trazendo também informações sobre outros Estados.	16/08/57 - 26/08/57	1948 - 1957
50-Z-554		É investigado o município de Neves Paulista - SP.	02/07/48 - 28/07/79	1948 - 1976
50-Z-555		É investigado o município de Gália - SP.	08/02/48 - 22/04/77	1948 - 1948
50-Z-556		É investigado o município de Vera Cruz - SP.	25/03/49 - 16/09/77	1948 - 1977
50-Z-557		É investigado o município de Quintana - SP.	19/01/49 - 12/12/75	1948 - 1975
50-Z-558		É investigado o município de Parapuã - SP.	18/09/51 - 12/04/77	1948 - 1977
50-Z-559		Investiga-se o município de Oswaldo Cruz-SP.	22/08/51 - 28/12/77	1948 - 1977
	001	É investigado o município de Oswaldo Cruz-SP.	22/08/51 - 20/11/72	1948 - 1970
	002	É investigado o município de Oswaldo Cruz-SP.	29/01/71 - 28/12/77	1971 - 1977
50-Z-560		Investigam-se os municípios de Lucélia e Adamantina - SP.	17/03/49 - 17/05/78	1949 - 1978
	001	É investigado o município de Lucélia - SP.	17/03/49 - 05/07/68	1949 - 1969
	002	É investigado o município de Adamantina -SP.	21/10/68 - 17/05/78	1968 - 1978
50-Z-561		É investigado o jornal *A Hora Brasileira*.	20/10/52 - 20/06/69	1948 - 1969
50-Z-562		É investigado o município de Herculândia - SP.	03/09/51 - 08/09/76	1949 - 1976
50-Z-563		Investiga-se o município de Matão-SP.	27/09/49 - 28/12/77	1948 - 1977
	001	É investigado o município de Matão - SP.	27/09/49 - 24/01/72	1948 - 1972
	002	É investigado o município de Matão - SP.	16/10/72 - 28/12/77	1972 - 1977
50-Z-564		É investigado o município de Itajubi-SP.	20/07/40 - 22/08/77	1948 - 1977
50-Z-565		É investigado o município de Ariranha - SP.	19/10/51 - 19/04/76	1948 - 1975
50-Z-566		É investigado o município de Fernando Prestes - SP.	14/08/59 - 19/07/77	1948 - 1976
50-Z-567		É investigado o município de Urupês - SP.	12/10/49 - 11/12/75	1940 - 1975
50-Z-568		É investigado o município de Nova Aliança - SP.	12/04/49 - 28/07/77	1949 - 1976
50-Z-569		O investigado é Antônio Alfredo D'Agostine.	- 02/08/48	1948 - 1948
50-Z-570		É investigado o município de Itapuím, região de Jaú - SP.	08/03/49 - 29/07/77	1948 - 1976
50-Z-571		Investiga-se o município de Dois Córregos-SP.	13/08/48 - 16/01/78	1948 - 1977
	001	É investigado o município de Dois Córregos, região de Jaú - SP.	13/08/48 - 17/09/59	1948 - 1959
	002	É investigado o município de Dois Córregos, região de Jaú - SP.	24/09/59 - 27/04/61	1949 - 1961
	003	É investigado o município de Dois Córregos, região de Jaú - SP.	02/05/61 - 16/01/78	1961 - 1977
50-Z-572		É investigado o município de Tietê, região de Sorocaba - SP.	13/08/48 - 29/09/77	1948 - 1977
50-Z-573		É investigado o município de Guaira - SP.	17/10/51 - 05/08/77	1948 - 1976
50-Z-574		É investigado o município de Pilar do Sul - SP.	16/07/51 - 26/10/76	1949 - 1975
50-Z-575		É investigado o município de Ibiúna - SP.	14/02/43 - 25/07/77	1949 - 1975
50-Z-576		É investigado o município de Laranjal Paulista, região de Sorocaba - SP.	13/08/48 - 16/01/78	1948 - 1977
50-Z-577		É investigado o município de Ribeirão Branco - SP.	13/08/48 - 20/01/77	1948 - 1975

DOSSIÊS/ PASTAS		ASSUNTO	ARQUIVAMENTO	PRODUÇÃO
50-Z-578		**E investigado o município de Guareí - SP.**	**24/03/49 - 16/05/77**	**1948 - 1977**
50-Z-579		**Diagnóstico de atividades em municípios. Trata-se de Sertãozinho - SP.**	**15/01/49 - 10/08/77**	**1949 - 1976**
	001	É investigado o município de Sertãozinho - SP.	15/01/49 - 14/05/76	1949 - 1976
	002	É investigado o município de Sertãozinho - SP.	29/03/77 - 10/08/77	1976 - 1976
50-Z-580		**É investigado o município de Jaú - SP.**	**21/03/49 - 03/12/64**	**1949 - 1958**
50-Z-581		**Investiga-se o município de Iacanga-SP.**	**15/02/49 - 27/12/77**	**1949 - 1977**
	001	É investigado o município de Iacanga, região de Jaú - SP.	15/02/49 - 17/01/69	1949 - 1969
	002	É investigado o município de Iacanga, região de Jaú - SP.	30/06/69 - 27/12/77	1969 - 1977
50-Z-582		**É investigado o município de Macatuba - SP.**	**20/09/49 - 27/07/77**	**1949 - 1976**
50-Z-583		**É investigado o município de Bariri - SP.**	**21/12/51 - 26/01/77**	**1948 - 1976**
50-Z-584		**É investigado o município de Taquarituba - SP.**	**13/08/48 - 17/01/78**	**1948 - 1977**
50-Z-585		**É investigado o município de Ilhabela - SP.**	**13/08/48 - 25/07/77**	**1948 - 1976**
50-Z-586		**É investigado o município de Santa Isabel - SP.**	**11/11/48 - 22/08/77**	**1948 - 1977**
50-Z-587		**Investiga-se o município de Presidente Epitácio-SP.**	**13/08/48 - 20/09/77**	**1948 - 1976**
	001	É investigado o município de Presidente Epitácio - SP.	13/08/48 - 02/06/64	1948 - 1964
	002	É investigado o município de Presidente Epitácio - SP.	23/08/67 - 13/04/71	1969 - 1970
	003	É investigado o município de Presidente Epitácio - SP.	12/04/71 - 20/09/77	1970 - 1976
50-Z-588		**É investigado o município de Lavrinhas - SP.**	**13/08/48 - 26/07/77**	**1948 - 1976**
50-Z-589		**Suspeita de atividade integralista. O investigado é Manoel Pires Rabeca.**	**- 17/08/48**	**1947 - 1947**
50-Z-590		**É investigado o município de Iporanga - SP.**	**24/03/49 - 15/03/77**	**1948 - 1977**
50-Z-591		**É investigado o bairro de São Miguel Paulista, em São Paulo.**	**01/09/48 - 06/04/77**	**1948 - 1977**
50-Z-592		**É investigado o município de Itaberá - SP.**	**01/09/48 - 20/01/77**	**1948 - 1975**
50-Z-593		**O investigado é João Mattar.**	**06/09/48 - 01/02/52**	**1947 - 1951**
50-Z-594		**É investigado o município de Cabreúva-SP.**	**14/02/49 - 08/03/79**	**1948 - 1979**
50-Z-595		**São investigados os diretores e redatores do jornal *Húngaro Magyar 520*.**	**29/09/48 - 19/06/57**	**1948 - 1957**
50-Z-596		**É investigado o município de Águas de Lindóia - SP.**	**19/10/51 - 02/05/77**	**1948 - 1977**
50-Z-597		**É investigado o município de Mogi-Guaçu - SP.**	**05/10/51 - 09/11/76**	**1944 - 1976**
50-Z-598		**É investigado o município de Nazaré Paulista - SP.**	**10/03/49 - 28/07/77**	**1949 - 1976**
50-Z-599		**É investigado o município de Socorro - SP.**	**10/03/49 - 24/02/77**	**1944 - 1975**
50-Z-600		**Investiga-se o município de Cosmópolis - SP.**	**11/09/51 - 27/12/77**	**1948 - 1977**
	001	É investigado o município de Cosmópolis - SP.	11/09/51 - 22/04/74	1948 - 1974
	002	É investigado o município de Cosmópolis - SP.	15/05/74 - 27/12/77	1974 - 1977
50-Z-601		**É investigado o município de Serra Negra - SP.**	**22/03/49 - 05/01/78**	**1949 - 1977**
50-Z-602		**Investiga-se o município de Itapira - SP.**	**22/04/49 - 14/04/77**	**1949 - 1977**
	001	É investigado o município de Itápolis - SP.	22/04/49 - 18/09/72	1949 - 1972
	002	É investigado o município de Itápolis - SP.	19/03/73 - 14/04/77	1973 - 1977
50-Z-603		**Investiga-se o município de Itatiba - SP.**	**27/01/50 - 26/05/76**	**1949 - 1978**
	001	É investigado o município de Itatiba - SP.	27/01/50 - 01/09/51	1949 - 1951
	002	É investigado o município de Itatiba - SP.	05/09/51 - 27/10/59	1951 - 1959
	003	É investigado o município de Itatiba - SP.	29/12/59 - 26/05/76	1959 - 1975
	004	É investigado o município de Itatiba - SP.	14/07/76 - 17/04/00	1975 - 1978
50-Z-604		**O investigado é Ivo Borceone, que teria corrompido um funcionário público.**	**17/11/48 - 25/11/48**	**1948 - 1948**
50-Z-605		**É investigado o Estado de Alagoas.**	**08/03/49 - 05/10/78**	**1949 - 1971**
50-Z-606		**É investigado o Estado de Sergipe.**	**19/11/48 - 13/03/78**	**1948 - 1978**
	001	É investigado o Estado de Sergipe.	19/11/48 - 15/12/52	1948 - 1952
	002	É investigado o Estado de Sergipe.	30/12/53 - 23/12/68	1952 - 1968
	003	É investigado o Estado de Sergipe.	25/06/69 - 13/03/78	1968 - 1978
50-Z-607		**É investigado o município de Santana de Parnaíba - SP.**	**19/01/55 - 08/02/77**	**1948 - 1976**
50-Z-608		**É investigado o município de Alfredo Marcondes - SP.**	**28/01/49 - 18/07/77**	**1949 - 1976**
50-Z-609		**É investigado o município de Guarani d'Oeste - SP.**	**29/12/61 - 30/11/76**	**1959 - 1975**
50-Z-610		**Investiga-se o município de Cotia - SP.**	**07/02/49 - 28/03/78**	**1948 - 1978**
	001	É investigado o município de Cotia -SP.	07/02/49 - 23/03/72	1948 - 1972
	002	É investigado o município de Cotia -SP.	03/05/72 - 28/03/78	1972 - 1978
50-Z-611		**É investigado o município de Itapecerica da Serra - SP.**	**07/02/49 - 13/05/77**	**1948 - 1976**
50-Z-612		**É investigado o município de Lençóis Paulista - SP.**	**12/02/49 - 16/01/78**	**1949 - 1977**
50-Z-613		**É investigado o município de Américo de Campos - SP.**	**12/02/49 - 18/07/77**	**1949 - 1976**
50-Z-614		**É investigado o município de Aracatu - SP.**	**14/02/49 - 03/11/76**	**1949 - 1975**
50-Z-615		**É investigado o município de Anhembi - SP.**	**14/02/49 - 08/02/78**	**1949 - 1978**
50-Z-616		**É investigado o município de Piraju - SP.**	**16/02/49 - 17/02/77**	**1949 - 1975**
50-Z-617		**É investigado o município de Arealva - SP.**	**16/02/49 - 16/09/77**	**1949 - 1977**
50-Z-618		**É investigado o município de Guapira - SP.**	**16/02/49 - 20/09/77**	**1949 - 1977**

DOSSIÊS/ PASTAS		ASSUNTO	ARQUIVAMENTO	PRODUÇÃO
50-Z-620		**É investigado o município de Estrela D'Oeste - SP.**	**18/02/49 - 19/07/77**	**1949 - 1976**
50-Z-621		**Investiga-se o município de Jales - SP.**	**18/02/49 - 22/03/78**	**1949 - 1978**
	001	É investigado o município de Jales - SP.	18/02/49 - 16/04/77	1949 - 1974
	002	É investigado o município de Jales - SP.	08/07/75 - 23/02/77	1975 - 1976
	003	É investigado o município de Jales - SP.	02/05/77 - 22/03/78	1976 - 1978
50-Z-622		**É investigado o município de Miracatu - SP.**	**18/02/49 -**	**1949 - 1949**
50-Z-623		**É investigado o município de Pedro de Toledo - SP.**	**18/02/49 - 14/12/77**	**1949 - 1977**
50-Z-624		**É investigado o município de Juquiá - SP.**	**18/02/49 - 26/07/77**	**1949 - 1976**
50-Z-625		**É investigado o município de Tupi Paulista - SP.**	**21/02/49 - 10/02/78**	**1949 - 1976**
50-Z-626		**Investiga-se o município de Poá - SP.**	**26/02/49 - 01/04/77**	**1949 - 1976**
	001	É investigado o município de Poá - SP.	26/02/49 - 16/02/73	1949 - 1973
	002	É investigado o município de Poá - SP.	20/03/73 - 01/04/77	1973 - 1976
50-Z-627		**É investigada a Câmara Municipal de São Paulo.**	**28/06/51 - 15/02/79**	**1950 - 1978**
	001	É investigada a Câmara Municipal de São Paulo.	28/06/51 - 02/06/64	1950 - 1964
	002	É investigada a Câmara Municipal de São Paulo.	03/06/64 - 06/02/69	1964 - 1969
	003	É investigada a Câmara Municipal de São Paulo.	16/12/68 - 26/12/69	1957 - 1968
	004	É investigada a Câmara Municipal de São Paulo.	02/02/70 - 14/09/72	1964 - 1972
	005	É investigada a Câmara Municipal de São Paulo.	19/11/74 - 08/07/77	1968 - 1977
	006	É investigado o Comitê Brasileiro pela Anistia.	18/08/77 - 23/05/78	1977 - 1978
	007	É investigado o Comitê Brasileiro pela Anistia.	12/06/78 - 15/02/79	1978 - 1978
50-Z-628		**É investigado o município de Limeira-SP.**	**04/03/49 - 17/09/76**	**1949 - 1976**
50-Z-629		**Investiga-se o município de Adamantina - SP.**	**04/03/49 - 16/01/78**	**1949 - 1977**
	001	É investigado o município de Adamantina - SP.	04/03/49 - 04/08/71	1949 - 1972
	002	É investigado o município de Adamantina - SP.	14/09/72 - 16/01/78	1972 - 1977
50-Z-630		**É investigado o município de Caieiras - SP.**	**20/07/59 - 13/05/77**	**1959 - 1976**
50-Z-631		**É investigado o município de Valentim Gentil - SP.**	**16/03/49 - 15/12/75**	**1949 - 1975**
50-Z-632		**É investigado o município de Santa Gertrudes - SP.**	**08/03/49 - 20/07/77**	**1949 - 1976**
50-Z-633		**É investigado o município de Cordeirópolis - SP.**	**08/03/49 - 17/02/78**	**1949 - 1978**
50-Z-634		**É investigado o município de Santa Cruz do Rio Pardo - SP.**	**08/03/49 - 09/11/76**	**1949 - 1975**
50-Z-635		**É investigado o município de Monte Alegre do Sul - SP.**	**09/03/49 - 16/01/78**	**1949 - 1977**
50-Z-636		**É investigado o município de Cerquilho - SP.**	**09/03/49 - 08/02/78**	**1949 - 1978**
50-Z-637		**É investigado o município de Artur Nogueira - SP.**	**21/03/49 - 18/02/76**	**1949 - 1972**
50-Z-638		**É investigado o município de Conchal - SP.**	**09/03/49 - 06/04/78**	**1949 - 1978**
50-Z-639		**É investigado o município de Votuporanga - SP.**	**09/03/49 - 13/05/77**	**1949 - 1976**
50-Z-640		**É investigado o município de Itariri - SP.**	**16/03/49 - 25/07/77**	**1949 - 1976**
50-Z-641		**É investigado o município de Monte Aprazível - SP.**	**11/03/49 - 27/07/77**	**1949 - 1976**
50-Z-642		**É investigado o município de Jarinu - SP.**	**14/03/49 - 08/03/78**	**1949 - 1978**
50-Z-643		**É investigado o município de Ipuã - SP.**	**14/03/47 - 25/07/77**	**1949 - 1976**
50-Z-644		**É investigado o município de Cardoso - SP.**	**14/03/49 - 03/11/76**	**1949 - 1976**
50-Z-645		**É investigado o município de São José da Bela Vista - SP.**	**14/03/49 - 25/02/76**	**1949 - 1975**
50-Z-646		**É investigado o município de Rifaina - SP.**	**14/03/49 - 26/02/76**	**1949 - 1975**
50-Z-647		**É investigado o município de Pedreira - SP.**	**14/03/49 - 01/08/77**	**1949 - 1976**
50-Z-648		**É investigado o município de Reginópolis - SP.**	**15/03/49 - 25/02/76**	**1949 - 1975**
50-Z-649		**É investigado o município de Júlio de Mesquita - SP.**	**15/03/49 - 21/09/77**	**1949 - 1977**
50-Z-650		**Investiga-se o município de Dracena-SP.**	**15/03/49 - 16/09/77**	**1949 - 1977**
	001	É investigado o município de Dracena-SP.	15/03/49 - 28/12/70	1949 - 1970
	002	É investigado o município de Dracena-SP.	14/09/72 - 16/09/77	1972 - 1977
50-Z-651		**São investigados os municípios de Lucélia, de Marília, de Flórida Paulista e de Adamantina - SP.**	**15/03/49 - 12/04/77**	**1949 - 1977**
50-Z-652		**É investigado o município de Junqueirópolis - SP.**	**15/03/49 - 01/08/77**	**1949 - 1976**
50-Z-653		**É investigado o município de Junqueirópolis - SP.**	**15/03/49 - 03/06/76**	**1949 - 1975**
50-Z-654		**É investigado o município de Planalto - SP.**	**15/03/49 - 11/12/75**	**1949 - 1975**
50-Z-655		**É investigado o município de Campos Novos Paulista - SP.**	**15/03/49 - 03/06/77**	**1949 - 1977**
50-Z-656		**É investigado o município de Buritama - SP.**	**15/03/49 - 02/06/78**	**1949 - 1975**
50-Z-657		**É investigado o município de Bento de Abreu - SP.**	**15/03/49 - 03/06/58**	**1949 - 1958**
50-Z-658		**É investigado o município de Corumbataí - SP.**	**15/03/49 - 03/12/75**	**1949 - 1975**
50-Z-659		**É investigado o município de Cabrália Paulista - SP.**	**15/03/49 - 19/02/76**	**1949 - 1975**
50-Z-660		**É investigado o município de Pongaí - SP.**	**15/03/49 - 28/12/72**	**1949 - 1975**
50-Z-661		**É investigado o município de Álvaro Carvalho - SP.**	**15/03/49 - 12/07/76**	**1949 - 1975**
50-Z-662		**É investigado o município de Guaraçaí - SP.**	**15/03/49 - 08/12/75**	**1949 - 1975**

DOSSIÊS/ PASTAS		ASSUNTO	ARQUIVAMENTO	PRODUÇÃO
50-Z-663		**É investigado o município de Jaborandi - SP.**	**15/03/49 - 17/07/74**	**1949 - 1974**
50-Z-664		**É investigado o município de Bálsamo - SP.**	**24/06/52 - 03/12/75**	**1952 - 1975**
50-Z-665		**É investigado o município de Indiana - SP.**	**16/03/49 - 03/06/76**	**1949 - 1975**
50-Z-666		**É investigado o município de Terra Roxa - SP.**	**16/03/49 - 09/12/75**	**1949 - 1975**
50-Z-667		**É investigado o município de Piquerobi - SP.**	**16/03/49 - 03/06/76**	**1949 - 1973**
50-Z-668		**Investiga-se o município de Pacaembu - SP.**	**16/03/49 - 16/03/78**	**1949 - 1978**
	001	É investigado o município de Pacaembu - SP.	16/03/49 - 18/01/73	1949 - 1972
	002	É investigado o município de Pacaembu - SP.	18/01/73 - 16/03/78	1972 - 1978
50-Z-669		**É investigado o município de Pirapozinho - SP.**	**16/03/49 - 06/09/76**	**1949 - 1976**
50-Z-670		**É investigado o município de Monteiro Lobato - SP.**	**16/03/49 - 09/02/78**	**1949 - 1977**
50-Z-671		**É investigado o município de Vinhedo - SP.**	**16/03/49 - 01/03/78**	**1949 - 1978**
50-Z-672		**É investigado o município de Taiúva - SP.**	**16/03/49 - 09/12/75**	**1949 - 1978**
50-Z-673		**Investiga-se o município de Suzano - SP.**	**16/03/49 - 19/12/77**	**1949 - 1977**
	001	É investigado o município de Suzano - SP.	16/03/49 - 10/09/76	1949 - 1976
	002	É investigado o município de Suzano - SP.	23/06/76 - 19/12/77	1976 - 1977
50-Z-674		**É investigado o município de Serrana - SP.**	**16/03/49 - 20/07/77**	**1949 - 1976**
50-Z-675		**É investigado o município de Águas de São Pedro - SP.**	**17/03/49 - 06/04/78**	**1949 - 1978**
50-Z-676		**São investigados Moysés Rapaport e a Organização Juvenil Sionista d.R.O.R.**	**05/04/49 - 14/01/69**	**1949 - 1969**
50-Z-677		**O investigado é Luis Paterno, diretor das Indústrias de Fogões Elétricos Paterno.**	**08/04/49 - 16/05/49**	**1947 - 1949**
50-Z-678		**É investigada a Estrada de Ferro Noroeste do Brasil.**	**21/09/48 - 13/03/72**	**1948 - 1972**
50-Z-679		**É investigada a Câmara Municipal de Nova Iguassu - SP.**	**-**	**0 - 0**
50-Z-680		**É investigado o Estado da Bahia.**	**12/10/49 - 06/04/78**	**1943 - 1978**
	001	É investigado o Estado da Bahia.	12/10/49 - 01/12/52	1943 - 1952
	002	É investigado o Estado da Bahia.	01/12/52 - 12/03/54	1951 - 1954
	003	É investigado o Estado da Bahia.	19/03/54 - 26/06/69	1954 - 1968
	004	É investigado o Estado da Bahia.	02/06/69 - 24/05/76	1969 - 1972
	005	É investigado o Estado da Bahia.	11/06/76 - 06/04/78	1976 - 1978
50-Z-681		**Trata-se de listas de estrangeiros que desembarcaram em aeroporto paulista ou no Porto de Santos.**	**- 27/08/57**	**1949 - 1957**
50-Z-682		**É investigada a Conferência Sindical dos Trabalhadores da América do Sul, ocorrida em Montevidéu (Uruguai), em 1950.**	**-**	**1949 - 1950**
	001	É investigada a Conferência Sindical dos Trabalhadores da América do Sul, ocorrida em Montevidéu - Uruguai.	-	1950 - 1950
	002	É investigada a Conferência Sindical dos Trabalhadores da América do Sul, ocorrida em Montevidéu - Uruguai.	-	1950 - 1950
	003	É investigada a Conferência Sindical dos Trabalhadores da América do Sul, ocorrida em Montevidéu - Uruguai.	-	1950 - 1950
	004	É investigada a Conferência Sindical dos Trabalhadores da América do Sul, ocorrida em Montevidéu - Uruguai.	-	1950 - 1950
	005	É investigada a Conferência Sindical dos Trabalhadores da América do Sul, ocorrida em Montevidéu - Uruguai.	-	1950 - 1950
	006	É investigada a Conferência Sindical dos Trabalhadores da América do Sul, ocorrida em Montevidéu - Uruguai.	-	1949 - 1950
50-Z-683		**É investigado o município de Paraguassu Paulista, (antigo município de Araguaçu) - SP.**	**15/03/48 - 29/12/77**	**1948 - 1977**
50-Z-684		**É investigada a Escola de Polícia de São Paulo.**	**12/03/51 - 15/10/76**	**1950 - 1976**
50-Z-685		**É investigado o Partido Republicano Trabalhista (PRT).**	**04/09/51 - 30/09/69**	**1950 - 1964**
50-Z-686		**Suspeita de atividade comunista. A investigada é Rosa Brickmann Roitman, residente em Santos - SP.**	**26/02/54 - 19/02/55**	**1950 - 1955**
50-Z-687		**É investigada Maria Porto de Aragão, organizadora do Comitê pró-Getúlio Vargas.**	**09/11/45 - 21/02/63**	**1945 - 1963**
50-Z-688		**É investigado o Sindicato dos Gráficos.**	**08/04/48 - 05/12/77**	**1944 - 1977**
	001	É investigado o Sindicato dos Gráficos.	08/04/48 - 05/07/54	1944 - 1954
	002	É investigado o Sindicato dos Gráficos.	15/08/54 - 09/11/57	1954 - 1957
	003	É investigado o Sindicato dos Gráficos.	13/11/57 - 08/09/76	1957 - 1976
	004	É investigado o Sindicato dos Gráficos.	21/12/76 - 05/12/77	1976 - 1977
50-Z-689		**É investigado o município de Populina - SP.**	**27/09/51 - 15/03/52**	**1950 - 1952**
50-Z-690		**O investigado é Mauro Ricardo Lehmann, técnico radiologista e ex-policial de São José dos Campos - SP.**	**28/03/51 - 17/08/67**	**1947 - 1967**
50-Z-691		**É investigada a Refinaria de Petróleo de Cubatão - SP.**	**10/04/51 - 18/06/68**	**1950 - 1968**

DOSSIÊS/ PASTAS		ASSUNTO	ARQUIVAMENTO	PRODUÇÃO
50-Z-692		**E investigado o município de Cajamar - SP.**	**31/07/59 - 29/09/77**	**1959 - 1977**
50-Z-693		**É investigado o Estado de Goiás.**	**28/05/51 - 27/01/78**	**1951 - 1977**
	001	É investigado o Estado de Goiás.	28/05/51 - 27/01/53	1951 - 1953
	002	É investigado o Estado de Goiás.	05/02/53 - 22/05/64	1952 - 1964
	003	É investigado o Estado de Goiás.	14/07/54 - 18/02/74	1964 - 1974
	004	É investigado o Estado de Goiás.	25/07/74 - 27/01/78	1971 - 1977
50-Z-694		**É investigado o Estado de Pernambuco.**	**06/06/51 - 20/04/78**	**1949 - 1978**
	001	É investigado o Estado de Pernambuco.	06/06/51 - 02/06/53	1949 - 1953
	002	É investigado o Estado de Pernambuco.	01/10/52 - 04/02/56	1952 - 1956
	003	É investigado o Estado de Pernambuco.	04/02/56 - 20/06/56	1955 - 1956
	004	É investigado o Estado de Pernambuco.	26/03/57 - 03/12/57	1956 - 1957
	004A	É investigado o Estado de Pernambuco.	05/12/57 - 22/08/61	1957 - 1961
	005	É investigado o Estado de Pernambuco.	14/11/73 - 29/04/65	1973 - 1973
	006	É investigado o Estado de Pernambuco.	11/05/65 - 07/01/70	1956 - 1969
	007	É investigado o Estado de Pernambuco.	09/03/70 - 21/06/72	1970 - 1971
	008	É investigado o Estado de Pernambuco.	21/06/72 - 20/04/78	1971 - 1978
50-Z-695		**É investigado o Estado do Ceará.**	**21/06/51 - 04/04/78**	**1944 - 1978**
	001	É investigado o Estado do Ceará.	21/06/51 - 27/09/76	1944 - 1976
	002	É investigado o Estado do Ceará.	26/10/76 - 04/04/78	1976 - 1978
50-Z-696		**É investigado o Estado do Ceará.**	**21/06/51 - 29/03/78**	**1951 - 1978**
50-Z-697		**É investigado o Estado da Paraíba.**	**25/06/51 - 15/08/77**	**1944 - 1977**
50-Z-698		**É investigado o Território do Amapá.**	**22/06/51 - 20/04/77**	**1949 - 1977**
50-Z-699		**É investigada a Assembléia Legislativa do Estado de São Paulo.**	**04/09/51 - 22/08/80**	**1948 - 1978**
	001	É investigada a Assembléia Legislativa do Estado de São Paulo.	04/09/51 - 04/07/63	1948 - 1963
	002	É investigada a Assembléia Legislativa do Estado de São Paulo.	08/08/63 - 10/02/69	1955 - 1969
	003	É investigada a Assembléia Legislativa do Estado de São Paulo.	05/03/69 - 04/11/70	1967 - 1970
	004	É investigada a Assembléia Legislativa do Estado de São Paulo.	30/03/71 - 26/06/74	1971 - 1974
	005	É investigada a Assembléia Legislativa do Estado de São Paulo.	23/03/73 - 02/05/74	1973 - 1974
	006	É investigada a Assembléia Legislativa do Estado de São Paulo.	03/05/74 - 09/08/77	1974 - 1977
	007	É investigada a Assembléia Legislativa do Estado de São Paulo.	13/07/77 - 22/09/77	1977 - 1977
	008	É investigada a Assembléia Legislativa do Estado de São Paulo.	22/09/77 - 24/01/78	1977 - 1977
	009	É investigada a Assembléia Legislativa do Estado de São Paulo.	27/01/78 - 17/07/78	1977 - 1978
	010	É investigada a Assembléia Legislativa do Estado de São Paulo.	17/07/78 - 22/02/79	1978 - 1978
	011	É investigada a Assembléia Legislativa do Estado de São Paulo.	22/08/80 - 22/08/80	1978 - 1978
50-Z-700		**É investigado o Território do Acre.**	**02/08/51 - 23/03/55**	**1951 - 1956**
50-Z-701		**São investigadas a Federação das Associações Agrícolas e Rurais do Estado de São Paulo e a Federação da Agricultura do Estado de São Paulo.**	**23/08/51 - 22/09/76**	**1951 - 1976**
50-Z-702		**É investigado o Estado de Sergipe.**	**04/01/52 - 29/09/76**	**1951 - 1976**
50-Z-703		**É investigado o Tribunal Regional Eleitoral de São Paulo (TRE-SP).**	**24/09/51 - 16/12/78**	**1950 - 1982**
	001	É investigado o Tribunal Regional Eleitoral de São Paulo (TRE-SP).	24/09/51 - 19/11/51	1951 - 1951
	002	É investigado o Tribunal Regional Eleitoral de São Paulo (TRE-SP).	24/11/51 - 18/03/53	1950 - 1953
	003	É investigado o Tribunal Regional Eleitoral de São Paulo (TRE-SP).	15/03/53 - 14/10/54	1953 - 1954
	004	É investigado o Tribunal Regional Eleitoral de São Paulo (TRE-SP).	14/10/54 - 21/10/54	1954 - 1954
	005	É investigado o Tribunal Regional Eleitoral de São Paulo (TRE-SP).	21/10/54 - 03/09/55	1954 - 1955
	006	É investigado o Tribunal Regional Eleitoral de São Paulo (TRE-SP).	-	1955 - 1955
	007	É investigado o Tribunal Regional Eleitoral de São Paulo (TRE-SP).	16/01/57 - 28/10/55	1955 - 1955
	008	É investigado o Tribunal Regional Eleitoral de São Paulo (TRE-SP).	04/11/55 - 21/10/58	1953 - 1958
	009	É investigado o Tribunal Regional Eleitoral de São Paulo (TRE-SP).	25/08/58 - 06/11/58	1958 - 1958
	010	É investigado o Tribunal Regional Eleitoral de São Paulo (TRE-SP).	13/11/58 - 20/03/54	1958 - 1958
	011	É investigado o Tribunal Regional Eleitoral de São Paulo (TRE-SP).	25/03/59 - 27/08/59	1958 - 1959
	012	É investigado o Tribunal Regional Eleitoral de São Paulo (TRE-SP).	20/10/59 - 18/08/62	1959 - 1962
	013	É investigado o Tribunal Regional Eleitoral de São Paulo (TRE-SP).	18/08/62 - 31/08/62	1962 - 1964
	014	É investigado o Tribunal Regional Eleitoral de São Paulo (TRE-SP).	31/08/62 - 16/07/63	1962 - 1964
	015	É investigado o Tribunal Regional Eleitoral de São Paulo (TRE-SP).	30/07/63 - 07/05/65	1963 - 1980
	016	É investigado o Tribunal Regional Eleitoral de São Paulo (TRE-SP).	28/04/65 - 16/09/68	1965 - 1968
	017	É investigado o Tribunal Regional Eleitoral de São Paulo (TRE-SP).	26/08/69 - 19/12/69	1969 - 1969
	018	É investigado o Tribunal Regional Eleitoral de São Paulo (TRE-SP).	22/12/69 - 15/11/72	1962 - 1962
	019	É investigado o Tribunal Regional Eleitoral de São Paulo (TRE-SP).	24/01/72 - 04/05/73	1972 - 1972
	020	É investigado o Tribunal Regional Eleitoral de São Paulo (TRE-SP).	26/09/73 - 04/09/74	1973 - 1974

DOSSIÊS/ PASTAS		ASSUNTO	ARQUIVAMENTO	PRODUÇÃO
	021	E investigado o Tribunal Regional Eleitoral de São Paulo (TRE-SP).	06/06/75 - 22/12/75	1974 - 1975
	022	É investigado o Tribunal Regional Eleitoral de São Paulo (TRE-SP).	24/02/76 - 16/12/78	1976 - 1978
	023	É investigado o Tribunal Regional Eleitoral de São Paulo (TRE-SP).	-	1982 - 1982
50-Z-704		**É investigada a Companhia Hidrelétrica de São Francisco (CHESF).**	**-**	**1951 - 1951**
50-Z-705		**É investigado o Estado do Amazonas.**	**19/10/51 - 05/10/76**	**1951 - 1976**
50-Z-706		**Suspeita de atividade comunista. A investigada é a polonesa Irene Chommin, que estaria a serviço do Kominform.**	**-**	**1951 - 1951**
50-Z-707		**São investigados o Poder Judiciário de São Paulo e Secretaria da Justiça de São Paulo.**	**16/11/51 - 30/05/79**	**1942 - 1982**
	001	É investigada a Secretaria de Justiça de São Paulo. Constam informações sobre o promotor de justiça Hélio Bicudo e o Esquadrão da Morte.	16/11/51 - 10/05/71	1942 - 1982
	002	É investigada a Secretaria de Justiça de São Paulo. Constam informações sobre o promotor de justiça Hélio Bicudo e o Esquadrão da Morte.	10/05/71 - 30/08/71	1970 - 1971
	003	É investigada a Secretaria de Justiça de São Paulo. Constam informações sobre o promotor de justiça Hélio Bicudo e o Esquadrão da Morte.	17/01/72 - 17/06/74	1971 - 1973
	004	É investigada a Secretaria de Justiça de São Paulo. Constam informações sobre o promotor de justiça Hélio Bicudo e o Esquadrão da Morte.	19/06/74 -	1972 - 1973
	005	É investigada a Secretaria de Justiça de São Paulo. Constam informações sobre o promotor de justiça Hélio Bicudo e o Esquadrão da Morte.	- 18/04/75	1971 - 1972
	006	É investigada a Secretaria de Justiça de São Paulo. Constam informações sobre o promotor de justiça Hélio Bicudo e o Esquadrão da Morte.	18/04/75 - 02/06/76	1974 - 1976
	007	É investigado o Poder Judiciário de São Paulo.	02/06/76 - 29/09/76	1976 - 1976
	008	É investigado o Poder Judiciário de São Paulo.	29/09/76 - 22/04/77	1976 - 1977
	009	É investigado o Poder Judiciário de São Paulo.	06/02/75 - 12/12/77	1976 - 1977
	010	É investigado o Poder Judiciário de São Paulo.	18/04/75 - 02/06/76	1977 - 1977
	011	É investigado o Poder Judiciário de São Paulo.	-	1977 - 1977
	012	É investigado o Poder Judiciário de São Paulo.	- 08/02/78	1975 - 1977
	013	É investigado o Poder Judiciário de São Paulo.	29/12/77 - 16/10/78	1975 - 1978
	014	É investigado o Poder Judiciário de São Paulo.	16/10/78 - 15/05/79	1978 - 1979
	015	É investigado o Poder Judiciário de São Paulo.	15/05/79 - 30/05/79	1979 - 1979
50-Z-708		**É investigado o Estado do Maranhão.**	**30/11/51 - 08/02/78**	**1951 - 1977**
50-Z-709		**É investigado o Palácio do Governo do Estado de São Paulo (Palácio dos Campos Elíseos).**	**06/02/52 - 21/01/80**	**1953 - 1980**
	001	É investigado o Palácio do Governo do Estado de São Paulo (Palácio dos Campos Elíseos).	06/02/52 - 13/04/57	1953 - 1957
	002	É investigado o Palácio do Governo do Estado de São Paulo (Palácio dos Campos Elíseos).	24/04/57 - 23/09/57	1957 - 1957
	003	É investigado o Palácio do Governo do Estado de São Paulo (Palácio dos Campos Elíseos).	24/09/57 - 09/12/57	1957 - 1957
	004	É investigado o Palácio do Governo do Estado de São Paulo (Palácio dos Campos Elíseos).	10/12/57 - 05/05/58	1957 - 1958
	005	É investigado o Palácio do Governo do Estado de São Paulo (Palácio dos Campos Elíseos).	06/05/58 - 01/08/58	1958 - 1958
	006	É investigado o Palácio do Governo do Estado de São Paulo (Palácio dos Campos Elíseos).	01/08/58 - 03/09/58	1958 - 1958
	007	É investigado o Palácio do Governo do Estado de São Paulo (Palácio dos Campos Elíseos).	03/09/58 - 24/09/58	1958 - 1958
	007A	É investigado o Palácio do Governo do Estado de São Paulo (Palácio dos Campos Elíseos).	24/09/58 - 28/01/59	1958 - 1958
	008	É investigado o Palácio do Governo do Estado de São Paulo (Palácio dos Campos Elíseos).	04/02/59 - 19/02/64	1958 - 1964
	009	É investigado o Palácio do Governo do Estado de São Paulo (Palácio dos Campos Elíseos).	20/02/64 - 23/12/68	1964 - 1968
	010	É investigado o Palácio do Governo do Estado de São Paulo (Palácio dos Campos Elíseos).	12/02/69 - 23/04/69	1968 - 1969
	011	É investigado o Palácio do Governo do Estado de São Paulo (Palácio dos Campos Elíseos).	23/04/69 - 23/04/69	1968 - 1968
	012	É investigado o Palácio do Governo do Estado de São Paulo (Palácio dos Campos Elíseos).	16/07/69 - 07/08/73	1969 - 1973
	013	É investigado o Palácio do Governo do Estado de São Paulo (Palácio dos Campos Elíseos).	04/05/71 - 01/12/75	1970 - 1975

DOSSIÊS/ PASTAS		ASSUNTO	ARQUIVAMENTO	PRODUÇÃO
	014	E investigado o Palácio do Governo do Estado de São Paulo (Palácio dos Campos Elíseos).	03/12/75 - 13/09/77	1975 - 1977
	015	É investigado o Palácio do Governo do Estado de São Paulo (Palácio dos Campos Elíseos).	14/09/77 - 28/04/78	1976 - 1978
	016	É investigado o Palácio do Governo do Estado de São Paulo (Palácio dos Campos Elíseos).	- 21/01/80	1977 - 1980
50-Z-710		**É investigado o Sindicato dos Trabalhadores da Indústria de Carnes e Derivados, Frios e Frigoríficos de Barretos.**	**15/01/44 - 13/12/61**	**1939 - 1961**
50-Z-711		**É investigada a 1ª Conferência Nacional de Polícia.**	**11/02/52 - 04/07/56**	**1951 - 1951**
50-Z-712		**É investigado o Estado do Piauí.**	**28/02/52 - 11/04/77**	**1952 - 1975**
50-Z-713		**Investigam-se os municípios de Icem e Barretos - SP, além de municípios do Triângulo Mineiro.**	**29/02/52 - 25/07/77**	**0 - 0**
50-Z-714		**É investigado o município de Itirapuã - SP.**	**03/03/52 - 19/02/76**	**1952 - 1973**
50-Z-715		**O investigado é Itoiutiy Carneiro de Magalhães, funcionário da Estrada de Ferro Sorocabana, em Sorocaba - SP.**	**-**	**1952 - 1952**
50-Z-716		**É investigado o jornal *Última Hora*.**	**25/08/52 - 22/01/79**	**1952 - 1979**
50-Z-717		**São investigados o Ministério da Viação e Obras Públicas e o IV Congresso dos Ferroviários.**	**24/03/53 - 25/02/72**	**1949 - 1972**
50-Z-718		**É investigado o município de Iacri - SP.**	**05/11/52 -**	**1952 - 1952**
50-Z-719		**É investigado o município de Taubaté. Há também informações sobre uma revolta de presos na Ilha Anchieta.**	**03/12/52 - 26/01/55**	**1952 - 1955**
50-Z-720		**É investigado o movimento Rearmamento Moral, no Brasil e no exterior.**	**17/08/53 - 19/04/47**	**1952 - 1952**
50-Z-721		**É investigada a Conferência Nacional de Trabalhadores Agrícolas.**	**24/08/53 - 28/05/57**	**1953 - 1956**
50-Z-722		**É investigado o I Congresso da Previdência Social.**	**27/02/52 - 21/06/54**	**1953 - 1953**
50-Z-723		**É investigado o Sindicato da Construção Civil.**	**30/09/53 - 23/11/73**	**1953 - 1953**
50-Z-724		**São investigados o município de Curitiba - PR e o V Congresso dos Jornalistas.**	**04/09/53 - 18/09/53**	**1953 - 1953**
50-Z-725		**São investigados os municípios de Valparaízo e de Araçatuba - SP.**	**18/02/54 - 12/10/62**	**1949 - 1949**
50-Z-726		**É investigado o município de Embu - SP.**	**29/08/59 - 01/10/76**	**1956 - 1976**
50-Z-727		**São investigados o Sindicato dos Metalúrgicos de São Paulo, o II Congresso de Previdência e Seguro Social; e o III Congresso de Previdência e Seguro Social .**	**11/06/54 - 16/05/56**	**1954 - 1954**
50-Z-728		**São investigados o Sindicato Empregador de Escritórios do Estado de São Paulo e o Sindicato dos Transportes Rodoviários do Estado de São Paulo.**	**30/10/54 - 07/01/76**	**1949 - 1974**
50-Z-729		**É investigado o Sindicato dos Trabalhadores no Comércio Armazenador do Estado de São Paulo.**	**07/12/54 - 21/03/67**	**1944 - 1967**
50-Z-730		**É investigado o município de Riolândia - SP.**	**30/10/57 - 25/02/76**	**1957 - 1957**
50-Z-731		**É investigada a PETROBRÁS.**	**09/10/53 - 29/05/79**	**1953 - 1979**
	001	É investigada a PETROBRÁS.	09/10/53 - 23/10/58	1953 - 1958
	002	É investigada a PETROBRÁS.	23/10/58 - 01/04/70	1958 - 1958
	003	É investigada a PETROBRÁS.	14/04/70 - 12/11/75	1959 - 1970
	004	É investigada a PETROBRÁS.	22/12/75 - 03/09/76	1955 - 1976
	005	É investigada a PETROBRÁS.	11/10/76 - 11/01/77	1976 - 1977
	006	É investigada a PETROBRÁS.	11/01/77 - 07/02/77	1977 - 1977
	007	É investigada a PETROBRÁS.	07/02/77 - 08/02/77	1977 - 1977
	008	É investigada a PETROBRÁS.	09/02/77 - 30/09/77	1977 - 1977
	009	É investigada a PETROBRÁS.	30/11/77 - 26/09/78	1977 - 1978
	010	É investigada a PETROBRÁS.	08/12/78 - 29/05/79	1978 - 1979
50-Z-732		**É investigado o município de Irapuru - SP.**	**19/01/55 - 25/07/77**	**1955 - 1976**
50-Z-733		**É investigado o município de Flora Rica - SP.**	**19/01/55 - 09/12/75**	**1955 - 1975**
50-Z-734		**São investigados o Departamento de Esportes e Educação Física do Estado de São Paulo e o Setor de Vigilância do Interior.**	**03/02/55 - 20/05/55**	**1955 - 1955**
50-Z-735		**É investigado o município de Valinhos - SP.**	**28/02/55 - 19/05/76**	**1955 - 1976**
50-Z-736		**É investigado o município de Mariápolis - SP.**	**04/03/55 - 03/06/76**	**1955 - 1975**
50-Z-737		**O investigado é João Alberto, membro da Coordenação da Mobilização Econômica.**	**14/04/55 - 14/04/55**	**1955 - 1955**
50-Z-738		**É investigado o Sindicato dos Bancários.**	**16/05/55 - 03/05/77**	**1955 - 1977**
50-Z-739		**É investigado o Sindicato dos Bancários.**	**01/06/55 - 12/09/77**	**1955 - 1977**
50-Z-740		**A investigada é Tereza Delta, prefeita da cidade de São Bernardo do Campo - SP, na década de 40, e deputada em período posterior.**	**26/05/55 - 26/09/66**	**1945 - 1966**
50-Z-741		**É investigada a Companhia Brasileira de Alumínio.**	**08/06/59 - 24/08/55**	**1955 - 1955**
50-Z-742		**Trata-se de uma documentação da Delegacia Especializada em Crimes Fazendários e de informações sobre a Secretaria da Fazenda do Estado de São Paulo.**	**06/09/57 - 18/10/77**	**1950 - 1977**
	001	Trata-se de uma documentação da Delegacia Especializada em Crimes Fazendários e de	06/09/57 - 01/06/71	1950 - 1970

DOSSIÊS/ PASTAS		ASSUNTO	ARQUIVAMENTO	PRODUÇÃO
		informações sobre a Secretaria da Fazenda.		
	002	Trata-se de uma documentação da Delegacia Especializada em Crimes Fazendários e de informações sobre a Secretaria da Fazenda.	03/11/71 - 07/06/72	1971 - 1972
	003	Trata-se de uma documentação da Delegacia Especializada em Crimes Fazendários.	08/08/72 - 01/05/74	1972 - 1974
	004	Trata-se de uma documentação da Delegacia Especializada em Crimes Fazendários.	01/05/74 - 18/10/77	1974 - 1977
50-Z-743		**É investigado o município de Itapeva - SP.**	**-**	**1955 - 1955**
50-Z-744		**É investigado o Estado de Pernambuco.**	**05/10/55 - 18/10/55**	**1955 - 1955**
50-Z-745		**Trata-se de documentação do Conselho de Segurança Nacional.**	**04/01/56 - 27/01/70**	**1955 - 1964**
	001	Trata-se de documentação proveniente do Conselho de Segurança Nacional.	04/01/56 - 23/02/60	1955 - 1960
	002	Trata-se de documentação proveniente do Conselho de Segurança Nacional.	29/03/60 - 27/01/70	1959 - 1964
	003	Trata-se de documentação proveniente do Conselho de Segurança Nacional.	27/01/70 - 27/01/70	1964 - 1964
50-Z-746		**É investigado o município de Mirante do Paranapanema - SP.**	**28/02/56 - 03/06/76**	**1956 - 1975**
50-Z-747		**É investigado o município de Ribeirão Pires - SP.**	**26/04/56 - 02/09/77**	**1942 - 1977**
	001	É investigado o município de Ribeirão Pires - SP.	26/04/56 - 01/12/76	1942 - 1942
	002	É investigado o município de Ribeirão Pires - SP.	13/12/76 - 02/09/77	1976 - 1977
50-Z-748		**É investigada a Alfândega de Santos - SP.**	**11/06/56 - 25/04/57**	**1956 - 1956**
50-Z-749		**São investigados o Movimento contra a Carestia, a Comissão Federal de Aumento de Preços (COFAP) e a Comissão Estadual de Aumento de Preços (COAP).**	**14/11/56 - 02/08/63**	**1956 - 1962**
50-Z-750		**É investigado o município de Mauá - SP.**	**03/06/57 - 09/01/78**	**1957 - 1977**
	001	É investigado o município de Mauá - SP.	03/06/57 - 08/07/75	1957 - 1975
	002	É investigado o município de Mauá - SP.	01/03/74 - 10/01/77	1974 - 1976
	003	É investigado o município de Mauá - SP.	10/01/77 - 09/01/78	1976 - 1977
50-Z-751		**Trata-se do Juízo Privativo de Menores.**	**17/01/57 - 20/05/76**	**1949 - 1956**
50-Z-752		**É investigada a venda ilegal de terrenos nas praias do Rio Grande do Sul.**	**19/10/56 - 24/09/57**	**1956 - 1956**
50-Z-753		**É investigado o município de Santa Rosa do Viterbo - SP.**	**20/07/44 - 07/06/76**	**1943 - 1975**
50-Z-754		**É investigado o município de Pariquer-Açu - SP.**	**09/01/58 - 08/09/76**	**1956 - 1975**
50-Z-755		**São investigados os atos públicos pela criação de 20 subprefeituras na capital paulista.**	**17/05/62 - 17/05/62**	**1962 - 1962**
50-Z-756		**É investigado o litoral sul do Estado de São Paulo.**	**08/03/71 - 08/03/71**	**1957 - 1971**
50-Z-757		**A investigada é Hilda Flory Caspary, lituana naturalizada brasileira.**	**-**	**1957 - 1957**
50-Z-758		**São investigados os comícios e protestos contra as bases militares norte-americanas na Ilha de Fernando de Noronha.**	**08/05/57 - 08/11/57**	**1957 - 1957**
	001	São investigados os comícios e os protestos contra as bases militares norte-americanas na ilha de Fernando de Noronha.	17/07/57 - 17/07/57	1957 - 1957
	002	São investigados os comícios e os protestos contra as bases militares norte-americanas na ilha de Fernando de Noronha.	08/05/57 - 08/11/57	1957 - 1957
50-Z-759		**É investigado o município de Santa Mercedes - SP.**	**24/05/77 - 09/12/75**	**1975 - 1975**
50-Z-760		**É investigado o município de Guapiara - SP.**	**16/09/58 - 12/07/76**	**1957 - 1957**
50-Z-761		**É investigado o município de Guapiaçu - SP.**	**01/06/57 - 28/10/76**	**1976 - 1976**
50-Z-762		**É investigado o movimento de lavradores Marcha da Produção.**	**17/06/57 - 03/02/57**	**1956 - 1958**
50-Z-763		**É investigado o município de Bento de Abreu - SP.**	**02/04/68 - 08/12/75**	**1958 - 1974**
50-Z-764		**É investigado o município de Santa Fé do Sul - SP.**	**30/07/57 - 04/01/78**	**1957 - 1977**
	001	É investigado o município de Santa Fé do Sul - SP.	30/07/57 - 08/06/60	1957 - 1960
	002	É investigado o município de Santa Fé do Sul - SP.	14/09/60 - 04/01/78	1960 - 1977
50-Z-765		**É investigado o município de Sumaré - SP.**	**08/08/57 - 21/10/76**	**1976 - 1976**
50-Z-766		**É investigado o município de Santo Antônio da Posse - SP.**	**08/02/57 - 11/12/75**	**1957 - 1975**
50-Z-767		**É investigado o município de Jaguariúna - SP.**	**16/08/67 - 17/02/78**	**1958 - 1978**
50-Z-768		**É investigado o município de Buritizal - SP.**	**26/08/57 - 18/02/76**	**1957 - 1975**
50-Z-769		**É investigado o município de Ibaté - SP.**	**02/09/57 - 03/12/75**	**1958 - 1975**
50-Z-770		**É investigado o município de Barrinhas - SP.**	**16/09/57 - 25/10/76**	**1957 - 1976**
50-Z-771		**É investigado o município de Braúna - SP.**	**20/09/57 - 08/12/78**	**1957 - 1975**
50-Z-772		**É investigado o município de Indiaporã - SP.**	**12/11/57 - 12/12/75**	**1956 - 1975**
50-Z-773		**É investigado o município de Monte Aprazível - SP.**	**26/05/58 - 11/05/76**	**1957 - 1975**
50-Z-774		**É investigado o município de Gastão Vidigal - SP.**	**05/12/57 - 02/06/76**	**1957 - 1975**
50-Z-775		**É investigado o município de Panorama - SP.**	**11/12/57 - 06/10/76**	**1957 - 1976**
50-Z-776		**É investigado o município de Lupércio - SP.**	**16/12/57 - 12/07/76**	**1957 - 1975**
50-Z-777		**É investigado o município de Marabá Paulista - SP.**	**19/12/57 - 10/08/77**	**1957 - 1976**
50-Z-778		**É investigado o município de Anhumas - SP.**	**27/12/57 - 18/02/76**	**1957 - 1975**
50-Z-779		**É investigado o município de Monte Aprazível - SP.**	**03/01/58 - 11/12/75**	**1958 - 1975**
50-Z-780		**É investigado o município de Severinia - SP.**	**07/01/58 - 11/12/75**	**1957 - 1975**
50-Z-781		**É investigado o município de Itaquaquecetuba - SP.**	**07/05/73 - 16/01/78**	**1955 - 1977**
	001	É investigado o município de Itaquaquecetuba - SP.	-	1955 - 1973
	003	É investigado o município de Itaquaquecetuba - SP.	23/07/73 - 21/10/74	1971 - 1974

DOSSIÊS/ PASTAS		ASSUNTO	ARQUIVAMENTO	PRODUÇÃO
	004	E investigado o município de Itaquaquecetuba - SP.	24/08/76 - 14/02/77	1974 - 1976
	005	É investigado o município de Itaquaquecetuba - SP.	23/03/77 - 15/06/77	1969 - 1977
	006	É investigado o município de Itaquaquecetuba - SP.	22/06/77 - 22/06/77	1964 - 1977
	007	É investigado o município de Itaquaquecetuba - SP.	05/08/77 - 16/01/78	1974 - 1977
	008	É investigado o município de Itaquaquecetuba - SP.	07/05/73 - 07/05/73	1973 - 1973
50-Z-782		**É investigado o município de Guaimbê - SP.**	**29/01/58 - 08/09/76**	**1958 - 1976**
50-Z-783		**É investigado o município de Ribeirão Vermelho do Sul - SP.**	**05/02/58 - 12/12/75**	**1958 - 1975**
50-Z-784		**É investigado o município de Iraçú do Tietê - SP.**	**19/02/58 - 22/08/77**	**1958 - 1977**
50-Z-785		**É investigado o município de Charqueada - SP.**	**27/02/58 - 14/06/76**	**1958 - 1975**
50-Z-786		**É investigado o município de São José do Barreiro - SP.**	**27/02/58 - 26/12/75**	**1958 - 1975**
50-Z-787		**É investigado o município de Castilho - SP.**	**02/04/58 - 06/09/76**	**1957 - 1976**
50-Z-788		**É investigado o município de Araçatuba - SP.**	**02/04/58 - 08/09/76**	**1957 - 1976**
50-Z-789		**É investigado o município de Florínea - SP.**	**02/04/58 - 12/07/70**	**1958 - 1975**
50-Z-790		**É investigado o município de Paraíso - SP.**	**09/04/58 - 20/03/73**	**1958 - 1973**
50-Z-791		**São investigados os municípios de Magda e de Monte Aprazível – SP.**	**25/04/58 - 01/08/77**	**1958 - 1976**
50-Z-792		**É investigado o município de Monte Aprazível – SP.**	**25/04/58 - 21/01/77**	**1957 - 1976**
50-Z-793		**É investigado o município de Divinolândia – SP.**	**26/05/58 - 18/12/75**	**1958 - 1975**
50-Z-794		**São investigados os municípios de Pirajuí e de Balbinos – SP.**	**22/07/58 - 18/02/75**	**1958 - 1975**
50-Z-795		**É investigado o município de Sabino – SP.**	**22/07/58 - 12/07/76**	**1958 - 1975**
50-Z-796		**É investigado o município de Uru – SP.**	**22/07/58 - 28/12/72**	**1958 - 1975**
50-Z-797		**É investigado o município de Dracena – SP.**	**24/07/58 - 27/07/77**	**1958 - 1976**
50-Z-798		**É investigado o município de Ouro Verde – SP.**	**25/07/58 - 10/08/77**	**1958 - 1976**
50-Z-799		**É investigado o município de Platina – SP.**	**28/07/58 - 19/04/76**	**1958 - 1975**
50-Z-800		**É investigado o município de Itajú – SP.**	**05/08/58 - 09/12/75**	**1958 - 1976**
50-Z-801		**É investigado o município de Nova Odessa – SP.**	**11/08/58 - 02/02/79**	**1958 - 1979**
50-Z-802		**É investigado o município de Taciba – SP.**	**22/08/58 - 03/06/76**	**1958 - 1975**
50-Z-803		**É investigado o município de Igaratá – SP.**	**23/09/58 - 09/12/75**	**1958 - 1975**
50-Z-804		**É investigado o município de Lagoinha – SP.**	**24/09/58 - 12/12/75**	**1957 - 1975**
50-Z-805		**É investigado o município de São Sebastião da Grama – SP.**	**30/10/59 - 15/12/75**	**1957 - 1975**
50-Z-806		**É investigado o município de Caiabu – SP.**	**22/05/64 - 03/12/75**	**1958 - 1975**
50-Z-807		**É investigado o município de Taboão da Serra – SP.**	**13/07/59 - 27/02/78**	**1959 - 1978**
50-Z-808		**É investigado o município de São Pedro - SP.**	**18/02/59 - 16/01/78**	**1959 - 1978**
	001	É investigado o município de São Pedro - SP.	18/02/59 - 27/09/74	1959 - 1974
	002	É investigado o município de São Pedro - SP.	11/10/74 - 16/01/78	1974 - 1978
50-Z-809		**É investigado o município de Lucianópolis - SP.**	**16/02/59 - 20/01/77**	**1966 - 1975**
50-Z-810		**É investigado o município de Santo Antonio do Jardim - SP.**	**16/02/59 - 07/06/76**	**1957 - 1976**
50-Z-811		**É investigado o município de Taiaçu - SP.**	**16/02/59 - 20/09/75**	**1957 - 1975**
50-Z-812		**É investigado o município de Pirapora do Bom Jesus - SP.**	**08/09/59 - 22/11/56**	**1959 - 1976**
50-Z-813		**É investigado o município de Adolfo - SP.**	**23/10/59 - 03/12/75**	**1959 - 1975**
50-Z-814		**É investigado o município de Mongaguá - SP.**	**23/10/59 - 03/11/76**	**1959 - 1976**
50-Z-815		**É investigado o município de Cássia dos Coqueiros - SP.**	**23/10/59 - 27/10/79**	**1959 - 1976**
50-Z-816		**É investigado o município de Luiz Antonio - SP.**	**23/10/59 - 07/06/76**	**1959 - 1975**
50-Z-817		**É investigado o município de Guapuã - SP.**	**30/10/59 - 26/10/59**	**1959 - 1962**
50-Z-818		**É investigado o município de Boracéia - SP.**	**23/10/59 - 03/12/75**	**1959 - 1975**
50-Z-819		**É investigado o município de Cândido Rodrigues - SP.**	**23/10/59 - 03/12/75**	**1959 - 1975**
50-Z-820		**É investigado o município de Santa Lúcia - SP.**	**23/10/59 - 11/12/55**	**1959 - 1975**
50-Z-821		**É investigado o município de Alvilândia - SP.**	**23/10/59 - 18/07/77**	**1959 - 1976**
50-Z-822		**É investigado o município de Areiópolis - SP.**	**23/10/59 - 08/02/78**	**1959 - 1978**
50-Z-823		**É investigado o município de Sete Barras - SP.**	**23/10/59 - 08/09/76**	**1959 - 1976**
50-Z-824		**É investigado o município de Altair - SP.**	**23/10/59 - 03/12/75**	**1959 - 1975**
50-Z-825		**É investigado o município de Arujá - SP.**	**23/10/59 - 22/08/77**	**1959 - 1977**
50-Z-826		**É investigado o município de Bady Bassit (ex-Borboleta) - SP.**	**23/10/59 - 22/05/64**	**1959 - 1963**
50-Z-827		**É investigado o município de Barbosa - SP.**	**23/10/59 - 01/12/76**	**1959 - 1976**
50-Z-828		**É investigado o município de Bom Jesus dos Perdões - SP.**	**23/10/59 - 28/12/76**	**1959 - 1976**
50-Z-829		**É investigado o município de Catiguá - SP.**	**24/10/59 - 03/12/75**	**1959 - 1975**
50-Z-830		**É investigado o município de Cesário Lange - SP.**	**24/10/59 - 25/10/76**	**1959 - 1976**
50-Z-832		**É investigado o município de Jaci - SP.**	**27/10/59 - 10/12/75**	**1959 - 1975**
50-Z-833		**É investigado o município de Iacri - SP.**	**27/10/59 - 12/12/75**	**1959 - 1975**
50-Z-834		**É investigado o município de Inúbia Paulista (ex - Ibirapuera) - SP.**	**27/10/59 - 25/07/77**	**1959 - 1977**
50-Z-835		**É investigado o município de Dolcinópolis – SP.**	**27/10/59 - 19/02/76**	**1959 - 1975**
50-Z-836		**É investigado o município de Gabriel Monteiro - SP.**	**27/10/79 - 08/12/75**	**1959 - 1975**
50-Z-837		**É investigado o município de Peruíbe.**	**29/10/59 - 05/08/77**	**1916 - 1976**
	001	É investigado o município de Peruíbe - SP.	29/10/59 - 20/02/75	1959 - 1974
	002	É investigado o município de Peruíbe - SP.	24/02/75 - 11/12/75	1964 - 1975

DOSSIÊS/ PASTAS		ASSUNTO	ARQUIVAMENTO	PRODUÇÃO
	003	E investigado o município de Peruíbe - SP.	- 06/02/76	1972 - 1972
	004	É investigado o município de Peruíbe - SP.	23/02/76 - 05/08/77	1916 - 1976
50-Z-838		**É investigado o município de Taguaí - SP.**	**29/10/59 - 28/03/77**	**1959 - 1977**
50-Z-839		**É investigado o município de Ocauçu - SP.**	**05/11/59 - 12/07/76**	**1959 - 1975**
50-Z-840		**É investigado o município de Mendonça - SP.**	**05/11/79 - 27/07/77**	**1959 - 1976**
50-Z-841		**É investigado o município de Pardinho - SP.**	**05/11/59 - 08/02/78**	**1959 - 1978**
50-Z-842		**É investigado o município de Palmeira d'Oeste - SP.**	**05/11/59 - 10/08/77**	**1959 - 1976**
50-Z-843		**É investigado o município de Santa Albertina - SP.**	**05/11/59 - 25/12/75**	**1959 - 1975**
50-Z-844		**É investigado o município de Sandovalina - SP.**	**05/11/59 - 08/09/75**	**1959 - 1976**
50-Z-845		**É investigado o município de Santa Maria da Serra - SP.**	**05/11/59 - 11/12/75**	**1959 - 1975**
50-Z-846		**É investigado o município de Três Fronteiras - SP.**	**05/11/59 - 27/12/77**	**1959 - 1977**
50-Z-847		**É investigado o município de Turiciba - SP.**	**05/11/59 - 06/09/76**	**1959 - 1976**
50-Z-848		**É investigado o município de Santo Expedito - SP.**	**05/11/59 - 11/12/76**	**1959 - 1975**
50-Z-849		**É investigado o município de Urânia - SP.**	**05/11/59 - 04/11/76**	**1959 - 1976**
50-Z-850		**É investigado o município de Sarutaia - SP.**	**05/11/59 - 25/02/76**	**1959 - 1975**
50-Z-851		**É investigado o município de Floreal - SP.**	**05/11/59 - 02/06/76**	**1959 - 1976**
50-Z-852		**É investigado o município de Luiziânia - SP.**	**05/11/59 - 26/07/77**	**1959 - 1976**
50-Z-853		**É investigado o município de Nova Guataporanga - SP.**	**05/11/59 - 03/06/76**	**1959 - 1975**
50-Z-854		**É investigado o município de Sud Menucci - SP.**	**05/11/59 - 03/11/76**	**1959 - 1975**
50-Z-855		**É investigado o município de Santópolis do Aguapeí - SP.**	**05/11/59 - 03/11/76**	**1959 - 1976**
50-Z-856		**É investigado o município de Pradópolis - SP.**	**05/11/59 - 11/12/75**	**1959 - 1975**
50-Z-857		**É investigado o município de Sales - SP.**	**27/10/59 - 06/04/75**	**1959 - 1975**
50-Z-858		**É investigado o município de São João do Pau D'Alho - SP.**	**05/11/59 - 03/06/76**	**1959 - 1975**
50-Z-859		**É investigado o município de Populina - SP.**	**05/11/59 - 02/07/76**	**1959 - 1976**
50-Z-860		**É investigado o município de Vista Alegre do Alto - SP.**	**03/09/59 - 17/09/69**	**1959 - 1972**
50-Z-861		**É investigado o município de Salmorão - SP.**	**14/09/59 - 12/04/77**	**1959 - 1977**
50-Z-862		**É investigado o município de Sagre - SP.**	**14/09/59 - 03/11/76**	**1959 - 1959**
50-Z-863		**É investigado o município de Santo Antônio do Pinhal - SP.**	**26/02/61 - 31/01/78**	**1959 - 1978**
50-Z-864		**É investigado o município de Avilândia - SP.**	**- 07/10/63**	**1959 - 1963**
50-Z-865		**É investigado o município de Diadema - SP.**	**10/04/62 - 02/01/78**	**1962 - 1977**
50-Z-866		**É investigado o município de João Ramalho - SP.**	**08/03/61 - 26/07/77**	**1959 - 1975**
50-Z-867		**É investigado o município de Mirassolândia - SP.**	**21/05/64 - 10/12/75**	**1959 - 1975**
50-Z-868		**É investigado o município de Roseira - SP.**	**02/06/69 - 02/05/77**	**1968 - 1976**
50-Z-869		**É investigado o município de Meridiano - SP.**	**09/06/64 - 12/12/75**	**1959 - 1975**
50-Z-870		**É investigado o município de Cristais Paulistas - SP.**	**05/06/64 - 19/02/76**	**1964 - 1975**
50-Z-871		**É investigado o município de Bady Bassit - SP.**	**02/12/64 - 03/12/75**	**1964 - 1975**
50-Z-872		**É investigado o município de Araçoiaba da Serra - SP.**	**04/12/63 -**	**1963 - 1963**
50-Z-873		**É investigado o município de Votorantim - SP.**	**04/12/63 - 22/11/76**	**1963 - 1976**
50-Z-874		**É investigado o município de Capela do Alto - SP.**	**04/12/63 - 12/12/75**	**1963 - 1975**
50-Z-875		**É investigado o município de Araraquara - SP.**	**04/12/63 - 03/12/75**	**1963 - 1975**
50-Z-877		**É investigado o município de Cruzália - SP.**	**24/03/66 - 03/12/75**	**1966 - 1975**
50-Z-878		**É investigado o município de Jandira - SP.**	**26/04/66 - 20/01/77**	**1966 - 1976**
50-Z-879		**É investigado o município de Itapura - SP.**	**27/09/66 - 05/05/76**	**1966 - 1975**
50-Z-880		**É investigado o município de Queiróz - SP.**	**04/04/67 - 06/04/76**	**1967 - 1975**
50-Z-881		**É investigado o município de Várzea Paulista - SP.**	**14/08/67 - 06/09/76**	**1967 - 1976**
50-Z-882		**É investigado o município de Francisco Morato - SP.**	**18/08/67 - 18/04/77**	**1967 - 1976**
50-Z-883		**É investigado o município de Praia Grande - SP.**	**28/08/67 - 13/05/77**	**1967 - 1977**
	001	É investigado o município de Praia Grande - SP.	28/08/67 - 21/12/72	1967 - 1972
	002	É investigado o município de Praia Grande – SP.	20/01/75 - 11/12/74	1971 - 1977
	003	É investigado o município de Praia Grande - SP.	04/05/76 - 13/05/77	1974 - 1977
50-Z-884		**É investigado o município de Teodoro Sampaio - SP.**	**05/09/67 - 08/03/79**	**1967 - 1978**
50-Z-885		**É investigado o município de Estrela do Norte - SP.**	**06/08/68 - 08/09/76**	**1968 - 1976**
50-Z-886		**É investigado o município de Narandiba - SP.**	**06/08/68 - 28/07/77**	**1968 - 1976**
50-Z-887		**É investigado o município de Borá - SP.**	**09/08/68 - 03/12/75**	**1968 - 1975**
50-Z-888		**É investigado o município de Paulínia - SP.**	**19/08/68 - 05/01/76**	**1967 - 1976**
50-Z-889		**É investigado o município de Ribeirão do Sul - SP.**	**09/08/68 - 30/09/76**	**1968 - 1976**
50-Z-890		**É investigado o município de Arandu - SP.**	**07/08/68 - 13/05/77**	**1968 - 1976**
50-Z-891		**É investigado o município de Tijupá - SP.**	**11/12/68 - 25/02/76**	**1968 - 1975**
50-Z-892		**É investigado o município de União Paulista - SP.**	**07/08/68 - 11/12/75**	**1968 - 1975**
50-Z-893		**É investigado o município de Sebastianópolis do Sul - SP.**	**07/08/68 - 02/06/76**	**1968 - 1976**
50-Z-894		**É investigado o município de Nova Luzitânia - SP.**	**07/08/68 - 11/12/75**	**1968 - 1975**
50-Z-895		**É investigado o município de Monções - SP.**	**18/08/68 - 10/12/75**	**1968 - 1975**
50-Z-896		**É investigado o município de Guzolândia - SP.**	**07/08/68 - 06/09/76**	**1968 - 1976**

DOSSIÊS/ PASTAS		ASSUNTO	ARQUIVAMENTO	PRODUÇÃO
50-Z-897		**E investigado o município de Onda Verde - SP.**	**07/08/68 - 11/12/75**	**1968 - 1975**
50-Z-898		**É investigado o município de Oriundiva - SP.**	**07/08/68 - 11/12/75**	**1968 - 1975**
50-Z-900		**São investigados os municípios de Jales e Estrela D'Oeste - SP.**	**07/08/68 - 11/06/76**	**1968 - 1975**
50-Z-901		**É investigado o município de Turmalina - SP.**	**07/08/68 - 25/02/76**	**1968 - 1976**
50-Z-902		**É investigado o município de Rubinéia - SP.**	**07/08/68 - 04/02/74**	**1968 - 1974**
50-Z-903		**É investigado o município de Santa Clara D'Oeste - SP.**	**07/08/68 - 04/02/74**	**1968 - 1974**
50-Z-904		**É investigado o município de Marinópolis - SP.**	**07/08/68 - 03/06/76**	**1968 - 1975**
50-Z-905		**É investigado o município de Aparecida D'Oeste - SP.**	**07/08/68 - 03/06/76**	**1968 - 1975**
50-Z-906		**É investigado o município de Jaú - SP.**	**07/08/68 - 04/02/74**	**1968 - 1975**
50-Z-907		**É investigado o município de São Francisco - SP.**	**07/08/68 - 03/06/76**	**1968 - 1975**
50-Z-908		**É investigado o município de Morungaba - SP.**	**07/08/68 - 09/09/76**	**1968 - 1975**
50-Z-909		**É investigado o município de Pedra Bela - SP.**	**07/08/68 - 23/12/75**	**1968 - 1975**
50-Z-910		**É investigado o município de Caranapuan - SP.**	**14/08/68 -**	**1968 - 1968**
50-Z-911		**É investigado o município de Carapicuíba - SP.**	**14/08/68 - 29/06/76**	**1968 - 1976**
50-Z-912		**É investigado o município de Itupeva - SP.**	**30/09/68 - 08/09/76**	**1968 - 1976**
50-Z-913		**É investigado o município de Buriti Mirim - SP.**	**28/11/68 - 09/02/77**	**1968 - 1976**
50-Z-914		**É investigado o município de Rio Grande da Serra - SP.**	**25/11/68 - 20/07/77**	**1969 - 1976**
50-Z-915		**É investigado o município de Macedônia - SP.**	**28/11/68 - 12/12/75**	**1968 - 1975**
50-Z-916		**É investigado o município de Padrenópolis - SP.**	**28/11/68 - 12/12/75**	**1968 - 1975**
50-Z-917		**É investigado o município de Embu - Guaçu - SP.**	**11/12/68 - 22/08/77**	**1968 - 1977**
50-Z-918		**É investigado o município de Pontes Gestal - SP.**	**28/11/68 - 12/12/75**	**1968 - 1975**
50-Z-919		**É investigado o município de Osasco - SP.**	**27/12/68 - 16/04/73**	**1968 - 1973**
50-Z-920		**É investigado o município de Mira Estrela - SP.**	**28/11/68 - 05/10/76**	**1968 - 1976**
50-Z-921		**É investigado o município de Barão de Antonina - SP.**	**17/12/68 - 20/01/72**	**1968 - 1969**
50-Z-922		**É investigado o município de Barra do Turvo - SP.**	**17/12/68 - 03/12/75**	**1968 - 1975**
50-Z-923		**É investigado o município de Coronel Macedo - SP.**	**17/02/68 - 12/12/75**	**1968 - 1975**
50-Z-924		**É investigado o município de Nova Independência – SP.**	**23/12/68 - 03/12/75**	**1969 - 1975**
50-Z-925		**É investigado o município de Santana de Ponte Pensa - SP.**	**06/01/69 - 04/02/74**	**1969 - 1975**
50-Z-926		**É investigado o município de Louveira - SP.**	**29/05/69 - 22/08/77**	**1969 - 1977**
50-Z-927		**É investigado o município de Piracicaba - SP.**	**09/01/69 - 10/05/76**	**1968 - 1975**
50-Z-928		**É investigado o município de Ipeúna - SP.**	**09/01/69 - 09/12/75**	**1968 - 1975**
50-Z-929		**É investigado o município de Mombuca - SP.**	**09/01/69 - 14/05/76**	**1968 - 1976**
50-Z-930		**É investigado o município de Dobrada - SP.**	**14/01/69 - 08/12/75**	**1969 - 1975**
50-Z-931		**É investigado o município de Santa Ernestina - SP.**	**14/01/69 - 03/12/75**	**1969 - 1975**
50-Z-932		**É investigado o município de Palmares Paulista - SP.**	**11/01/69 - 11/12/75**	**1965 - 1969**
50-Z-933		**É investigado o município de Ribeirão Corrente - SP.**	**14/01/69 - 26/02/76**	**1969 - 1975**
50-Z-934		**É investigado o município de Restinga - SP.**	**14/01/69 - 26/02/76**	**1969 - 1975**
50-Z-935		**É investigado o município de Aramina - SP.**	**14/01/69 - 08/04/76**	**1969 - 1975**
50-Z-936		**É investigado o município de Jeriquara - SP.**	**14/01/69 - 19/02/76**	**1969 - 1975**
50-Z-937		**É investigado o município de Barão de Antonina - SP.**	**17/01/69 - 12/12/75**	**1969 - 1975**
50-Z-938		**É investigado o município de Vargem - SP.**	**26/11/68 - 26/11/68**	**1968 - 1970**
50-Z-939		**É investigado o município de Santópolis do Aguapeí - SP.**	**03/09/69 - 08/12/75**	**1969 - 1975**
50-Z-940		**É investigado o município de Juquitiba - SP.**	**20/02/69 - 28/01/77**	**1969 - 1976**
50-Z-941		**É investigado o município de Arinú - SP.**	**28/08/69 - 28/08/69**	**1969 - 1969**
50-Z-942		**É investigado o município de Guaciara - SP.**	**28/08/69 - 28/02/72**	**1968 - 1972**
50-Z-943		**É investigado o município de Pinhalzinho - SP.**	**30/05/69 - 23/12/75**	**1969 - 1975**
50-Z-944		**É investigado o município de Vinópolis - SP.**	**05/07/69 - 05/07/69**	**1969 - 1969**
50-Z-945		**É investigado o município de Paranapuá - SP.**	**26/12/68 - 04/02/74**	**1968 - 1975**
50-Z-946		**É investigado o município de Dumont - SP.**	**25/07/69 - 27/01/76**	**1969 - 1976**
50-Z-947		**Observações realizadas nos Aeroportos de Congonhas (São Paulo) e Viracopos (Campinas).**	**14/01/70 - 06/03/80**	**1970 - 1980**
	001	Observações realizadas nos Aeroportos de Congonhas (São Paulo) e de Viracopos (Campinas).	14/01/70 - 31/10/72	1970 - 1792
	002	Observações realizadas nos Aeroportos de Congonhas (São Paulo) e de Viracopos (Campinas).	10/01/74 - 10/01/74	1973 - 1973
	003	Observações realizadas nos Aeroportos de Congonhas (São Paulo) e de Viracopos (Campinas).	16/01/74 - 11/12/74	1973 - 1974
	004	Observações realizadas nos Aeroportos de Congonhas (São Paulo) e de Viracopos (Campinas).	22/02/74 - 15/01/75	1974 - 1974
	005	Observações realizadas nos Aeroportos de Congonhas (São Paulo) e de Viracopos (Campinas).	27/01/75 - 06/03/80	1974 - 1980
50-Z-948		**É investigado o município de Bertioga - SP.**	**01/07/74 - 29/01/75**	**1974 - 1974**
50-Z-949		**É investigada a empresa Ferrovias Paulista S.A. (FEPASA).**	**06/02/75 - 10/01/77**	**1973 - 1976**
	001	É investigada a empresa Ferrovias Paulista S.A. (FEPASA).	06/02/75 - 06/02/75	1973 - 1974
	002	É investigada a empresa Ferrovias Paulista S.A. (FEPASA).	13/01/76 - 10/01/77	1975 - 1976

DOSSIÊS/ PASTAS		ASSUNTO	ARQUIVAMENTO	PRODUÇÃO
50-Z-950		**Trata-se de uma documentação do Centro de Comunicações e Operações da Polícia Civil (CEPOL) e de documentos de diversos setores policiais contendo informações sobre presos (a maioria não são presos políticos).**	**13/01/75 - 15/06/78**	**1974 - 1978**
	001	Trata-se de uma documentação do Centro de Comunicações e Operações da Polícia Civil (CEPOL) e de documentos de diversos setores policiais contendo informações sobre presos (a maioria não são presos políticos).	13/01/75 - 13/02/76	1974 - 1975
	002	Trata-se de uma documentação do Centro de Comunicações e Operações da Polícia Civil (CEPOL) e de documentos de diversos setores policiais contendo informações sobre presos (a maioria não são presos políticos).	01/04/76 - 17/12/76	1976 - 1976
	003	Trata-se de uma documentação do Centro de Comunicações e Operações da Polícia Civil (CEPOL) e de documentos de diversos setores policiais contendo informações sobre presos (a maioria não são presos políticos).	14/01/77 - 31/03/77	1977 - 1977
	004	Trata-se de uma documentação do Centro de Comunicações e Operações da Polícia Civil (CEPOL) e de documentos de diversos setores policiais contendo informações sobre presos (a maioria não são presos políticos).	05/04/77 - 26/04/77	1977 - 1977
	005	Trata-se de uma documentação do Centro de Comunicações e Operações da Polícia Civil (CEPOL) e de documentos de diversos setores policiais contendo informações sobre presos (a maioria não são presos políticos).	26/04/77 - 20/06/77	1977 - 1977
	006	Trata-se de uma documentação do Centro de Comunicações e Operações da Polícia Civil (CEPOL) e de documentos de diversos setores policiais contendo informações sobre presos (a maioria não são presos políticos).	20/06/77 - 08/07/77	1977 - 1977
	007	Trata-se de uma documentação do Departamento Estadual de Polícia Científica - Divisão de Arquivos e Registros Especiais.	08/07/77 - 19/05/77	1977 - 1977
	008	Trata-se de uma documentação do Departamento Estadual de Polícia Científica - Divisão de Arquivos e Registros Especiais.	17/05/77 - 26/07/77	1977 - 1977
	009	Trata-se de uma documentação do Departamento Estadual de Polícia Científica - Divisão de Arquivos e Registros Especiais e do Centro de Comunicações e Operações da Polícia Civil (CEPOL).	26/07/77 - 19/08/77	1977 - 1977
	010	Trata-se de uma documentação do Departamento Estadual de Polícia Científica - Divisão de Arquivos e Registros Especiais e do Centro de Comunicações e Operações da Polícia Civil (CEPOL).	19/08/77 - 19/09/77	1977 - 1977
	011	Trata-se de uma documentação do Departamento Estadual de Polícia Científica - Divisão de Arquivos e Registros Especiais e do Centro de Comunicações e Operações da Polícia Civil (CEPOL).	19/09/77 - 14/10/77	1977 - 1977
	012	Trata-se de uma documentação do Centro de Comunicações e Operações da Polícia Civil (CEPOL).	18/10/78 - 13/03/78	1977 - 1978
	013	Trata-se de uma documentação do Centro de Comunicações e Operações da Polícia Civil (CEPOL).	13/03/78 - 15/03/78	1977 - 1978
	014	Trata-se de uma documentação do Departamento Estadual de Polícia Científica - Divisão de Arquivos e Registros Especiais e do Centro de Comunicações e Operações da Polícia Civil (CEPOL).	15/03/78 - 07/03/78	1977 - 1978
	015	Trata-se de uma documentação do Departamento Estadual de Polícia Científica - Divisão de Arquivos e Registros Especiais e do Centro de Comunicações e Operações da Polícia Civil (CEPOL).	07/03/78 - 10/03/78	1977 - 1978
	016	Trata-se de uma documentação do Departamento Estadual de Polícia Científica - Divisão de Arquivos e Registros Especiais e do Centro de Comunicações e Operações da Polícia Civil (CEPOL).	10/03/78 - 20/03/78	1977 - 1978
	017	Trata-se de uma documentação do Departamento Estadual de Polícia Científica - Divisão de Arquivos e Registros Especiais e do Centro de Comunicações e Operações da Polícia Civil (CEPOL).	20/03/78 - 27/03/78	1977 - 1978
	018	Trata-se de uma documentação do Centro de Comunicações e Operações da Polícia Civil (CEPOL).	27/03/78 - 25/04/78	1977 - 1978
	019	Trata-se de uma documentação do Centro de Comunicações e Operações da Polícia Civil (CEPOL).	02/03/78 - 24/05/78	1978 - 1978
	020	Trata-se de uma documentação do Centro de Comunicações e Operações da Polícia Civil (CEPOL).	24/05/78 - 29/05/78	1977 - 1978
	021	Trata-se de uma documentação do Centro de Comunicações e Operações da Polícia Civil (CEPOL).	29/05/78 - 15/06/78	1978 - 1978
50-Z-951		**Trata-se do Presídio do Hipódromo.**	**21/01/75 - 14/12/77**	**1975 - 1977**
50-Z-952		**Trata-se de uma documentação da Divisão de Proteção ao Patrimônio, mais especificamente da Delegacia de Furto de Automóveis.**	**30/12/74 - 06/03/75**	**1974 - 1975**

DOSSIÊS/ PASTAS		ASSUNTO	ARQUIVAMENTO	PRODUÇÃO
50-Z-953		**Trata-se de uma fotocópia da documentação da Delegacia de Polícia de Barretos sobre a visita do secretário de Estado do Interior, Raphael Baldaci Filho.**	**23/06/73 - 23/06/73**	**1976 - 1976**
50-Z-954		**É investigado o Estado do Rio Grande do Norte.**	**09/08/76 - 18/01/77**	**1976 - 1977**
52-B-001		**O investigado é Augusto Coutinho, funcionário da Delegacia Fiscal, acusado de distribuir boletins de propaganda contra o governo.**	**06/11/44 - 06/11/44**	**1944 - 1944**
52-H-001		**São investigados funcionários do Departamento Estadual de Informação e Propaganda (DEIP).**	**07/11/44 - 07/11/44**	**1944 - 1944**
52-Z-000		**Resumos e Referências sobre pessoas e sobre instituições elaborados pela Divisão de Informações do DEOPS/SP, a partir de uma solicitação de outros serviços de informação e organismos da administração pública.**	**19/02/70 - 19/03/79**	**1950 - 1991**
	001	Resumos e Referências sobre pessoas e sobre instituições elaborados pela Divisão de Informações do DEOPS/SP, a partir de uma solicitação de outros serviços de informação e organismos da administração pública.	19/02/70 - 24/02/70	1970 - 1970
	002	Resumos e Referências sobre pessoas e sobre instituições elaborados pela Divisão de Informações do DEOPS/SP, a partir de uma solicitação de outros serviços de informação e organismos da administração pública.	24/02/70 - 02/03/70	1970 - 1970
	003	Resumos e Referências sobre pessoas e sobre instituições elaborados pela Divisão de Informações do DEOPS/SP, a partir de uma solicitação de outros serviços de informação e organismos da administração pública.	02/03/70 - 10/03/70	1970 - 1970
	004	Resumos e Referências sobre pessoas e sobre instituições elaborados pela Divisão de Informações do DEOPS/SP, a partir de uma solicitação de outros serviços de informação e organismos da administração pública.	11/03/70 - 24/03/70	1970 - 1970
	005	Resumos e Referências sobre pessoas e sobre instituições elaborados pela Divisão de Informações do DEOPS/SP, a partir de uma solicitação de outros serviços de informação e organismos da administração pública.	25/03/70 - 03/04/70	1970 - 1970
	006	Resumos e Referências sobre pessoas e sobre instituições elaborados pela Divisão de Informações do DEOPS/SP, a partir de uma solicitação de outros serviços de informação e organismos da administração pública.	07/04/70 - 17/04/70	1970 - 1970
	007	Resumos e Referências sobre pessoas e sobre instituições elaborados pela Divisão de Informações do DEOPS/SP, a partir de uma solicitação de outros serviços de informação e organismos da administração pública.	17/04/70 - 28/04/70	1970 - 1970
	008	Resumos e Referências sobre pessoas e sobre instituições elaborados pela Divisão de Informações do DEOPS/SP, a partir de uma solicitação de outros serviços de informação e organismos da administração pública.	30/04/70 - 11/06/70	1970 - 1970
	009	Resumos e Referências sobre pessoas e sobre instituições elaborados pela Divisão de Informações do DEOPS/SP, a partir de uma solicitação de outros serviços de informação e organismos da administração pública.	13/05/70 - 22/05/70	1970 - 1970
	010	Resumos e Referências sobre pessoas e sobre instituições elaborados pela Divisão de Informações do DEOPS/SP, a partir de uma solicitação de outros serviços de informação e organismos da administração pública.	22/05/70 - 02/06/70	1970 - 1970
	011	Resumos e Referências sobre pessoas e sobre instituições elaborados pela Divisão de Informações do DEOPS/SP, a partir de uma solicitação de outros serviços de informação e organismos da administração pública.	05/06/70 - 17/06/70	1970 - 1970
	012	Resumos e Referências sobre pessoas e sobre instituições elaborados pela Divisão de Informações do DEOPS/SP, a partir de uma solicitação de outros serviços de informação e organismos da administração pública.	17/06/70 - 03/07/70	1970 - 1970
	013	Resumos e Referências sobre pessoas e sobre instituições elaborados pela Divisão de Informações do DEOPS/SP, a partir de uma solicitação de outros serviços de informação e organismos da administração pública.	06/07/70 - 17/07/70	1970 - 1970
	014	Resumos e Referências sobre pessoas e sobre instituições elaborados pela Divisão de Informações do DEOPS/SP, a partir de uma solicitação de outros serviços de informação e organismos da administração pública.	17/07/70 - 17/07/70	1970 - 1970
	015	Resumos e Referências sobre pessoas e sobre instituições elaborados pela Divisão de Informações do DEOPS/SP, a partir de uma solicitação de outros serviços de informação e organismos da administração pública.	04/08/70 - 04/08/70	1970 - 1970
	016	Resumos e Referências sobre pessoas e sobre instituições elaborados pela Divisão de Informações do DEOPS/SP, a partir de uma solicitação de outros serviços de informação e organismos da administração pública.	04/08/70 - 07/08/70	1970 - 1970
	017	Resumos e Referências sobre pessoas e sobre instituições elaborados pela Divisão de Informações do DEOPS/SP, a partir de uma solicitação de outros serviços de informação e organismos da administração pública.	13/08/70 - 26/07/78	1970 - 1970
	018	Resumos e Referências sobre pessoas e sobre instituições elaborados pela Divisão de Informações do DEOPS/SP, a partir de uma solicitação de outros serviços de informação e organismos da administração pública.	13/08/70 - 17/08/70	1969 - 1970

DOSSIÊS/ PASTAS	ASSUNTO	ARQUIVAMENTO	PRODUÇÃO
019	Resumos e Referências sobre pessoas e sobre instituições elaborados pela Divisão de Informações do DEOPS/SP, a partir de uma solicitação de outros serviços de informação e organismos da administração pública.	17/08/70 - 19/08/70	1970 - 1970
020	Resumos e Referências sobre pessoas e sobre instituições elaborados pela Divisão de Informações do DEOPS/SP, a partir de uma solicitação de outros serviços de informação e organismos da administração pública.	20/08/70 - 26/08/70	1970 - 1970
021	Resumos e Referências sobre pessoas e sobre instituições elaborados pela Divisão de Informações do DEOPS/SP, a partir de uma solicitação de outros serviços de informação e organismos da administração pública.	28/08/70 - 01/09/70	1969 - 1970
022	Resumos e Referências sobre pessoas e sobre instituições elaborados pela Divisão de Informações do DEOPS/SP, a partir de uma solicitação de outros serviços de informação e organismos da administração pública.	09/09/70 - 22/05/72	1970 - 1973
023	Resumos e Referências sobre pessoas e sobre instituições elaborados pela Divisão de Informações do DEOPS/SP, a partir de uma solicitação de outros serviços de informação e organismos da administração pública.	16/09/70 - 23/09/70	1970 - 1970
024	Resumos e Referências sobre pessoas e sobre instituições elaborados pela Divisão de Informações do DEOPS/SP, a partir de uma solicitação de outros serviços de informação e organismos da administração pública.	23/09/70 - 09/10/70	1970 - 1970
025	Resumos e Referências sobre pessoas e sobre instituições elaborados pela Divisão de Informações do DEOPS/SP, a partir de uma solicitação de outros serviços de informação e organismos da administração pública.	09/10/70 - 15/10/70	1970 - 1970
026	Resumos e Referências sobre pessoas e sobre instituições elaborados pela Divisão de Informações do DEOPS/SP, a partir de uma solicitação de outros serviços de informação e organismos da administração pública.	15/10/70 - 22/10/70	1970 - 1970
027	Resumos e Referências sobre pessoas e sobre instituições elaborados pela Divisão de Informações do DEOPS/SP, a partir de uma solicitação de outros serviços de informação e organismos da administração pública.	22/10/70 - 27/01/77	1970 - 1970
028	Resumos e Referências sobre pessoas e sobre instituições elaborados pela Divisão de Informações do DEOPS/SP, a partir de uma solicitação de outros serviços de informação e organismos da administração pública.	04/11/70 - 13/11/70	1970 - 1970
029	Resumos e Referências sobre pessoas e sobre instituições elaborados pela Divisão de Informações do DEOPS/SP, a partir de uma solicitação de outros serviços de informação e organismos da administração pública.	13/11/70 - 25/11/70	1970 - 1970
030	Resumos e Referências sobre pessoas e sobre instituições elaborados pela Divisão de Informações do DEOPS/SP, a partir de uma solicitação de outros serviços de informação e organismos da administração pública.	28/11/70 - 30/11/70	1970 - 1977
031	Resumos e Referências sobre pessoas e sobre instituições elaborados pela Divisão de Informações do DEOPS/SP, a partir de uma solicitação de outros serviços de informação e organismos da administração pública.	09/12/70 - 18/04/77	1970 - 1973
032	Resumos e Referências sobre pessoas e sobre instituições elaborados pela Divisão de Informações do DEOPS/SP, a partir de uma solicitação de outros serviços de informação e organismos da administração pública.	09/12/70 - 17/12/70	1970 - 1970
033	Resumos e Referências sobre pessoas e sobre instituições elaborados pela Divisão de Informações do DEOPS/SP, a partir de uma solicitação de outros serviços de informação e organismos da administração pública.	17/12/70 - 23/05/73	1970 - 1971
034	Resumos e Referências sobre pessoas e sobre instituições elaborados pela Divisão de Informações do DEOPS/SP, a partir de uma solicitação de outros serviços de informação e organismos da administração pública.	08/01/71 - 15/01/71	1970 - 1971
035	Resumos e Referências sobre pessoas e sobre instituições elaborados pela Divisão de Informações do DEOPS/SP, a partir de solicitação de outros serviços de informação e organismos da administração pública.	18/01/71 - 21/02/72	1971 - 1971
036	Resumos e Referências sobre pessoas e sobre instituições elaborados pela Divisão de Informações do DEOPS/SP, a partir de uma solicitação de outros serviços de informação e organismos da administração pública.	22/01/71 - 02/02/70	1971 - 1971
037	Resumos e Referências sobre pessoas e sobre instituições elaborados pela Divisão de Informações do DEOPS/SP, a partir de uma solicitação de outros serviços de informação e organismos da administração pública.	03/02/71 - 19/02/71	1971 - 1971
038	Resumos e Referências sobre pessoas e sobre instituições elaborados pela Divisão de Informações do DEOPS/SP, a partir de uma solicitação de outros serviços de informação e organismos da administração pública.	19/02/71 - 15/03/71	1971 - 1971
039	Resumos e Referências sobre pessoas e sobre instituições elaborados pela Divisão de Informações do DEOPS/SP, a partir de uma solicitação de outros serviços de informação e organismos da administração pública.	16/03/71 - 29/03/71	1971 - 1971

DOSSIÊS/ PASTAS	ASSUNTO	ARQUIVAMENTO	PRODUÇÃO
040	Resumos e Referências sobre pessoas e sobre instituições elaborados pela Divisão de Informações do DEOPS/SP, a partir de uma solicitação de outros serviços de informação e organismos da administração pública.	29/03/71 - 22/04/71	1971 - 1971
041	Resumos e Referências sobre pessoas e sobre instituições elaborados pela Divisão de Informações do DEOPS/SP, a partir de uma solicitação de outros serviços de informação e organismos da administração pública.	23/04/71 - 04/05/71	1971 - 1971
042	Resumos e Referências sobre pessoas e sobre instituições elaborados pela Divisão de Informações do DEOPS/SP, a partir de uma solicitação de outros serviços de informação e organismos da administração pública.	04/05/71 - 14/05/71	1971 - 1971
043	Resumos e Referências sobre pessoas e sobre instituições elaborados pela Divisão de Informações do DEOPS/SP, a partir de uma solicitação de outros serviços de informação e organismos da administração pública.	17/05/71 - 24/05/71	1971 - 1971
044	Resumos e Referências sobre pessoas e sobre instituições elaborados pela Divisão de Informações do DEOPS/SP, a partir de uma solicitação de outros serviços de informação e organismos da administração pública.	28/05/71 - 09/06/71	1971 - 1971
045	Resumos e Referências sobre pessoas e sobre instituições elaborados pela Divisão de Informações do DEOPS/SP, a partir de uma solicitação de outros serviços de informação e organismos da administração pública.	14/06/71 - 30/06/71	1971 - 1971
046	Resumos e Referências sobre pessoas e sobre instituições elaborados pela Divisão de Informações do DEOPS/SP, a partir de uma solicitação de outros serviços de informação e organismos da administração pública.	01/07/71 - 20/04/77	1971 - 1971
047	Resumos e Referências sobre pessoas e sobre instituições elaborados pela Divisão de Informações do DEOPS/SP, a partir de uma solicitação de outros serviços de informação e organismos da administração pública.	13/07/71 - 21/07/71	1971 - 1971
048	Resumos e Referências sobre pessoas e sobre instituições elaborados pela Divisão de Informações do DEOPS/SP, a partir de uma solicitação de outros serviços de informação e organismos da administração pública.	22/07/71 - 27/07/71	1971 - 1971
049	Resumos e Referências sobre pessoas e sobre instituições elaborados pela Divisão de Informações do DEOPS/SP, a partir de uma solicitação de outros serviços de informação e organismos da administração pública.	28/07/71 - 03/08/71	1971 - 1971
050	Resumos e Referências sobre pessoas e sobre instituições elaborados pela Divisão de Informações do DEOPS/SP, a partir de uma solicitação de outros serviços de informação e organismos da administração pública.	03/08/71 - 11/08/71	1971 - 1971
051	Resumos e Referências sobre pessoas e sobre instituições elaborados pela Divisão de Informações do DEOPS/SP, a partir de uma solicitação de outros serviços de informação e organismos da administração pública.	11/08/71 - 23/08/71	1971 - 1971
052	Resumos e Referências sobre pessoas e sobre instituições elaborados pela Divisão de Informações do DEOPS/SP, a partir de uma solicitação de outros serviços de informação e organismos da administração pública.	23/08/71 - 30/08/71	1971 - 1971
053	Resumos e Referências sobre pessoas e sobre instituições elaborados pela Divisão de Informações do DEOPS/SP, a partir de uma solicitação de outros serviços de informação e organismos da administração pública.	31/08/71 - 10/09/71	1971 - 1971
054	Resumos e Referências sobre pessoas e sobre instituições elaborados pela Divisão de Informações do DEOPS/SP, a partir de uma solicitação de outros serviços de informação e organismos da administração pública.	13/09/71 - 24/09/71	1971 - 1971
055	Resumos e Referências sobre pessoas e sobre instituições elaborados pela Divisão de Informações do DEOPS/SP, a partir de uma solicitação de outros serviços de informação e organismos da administração pública.	28/09/71 - 07/10/71	1971 - 1972
056	Resumos e Referências sobre pessoas e sobre instituições elaborados pela Divisão de Informações do DEOPS/SP, a partir de uma solicitação de outros serviços de informação e organismos da administração pública.	08/10/71 - 25/10/71	1971 - 1971
057	Resumos e Referências sobre pessoas e sobre instituições elaborados pela Divisão de Informações do DEOPS/SP, a partir de uma solicitação de outros serviços de informação e organismos da administração pública.	21/10/71 - 16/04/71	1971 - 1971
058	Resumos e Referências sobre pessoas e sobre instituições elaborados pela Divisão de Informações do DEOPS/SP, a partir de uma solicitação de outros serviços de informação e organismos da administração pública.	16/11/71 - 30/11/71	1971 - 1971
059	Resumos e Referências sobre pessoas e sobre instituições elaborados pela Divisão de Informações do DEOPS/SP, a partir de uma solicitação de outros serviços de informação e organismos da administração pública.	30/11/71 - 07/12/71	1971 - 1971
060	Resumos e Referências sobre pessoas e sobre instituições elaborados pela Divisão de Informações do DEOPS/SP, a partir de uma solicitação de outros serviços de informação e organismos da administração pública.	07/12/71 - 14/12/71	1971 - 1971

DOSSIÊS/ PASTAS	ASSUNTO	ARQUIVAMENTO	PRODUÇÃO
061	Resumos e Referências sobre pessoas e sobre instituições elaborados pela Divisão de Informações do DEOPS/SP, a partir de uma solicitação de outros serviços de informação e organismos da administração pública.	14/12/71 - 23/12/71	1971 - 1971
062	Resumos e Referências sobre pessoas e sobre instituições elaborados pela Divisão de Informações do DEOPS/SP, a partir de uma solicitação de outros serviços de informação e organismos da administração pública.	24/12/71 - 13/01/72	1971 - 1972
063	Resumos e Referências sobre pessoas e sobre instituições elaborados pela Divisão de Informações do DEOPS/SP, a partir de uma solicitação de outros serviços de informação e organismos da administração pública.	13/01/72 - 31/01/72	1972 - 1972
064	Resumos e Referências sobre pessoas e sobre instituições elaborados pela Divisão de Informações do DEOPS/SP, a partir de uma solicitação de outros serviços de informação e organismos da administração pública.	31/01/72 - 08/02/72	1972 - 1972
065	Resumos e Referências sobre pessoas e sobre instituições elaborados pela Divisão de Informações do DEOPS/SP, a partir de uma solicitação de outros serviços de informação e organismos da administração pública.	08/02/72 - 22/02/72	1972 - 1972
066	Resumos e Referências sobre pessoas e sobre instituições elaborados pela Divisão de Informações do DEOPS/SP, a partir de uma solicitação de outros serviços de informação e organismos da administração pública.	22/02/72 - 28/02/72	1972 - 1972
067	Resumos e Referências sobre pessoas e sobre instituições elaborados pela Divisão de Informações do DEOPS/SP, a partir de uma solicitação de outros serviços de informação e organismos da administração pública.	28/02/72 - 08/03/72	1972 - 1972
068	Resumos e Referências sobre pessoas e sobre instituições elaborados pela Divisão de Informações do DEOPS/SP, a partir de uma solicitação de outros serviços de informação e organismos da administração pública.	08/03/72 - 16/03/72	1972 - 1972
069	Resumos e Referências sobre pessoas e sobre instituições elaborados pela Divisão de Informações do DEOPS/SP, a partir de uma solicitação de outros serviços de informação e organismos da administração pública.	16/03/72 - 24/03/72	1972 - 1972
070	Resumos e Referências sobre pessoas e sobre instituições elaborados pela Divisão de Informações do DEOPS/SP, a partir de uma solicitação de outros serviços de informação e organismos da administração pública.	24/03/72 - 06/04/72	1972 - 1972
071	Resumos e Referências sobre pessoas e sobre instituições elaborados pela Divisão de Informações do DEOPS/SP, a partir de uma solicitação de outros serviços de informação e organismos da administração pública.	16/12/74 - 18/04/72	1972 - 1972
072	Resumos e Referências sobre pessoas e sobre instituições elaborados pela Divisão de Informações do DEOPS/SP, a partir de uma solicitação de outros serviços de informação e organismos da administração pública.	19/04/72 - 04/05/72	1972 - 1972
073	Resumos e Referências sobre pessoas e sobre instituições elaborados pela Divisão de Informações do DEOPS/SP, a partir de uma solicitação de outros serviços de informação e organismos da administração pública.	04/05/72 - 17/05/72	1972 - 1972
074	Resumos e Referências sobre pessoas e sobre instituições elaborados pela Divisão de Informações do DEOPS/SP, a partir de uma solicitação de outros serviços de informação e organismos da administração pública.	17/05/72 - 23/05/72	1972 - 1972
075	Resumos e Referências sobre pessoas e sobre instituições elaborados pela Divisão de Informações do DEOPS/SP, a partir de uma solicitação de outros serviços de informação e organismos da administração pública.	24/05/72 - 31/05/72	1972 - 1972
076	Resumos e Referências sobre pessoas e sobre instituições elaborados pela Divisão de Informações do DEOPS/SP, a partir de uma solicitação de outros serviços de informação e organismos da administração pública.	02/06/72 - 07/06/72	1972 - 1972
077	Resumos e Referências sobre pessoas e sobre instituições elaborados pela Divisão de Informações do DEOPS/SP, a partir de uma solicitação de outros serviços de informação e organismos da administração pública.	07/06/72 - 12/06/72	1972 - 1972
078	Resumos e Referências sobre pessoas e sobre instituições elaborados pela Divisão de Informações do DEOPS/SP, a partir de uma solicitação de outros serviços de informação e organismos da administração pública.	12/06/72 - 20/06/72	1972 - 1972
079	Resumos e Referências sobre pessoas e sobre instituições elaborados pela Divisão de Informações do DEOPS/SP, a partir de uma solicitação de outros serviços de informação e organismos da administração pública.	20/06/72 - 28/06/72	1972 - 1972
080	Resumos e Referências sobre pessoas e sobre instituições elaborados pela Divisão de Informações do DEOPS/SP, a partir de uma solicitação de outros serviços de informação e organismos da administração pública.	29/06/72 - 10/07/72	1972 - 1972
081	Resumos e Referências sobre pessoas e sobre instituições elaborados pela Divisão de Informações do DEOPS/SP, a partir de uma solicitação de outros serviços de informação e organismos da administração pública.	11/07/72 - 14/07/72	1972 - 1972

DOSSIÊS/ PASTAS	ASSUNTO	ARQUIVAMENTO	PRODUÇÃO
082	Resumos e Referências sobre pessoas e sobre instituições elaborados pela Divisão de Informações do DEOPS/SP, a partir de uma solicitação de outros serviços de informação e organismos da administração pública.	14/07/72 - 26/07/72	1972 - 1972
083	Resumos e Referências sobre pessoas e sobre instituições elaborados pela Divisão de Informações do DEOPS/SP, a partir de uma solicitação de outros serviços de informação e organismos da administração pública.	26/07/72 - 07/08/72	1971 - 1972
084	Resumos e Referências sobre pessoas e sobre instituições elaborados pela Divisão de Informações do DEOPS/SP, a partir de uma solicitação de outros serviços de informação e organismos da administração pública.	07/08/72 - 15/08/72	1972 - 1972
085	Resumos e Referências sobre pessoas e sobre instituições elaborados pela Divisão de Informações do DEOPS/SP, a partir de uma solicitação de outros serviços de informação e organismos da administração pública.	16/08/72 - 22/08/72	1972 - 1972
086	Resumos e Referências sobre pessoas e sobre instituições elaborados pela Divisão de Informações do DEOPS/SP, a partir de uma solicitação de outros serviços de informação e organismos da administração pública.	22/08/72 - 29/08/72	1972 - 1972
087	Resumos e Referências sobre pessoas e sobre instituições elaborados pela Divisão de Informações do DEOPS/SP, a partir de uma solicitação de outros serviços de informação e organismos da administração pública.	29/08/72 - 05/09/72	1972 - 1972
088	Resumos e Referências sobre pessoas e sobre instituições elaborados pela Divisão de Informações do DEOPS/SP, a partir de uma solicitação de outros serviços de informação e organismos da administração pública.	06/09/72 - 12/09/72	1972 - 1972
089	Resumos e Referências sobre pessoas e sobre instituições elaborados pela Divisão de Informações do DEOPS/SP, a partir de uma solicitação de outros serviços de informação e organismos da administração pública.	12/09/72 - 18/09/72	1972 - 1972
090	Resumos e Referências sobre pessoas e sobre instituições elaborados pela Divisão de Informações do DEOPS/SP, a partir de uma solicitação de outros serviços de informação e organismos da administração pública.	18/09/72 - 18/09/72	1972 - 1972
091	Resumos e Referências sobre pessoas e sobre instituições elaborados pela Divisão de Informações do DEOPS/SP, a partir de uma solicitação de outros serviços de informação e organismos da administração pública.	25/09/72 - 29/09/72	1970 - 1972
092	Resumos e Referências sobre pessoas e sobre instituições elaborados pela Divisão de Informações do DEOPS/SP, a partir de uma solicitação de outros serviços de informação e organismos da administração pública.	27/09/72 - 04/10/72	1950 - 1972
093	Resumos e Referências sobre pessoas e sobre instituições elaborados pela Divisão de Informações do DEOPS/SP, a partir de uma solicitação de outros serviços de informação e organismos da administração pública.	06/10/72 - 11/10/72	1972 - 1980
094	Resumos e Referências sobre pessoas e sobre instituições elaborados pela Divisão de Informações do DEOPS/SP, a partir de uma solicitação de outros serviços de informação e organismos da administração pública.	11/10/72 - 10/10/72	1972 - 1980
095	Resumos e Referências sobre pessoas e sobre instituições elaborados pela Divisão de Informações do DEOPS/SP, a partir de uma solicitação de outros serviços de informação e organismos da administração pública.	20/10/72 - 06/11/72	1972 - 1983
096	Resumos e Referências sobre pessoas e sobre instituições elaborados pela Divisão de Informações do DEOPS/SP, a partir de uma solicitação de outros serviços de informação e organismos da administração pública.	06/11/72 - 16/11/72	1972 - 1979
097	Resumos e Referências sobre pessoas e sobre instituições elaborados pela Divisão de Informações do DEOPS/SP, a partir de uma solicitação de outros serviços de informação e organismos da administração pública.	16/11/72 - 27/11/72	1972 - 1984
098	Resumos e Referências sobre pessoas e sobre instituições elaborados pela Divisão de Informações do DEOPS/SP, a partir de uma solicitação de outros serviços de informação e organismos da administração pública.	27/11/72 - 05/11/72	1972 - 1983
099	Resumos e Referências sobre pessoas e sobre instituições elaborados pela Divisão de Informações do DEOPS/SP, a partir de uma solicitação de outros serviços de informação e organismos da administração pública.	05/11/72 - 14/12/72	1972 - 1982
100	Resumos e Referências sobre pessoas e sobre instituições elaborados pela Divisão de Informações do DEOPS/SP, a partir de uma solicitação de outros serviços de informação e organismos da administração pública.	14/12/72 - 22/12/72	1972 - 1983
101	Resumos e Referências sobre pessoas e sobre instituições elaborados pela Divisão de Informações do DEOPS/SP, a partir de uma solicitação de outros serviços de informação e organismos da administração pública.	26/12/72 - 11/01/73	1972 - 1984
102	Resumos e Referências sobre pessoas e sobre instituições elaborados pela Divisão de Informações do DEOPS/SP, a partir de uma solicitação de outros serviços de informação e organismos da administração pública.	11/01/73 - 17/01/73	1966 - 1981

DOSSIÊS/ PASTAS	ASSUNTO	ARQUIVAMENTO	PRODUÇÃO
103	Resumos e Referências sobre pessoas e sobre instituições elaborados pela Divisão de Informações do DEOPS/SP, a partir de uma solicitação de outros serviços de informação e organismos da administração pública.	18/01/73 - 01/02/73	1969 - 1981
104	Resumos e Referências sobre pessoas e sobre instituições elaborados pela Divisão de Informações do DEOPS/SP, a partir de uma solicitação de outros serviços de informação e organismos da administração pública.	01/02/73 - 07/02/73	1973 - 1984
105	Resumos e Referências sobre pessoas e sobre instituições elaborados pela Divisão de Informações do DEOPS/SP, a partir de uma solicitação de outros serviços de informação e organismos da administração pública.	08/02/73 - 16/02/73	1969 - 1984
106	Resumos e Referências sobre pessoas e sobre instituições elaborados pela Divisão de Informações do DEOPS/SP, a partir de uma solicitação de outros serviços de informação e organismos da administração pública.	16/02/73 - 26/02/73	1973 - 1973
107	Resumos e Referências sobre pessoas e sobre instituições elaborados pela Divisão de Informações do DEOPS/SP, a partir de uma solicitação de outros serviços de informação e organismos da administração pública.	26/02/73 - 08/03/73	1973 - 1982
108	Resumos e Referências sobre pessoas e sobre instituições elaborados pela Divisão de Informações do DEOPS/SP, a partir de uma solicitação de outros serviços de informação e organismos da administração pública.	08/03/73 - 19/03/73	1973 - 1983
109	Resumos e Referências sobre pessoas e sobre instituições elaborados pela Divisão de Informações do DEOPS/SP, a partir de uma solicitação de outros serviços de informação e organismos da administração pública.	18/03/73 - 03/04/73	1972 - 1983
110	Resumos e Referências sobre pessoas e sobre instituições elaborados pela Divisão de Informações do DEOPS/SP, a partir de uma solicitação de outros serviços de informação e organismos da administração pública.	03/04/73 - 11/04/73	1973 - 1986
111	Resumos e Referências sobre pessoas e sobre instituições elaborados pela Divisão de Informações do DEOPS/SP, a partir de uma solicitação de outros serviços de informação e organismos da administração pública.	03/05/73 - 02/11/72	1973 - 1982
112	Resumos e Referências sobre pessoas e sobre instituições elaborados pela Divisão de Informações do DEOPS/SP, a partir de uma solicitação de outros serviços de informação e organismos da administração pública.	10/05/73 - 03/05/73	1973 - 1988
113	Resumos e Referências sobre pessoas e sobre instituições elaborados pela Divisão de Informações do DEOPS/SP, a partir de uma solicitação de outros serviços de informação e organismos da administração pública.	03/05/73 - 10/05/73	1973 - 1979
114	Resumos e Referências sobre pessoas e sobre instituições elaborados pela Divisão de Informações do DEOPS/SP, a partir de uma solicitação de outros serviços de informação e organismos da administração pública.	10/05/73 - 18/05/73	1970 - 1982
115	Resumos e Referências sobre pessoas e sobre instituições elaborados pela Divisão de Informações do DEOPS/SP, a partir de uma solicitação de outros serviços de informação e organismos da administração pública.	18/05/73 - 29/05/73	1973 - 1973
116	Resumos e Referências sobre pessoas e sobre instituições elaborados pela Divisão de Informações do DEOPS/SP, a partir de uma solicitação de outros serviços de informação e organismos da administração pública.	29/05/73 - 11/06/73	1973 - 1982
117	Resumos e Referências sobre pessoas e sobre instituições elaborados pela Divisão de Informações do DEOPS/SP, a partir de uma solicitação de outros serviços de informação e organismos da administração pública.	11/06/73 - 18/06/73	1973 - 1985
118	Resumos e Referências sobre pessoas e sobre instituições elaborados pela Divisão de Informações do DEOPS/SP, a partir de uma solicitação de outros serviços de informação e organismos da administração pública.	18/06/73 - 29/06/73	1973 - 1981
119	Resumos e Referências sobre pessoas e sobre instituições elaborados pela Divisão de Informações do DEOPS/SP, a partir de uma solicitação de outros serviços de informação e organismos da administração pública.	28/06/73 - 10/07/73	1973 - 1983
120	Resumos e Referências sobre pessoas e sobre instituições elaborados pela Divisão de Informações do DEOPS/SP, a partir de uma solicitação de outros serviços de informação e organismos da administração pública.	10/07/73 - 24/07/73	1973 - 1973
121	Resumos e Referências sobre pessoas e sobre instituições elaborados pela Divisão de Informações do DEOPS/SP, a partir de uma solicitação de outros serviços de informação e organismos da administração pública.	24/07/73 - 01/08/73	1973 - 1982
122	Resumos e Referências sobre pessoas e sobre instituições elaborados pela Divisão de Informações do DEOPS/SP, a partir de uma solicitação de outros serviços de informação e organismos da administração pública.	01/08/73 - 10/08/73	1973 - 1983
123	Resumos e Referências sobre pessoas e sobre instituições elaborados pela Divisão de Informações do DEOPS/SP, a partir de uma solicitação de outros serviços de informação e organismos da administração pública.	10/08/73 - 17/08/73	1973 - 1982

DOSSIÊS/ PASTAS	ASSUNTO	ARQUIVAMENTO	PRODUÇÃO
124	Resumos e Referências sobre pessoas e sobre instituições elaborados pela Divisão de Informações do DEOPS/SP, a partir de uma solicitação de outros serviços de informação e organismos da administração pública.	17/08/73 - 23/08/73	1973 - 1982
125	Resumos e Referências sobre pessoas e sobre instituições elaborados pela Divisão de Informações do DEOPS/SP, a partir de uma solicitação de outros serviços de informação e organismos da administração pública.	23/08/73 - 28/08/73	1973 - 1981
126	Resumos e Referências sobre pessoas e sobre instituições elaborados pela Divisão de Informações do DEOPS/SP, a partir de uma solicitação de outros serviços de informação e organismos da administração pública.	28/08/73 - 03/09/73	1973 - 1974
127	Resumos e Referências sobre pessoas e sobre instituições elaborados pela Divisão de Informações do DEOPS/SP, a partir de uma solicitação de outros serviços de informação e organismos da administração pública.	03/09/73 - 10/09/73	1973 - 1982
128	Resumos e Referências sobre pessoas e sobre instituições elaborados pela Divisão de Informações do DEOPS/SP, a partir de uma solicitação de outros serviços de informação e organismos da administração pública.	10/09/73 - 14/09/73	1973 - 1982
129	Resumos e Referências sobre pessoas e sobre instituições elaborados pela Divisão de Informações do DEOPS/SP, a partir de uma solicitação de outros serviços de informação e organismos da administração pública.	14/09/73 - 21/09/73	1973 - 1983
130	Resumos e Referências sobre pessoas e sobre instituições elaborados pela Divisão de Informações do DEOPS/SP, a partir de uma solicitação de outros serviços de informação e organismos da administração pública.	21/09/73 - 26/09/73	1972 - 1984
131	Resumos e Referências sobre pessoas e sobre instituições elaborados pela Divisão de Informações do DEOPS/SP, a partir de uma solicitação de outros serviços de informação e organismos da administração pública.	26/09/73 - 02/10/73	1973 - 1978
132	Resumos e Referências sobre pessoas e sobre instituições elaborados pela Divisão de Informações do DEOPS/SP, a partir de uma solicitação de outros serviços de informação e organismos da administração pública.	02/10/73 - 08/10/73	1973 - 1973
133	Resumos e Referências sobre pessoas e sobre instituições elaborados pela Divisão de Informações do DEOPS/SP, a partir de uma solicitação de outros serviços de informação e organismos da administração pública.	08/10/73 - 12/10/73	1973 - 1973
134	Resumos e Referências sobre pessoas e sobre instituições elaborados pela Divisão de Informações do DEOPS/SP, a partir de uma solicitação de outros serviços de informação e organismos da administração pública.	12/10/73 - 19/10/73	1973 - 1973
135	Resumos e Referências sobre pessoas e sobre instituições elaborados pela Divisão de Informações do DEOPS/SP, a partir de uma solicitação de outros serviços de informação e organismos da administração pública.	19/10/73 - 29/10/73	1973 - 1978
136	Resumos e Referências sobre pessoas e sobre instituições elaborados pela Divisão de Informações do DEOPS/SP, a partir de uma solicitação de outros serviços de informação e organismos da administração pública.	30/10/73 - 06/11/73	1973 - 1985
137	Resumos e Referências sobre pessoas e sobre instituições elaborados pela Divisão de Informações do DEOPS/SP, a partir de uma solicitação de outros serviços de informação e organismos da administração pública.	06/11/73 - 16/11/73	1973 - 1973
138	Resumos e Referências sobre pessoas e sobre instituições elaborados pela Divisão de Informações do DEOPS/SP, a partir de uma solicitação de outros serviços de informação e organismos da administração pública.	20/11/73 - 26/11/73	1973 - 1982
139	Resumos e Referências sobre pessoas e sobre instituições elaborados pela Divisão de Informações do DEOPS/SP, a partir de uma solicitação de outros serviços de informação e organismos da administração pública.	26/11/73 - 30/11/73	1973 - 1982
140	Resumos e Referências sobre pessoas e sobre instituições elaborados pela Divisão de Informações do DEOPS/SP, a partir de uma solicitação de outros serviços de informação e organismos da administração pública.	06/12/73 - 06/12/73	1973 - 1983
141	Resumos e Referências sobre pessoas e sobre instituições elaborados pela Divisão de Informações do DEOPS/SP, a partir de uma solicitação de outros serviços de informação e organismos da administração pública.	13/12/72 - 28/12/73	1973 - 1980
142	Resumos e Referências sobre pessoas e sobre instituições elaborados pela Divisão de Informações do DEOPS/SP, a partir de uma solicitação de outros serviços de informação e organismos da administração pública.	28/12/73 - 03/01/74	1975 - 1983
143	Resumos e Referências sobre pessoas e sobre instituições elaborados pela Divisão de Informações do DEOPS/SP, a partir de uma solicitação de outros serviços de informação e organismos da administração pública.	-	1973 - 1984
144	Resumos e Referências sobre pessoas e sobre instituições elaborados pela Divisão de Informações do DEOPS/SP, a partir de uma solicitação de outros serviços de informação e organismos da administração pública.	-	1974 - 1984

DOSSIÊS/ PASTAS	ASSUNTO	ARQUIVAMENTO	PRODUÇÃO
145	Resumos e Referências sobre pessoas e sobre instituições elaborados pela Divisão de Informações do DEOPS/SP, a partir de uma solicitação de outros serviços de informação e organismos da administração pública.	-	1974 - 1987
146	Resumos e Referências sobre pessoas e sobre instituições elaborados pela Divisão de Informações do DEOPS/SP, a partir de uma solicitação de outros serviços de informação e organismos da administração pública.	-	1974 - 1986
147	Resumos e Referências sobre pessoas e sobre instituições elaborados pela Divisão de Informações do DEOPS/SP, a partir de uma solicitação de outros serviços de informação e organismos da administração pública.	-	1974 - 1982
148	Resumos e Referências sobre pessoas e sobre instituições elaborados pela Divisão de Informações do DEOPS/SP, a partir de uma solicitação de outros serviços de informação e organismos da administração pública.	06/03/74 -	1974 - 1981
149	Resumos e Referências sobre pessoas e sobre instituições elaborados pela Divisão de Informações do DEOPS/SP, a partir de uma solicitação de outros serviços de informação e organismos da administração pública.	-	1974 - 1983
150	Resumos e Referências sobre pessoas e sobre instituições elaborados pela Divisão de Informações do DEOPS/SP, a partir de uma solicitação de outros serviços de informação e organismos da administração pública.	26/03/75 -	1974 - 1975
151	Resumos e Referências sobre pessoas e sobre instituições elaborados pela Divisão de Informações do DEOPS/SP, a partir de uma solicitação de outros serviços de informação e organismos da administração pública.	-	1974 - 1974
152	Resumos e Referências sobre pessoas e sobre instituições elaborados pela Divisão de Informações do DEOPS/SP, a partir de uma solicitação de outros serviços de informação e organismos da administração pública.	-	1974 - 1974
153	Resumos e Referências sobre pessoas e sobre instituições elaborados pela Divisão de Informações do DEOPS/SP, a partir de uma solicitação de outros serviços de informação e organismos da administração pública.	06/05/74 - 07/05/74	1974 - 1974
154	Resumos e Referências sobre pessoas e sobre instituições elaborados pela Divisão de Informações do DEOPS/SP, a partir de uma solicitação de outros serviços de informação e organismos da administração pública.	08/05/74 - 14/05/74	1974 - 1979
155	Resumos e Referências sobre pessoas e sobre instituições elaborados pela Divisão de Informações do DEOPS/SP, a partir de uma solicitação de outros serviços de informação e organismos da administração pública.	15/05/74 - 22/05/74	1974 - 1985
156	Resumos e Referências sobre pessoas e sobre instituições elaborados pela Divisão de Informações do DEOPS/SP, a partir de uma solicitação de outros serviços de informação e organismos da administração pública.	22/05/74 - 29/05/74	1974 - 1986
157	Resumos e Referências sobre pessoas e sobre instituições elaborados pela Divisão de Informações do DEOPS/SP, a partir de uma solicitação de outros serviços de informação e organismos da administração pública.	28/05/74 - 06/06/74	1974 - 1986
158	Resumos e Referências sobre pessoas e sobre instituições elaborados pela Divisão de Informações do DEOPS/SP, a partir de uma solicitação de outros serviços de informação e organismos da administração pública.	10/06/74 - 19/06/74	1974 - 1983
159	Resumos e Referências sobre pessoas e sobre instituições elaborados pela Divisão de Informações do DEOPS/SP, a partir de uma solicitação de outros serviços de informação e organismos da administração pública.	19/06/74 - 26/06/74	1974 - 1989
160	Resumos e Referências sobre pessoas e sobre instituições elaborados pela Divisão de Informações do DEOPS/SP, a partir de uma solicitação de outros serviços de informação e organismos da administração pública.	27/06/74 - 05/07/74	1974 - 1974
161	Resumos e Referências sobre pessoas e sobre instituições elaborados pela Divisão de Informações do DEOPS/SP, a partir de uma solicitação de outros serviços de informação e organismos da administração pública.	05/07/74 - 17/07/74	1974 - 1974
162	Resumos e Referências sobre pessoas e sobre instituições elaborados pela Divisão de Informações do DEOPS/SP, a partir de uma solicitação de outros serviços de informação e organismos da administração pública.	17/07/74 - 24/03/76	1974 - 1974
163	Resumos e Referências sobre pessoas e sobre instituições elaborados pela Divisão de Informações do DEOPS/SP, a partir de uma solicitação de outros serviços de informação e organismos da administração pública.	02/08/74 - 09/08/74	1974 - 1974
164	Resumos e Referências sobre pessoas e sobre instituições elaborados pela Divisão de Informações do DEOPS/SP, a partir de uma solicitação de outros serviços de informação e organismos da administração pública.	12/08/74 - 16/08/74	1974 - 1974
165	Resumos e Referências sobre pessoas e sobre instituições elaborados pela Divisão de Informações do DEOPS/SP, a partir de uma solicitação de outros serviços de informação e organismos da administração pública.	19/08/74 - 27/08/74	1974 - 1974

DOSSIÊS/ PASTAS	ASSUNTO	ARQUIVAMENTO	PRODUÇÃO
166	Resumos e Referências sobre pessoas e sobre instituições elaborados pela Divisão de Informações do DEOPS/SP, a partir de uma solicitação de outros serviços de informação e organismos da administração pública.	12/01/76 - 05/09/74	1974 - 1974
167	Resumos e Referências sobre pessoas e sobre instituições elaborados pela Divisão de Informações do DEOPS/SP, a partir de uma solicitação de outros serviços de informação e organismos da administração pública.	06/09/74 - 17/09/74	1974 - 1974
168	Resumos e Referências sobre pessoas e sobre instituições elaborados pela Divisão de Informações do DEOPS/SP, a partir de uma solicitação de outros serviços de informação e organismos da administração pública.	09/09/74 - 25/09/74	1974 - 1974
169	Resumos e Referências sobre pessoas e sobre instituições elaborados pela Divisão de Informações do DEOPS/SP, a partir de uma solicitação de outros serviços de informação e organismos da administração pública.	25/09/74 - 02/10/74	1974 - 1974
170	Resumos e Referências sobre pessoas e sobre instituições elaborados pela Divisão de Informações do DEOPS/SP, a partir de uma solicitação de outros serviços de informação e organismos da administração pública.	03/10/74 - 16/10/74	1974 - 1974
171	Resumos e Referências sobre pessoas e sobre instituições elaborados pela Divisão de Informações do DEOPS/SP, a partir de uma solicitação de outros serviços de informação e organismos da administração pública.	16/10/74 - 24/10/74	1974 - 1974
172	Resumos e Referências sobre pessoas e sobre instituições elaborados pela Divisão de Informações do DEOPS/SP, a partir de uma solicitação de outros serviços de informação e organismos da administração pública.	24/10/74 - 05/11/74	1974 - 1974
173	Resumos e Referências sobre pessoas e sobre instituições elaborados pela Divisão de Informações do DEOPS/SP, a partir de uma solicitação de outros serviços de informação e organismos da administração pública.	06/11/74 - 18/11/74	1974 - 1974
174	Resumos e Referências sobre pessoas e sobre instituições elaborados pela Divisão de Informações do DEOPS/SP, a partir de uma solicitação de outros serviços de informação e organismos da administração pública.	19/11/74 - 28/11/74	1974 - 1984
175	Resumos e Referências sobre pessoas e sobre instituições elaborados pela Divisão de Informações do DEOPS/SP, a partir de uma solicitação de outros serviços de informação e organismos da administração pública.	02/12/74 - 28/11/74	1974 - 1977
176	Resumos e Referências sobre pessoas e sobre instituições elaborados pela Divisão de Informações do DEOPS/SP, a partir de uma solicitação de outros serviços de informação e organismos da administração pública.	16/12/74 - 27/12/74	1974 - 1983
177	Resumos e Referências sobre pessoas e sobre instituições elaborados pela Divisão de Informações do DEOPS/SP, a partir de uma solicitação de outros serviços de informação e organismos da administração pública.	02/01/75 - 16/01/75	1975 - 1975
178	Resumos e Referências sobre pessoas e sobre instituições elaborados pela Divisão de Informações do DEOPS/SP, a partir de uma solicitação de outros serviços de informação e organismos da administração pública.	20/01/75 - 29/01/75	1975 - 1988
179	Resumos e Referências sobre pessoas e sobre instituições elaborados pela Divisão de Informações do DEOPS/SP, a partir de uma solicitação de outros serviços de informação e organismos da administração pública.	29/01/75 - 05/02/75	1975 - 1975
180	Resumos e Referências sobre pessoas e sobre instituições elaborados pela Divisão de Informações do DEOPS/SP, a partir de uma solicitação de outros serviços de informação e organismos da administração pública.	06/02/75 - 18/02/75	1974 - 1974
181	Resumos e Referências sobre pessoas e sobre instituições elaborados pela Divisão de Informações do DEOPS/SP, a partir de uma solicitação de outros serviços de informação e organismos da administração pública.	19/02/75 - 04/03/75	1975 - 1983
182	Resumos e Referências sobre pessoas e sobre instituições elaborados pela Divisão de Informações do DEOPS/SP, a partir de uma solicitação de outros serviços de informação e organismos da administração pública.	04/03/75 - 12/03/75	1974 - 1977
183	Resumos e Referências sobre pessoas e sobre instituições elaborados pela Divisão de Informações do DEOPS/SP, a partir de uma solicitação de outros serviços de informação e organismos da administração pública.	13/03/75 - 24/03/75	1975 - 1978
184	Resumos e Referências sobre pessoas e sobre instituições elaborados pela Divisão de Informações do DEOPS/SP, a partir de uma solicitação de outros serviços de informação e organismos da administração pública.	-	1975 - 1983
185	Resumos e Referências sobre pessoas e sobre instituições elaborados pela Divisão de Informações do DEOPS/SP, a partir de uma solicitação de outros serviços de informação e organismos da administração pública.	09/04/75 - 17/04/75	1975 - 1975
186	Resumos e Referências sobre pessoas e sobre instituições elaborados pela Divisão de Informações do DEOPS/SP, a partir de uma solicitação de outros serviços de informação e organismos da administração pública.	17/04/75 - 23/04/75	1975 - 1975

DOSSIÊS/ PASTAS	ASSUNTO	ARQUIVAMENTO	PRODUÇÃO
187	Resumos e Referências sobre pessoas e sobre instituições elaborados pela Divisão de Informações do DEOPS/SP, a partir de uma solicitação de outros serviços de informação e organismos da administração pública.	24/04/75 - 29/04/75	1974 - 1981
188	Resumos e Referências sobre pessoas e sobre instituições elaborados pela Divisão de Informações do DEOPS/SP, a partir de uma solicitação de outros serviços de informação e organismos da administração pública.	30/04/75 - 07/05/75	1975 - 1975
189	Resumos e Referências sobre pessoas e sobre instituições elaborados pela Divisão de Informações do DEOPS/SP, a partir de uma solicitação de outros serviços de informação e organismos da administração pública.	12/05/75 - 16/05/75	1975 - 1975
190	Resumos e Referências sobre pessoas e sobre instituições elaborados pela Divisão de Informações do DEOPS/SP, a partir de uma solicitação de outros serviços de informação e organismos da administração pública.	09/05/75 - 29/05/75	1975 - 1976
191	Resumos e Referências sobre pessoas e sobre instituições elaborados pela Divisão de Informações do DEOPS/SP, a partir de uma solicitação de outros serviços de informação e organismos da administração pública.	04/12/74 - 05/06/75	1975 - 1983
192	Resumos e Referências sobre pessoas e sobre instituições elaborados pela Divisão de Informações do DEOPS/SP, a partir de uma solicitação de outros serviços de informação e organismos da administração pública.	05/06/75 -	1975 - 1985
192A	Resumos e Referências sobre pessoas e sobre instituições elaborados pela Divisão de Informações do DEOPS/SP, a partir de uma solicitação de outros serviços de informação e organismos da administração pública.	-	1975 - 1979
193	Resumos e Referências sobre pessoas e sobre instituições elaborados pela Divisão de Informações do DEOPS/SP, a partir de uma solicitação de outros serviços de informação e organismos da administração pública.	20/06/75 - 30/06/78	1975 - 1979
194	Resumos e Referências sobre pessoas e sobre instituições elaborados pela Divisão de Informações do DEOPS/SP, a partir de uma solicitação de outros serviços de informação e organismos da administração pública.	-	1975 - 1975
195	Resumos e Referências sobre pessoas e sobre instituições elaborados pela Divisão de Informações do DEOPS/SP, a partir de uma solicitação de outros serviços de informação e organismos da administração pública.	- 30/07/75	1975 - 1975
196	Resumos e Referências sobre pessoas e sobre instituições elaborados pela Divisão de Informações do DEOPS/SP, a partir de uma solicitação de outros serviços de informação e organismos da administração pública.	30/07/75 - 13/04/75	1975 - 1977
197	Resumos e Referências sobre pessoas e sobre instituições elaborados pela Divisão de Informações do DEOPS/SP, a partir de uma solicitação de outros serviços de informação e organismos da administração pública.	-	1975 - 1975
198	Resumos e Referências sobre pessoas e sobre instituições elaborados pela Divisão de Informações do DEOPS/SP, a partir de uma solicitação de outros serviços de informação e organismos da administração pública.	-	1960 - 1982
199	Resumos e Referências sobre pessoas e sobre instituições elaborados pela Divisão de Informações do DEOPS/SP, a partir de uma solicitação de outros serviços de informação e organismos da administração pública.	-	1975 - 1990
200	Resumos e Referências sobre pessoas e sobre instituições elaborados pela Divisão de Informações do DEOPS/SP, a partir de uma solicitação de outros serviços de informação e organismos da administração pública.	-	1975 - 1980
201	Resumos e Referências sobre pessoas e sobre instituições elaborados pela Divisão de Informações do DEOPS/SP, a partir de uma solicitação de outros serviços de informação e organismos da administração pública.	-	1975 - 1979
202	Resumos e Referências sobre pessoas e sobre instituições elaborados pela Divisão de Informações do DEOPS/SP, a partir de uma solicitação de outros serviços de informação e organismos da administração pública.	-	1975 - 1983
203	Resumos e Referências sobre pessoas e sobre instituições elaborados pela Divisão de Informações do DEOPS/SP, a partir de uma solicitação de outros serviços de informação e organismos da administração pública.	-	1975 - 1984
204	Resumos e Referências sobre pessoas e sobre instituições elaborados pela Divisão de Informações do DEOPS/SP, a partir de uma solicitação de outros serviços de informação e organismos da administração pública.	-	1972 - 1984
205	Resumos e Referências sobre pessoas e sobre instituições elaborados pela Divisão de Informações do DEOPS/SP, a partir de uma solicitação de outros serviços de informação e organismos da administração pública.	-	1975 - 1981
206	Resumos e Referências sobre pessoas e sobre instituições elaborados pela Divisão de Informações do DEOPS/SP, a partir de uma solicitação de outros serviços de informação e organismos da administração pública.	-	1973 - 1978

DOSSIÊS/ PASTAS	ASSUNTO	ARQUIVAMENTO	PRODUÇÃO
207	Resumos e Referências sobre pessoas e sobre instituições elaborados pela Divisão de Informações do DEOPS/SP, a partir de uma solicitação de outros serviços de informação e organismos da administração pública.	-	1975 - 1984
208	Resumos e Referências sobre pessoas e instituições elaborados pela Divisão de Informações do DEOPS/SP, a partir de uma solicitação de outros serviços de informação e organismos da administração pública.	-	1975 - 1978
209	Resumos e Referências sobre pessoas e sobre instituições elaborados pela Divisão de Informações do DEOPS/SP, a partir de uma solicitação de outros serviços de informação e organismos da administração pública.	-	1975 - 1984
210	Resumos e Referências sobre pessoas e sobre instituições elaborados pela Divisão de Informações do DEOPS/SP, a partir de uma solicitação de outros serviços de informação e organismos da administração pública.	-	1975 - 1980
211	Resumos e Referências sobre pessoas e sobre instituições elaborados pela Divisão de Informações do DEOPS/SP, a partir de uma solicitação de outros serviços de informação e organismos da administração pública.	-	1976 - 1978
212	Resumos e Referências sobre pessoas e sobre instituições elaborados pela Divisão de Informações do DEOPS/SP, a partir de uma solicitação de outros serviços de informação e organismos da administração pública.	-	1975 - 1982
213	Resumos e Referências sobre pessoas e sobre instituições elaborados pela Divisão de Informações do DEOPS/SP, a partir de uma solicitação de outros serviços de informação e organismos da administração pública.	27/01/76 - 27/01/76	1976 - 1982
214	Resumos e Referências sobre pessoas e sobre instituições elaborados pela Divisão de Informações do DEOPS/SP, a partir de uma solicitação de outros serviços de informação e organismos da administração pública.	- 13/02/76	1975 - 1981
215	Resumos e Referências sobre pessoas e sobre instituições elaborados pela Divisão de Informações do DEOPS/SP, a partir de uma solicitação de outros serviços de informação e organismos da administração pública.	16/02/76 - 18/02/76	1975 - 1983
216	Resumos e Referências sobre pessoas e sobre instituições elaborados pela Divisão de Informações do DEOPS/SP, a partir de uma solicitação de outros serviços de informação e organismos da administração pública.	10/02/76 - 23/02/76	1976 - 1982
217	Resumos e Referências sobre pessoas e sobre instituições elaborados pela Divisão de Informações do DEOPS/SP, a partir de uma solicitação de outros serviços de informação e organismos da administração pública.	14/10/76 - 27/02/76	1976 - 1983
218	Resumos e Referências sobre pessoas e sobre instituições elaborados pela Divisão de Informações do DEOPS/SP, a partir de uma solicitação de outros serviços de informação e organismos da administração pública.	27/02/76 -	1976 - 1982
219	Resumos e Referências sobre pessoas e sobre instituições elaborados pela Divisão de Informações do DEOPS/SP, a partir de uma solicitação de outros serviços de informação e organismos da administração pública.	-	1976 - 1980
220	Resumos e Referências sobre pessoas e sobre instituições elaborados pela Divisão de Informações do DEOPS/SP, a partir de uma solicitação de outros serviços de informação e organismos da administração pública.	-	1976 - 1982
221	Resumos e Referências sobre pessoas e sobre instituições elaborados pela Divisão de Informações do DEOPS/SP, a partir de uma solicitação de outros serviços de informação e organismos da administração pública.	-	1976 - 1982
222	Resumos e Referências sobre pessoas e sobre instituições elaborados pela Divisão de Informações do DEOPS/SP, a partir de uma solicitação de outros serviços de informação e organismos da administração pública.	19/02/70 - 24/02/70	1976 - 1980
223	Resumos e Referências sobre pessoas e sobre instituições elaborados pela Divisão de Informações do DEOPS/SP, a partir de uma solicitação de outros serviços de informação e organismos da administração pública.	- 04/08/76	1976 - 1985
224	Resumos e Referências sobre pessoas e sobre instituições elaborados pela Divisão de Informações do DEOPS/SP, a partir de uma solicitação de outros serviços de informação e organismos da administração pública.	-	1962 - 1985
225	Resumos e Referências sobre pessoas e sobre instituições elaborados pela Divisão de Informações do DEOPS/SP, a partir de uma solicitação de outros serviços de informação e organismos da administração pública.	-	1976 - 1981
226	Resumos e Referências sobre pessoas e sobre instituições elaborados pela Divisão de Informações do DEOPS/SP, a partir de uma solicitação de outros serviços de informação e organismos da administração pública.	-	1976 - 1990
227	Resumos e Referências sobre pessoas e sobre instituições elaborados pela Divisão de Informações do DEOPS/SP, a partir de uma solicitação de outros serviços de informação e organismos da administração pública.	-	1975 - 1984

DOSSIÊS/ PASTAS	ASSUNTO	ARQUIVAMENTO	PRODUÇÃO
228	Resumos e Referências sobre pessoas e sobre instituições elaborados pela Divisão de Informações do DEOPS/SP, a partir de uma solicitação de outros serviços de informação e organismos da administração pública.	-	1976 - 1984
229	Resumos e Referências sobre pessoas e sobre instituições elaborados pela Divisão de Informações do DEOPS/SP, a partir de uma solicitação de outros serviços de informação e organismos da administração pública.	-	1976 - 1983
230	Resumos e Referências sobre pessoas e sobre instituições elaborados pela Divisão de Informações do DEOPS/SP, a partir de uma solicitação de outros serviços de informação e organismos da administração pública.	-	1973 - 1982
231	Resumos e Referências sobre pessoas e sobre instituições elaborados pela Divisão de Informações do DEOPS/SP, a partir de uma solicitação de outros serviços de informação e organismos da administração pública.	-	1976 - 1980
232	Resumos e Referências sobre pessoas e sobre instituições elaborados pela Divisão de Informações do DEOPS/SP, a partir de uma solicitação de outros serviços de informação e organismos da administração pública.	-	1976 - 1982
232A	Resumos e Referências sobre pessoas e sobre instituições elaborados pela Divisão de Informações do DEOPS/SP, a partir de uma solicitação de outros serviços de informação e organismos da administração pública.	-	1976 - 1976
233	Resumos e Referências sobre pessoas e sobre instituições elaborados pela Divisão de Informações do DEOPS/SP, a partir de uma solicitação de outros serviços de informação e organismos da administração pública.	-	1976 - 1983
234	Resumos e Referências sobre pessoas e sobre instituições elaborados pela Divisão de Informações do DEOPS/SP, a partir de uma solicitação de outros serviços de informação e organismos da administração pública.	-	1976 - 1984
235	Resumos e Referências sobre pessoas e sobre instituições elaborados pela Divisão de Informações do DEOPS/SP, a partir de uma solicitação de outros serviços de informação e organismos da administração pública.	-	1976 - 1983
236	Resumos e Referências sobre pessoas e sobre instituições elaborados pela Divisão de Informações do DEOPS/SP, a partir de uma solicitação de outros serviços de informação e organismos da administração pública.	-	1976 - 1976
237	Resumos e Referências sobre pessoas e sobre instituições elaborados pela Divisão de Informações do DEOPS/SP, a partir de uma solicitação de outros serviços de informação e organismos da administração pública.	-	1976 - 1983
238	Resumos e Referências sobre pessoas e sobre instituições elaborados pela Divisão de Informações do DEOPS/SP, a partir de uma solicitação de outros serviços de informação e organismos da administração pública.	-	1972 - 1981
239	Resumos e Referências sobre pessoas e sobre instituições elaborados pela Divisão de Informações do DEOPS/SP, a partir de uma solicitação de outros serviços de informação e organismos da administração pública.	-	1976 - 1979
240	Resumos e Referências sobre pessoas e sobre instituições elaborados pela Divisão de Informações do DEOPS/SP, a partir de uma solicitação de outros serviços de informação e organismos da administração pública.	-	1976 - 1987
241	Resumos e Referências sobre pessoas e sobre instituições elaborados pela Divisão de Informações do DEOPS/SP, a partir de uma solicitação de outros serviços de informação e organismos da administração pública.	-	1976 - 1986
242	Resumos e Referências sobre pessoas e sobre instituições elaborados pela Divisão de Informações do DEOPS/SP, a partir de uma solicitação de outros serviços de informação e organismos da administração pública.	-	1976 - 1984
243	Resumos e Referências sobre pessoas e sobre instituições elaborados pela Divisão de Informações do DEOPS/SP, a partir de uma solicitação de outros serviços de informação e organismos da administração pública.	-	1976 - 1980
244	Resumos e Referências sobre pessoas e sobre instituições elaborados pela Divisão de Informações do DEOPS/SP, a partir de uma solicitação de outros serviços de informação e organismos da administração pública.	-	1976 - 1984
245	Resumos e Referências sobre pessoas e sobre instituições elaborados pela Divisão de Informações do DEOPS/SP, a partir de uma solicitação de outros serviços de informação e organismos da administração pública.	-	1976 - 1985
246	Resumos e Referências sobre pessoas e sobre instituições elaborados pela Divisão de Informações do DEOPS/SP, a partir de uma solicitação de outros serviços de informação e organismos da administração pública.	-	1976 - 1985
247	Resumos e Referências sobre pessoas e sobre instituições elaborados pela Divisão de Informações do DEOPS/SP, a partir de uma solicitação de outros serviços de informação e organismos da administração pública.	-	1976 - 1985

DOSSIÊS/ PASTAS	ASSUNTO	ARQUIVAMENTO	PRODUÇÃO
248	Resumos e Referências sobre pessoas e sobre instituições elaborados pela Divisão de Informações do DEOPS/SP, a partir de uma solicitação de outros serviços de informação e organismos da administração pública.	-	1976 - 1981
249	Resumos e Referências sobre pessoas e sobre instituições elaborados pela Divisão de Informações do DEOPS/SP, a partir de uma solicitação de outros serviços de informação e organismos da administração pública.	-	1976 - 1978
250	Resumos e Referências sobre pessoas e sobre instituições elaborados pela Divisão de Informações do DEOPS/SP, a partir de uma solicitação de outros serviços de informação e organismos da administração pública.	-	1976 - 1982
251	Resumos e Referências sobre pessoas e sobre instituições elaborados pela Divisão de Informações do DEOPS/SP, a partir de uma solicitação de outros serviços de informação e organismos da administração pública.	-	1976 - 1981
252	Resumos e Referências sobre pessoas e sobre instituições elaborados pela Divisão de Informações do DEOPS/SP, a partir de uma solicitação de outros serviços de informação e organismos da administração pública.	-	1977 - 1982
253	Resumos e Referências sobre pessoas e sobre instituições elaborados pela Divisão de Informações do DEOPS/SP, a partir de uma solicitação de outros serviços de informação e organismos da administração pública.	-	1977 - 1982
254	Resumos e Referências sobre pessoas e sobre instituições elaborados pela Divisão de Informações do DEOPS/SP, a partir de uma solicitação de outros serviços de informação e organismos da administração pública.	-	1977 - 1981
255	Resumos e Referências sobre pessoas e sobre instituições elaborados pela Divisão de Informações do DEOPS/SP, a partir de uma solicitação de outros serviços de informação e organismos da administração pública.	-	1977 - 1983
256	Resumos e Referências sobre pessoas e sobre instituições elaborados pela Divisão de Informações do DEOPS/SP, a partir de uma solicitação de outros serviços de informação e organismos da administração pública.	-	1977 - 1977
257	Resumos e Referências sobre pessoas e sobre instituições elaborados pela Divisão de Informações do DEOPS/SP, a partir de uma solicitação de outros serviços de informação e organismos da administração pública.	-	1977 - 1982
258	Resumos e Referências sobre pessoas e sobre instituições elaborados pela Divisão de Informações do DEOPS/SP, a partir de uma solicitação de outros serviços de informação e organismos da administração pública.	-	1977 - 1982
259	Resumos e Referências sobre pessoas e sobre instituições elaborados pela Divisão de Informações do DEOPS/SP, a partir de uma solicitação de outros serviços de informação e organismos da administração pública.	-	1977 - 1977
260	Resumos e Referências sobre pessoas e sobre instituições elaborados pela Divisão de Informações do DEOPS/SP, a partir de uma solicitação de outros serviços de informação e organismos da administração pública.	-	1977 - 1977
261	Resumos e Referências sobre pessoas e sobre instituições elaborados pela Divisão de Informações do DEOPS/SP, a partir de uma solicitação de outros serviços de informação e organismos da administração pública.	-	1977 - 1982
262	Resumos e Referências sobre pessoas e sobre instituições elaborados pela Divisão de Informações do DEOPS/SP, a partir de uma solicitação de outros serviços de informação e organismos da administração pública.	-	1977 - 1977
263	Resumos e Referências sobre pessoas e sobre instituições elaborados pela Divisão de Informações do DEOPS/SP, a partir de uma solicitação de outros serviços de informação e organismos da administração pública.	-	1977 - 1982
264	Resumos e Referências sobre pessoas e sobre instituições elaborados pela Divisão de Informações do DEOPS/SP, a partir de uma solicitação de outros serviços de informação e organismos da administração pública.	-	1977 - 1982
265	Resumos e Referências sobre pessoas e sobre instituições elaborados pela Divisão de Informações do DEOPS/SP, a partir de uma solicitação de outros serviços de informação e organismos da administração pública.	-	1977 - 1978
266	Resumos e Referências sobre pessoas e sobre instituições elaborados pela Divisão de Informações do DEOPS/SP, a partir de uma solicitação de outros serviços de informação e organismos da administração pública.	-	1977 - 1982
267	Resumos e Referências sobre pessoas e sobre instituições elaborados pela Divisão de Informações do DEOPS/SP, a partir de uma solicitação de outros serviços de informação e organismos da administração pública.	-	1977 - 1983
268	Resumos e Referências sobre pessoas e sobre instituições elaborados pela Divisão de Informações do DEOPS/SP, a partir de uma solicitação de outros serviços de informação e organismos da administração pública.	-	1977 - 1980

DOSSIÊS/ PASTAS	ASSUNTO	ARQUIVAMENTO	PRODUÇÃO
269	Resumos e Referências sobre pessoas e sobre instituições elaborados pela Divisão de Informações do DEOPS/SP, a partir de uma solicitação de outros serviços de informação e organismos da administração pública.	-	1977 - 1978
270	Resumos e Referências sobre pessoas e sobre instituições elaborados pela Divisão de Informações do DEOPS/SP, a partir de uma solicitação de outros serviços de informação e organismos da administração pública.	-	1977 - 1977
271	Resumos e Referências sobre pessoas e sobre instituições elaborados pela Divisão de Informações do DEOPS/SP, a partir de uma solicitação de outros serviços de informação e organismos da administração pública.	-	1977 - 1977
272	Resumos e Referências sobre pessoas e sobre instituições elaborados pela Divisão de Informações do DEOPS/SP, a partir de uma solicitação de outros serviços de informação e organismos da administração pública.	-	1977 - 1984
273	Resumos e Referências sobre pessoas e sobre instituições elaborados pela Divisão de Informações do DEOPS/SP, a partir de uma solicitação de outros serviços de informação e organismos da administração pública.	-	1977 - 1981
274	Resumos e Referências sobre pessoas e sobre instituições elaborados pela Divisão de Informações do DEOPS/SP, a partir de uma solicitação de outros serviços de informação e organismos da administração pública.	24/06/77 - 24/06/77	1977 - 1984
275	Resumos e Referências sobre pessoas e sobre instituições elaborados pela Divisão de Informações do DEOPS/SP, a partir de uma solicitação de outros serviços de informação e organismos da administração pública.	-	1977 - 1983
276	Resumos e Referências sobre pessoas e sobre instituições elaborados pela Divisão de Informações do DEOPS/SP, a partir de uma solicitação de outros serviços de informação e organismos da administração pública.	-	0 - 0
277	Resumos e Referências sobre pessoas e sobre instituições elaborados pela Divisão de Informações do DEOPS/SP, a partir de uma solicitação de outros serviços de informação e organismos da administração pública.	-	0 - 0
278	Resumos e Referências sobre pessoas e sobre instituições elaborados pela Divisão de Informações do DEOPS/SP, a partir de uma solicitação de outros serviços de informação e organismos da administração pública.	-	1970 - 1970
279	Resumos e Referências sobre pessoas e sobre instituições elaborados pela Divisão de Informações do DEOPS/SP, a partir de uma solicitação de outros serviços de informação e organismos da administração pública.	-	1977 - 1980
279A	Resumos e Referências sobre pessoas e sobre instituições elaborados pela Divisão de Informações do DEOPS/SP, a partir de uma solicitação de outros serviços de informação e organismos da administração pública.	-	1977 - 1982
280	Resumos e Referências sobre pessoas e sobre instituições elaborados pela Divisão de Informações do DEOPS/SP, a partir de uma solicitação de outros serviços de informação e organismos da administração pública.	-	1977 - 1982
281	Resumos e Referências sobre pessoas e sobre instituições elaborados pela Divisão de Informações do DEOPS/SP, a partir de uma solicitação de outros serviços de informação e organismos da administração pública.	-	1977 - 1977
282	Resumos e Referências sobre pessoas e sobre instituições elaborados pela Divisão de Informações do DEOPS/SP, a partir de uma solicitação de outros serviços de informação e organismos da administração pública.	-	1977 - 1982
283	Resumos e Referências sobre pessoas e sobre instituições elaborados pela Divisão de Informações do DEOPS/SP, a partir de uma solicitação de outros serviços de informação e organismos da administração pública.	-	1977 - 1979
284	Resumos e Referências sobre pessoas e sobre instituições elaborados pela Divisão de Informações do DEOPS/SP, a partir de uma solicitação de outros serviços de informação e organismos da administração pública.	-	0 - 0
285	Resumos e Referências sobre pessoas e sobre instituições elaborados pela Divisão de Informações do DEOPS/SP, a partir de uma solicitação de outros serviços de informação e organismos da administração pública.	-	0 - 0
286	Resumos e Referências sobre pessoas e sobre instituições elaborados pela Divisão de Informações do DEOPS/SP, a partir de uma solicitação de outros serviços de informação e organismos da administração pública.	-	0 - 0
287	Resumos e Referências sobre pessoas e sobre instituições elaborados pela Divisão de Informações do DEOPS/SP, a partir de uma solicitação de outros serviços de informação e organismos da administração pública.	-	0 - 0
288	Resumos e Referências sobre pessoas e sobre instituições elaborados pela Divisão de Informações do DEOPS/SP, a partir de uma solicitação de outros serviços de informação e organismos da administração pública.	-	0 - 0

DOSSIÊS/ PASTAS	ASSUNTO	ARQUIVAMENTO	PRODUÇÃO
289	Resumos e Referências sobre pessoas e sobre instituições elaborados pela Divisão de Informações do DEOPS/SP, a partir de uma solicitação de outros serviços de informação e organismos da administração pública.	-	1977 - 1978
290	Resumos e Referências sobre pessoas e sobre instituições elaborados pela Divisão de Informações do DEOPS/SP, a partir de uma solicitação de outros serviços de informação e organismos da administração pública.	-	1977 - 1977
291	Resumos e Referências sobre pessoas e sobre instituições elaborados pela Divisão de Informações do DEOPS/SP, a partir de uma solicitação de outros serviços de informação e organismos da administração pública.	-	0 - 0
292	Resumos e Referências sobre pessoas e sobre instituições elaborados pela Divisão de Informações do DEOPS/SP, a partir de uma solicitação de outros serviços de informação e organismos da administração pública.	-	0 - 0
293	Resumos e Referências sobre pessoas e sobre instituições elaborados pela Divisão de Informações do DEOPS/SP, a partir de uma solicitação de outros serviços de informação e organismos da administração pública.	-	0 - 0
294	Resumos e Referências sobre pessoas e sobre instituições elaborados pela Divisão de Informações do DEOPS/SP, a partir de uma solicitação de outros serviços de informação e organismos da administração pública.	-	0 - 0
295	Resumos e Referências sobre pessoas e sobre instituições elaborados pela Divisão de Informações do DEOPS/SP, a partir de uma solicitação de outros serviços de informação e organismos da administração pública.	-	1977 - 1977
296	Resumos e Referências sobre pessoas e sobre instituições elaborados pela Divisão de Informações do DEOPS/SP, a partir de uma solicitação de outros serviços de informação e organismos da administração pública.	-	0 - 0
297	Resumos e Referências sobre pessoas e sobre instituições elaborados pela Divisão de Informações do DEOPS/SP, a partir de uma solicitação de outros serviços de informação e organismos da administração pública.	-	0 - 0
298	Resumos e Referências sobre pessoas e sobre instituições elaborados pela Divisão de Informações do DEOPS/SP, a partir de uma solicitação de outros serviços de informação e organismos da administração pública.	-	1977 - 1977
299	Resumos e Referências sobre pessoas e sobre instituições elaborados pela Divisão de Informações do DEOPS/SP, a partir de uma solicitação de outros serviços de informação e organismos da administração pública.	-	0 - 0
300	Resumos e Referências sobre pessoas e sobre instituições elaborados pela Divisão de Informações do DEOPS/SP, a partir de uma solicitação de outros serviços de informação e organismos da administração pública.	-	1977 - 1978
301	Resumos e Referências sobre pessoas e sobre instituições elaborados pela Divisão de Informações do DEOPS/SP, a partir de uma solicitação de outros serviços de informação e organismos da administração pública.	-	1977 - 1977
302	Resumos e Referências sobre pessoas e sobre instituições elaborados pela Divisão de Informações do DEOPS/SP, a partir de uma solicitação de outros serviços de informação e organismos da administração pública.	-	1977 - 1978
303	Resumos e Referências sobre pessoas e sobre instituições elaborados pela Divisão de Informações do DEOPS/SP, a partir de uma solicitação de outros serviços de informação e organismos da administração pública.	-	0 - 0
304	Resumos e Referências sobre pessoas e sobre instituições elaborados pela Divisão de Informações do DEOPS/SP, a partir de uma solicitação de outros serviços de informação e organismos da administração pública.	-	0 - 0
305	Resumos e Referências sobre pessoas e sobre instituições elaborados pela Divisão de Informações do DEOPS/SP, a partir de uma solicitação de outros serviços de informação e organismos da administração pública.	-	0 - 0
306	Resumos e Referências sobre pessoas e sobre instituições elaborados pela Divisão de Informações do DEOPS/SP, a partir de uma solicitação de outros serviços de informação e organismos da administração pública.	-	0 - 0
307	Resumos e Referências sobre pessoas e sobre instituições elaborados pela Divisão de Informações do DEOPS/SP, a partir de uma solicitação de outros serviços de informação e organismos da administração pública.	-	0 - 0
308	Resumos e Referências sobre pessoas e sobre instituições elaborados pela Divisão de Informações do DEOPS/SP, a partir de uma solicitação de outros serviços de informação e organismos da administração pública.	-	1978 - 1980
309	Resumos e Referências sobre pessoas e sobre instituições elaborados pela Divisão de Informações do DEOPS/SP, a partir de uma solicitação de outros serviços de informação e organismos da administração pública.	-	1978 - 1978

DOSSIÊS/ PASTAS	ASSUNTO	ARQUIVAMENTO	PRODUÇÃO
310	Resumos e Referências sobre pessoas e sobre instituições elaborados pela Divisão de Informações do DEOPS/SP, a partir de uma solicitação de outros serviços de informação e organismos da administração pública.	-	0 - 0
311	Resumos e Referências sobre pessoas e sobre instituições elaborados pela Divisão de Informações do DEOPS/SP, a partir de uma solicitação de outros serviços de informação e organismos da administração pública.	-	1978 - 1981
312	Resumos e Referências sobre pessoas e sobre instituições elaborados pela Divisão de Informações do DEOPS/SP, a partir de uma solicitação de outros serviços de informação e organismos da administração pública.	-	1978 - 1983
313	Resumos e Referências sobre pessoas e sobre instituições elaborados pela Divisão de Informações do DEOPS/SP, a partir de uma solicitação de outros serviços de informação e organismos da administração pública.	-	1978 - 1983
314	Resumos e Referências sobre pessoas e sobre instituições elaborados pela Divisão de Informações do DEOPS/SP, a partir de uma solicitação de outros serviços de informação e organismos da administração pública.	-	0 - 0
315	Resumos e Referências sobre pessoas e sobre instituições elaborados pela Divisão de Informações do DEOPS/SP, a partir de uma solicitação de outros serviços de informação e organismos da administração pública.	-	0 - 0
316	Resumos e Referências sobre pessoas e sobre instituições elaborados pela Divisão de Informações do DEOPS/SP, a partir de uma solicitação de outros serviços de informação e organismos da administração pública.	-	0 - 0
317	Resumos e Referências sobre pessoas e sobre instituições elaborados pela Divisão de Informações do DEOPS/SP, a partir de uma solicitação de outros serviços de informação e organismos da administração pública.	-	1978 - 1978
318	Resumos e Referências sobre pessoas e sobre instituições elaborados pela Divisão de Informações do DEOPS/SP, a partir de uma solicitação de outros serviços de informação e organismos da administração pública.	-	1978 - 1978
319	Resumos e Referências sobre pessoas e sobre instituições elaborados pela Divisão de Informações do DEOPS/SP, a partir de uma solicitação de outros serviços de informação e organismos da administração pública.	-	1978 - 1978
320	Resumos e Referências sobre pessoas e sobre instituições elaborados pela Divisão de Informações do DEOPS/SP, a partir de uma solicitação de outros serviços de informação e organismos da administração pública.	-	1978 - 1979
321	Resumos e Referências sobre pessoas e sobre instituições elaborados pela Divisão de Informações do DEOPS/SP, a partir de uma solicitação de outros serviços de informação e organismos da administração pública.	-	1978 - 1979
322	Resumos e Referências sobre pessoas e sobre instituições elaborados pela Divisão de Informações do DEOPS/SP, a partir de uma solicitação de outros serviços de informação e organismos da administração pública.	-	1978 - 1978
323	Resumos e Referências sobre pessoas e sobre instituições elaborados pela Divisão de Informações do DEOPS/SP, a partir de uma solicitação de outros serviços de informação e organismos da administração pública.	-	1978 - 1978
324	Resumos e Referências sobre pessoas e sobre instituições elaborados pela Divisão de Informações do DEOPS/SP, a partir de uma solicitação de outros serviços de informação e organismos da administração pública.	-	1978 - 1978
325	Resumos e Referências sobre pessoas e sobre instituições elaborados pela Divisão de Informações do DEOPS/SP, a partir de uma solicitação de outros serviços de informação e organismos da administração pública.	-	1978 - 1982
326	Resumos e Referências sobre pessoas e sobre instituições elaborados pela Divisão de Informações do DEOPS/SP, a partir de uma solicitação de outros serviços de informação e organismos da administração pública.	-	1978 - 1982
327	Resumos e Referências sobre pessoas e sobre instituições elaborados pela Divisão de Informações do DEOPS/SP, a partir de uma solicitação de outros serviços de informação e organismos da administração pública.	-	1978 - 1984
328	Resumos e Referências sobre pessoas e sobre instituições elaborados pela Divisão de Informações do DEOPS/SP, a partir de uma solicitação de outros serviços de informação e organismos da administração pública.	-	1978 - 1978
329	Resumos e Referências sobre pessoas e sobre instituições elaborados pela Divisão de Informações do DEOPS/SP, a partir de uma solicitação de outros serviços de informação e organismos da administração pública.	-	1978 - 1981
330	Resumos e Referências sobre pessoas e sobre instituições elaborados pela Divisão de Informações do DEOPS/SP, a partir de uma solicitação de outros serviços de informação e organismos da administração pública.	-	1978 - 1980

DOSSIÊS/ PASTAS	ASSUNTO	ARQUIVAMENTO	PRODUÇÃO
331	Resumos e Referências sobre pessoas e sobre instituições elaborados pela Divisão de Informações do DEOPS/SP, a partir de uma solicitação de outros serviços de informação e organismos da administração pública.	-	1978 - 1982
332	Resumos e Referências sobre pessoas e sobre instituições elaborados pela Divisão de Informações do DEOPS/SP, a partir de uma solicitação de outros serviços de informação e organismos da administração pública.	-	1978 - 1978
333	Resumos e Referências sobre pessoas e sobre instituições elaborados pela Divisão de Informações do DEOPS/SP, a partir de uma solicitação de outros serviços de informação e organismos da administração pública.	-	1978 - 1983
334	Resumos e Referências sobre pessoas e sobre instituições elaborados pela Divisão de Informações do DEOPS/SP, a partir de uma solicitação de outros serviços de informação e organismos da administração pública.	-	1978 - 1978
335	Resumos e Referências sobre pessoas e sobre instituições elaborados pela Divisão de Informações do DEOPS/SP, a partir de uma solicitação de outros serviços de informação e organismos da administração pública.	-	1978 - 1978
336	Resumos e Referências sobre pessoas e sobre instituições elaborados pela Divisão de Informações do DEOPS/SP, a partir de uma solicitação de outros serviços de informação e organismos da administração pública.	-	1978 - 1985
337	Resumos e Referências sobre pessoas e sobre instituições elaborados pela Divisão de Informações do DEOPS/SP, a partir de uma solicitação de outros serviços de informação e organismos da administração pública.	-	1978 - 1978
338	Resumos e Referências sobre pessoas e sobre instituições elaborados pela Divisão de Informações do DEOPS/SP, a partir de uma solicitação de outros serviços de informação e organismos da administração pública.	-	1978 - 1990
339	Resumos e Referências sobre pessoas e sobre instituições elaborados pela Divisão de Informações do DEOPS/SP, a partir de uma solicitação de outros serviços de informação e organismos da administração pública.	-	1978 - 1978
340	Resumos e Referências sobre pessoas e sobre instituições elaborados pela Divisão de Informações do DEOPS/SP, a partir de uma solicitação de outros serviços de informação e organismos da administração pública.	-	1978 - 1978
341	Resumos e Referências sobre pessoas e sobre instituições elaborados pela Divisão de Informações do DEOPS/SP, a partir de uma solicitação de outros serviços de informação e organismos da administração pública.	-	1978 - 1978
342	Resumos e Referências sobre pessoas e sobre instituições elaborados pela Divisão de Informações do DEOPS/SP, a partir de uma solicitação de outros serviços de informação e organismos da administração pública.	-	1978 - 1978
343	Resumos e Referências sobre pessoas e sobre instituições elaborados pela Divisão de Informações do DEOPS/SP, a partir de uma solicitação de outros serviços de informação e organismos da administração pública.	-	1978 - 1983
344	Resumos e Referências sobre pessoas e sobre instituições elaborados pela Divisão de Informações do DEOPS/SP, a partir de uma solicitação de outros serviços de informação e organismos da administração pública.	-	1978 - 1978
345	Resumos e Referências sobre pessoas e sobre instituições elaborados pela Divisão de Informações do DEOPS/SP, a partir de uma solicitação de outros serviços de informação e organismos da administração pública.	-	1978 - 1978
346	Resumos e Referências sobre pessoas e sobre instituições elaborados pela Divisão de Informações do DEOPS/SP, a partir de uma solicitação de outros serviços de informação e organismos da administração pública.	-	1978 - 1982
347	Resumos e Referências sobre pessoas e sobre instituições elaborados pela Divisão de Informações do DEOPS/SP, a partir de uma solicitação de outros serviços de informação e organismos da administração pública.	-	1978 - 1978
348	Resumos e Referências sobre pessoas e sobre instituições elaborados pela Divisão de Informações do DEOPS/SP, a partir de uma solicitação de outros serviços de informação e organismos da administração pública.	-	1978 - 1978
349	Resumos e Referências sobre pessoas e sobre instituições elaborados pela Divisão de Informações do DEOPS/SP, a partir de uma solicitação de outros serviços de informação e organismos da administração pública.	-	1978 - 1978
350	Resumos e Referências sobre pessoas e sobre instituições elaborados pela Divisão de Informações do DEOPS/SP, a partir de uma solicitação de outros serviços de informação e organismos da administração pública.	-	1978 - 1986
351	Resumos e Referências sobre pessoas e sobre instituições elaborados pela Divisão de Informações do DEOPS/SP, a partir de uma solicitação de outros serviços de informação e organismos da administração pública.	-	1978 - 1980

DOSSIÊS/ PASTAS	ASSUNTO	ARQUIVAMENTO	PRODUÇÃO
352	Resumos e Referências sobre pessoas e sobre instituições elaborados pela Divisão de Informações do DEOPS/SP, a partir de uma solicitação de outros serviços de informação e organismos da administração pública.	-	1978 - 1984
353	Resumos e Referências sobre pessoas e sobre instituições elaborados pela Divisão de Informações do DEOPS/SP, a partir de uma solicitação de outros serviços de informação e organismos da administração pública.	-	1978 - 1978
354	Resumos e Referências sobre pessoas e sobre instituições elaborados pela Divisão de Informações do DEOPS/SP, a partir de uma solicitação de outros serviços de informação e organismos da administração pública.	-	1978 - 1978
355	Resumos e Referências sobre pessoas e sobre instituições elaborados pela Divisão de Informações do DEOPS/SP, a partir de uma solicitação de outros serviços de informação e organismos da administração pública.	-	1978 - 1978
356	Resumos e Referências sobre pessoas e sobre instituições elaborados pela Divisão de Informações do DEOPS/SP, a partir de uma solicitação de outros serviços de informação e organismos da administração pública.	-	1978 - 1978
357	Resumos e Referências sobre pessoas e sobre instituições elaborados pela Divisão de Informações do DEOPS/SP, a partir de uma solicitação de outros serviços de informação e organismos da administração pública.	-	1978 - 1978
358	Resumos e Referências sobre pessoas e sobre instituições elaborados pela Divisão de Informações do DEOPS/SP, a partir de uma solicitação de outros serviços de informação e organismos da administração pública.	-	1978 - 1979
359	Resumos e Referências sobre pessoas e sobre instituições elaborados pela Divisão de Informações do DEOPS/SP, a partir de uma solicitação de outros serviços de informação e organismos da administração pública.	-	1978 - 1983
360	Resumos e Referências sobre pessoas e sobre instituições elaborados pela Divisão de Informações do DEOPS/SP, a partir de uma solicitação de outros serviços de informação e organismos da administração pública.	-	1979 - 1979
361	Resumos e Referências sobre pessoas e sobre instituições elaborados pela Divisão de Informações do DEOPS/SP, a partir de uma solicitação de outros serviços de informação e organismos da administração pública.	-	1978 - 1979
362	Resumos e Referências sobre pessoas e sobre instituições elaborados pela Divisão de Informações do DEOPS/SP, a partir de uma solicitação de outros serviços de informação e organismos da administração pública.	-	1978 - 1978
363	Resumos e Referências sobre pessoas e sobre instituições elaborados pela Divisão de Informações do DEOPS/SP, a partir de uma solicitação de outros serviços de informação e organismos da administração pública.	-	1978 - 1983
364	Resumos e Referências sobre pessoas e sobre instituições elaborados pela Divisão de Informações do DEOPS/SP, a partir de uma solicitação de outros serviços de informação e organismos da administração pública.	-	1978 - 1980
365	Resumos e Referências sobre pessoas e sobre instituições elaborados pela Divisão de Informações do DEOPS/SP, a partir de uma solicitação de outros serviços de informação e organismos da administração pública.	10/01/79 - 16/01/79	1979 - 1979
366	Resumos e Referências sobre pessoas e sobre instituições elaborados pela Divisão de Informações do DEOPS/SP, a partir de uma solicitação de outros serviços de informação e organismos da administração pública.	16/01/79 - 05/02/79	1979 - 1979
367	Resumos e Referências sobre pessoas e sobre instituições elaborados pela Divisão de Informações do DEOPS/SP, a partir de uma solicitação de outros serviços de informação e organismos da administração pública.	06/02/79 - 13/02/79	1979 - 1979
368	Resumos e Referências sobre pessoas e sobre instituições elaborados pela Divisão de Informações do DEOPS/SP, a partir de uma solicitação de outros serviços de informação e organismos da administração pública.	14/02/79 - 20/02/79	1979 - 1979
369	Resumos e Referências sobre pessoas e sobre instituições elaborados pela Divisão de Informações do DEOPS/SP, a partir de uma solicitação de outros serviços de informação e organismos da administração pública.	20/02/79 - 23/02/79	1979 - 1979
370	Resumos e Referências sobre pessoas e sobre instituições elaborados pela Divisão de Informações do DEOPS/SP, a partir de uma solicitação de outros serviços de informação e organismos da administração pública.	23/02/79 - 09/03/79	1979 - 1979
371	Resumos e Referências sobre pessoas e sobre instituições elaborados pela Divisão de	- 13/03/79	1979 - 1979

DOSSIÊS/ PASTAS	ASSUNTO	ARQUIVAMENTO	PRODUÇÃO
	Informações do DEOPS/SP, a partir de uma solicitação de outros serviços de informação e organismos da administração pública.		
372	Resumos e Referências sobre pessoas e sobre instituições elaborados pela Divisão de Informações do DEOPS/SP, a partir de uma solicitação de outros serviços de informação e organismos da administração pública.	- 19/03/79	1979 - 1979
373	Resumos e Referências sobre pessoas e sobre instituições elaborados pela Divisão de Informações do DEOPS/SP, a partir de uma solicitação de outros serviços de informação e organismos da administração pública.	-	1979 - 1984
374	Resumos e Referências sobre pessoas e sobre instituições elaborados pela Divisão de Informações do DEOPS/SP, a partir de uma solicitação de outros serviços de informação e organismos da administração pública.	-	1978 - 1984
375	Resumos e Referências sobre pessoas e sobre instituições elaborados pela Divisão de Informações do DEOPS/SP, a partir de uma solicitação de outros serviços de informação e organismos da administração pública.	-	1979 - 1983
376	Resumos e Referências sobre pessoas e sobre instituições elaborados pela Divisão de Informações do DEOPS/SP, a partir de uma solicitação de outros serviços de informação e organismos da administração pública.	-	1979 - 1983
377	Resumos e Referências sobre pessoas e sobre instituições elaborados pela Divisão de Informações do DEOPS/SP, a partir de uma solicitação de outros serviços de informação e organismos da administração pública.	-	1979 - 1979
378	Resumos e Referências sobre pessoas e sobre instituições elaborados pela Divisão de Informações do DEOPS/SP, a partir de uma solicitação de outros serviços de informação e organismos da administração pública.	-	1979 - 1979
379	Resumos e Referências sobre pessoas e sobre instituições elaborados pela Divisão de Informações do DEOPS/SP, a partir de uma solicitação de outros serviços de informação e organismos da administração pública.	-	1979 - 1979
380	Resumos e Referências sobre pessoas e sobre instituições elaborados pela Divisão de Informações do DEOPS/SP, a partir de uma solicitação de outros serviços de informação e organismos da administração pública.	-	1979 - 1984
381	Resumos e Referências sobre pessoas e sobre instituições elaborados pela Divisão de Informações do DEOPS/SP, a partir de uma solicitação de outros serviços de informação e organismos da administração pública.	-	1979 - 1979
382	Resumos e Referências sobre pessoas e sobre instituições elaborados pela Divisão de Informações do DEOPS/SP, a partir de uma solicitação de outros serviços de informação e organismos da administração pública.	-	1979 - 1979
383	Resumos e Referências sobre pessoas e sobre instituições elaborados pela Divisão de Informações do DEOPS/SP, a partir de uma solicitação de outros serviços de informação e organismos da administração pública.	-	1979 - 1979
384	Resumos e Referências sobre pessoas e sobre instituições elaborados pela Divisão de Informações do DEOPS/SP, a partir de uma solicitação de outros serviços de informação e organismos da administração pública.	-	1979 - 1979
385	Resumos e Referências sobre pessoas e sobre instituições elaborados pela Divisão de Informações do DEOPS/SP, a partir de uma solicitação de outros serviços de informação e organismos da administração pública.	-	1979 - 1979
386	Resumos e Referências sobre pessoas e sobre instituições elaborados pela Divisão de Informações do DEOPS/SP, a partir de uma solicitação de outros serviços de informação e organismos da administração pública.	-	1968 - 1983
387	Resumos e Referências sobre pessoas e sobre instituições elaborados pela Divisão de Informações do DEOPS/SP, a partir de uma solicitação de outros serviços de informação e organismos da administração pública.	-	1979 - 1979
388	Resumos e Referências sobre pessoas e sobre instituições elaborados pela Divisão de Informações do DEOPS/SP, a partir de uma solicitação de outros serviços de informação e organismos da administração pública.	-	1979 - 1979
389	Resumos e Referências sobre pessoas e sobre instituições elaborados pela Divisão de Informações do DEOPS/SP, a partir de uma solicitação de outros serviços de informação e organismos da administração pública.	-	1979 - 1979
390	Resumos e Referências sobre pessoas e sobre instituições elaborados pela Divisão de Informações do DEOPS/SP, a partir de uma solicitação de outros serviços de informação e organismos da administração pública.	-	1979 - 1979
391	Resumos e Referências sobre pessoas e sobre instituições elaborados pela Divisão de Informações do DEOPS/SP, a partir de uma solicitação de outros serviços de informação e organismos da administração pública.	-	1979 - 1979
392	Resumos e Referências sobre pessoas e sobre instituições elaborados pela Divisão de	-	1979 - 1979

DOSSIÊS/ PASTAS	ASSUNTO	ARQUIVAMENTO	PRODUÇÃO
	Informações do DEOPS/SP, a partir de uma solicitação de outros serviços de informação e organismos da administração pública.		
393	Resumos e Referências sobre pessoas e sobre instituições elaborados pela Divisão de Informações do DEOPS/SP, a partir de uma solicitação de outros serviços de informação e organismos da administração pública.	-	1979 - 1979
394	Resumos e Referências sobre pessoas e sobre instituições elaborados pela Divisão de Informações do DEOPS/SP, a partir de uma solicitação de outros serviços de informação e organismos da administração pública.	-	1979 - 1979
395	Resumos e Referências sobre pessoas e sobre instituições elaborados pela Divisão de Informações do DEOPS/SP, a partir de uma solicitação de outros serviços de informação e organismos da administração pública.	-	1975 - 1982
396	Resumos e Referências sobre pessoas e sobre instituições elaborados pela Divisão de Informações do DEOPS/SP, a partir de uma solicitação de outros serviços de informação e organismos da administração pública.	-	1970 - 1970
397	Resumos e Referências sobre pessoas e sobre instituições elaborados pela Divisão de Informações do DEOPS/SP, a partir de uma solicitação de outros serviços de informação e organismos da administração pública.	-	1979 - 1983
398	Resumos e Referências sobre pessoas e sobre instituições elaborados pela Divisão de Informações do DEOPS/SP, a partir de uma solicitação de outros serviços de informação e organismos da administração pública.	-	1979 - 1979
399	Resumos e Referências sobre pessoas e sobre instituições elaborados pela Divisão de Informações do DEOPS/SP, a partir de uma solicitação de outros serviços de informação e organismos da administração pública.	-	1979 - 1979
400	Resumos e Referências sobre pessoas e sobre instituições elaborados pela Divisão de Informações do DEOPS/SP, a partir de uma solicitação de outros serviços de informação e organismos da administração pública.	-	1977 - 1983
401	Resumos e Referências sobre pessoas e sobre instituições elaborados pela Divisão de Informações do DEOPS/SP, a partir de uma solicitação de outros serviços de informação e organismos da administração pública.	-	1979 - 1979
402	Resumos e Referências sobre pessoas e sobre instituições elaborados pela Divisão de Informações do DEOPS/SP, a partir de uma solicitação de outros serviços de informação e organismos da administração pública.	-	1979 - 1979
403	Resumos e Referências sobre pessoas e sobre instituições elaborados pela Divisão de Informações do DEOPS/SP, a partir de uma solicitação de outros serviços de informação e organismos da administração pública.	-	1979 - 1979
404	Resumos e Referências sobre pessoas e sobre instituições elaborados pela Divisão de Informações do DEOPS/SP, a partir de uma solicitação de outros serviços de informação e organismos da administração pública.	-	1979 - 1979
405	Resumos e Referências sobre pessoas e sobre instituições elaborados pela Divisão de Informações do DEOPS/SP, a partir de uma solicitação de outros serviços de informação e organismos da administração pública.	-	1979 - 1979
406	Resumos e Referências sobre pessoas e sobre instituições elaborados pela Divisão de Informações do DEOPS/SP, a partir de uma solicitação de outros serviços de informação e organismos da administração pública.	-	1979 - 1979
407	Resumos e Referências sobre pessoas e sobre instituições elaborados pela Divisão de Informações do DEOPS/SP, a partir de uma solicitação de outros serviços de informação e organismos da administração pública.	-	1979 - 1979
408	Resumos e Referências sobre pessoas e sobre instituições elaborados pela Divisão de Informações do DEOPS/SP, a partir de uma solicitação de outros serviços de informação e organismos da administração pública.	-	1979 - 1979
409	Resumos e Referências sobre pessoas e sobre instituições elaborados pela Divisão de Informações do DEOPS/SP, a partir de uma solicitação de outros serviços de informação e organismos da administração pública.	-	1979 - 1979
410	Resumos e Referências sobre pessoas e sobre instituições elaborados pela Divisão de Informações do DEOPS/SP, a partir de uma solicitação de outros serviços de informação e organismos da administração pública.	-	1979 - 1980
411	Resumos e Referências sobre pessoas e sobre instituições elaborados pela Divisão de Informações do DEOPS/SP, a partir de uma solicitação de outros serviços de informação e organismos da administração pública.	-	1979 - 1984
412	Resumos e Referências sobre pessoas e sobre instituições elaborados pela Divisão de Informações do DEOPS/SP, a partir de uma solicitação de outros serviços de informação e organismos da administração pública.	-	1979 - 1984
413	Resumos e Referências sobre pessoas e sobre instituições elaborados pela Divisão de	-	1979 - 1980

DOSSIÊS/ PASTAS	ASSUNTO	ARQUIVAMENTO	PRODUÇÃO
	Informações do DEOPS/SP, a partir de uma solicitação de outros serviços de informação e organismos da administração pública.		
414	Resumos e Referências sobre pessoas e sobre instituições elaborados pela Divisão de Informações do DEOPS/SP, a partir de uma solicitação de outros serviços de informação e organismos da administração pública.	-	1979 - 1979
415	Resumos e Referências sobre pessoas e sobre instituições elaborados pela Divisão de Informações do DEOPS/SP, a partir de uma solicitação de outros serviços de informação e organismos da administração pública.	-	0 - 0
416	Resumos e Referências sobre pessoas e sobre instituições elaborados pela Divisão de Informações do DEOPS/SP, a partir de uma solicitação de outros serviços de informação e organismos da administração pública.	-	1971 - 1976
417	Resumos e Referências sobre pessoas e sobre instituições elaborados pela Divisão de Informações do DEOPS/SP, a partir de uma solicitação de outros serviços de informação e organismos da administração pública.	-	0 - 0
418	Resumos e Referências sobre pessoas e sobre instituições elaborados pela Divisão de Informações do DEOPS/SP, a partir de uma solicitação de outros serviços de informação e organismos da administração pública.	-	1979 - 1979
419	Resumos e Referências sobre pessoas e sobre instituições elaborados pela Divisão de Informações do DEOPS/SP, a partir de uma solicitação de outros serviços de informação e organismos da administração pública.	-	1979 - 1979
420	Resumos e Referências sobre pessoas e sobre instituições elaborados pela Divisão de Informações do DEOPS/SP, a partir de uma solicitação de outros serviços de informação e organismos da administração pública.	-	1979 - 1979
421	Resumos e Referências sobre pessoas e sobre instituições elaborados pela Divisão de Informações do DEOPS/SP, a partir de uma solicitação de outros serviços de informação e organismos da administração pública.	-	1979 - 1981
422	Resumos e Referências sobre pessoas e sobre instituições elaborados pela Divisão de Informações do DEOPS/SP, a partir de uma solicitação de outros serviços de informação e organismos da administração pública.	-	0 - 0
423	Resumos e Referências sobre pessoas e sobre instituições elaborados pela Divisão de Informações do DEOPS/SP, a partir de uma solicitação de outros serviços de informação e organismos da administração pública.	-	1979 - 1982
424	Resumos e Referências sobre pessoas e sobre instituições elaborados pela Divisão de Informações do DEOPS/SP, a partir de uma solicitação de outros serviços de informação e organismos da administração pública.	-	1977 - 1979
425	Resumos e Referências sobre pessoas e sobre instituições elaborados pela Divisão de Informações do DEOPS/SP, a partir de uma solicitação de outros serviços de informação e organismos da administração pública.	-	1979 - 1984
426	Resumos e Referências sobre pessoas e sobre instituições elaborados pela Divisão de Informações do DEOPS/SP, a partir de uma solicitação de outros serviços de informação e organismos da administração pública.	-	1979 - 1991
427	Resumos e Referências sobre pessoas e sobre instituições elaborados pela Divisão de Informações do DEOPS/SP, a partir de uma solicitação de outros serviços de informação e organismos da administração pública.	-	1980 - 1980
428	Resumos e Referências sobre pessoas e sobre instituições elaborados pela Divisão de Informações do DEOPS/SP, a partir de uma solicitação de outros serviços de informação e organismos da administração pública.	-	1980 - 1982
429	Resumos e Referências sobre pessoas e sobre instituições elaborados pela Divisão de Informações do DEOPS/SP, a partir de uma solicitação de outros serviços de informação e organismos da administração pública.	-	1979 - 1980
430	Resumos e Referências sobre pessoas e sobre instituições elaborados pela Divisão de Informações do DEOPS/SP, a partir de uma solicitação de outros serviços de informação e organismos da administração pública.	-	1980 - 1980
431	Resumos e Referências sobre pessoas e sobre instituições elaborados pela Divisão de Informações do DEOPS/SP, a partir de uma solicitação de outros serviços de informação e organismos da administração pública.	-	1980 - 1980
432	Resumos e Referências sobre pessoas e sobre instituições elaborados pela Divisão de Informações do DEOPS/SP, a partir de uma solicitação de outros serviços de informação e organismos da administração pública.	-	1980 - 1980
433	Resumos e Referências sobre pessoas e sobre instituições elaborados pela Divisão de Informações do DEOPS/SP, a partir de uma solicitação de outros serviços de informação e organismos da administração pública.	-	1979 - 1981
434	Resumos e Referências sobre pessoas e sobre instituições elaborados pela Divisão de	-	1980 - 1980

DOSSIÊS/ PASTAS	ASSUNTO	ARQUIVAMENTO	PRODUÇÃO
	Informações do DEOPS/SP, a partir de uma solicitação de outros serviços de informação e organismos da administração pública.		
435	Resumos e Referências sobre pessoas e sobre instituições elaborados pela Divisão de Informações do DEOPS/SP, a partir de uma solicitação de outros serviços de informação e organismos da administração pública.	-	1978 - 1978
436	Resumos e Referências sobre pessoas e sobre instituições elaborados pela Divisão de Informações do DEOPS/SP, a partir de uma solicitação de outros serviços de informação e organismos da administração pública.	-	1980 - 1989
437	Resumos e Referências sobre pessoas e sobre instituições elaborados pela Divisão de Informações do DEOPS/SP, a partir de uma solicitação de outros serviços de informação e organismos da administração pública.	-	1980 - 1980
438	Resumos e Referências sobre pessoas e sobre instituições elaborados pela Divisão de Informações do DEOPS/SP, a partir de uma solicitação de outros serviços de informação e organismos da administração pública.	-	1980 - 1980
439	Resumos e Referências sobre pessoas e sobre instituições elaborados pela Divisão de Informações do DEOPS/SP, a partir de uma solicitação de outros serviços de informação e organismos da administração pública.	-	1980 - 1983
440	Resumos e Referências sobre pessoas e sobre instituições elaborados pela Divisão de Informações do DEOPS/SP, a partir de uma solicitação de outros serviços de informação e organismos da administração pública.	-	1977 - 1980
441	Resumos e Referências sobre pessoas e sobre instituições elaborados pela Divisão de Informações do DEOPS/SP, a partir de uma solicitação de outros serviços de informação e organismos da administração pública.	-	1980 - 1983
442	Resumos e Referências sobre pessoas e sobre instituições elaborados pela Divisão de Informações do DEOPS/SP, a partir de uma solicitação de outros serviços de informação e organismos da administração pública.	-	1980 - 1982
443	Resumos e Referências sobre pessoas e sobre instituições elaborados pela Divisão de Informações do DEOPS/SP, a partir de uma solicitação de outros serviços de informação e organismos da administração pública.	-	1980 - 1981
444	Resumos e Referências sobre pessoas e sobre instituições elaborados pela Divisão de Informações do DEOPS/SP, a partir de uma solicitação de outros serviços de informação e organismos da administração pública.	-	1980 - 1980
445	Resumos e Referências sobre pessoas e sobre instituições elaborados pela Divisão de Informações do DEOPS/SP, a partir de uma solicitação de outros serviços de informação e organismos da administração pública.	-	1980 - 1980
446	Resumos e Referências sobre pessoas e sobre instituições elaborados pela Divisão de Informações do DEOPS/SP, a partir de uma solicitação de outros serviços de informação e organismos da administração pública.	-	1980 - 1980
447	Resumos e Referências sobre pessoas e sobre instituições elaborados pela Divisão de Informações do DEOPS/SP, a partir de uma solicitação de outros serviços de informação e organismos da administração pública.	-	1980 - 1983
448	Resumos e Referências sobre pessoas e sobre instituições elaborados pela Divisão de Informações do DEOPS/SP, a partir de uma solicitação de outros serviços de informação e organismos da administração pública.	-	1980 - 1983
449	Resumos e Referências sobre pessoas e sobre instituições elaborados pela Divisão de Informações do DEOPS/SP, a partir de uma solicitação de outros serviços de informação e organismos da administração pública.	-	1980 - 1982
450	Resumos e Referências sobre pessoas e sobre instituições elaborados pela Divisão de Informações do DEOPS/SP, a partir de uma solicitação de outros serviços de informação e organismos da administração pública.	-	1980 - 1984
451	Resumos e Referências sobre pessoas e sobre instituições elaborados pela Divisão de Informações do DEOPS/SP, a partir de uma solicitação de outros serviços de informação e organismos da administração pública.	-	1980 - 1980
452	Resumos e Referências sobre pessoas e sobre instituições elaborados pela Divisão de Informações do DEOPS/SP, a partir de uma solicitação de outros serviços de informação e organismos da administração pública.	-	1972 - 1981
453	Resumos e Referências sobre pessoas e sobre instituições elaborados pela Divisão de Informações do DEOPS/SP, a partir de uma solicitação de outros serviços de informação e organismos da administração pública.	-	1977 - 1982
454	Resumos e Referências sobre pessoas e sobre instituições elaborados pela Divisão de Informações do DEOPS/SP, a partir de uma solicitação de outros serviços de informação e organismos da administração pública.	-	1980 - 1982
455	Resumos e Referências sobre pessoas e sobre instituições elaborados pela Divisão de	-	1980 - 1984

DOSSIÊS/ PASTAS	ASSUNTO	ARQUIVAMENTO	PRODUÇÃO
	Informações do DEOPS/SP, a partir de uma solicitação de outros serviços de informação e organismos da administração pública.		
456	Resumos e Referências sobre pessoas e sobre instituições elaborados pela Divisão de Informações do DEOPS/SP, a partir de uma solicitação de outros serviços de informação e organismos da administração pública.	-	1976 - 1985
457	Resumos e Referências sobre pessoas e sobre instituições elaborados pela Divisão de Informações do DEOPS/SP, a partir de uma solicitação de outros serviços de informação e organismos da administração pública.	-	1980 - 1983
458	Resumos e Referências sobre pessoas e sobre instituições elaborados pela Divisão de Informações do DEOPS/SP, a partir de uma solicitação de outros serviços de informação e organismos da administração pública.	-	1975 - 1983
459	Resumos e Referências sobre pessoas e sobre instituições elaborados pela Divisão de Informações do DEOPS/SP, a partir de uma solicitação de outros serviços de informação e organismos da administração pública.	-	1976 - 1983
460	Resumos e Referências sobre pessoas e sobre instituições elaborados pela Divisão de Informações do DEOPS/SP, a partir de uma solicitação de outros serviços de informação e organismos da administração pública.	-	1979 - 1990
461	Resumos e Referências sobre pessoas e sobre instituições elaborados pela Divisão de Informações do DEOPS/SP, a partir de uma solicitação de outros serviços de informação e organismos da administração pública.	-	1967 - 1982
462	Resumos e Referências sobre pessoas e sobre instituições elaborados pela Divisão de Informações do DEOPS/SP, a partir de uma solicitação de outros serviços de informação e organismos da administração pública.	-	1969 - 1980
463	Resumos e Referências sobre pessoas e sobre instituições elaborados pela Divisão de Informações do DEOPS/SP, a partir de uma solicitação de outros serviços de informação e organismos da administração pública.	-	1980 - 1980
464	Resumos e Referências sobre pessoas e sobre instituições elaborados pela Divisão de Informações do DEOPS/SP, a partir de uma solicitação de outros serviços de informação e organismos da administração pública.	-	1976 - 1985
465	Resumos e Referências sobre pessoas e sobre instituições elaborados pela Divisão de Informações do DEOPS/SP, a partir de uma solicitação de outros serviços de informação e organismos da administração pública.	-	1980 - 1980
466	Resumos e Referências sobre pessoas e sobre instituições elaborados pela Divisão de Informações do DEOPS/SP, a partir de uma solicitação de outros serviços de informação e organismos da administração pública.	-	1980 - 1984
467	Resumos e Referências sobre pessoas e sobre instituições elaborados pela Divisão de Informações do DEOPS/SP, a partir de uma solicitação de outros serviços de informação e organismos da administração pública.	-	1980 - 1980
468	Resumos e Referências sobre pessoas e sobre instituições elaborados pela Divisão de Informações do DEOPS/SP, a partir de uma solicitação de outros serviços de informação e organismos da administração pública.	-	1980 - 1986
469	Resumos e Referências sobre pessoas e sobre instituições elaborados pela Divisão de Informações do DEOPS/SP, a partir de uma solicitação de outros serviços de informação e organismos da administração pública.	-	1975 - 1983
470	Resumos e Referências sobre pessoas e sobre instituições elaborados pela Divisão de Informações do DEOPS/SP, a partir de uma solicitação de outros serviços de informação e organismos da administração pública.	-	1980 - 1983
471	Resumos e Referências sobre pessoas e sobre instituições elaborados pela Divisão de Informações do DEOPS/SP, a partir de uma solicitação de outros serviços de informação e organismos da administração pública.	-	1978 - 1980
472	Resumos e Referências sobre pessoas e sobre instituições elaborados pela Divisão de Informações do DEOPS/SP, a partir de uma solicitação de outros serviços de informação e organismos da administração pública.	-	1980 - 1980
473	Resumos e Referências sobre pessoas e sobre instituições elaborados pela Divisão de Informações do DEOPS/SP, a partir de uma solicitação de outros serviços de informação e organismos da administração pública.	-	1978 - 1980
474	Resumos e Referências sobre pessoas e sobre instituições elaborados pela Divisão de Informações do DEOPS/SP, a partir de uma solicitação de outros serviços de informação e organismos da administração pública.	-	1980 - 1981
475	Resumos e Referências sobre pessoas e sobre instituições elaborados pela Divisão de Informações do DEOPS/SP, a partir de uma solicitação de outros serviços de informação e organismos da administração pública.	-	1981 - 1981
476	Resumos e Referências sobre pessoas e sobre instituições elaborados pela Divisão de	-	1981 - 1981

DOSSIÊS/ PASTAS	ASSUNTO	ARQUIVAMENTO	PRODUÇÃO
	Informações do DEOPS/SP, a partir de uma solicitação de outros serviços de informação e organismos da administração pública.		
477	Resumos e Referências sobre pessoas e sobre instituições elaborados pela Divisão de Informações do DEOPS/SP, a partir de uma solicitação de outros serviços de informação e organismos da administração pública.	-	1981 - 1981
478	Resumos e Referências sobre pessoas e sobre instituições elaborados pela Divisão de Informações do DEOPS/SP, a partir de uma solicitação de outros serviços de informação e organismos da administração pública.	-	1981 - 1981
479	Resumos e Referências sobre pessoas e sobre instituições elaborados pela Divisão de Informações do DEOPS/SP, a partir de uma solicitação de outros serviços de informação e organismos da administração pública.	-	1981 - 1981
480	Resumos e Referências sobre pessoas e sobre instituições elaborados pela Divisão de Informações do DEOPS/SP, a partir de uma solicitação de outros serviços de informação e organismos da administração pública.	-	1981 - 1981
481	Resumos e Referências sobre pessoas e sobre instituições elaborados pela Divisão de Informações do DEOPS/SP, a partir de uma solicitação de outros serviços de informação e organismos da administração pública.	-	1981 - 1982
482	Resumos e Referências sobre pessoas e sobre instituições elaborados pela Divisão de Informações do DEOPS/SP, a partir de uma solicitação de outros serviços de informação e organismos da administração pública.	-	1981 - 1984
483	Resumos e Referências sobre pessoas e sobre instituições elaborados pela Divisão de Informações do DEOPS/SP, a partir de uma solicitação de outros serviços de informação e organismos da administração pública.	-	1981 - 1983
484	Resumos e Referências sobre pessoas e sobre instituições elaborados pela Divisão de Informações do DEOPS/SP, a partir de uma solicitação de outros serviços de informação e organismos da administração pública.	-	1981 - 1981
485	Resumos e Referências sobre pessoas e sobre instituições elaborados pela Divisão de Informações do DEOPS/SP, a partir de uma solicitação de outros serviços de informação e organismos da administração pública.	-	1981 - 1981
486	Resumos e Referências sobre pessoas e sobre instituições elaborados pela Divisão de Informações do DEOPS/SP, a partir de uma solicitação de outros serviços de informação e organismos da administração pública.	-	1981 - 1988
487	Resumos e Referências sobre pessoas e sobre instituições elaborados pela Divisão de Informações do DEOPS/SP, a partir de uma solicitação de outros serviços de informação e organismos da administração pública.	-	1977 - 1981
488	Resumos e Referências sobre pessoas e sobre instituições elaborados pela Divisão de Informações do DEOPS/SP, a partir de uma solicitação de outros serviços de informação e organismos da administração pública.	-	1981 - 1981
489	Resumos e Referências sobre pessoas e sobre instituições elaborados pela Divisão de Informações do DEOPS/SP, a partir de uma solicitação de outros serviços de informação e organismos da administração pública.	-	1981 - 1981
490	Resumos e Referências sobre pessoas e sobre instituições elaborados pela Divisão de Informações do DEOPS/SP, a partir de uma solicitação de outros serviços de informação e organismos da administração pública.	-	1981 - 1984
491	Resumos e Referências sobre pessoas e sobre instituições elaborados pela Divisão de Informações do DEOPS/SP, a partir de uma solicitação de outros serviços de informação e organismos da administração pública.	-	1980 - 1989
492	Resumos e Referências sobre pessoas e sobre instituições elaborados pela Divisão de Informações do DEOPS/SP, a partir de uma solicitação de outros serviços de informação e organismos da administração pública.	-	1981 - 1982
493	Resumos e Referências sobre pessoas e sobre instituições elaborados pela Divisão de Informações do DEOPS/SP, a partir de uma solicitação de outros serviços de informação e organismos da administração pública.	-	1979 - 1981
494	Resumos e Referências sobre pessoas e sobre instituições elaborados pela Divisão de Informações do DEOPS/SP, a partir de uma solicitação de outros serviços de informação e organismos da administração pública.	-	1981 - 1981
495	Resumos e Referências sobre pessoas e sobre instituições elaborados pela Divisão de Informações do DEOPS/SP, a partir de uma solicitação de outros serviços de informação e organismos da administração pública.	-	1980 - 1983
496	Resumos e Referências sobre pessoas e sobre instituições elaborados pela Divisão de Informações do DEOPS/SP, a partir de uma solicitação de outros serviços de informação e organismos da administração pública.	-	1981 - 1983
497	Resumos e Referências sobre pessoas e sobre instituições elaborados pela Divisão de	-	1981 - 1982

DOSSIÊS/ PASTAS	ASSUNTO	ARQUIVAMENTO	PRODUÇÃO
	Informações do DEOPS/SP, a partir de uma solicitação de outros serviços de informação e organismos da administração pública.		
498	Resumos e Referências sobre pessoas e sobre instituições elaborados pela Divisão de Informações do DEOPS/SP, a partir de uma solicitação de outros serviços de informação e organismos da administração pública.	-	1981 - 1981
499	Resumos e Referências sobre pessoas e sobre instituições elaborados pela Divisão de Informações do DEOPS/SP, a partir de uma solicitação de outros serviços de informação e organismos da administração pública.	-	1981 - 1981
500	Resumos e Referências sobre pessoas e sobre instituições elaborados pela Divisão de Informações do DEOPS/SP, a partir de uma solicitação de outros serviços de informação e organismos da administração pública.	-	1981 - 1981
501	Resumos e Referências sobre pessoas e sobre instituições elaborados pela Divisão de Informações do DEOPS/SP, a partir de uma solicitação de outros serviços de informação e organismos da administração pública.	-	1981 - 1981
502	Resumos e Referências sobre pessoas e sobre instituições elaborados pela Divisão de Informações do DEOPS/SP, a partir de uma solicitação de outros serviços de informação e organismos da administração pública.	-	1981 - 1991
503	Resumos e Referências sobre pessoas e sobre instituições elaborados pela Divisão de Informações do DEOPS/SP, a partir de uma solicitação de outros serviços de informação e organismos da administração pública.	-	1981 - 1981
504	Resumos e Referências sobre pessoas e sobre instituições elaborados pela Divisão de Informações do DEOPS/SP, a partir de uma solicitação de outros serviços de informação e organismos da administração pública.	-	1980 - 1984
505	Resumos e Referências sobre pessoas e sobre instituições elaborados pela Divisão de Informações do DEOPS/SP, a partir de uma solicitação de outros serviços de informação e organismos da administração pública.	-	1981 - 1985
506	Resumos e Referências sobre pessoas e sobre instituições elaborados pela Divisão de Informações do DEOPS/SP, a partir de uma solicitação de outros serviços de informação e organismos da administração pública.	-	1981 - 1981
507	Resumos e Referências sobre pessoas e sobre instituições elaborados pela Divisão de Informações do DEOPS/SP, a partir de uma solicitação de outros serviços de informação e organismos da administração pública.	-	1981 - 1982
508	Resumos e Referências sobre pessoas e sobre instituições elaborados pela Divisão de Informações do DEOPS/SP, a partir de uma solicitação de outros serviços de informação e organismos da administração pública.	-	1981 - 1982
509	Resumos e Referências sobre pessoas e sobre instituições elaborados pela Divisão de Informações do DEOPS/SP, a partir de uma solicitação de outros serviços de informação e organismos da administração pública.	-	1982 - 1987
510	Resumos e Referências sobre pessoas e sobre instituições elaborados pela Divisão de Informações do DEOPS/SP, a partir de uma solicitação de outros serviços de informação e organismos da administração pública.	-	1982 - 1982
511	Resumos e Referências sobre pessoas e sobre instituições elaborados pela Divisão de Informações do DEOPS/SP, a partir de uma solicitação de outros serviços de informação e organismos da administração pública.	-	1982 - 1982
512	Resumos e Referências sobre pessoas e sobre instituições elaborados pela Divisão de Informações do DEOPS/SP, a partir de uma solicitação de outros serviços de informação e organismos da administração pública.	-	1982 - 1982
513	Resumos e Referências sobre pessoas e sobre instituições elaborados pela Divisão de Informações do DEOPS/SP, a partir de uma solicitação de outros serviços de informação e organismos da administração pública.	-	1981 - 1982
514	Resumos e Referências sobre pessoas e sobre instituições elaborados pela Divisão de Informações do DEOPS/SP, a partir de uma solicitação de outros serviços de informação e organismos da administração pública.	-	1982 - 1982
515	Resumos e Referências sobre pessoas e sobre instituições elaborados pela Divisão de Informações do DEOPS/SP, a partir de uma solicitação de outros serviços de informação e organismos da administração pública.	-	1982 - 1982
516	Resumos e Referências sobre pessoas e sobre instituições elaborados pela Divisão de Informações do DEOPS/SP, a partir de uma solicitação de outros serviços de informação e organismos da administração pública.	-	1982 - 1984
517	Resumos e Referências sobre pessoas e sobre instituições elaborados pela Divisão de Informações do DEOPS/SP, a partir de uma solicitação de outros serviços de informação e organismos da administração pública.	-	1982 - 1986
518	Resumos e Referências sobre pessoas e sobre instituições elaborados pela Divisão de	-	1982 - 1983

DOSSIÊS/ PASTAS	ASSUNTO	ARQUIVAMENTO	PRODUÇÃO
	Informações do DEOPS/SP, a partir de uma solicitação de outros serviços de informação e organismos da administração pública.		
519	Resumos e Referências sobre pessoas e sobre instituições elaborados pela Divisão de Informações do DEOPS/SP, a partir de uma solicitação de outros serviços de informação e organismos da administração pública.	-	1982 - 1983
520	Resumos e Referências sobre pessoas e sobre instituições elaborados pela Divisão de Informações do DEOPS/SP, a partir de uma solicitação de outros serviços de informação e organismos da administração pública.	-	1982 - 1982
521	Resumos e Referências sobre pessoas e sobre instituições elaborados pela Divisão de Informações do DEOPS/SP, a partir de uma solicitação de outros serviços de informação e organismos da administração pública.	-	1982 - 1983
522	Resumos e Referências sobre pessoas e sobre instituições elaborados pela Divisão de Informações do DEOPS/SP, a partir de uma solicitação de outros serviços de informação e organismos da administração pública.	-	1982 - 1983
523	Resumos e Referências sobre pessoas e sobre instituições elaborados pela Divisão de Informações do DEOPS/SP, a partir de uma solicitação de outros serviços de informação e organismos da administração pública.	-	1982 - 1984
524	Resumos e Referências sobre pessoas e sobre instituições elaborados pela Divisão de Informações do DEOPS/SP, a partir de uma solicitação de outros serviços de informação e organismos da administração pública.	-	1982 - 1986
525	Resumos e Referências sobre pessoas e sobre instituições elaborados pela Divisão de Informações do DEOPS/SP, a partir de uma solicitação de outros serviços de informação e organismos da administração pública.	-	1982 - 1982
526	Resumos e Referências sobre pessoas e sobre instituições elaborados pela Divisão de Informações do DEOPS/SP, a partir de uma solicitação de outros serviços de informação e organismos da administração pública.	-	1982 - 1984
527	Resumos e Referências sobre pessoas e sobre instituições elaborados pela Divisão de Informações do DEOPS/SP, a partir de uma solicitação de outros serviços de informação e organismos da administração pública.	-	1982 - 1982
528	Resumos e Referências sobre pessoas e sobre instituições elaborados pela Divisão de Informações do DEOPS/SP, a partir de uma solicitação de outros serviços de informação e organismos da administração pública.	-	1982 - 1982
529	Resumos e Referências sobre pessoas e sobre instituições elaborados pela Divisão de Informações do DEOPS/SP, a partir de uma solicitação de outros serviços de informação e organismos da administração pública.	-	1982 - 1982
530	Resumos e Referências sobre pessoas e sobre instituições elaborados pela Divisão de Informações do DEOPS/SP, a partir de uma solicitação de outros serviços de informação e organismos da administração pública.	-	1982 - 1983
531	Resumos e Referências sobre pessoas e sobre instituições elaborados pela Divisão de Informações do DEOPS/SP, a partir de uma solicitação de outros serviços de informação e organismos da administração pública.	-	1982 - 1982
532	Resumos e Referências sobre pessoas e sobre instituições elaborados pela Divisão de Informações do DEOPS/SP, a partir de uma solicitação de outros serviços de informação e organismos da administração pública.	-	1982 - 1982
533	Resumos e Referências sobre pessoas e sobre instituições elaborados pela Divisão de Informações do DEOPS/SP, a partir de uma solicitação de outros serviços de informação e organismos da administração pública.	-	1982 - 1983
534	Resumos e Referências sobre pessoas e sobre instituições elaborados pela Divisão de Informações do DEOPS/SP, a partir de uma solicitação de outros serviços de informação e organismos da administração pública.	-	1982 - 1983
535	Resumos e Referências sobre pessoas e sobre instituições elaborados pela Divisão de Informações do DEOPS/SP, a partir de uma solicitação de outros serviços de informação e organismos da administração pública.	-	1982 - 1984
536	Resumos e Referências sobre pessoas e sobre instituições elaborados pela Divisão de Informações do DEOPS/SP, a partir de uma solicitação de outros serviços de informação e organismos da administração pública.	-	1982 - 1984
537	Resumos e Referências sobre pessoas e sobre instituições elaborados pela Divisão de Informações do DEOPS/SP, a partir de uma solicitação de outros serviços de informação e organismos da administração pública.	-	1982 - 1983
538	Resumos e Referências sobre pessoas e sobre instituições elaborados pela Divisão de Informações do DEOPS/SP, a partir de uma solicitação de outros serviços de informação e organismos da administração pública.	-	1982 - 1984
539	Resumos e Referências sobre pessoas e sobre instituições elaborados pela Divisão de	-	1982 - 1983

DOSSIÊS/ PASTAS	ASSUNTO	ARQUIVAMENTO	PRODUÇÃO
	Informações do DEOPS/SP, a partir de uma solicitação de outros serviços de informação e organismos da administração pública.		
539A	Resumos e Referências sobre pessoas e sobre instituições elaborados pela Divisão de Informações do DEOPS/SP, a partir de uma solicitação de outros serviços de informação e organismos da administração pública.	-	1982 - 1982
540	Resumos e Referências sobre pessoas e sobre instituições elaborados pela Divisão de Informações do DEOPS/SP, a partir de uma solicitação de outros serviços de informação e organismos da administração pública.	-	1982 - 1988
541	Resumos e Referências sobre pessoas e sobre instituições elaborados pela Divisão de Informações do DEOPS/SP, a partir de uma solicitação de outros serviços de informação e organismos da administração pública.	-	1982 - 1985
542	Resumos e Referências sobre pessoas e sobre instituições elaborados pela Divisão de Informações do DEOPS/SP, a partir de uma solicitação de outros serviços de informação e organismos da administração pública.	-	1982 - 1990
543	Resumos e Referências sobre pessoas e sobre instituições elaborados pela Divisão de Informações do DEOPS/SP, a partir de uma solicitação de outros serviços de informação e organismos da administração pública.	-	1982 - 1983
544	Resumos e Referências sobre pessoas e sobre instituições elaborados pela Divisão de Informações do DEOPS/SP, a partir de uma solicitação de outros serviços de informação e organismos da administração pública.	-	1983 - 1983
545	Resumos e Referências sobre pessoas e sobre instituições elaborados pela Divisão de Informações do DEOPS/SP, a partir de uma solicitação de outros serviços de informação e organismos da administração pública.	-	1983 - 1983
546	Resumos e Referências sobre pessoas e sobre instituições elaborados pela Divisão de Informações do DEOPS/SP, a partir de uma solicitação de outros serviços de informação e organismos da administração pública.	-	1983 - 1983
547	Resumos e Referências sobre pessoas e sobre instituições elaborados pela Divisão de Informações do DEOPS/SP, a partir de uma solicitação de outros serviços de informação e organismos da administração pública.	-	1983 - 1983
548	Resumos e Referências sobre pessoas e sobre instituições elaborados pela Divisão de Informações do DEOPS/SP, a partir de uma solicitação de outros serviços de informação e organismos da administração pública.	-	1983 - 1983
549	Resumos e Referências sobre pessoas e sobre instituições elaborados pela Divisão de Informações do DEOPS/SP, a partir de uma solicitação de outros serviços de informação e organismos da administração pública.	-	1983 - 1983
550	Resumos e Referências sobre pessoas e sobre instituições elaborados pela Divisão de Informações do DEOPS/SP, a partir de uma solicitação de outros serviços de informação e organismos da administração pública.	-	1983 - 1983
551	Resumos e Referências sobre pessoas e sobre instituições elaborados pela Divisão de Informações do DEOPS/SP, a partir de uma solicitação de outros serviços de informação e organismos da administração pública.	-	1983 - 1983
552	Resumos e Referências sobre pessoas e sobre instituições elaborados pela Divisão de Informações do DEOPS/SP, a partir de uma solicitação de outros serviços de informação e organismos da administração pública.	-	1983 - 1983
553	Resumos e Referências sobre pessoas e sobre instituições elaborados pela Divisão de Informações do DEOPS/SP, a partir de uma solicitação de outros serviços de informação e organismos da administração pública.	-	1983 - 1983
554	Resumos e Referências sobre pessoas e sobre instituições elaborados pela Divisão de Informações do DEOPS/SP, a partir de uma solicitação de outros serviços de informação e organismos da administração pública.	-	1983 - 1983
555	Resumos e Referências sobre pessoas e sobre instituições elaborados pela Divisão de Informações do DEOPS/SP, a partir de solicitação de outros serviços de informação e organismos da administração pública.	-	1983 - 1983
556	Resumos e Referências sobre pessoas e sobre instituições elaborados pela Divisão de Informações do DEOPS/SP, a partir de uma solicitação de outros serviços de informação e organismos da administração pública.	-	1983 - 1983
557	Resumos e Referências sobre pessoas e sobre instituições elaborados pela Divisão de Informações do DEOPS/SP, a partir de uma solicitação de outros serviços de informação e organismos da administração pública.	-	1983 - 1983
558	Resumos e Referências sobre pessoas e sobre instituições elaborados pela Divisão de Informações do DEOPS/SP, a partir de uma solicitação de outros serviços de informação e organismos da administração pública.	-	1983 - 1983
559	Resumos e Referências sobre pessoas e sobre instituições elaborados pela Divisão de	-	1983 - 1984

DOSSIÊS/ PASTAS	ASSUNTO	ARQUIVAMENTO	PRODUÇÃO
	Informações do DEOPS/SP, a partir de uma solicitação de outros serviços de informação e organismos da administração pública.		
560	Resumos e Referências sobre pessoas e sobre instituições elaborados pela Divisão de Informações do DEOPS/SP, a partir de uma solicitação de outros serviços de informação e organismos da administração pública.	-	1970 - 1984
561	Resumos e Referências sobre pessoas e sobre instituições elaborados pela Divisão de Informações do DEOPS/SP, a partir de uma solicitação de outros serviços de informação e organismos da administração pública.	-	1984 - 1984
562	Resumos e Referências sobre pessoas e sobre instituições elaborados pela Divisão de Informações do DEOPS/SP, a partir de uma solicitação de outros serviços de informação e organismos da administração pública.	-	1984 - 1984
563	Resumos e Referências sobre pessoas e sobre instituições elaborados pela Divisão de Informações do DEOPS/SP, a partir de uma solicitação de outros serviços de informação e organismos da administração pública.	-	1984 - 1984
564	Resumos e Referências sobre pessoas e sobre instituições elaborados pela Divisão de Informações do DEOPS/SP, a partir de uma solicitação de outros serviços de informação e organismos da administração pública.	-	1984 - 1984
565	Resumos e Referências sobre pessoas e sobre instituições elaborados pela Divisão de Informações do DEOPS/SP, a partir de uma solicitação de outros serviços de informação e organismos da administração pública.	-	1984 - 1984
566	Resumos e Referências sobre pessoas e sobre instituições elaborados pela Divisão de Informações do DEOPS/SP, a partir de uma solicitação de outros serviços de informação e organismos da administração pública.	-	1984 - 1985
567	Resumos e Referências sobre pessoas e sobre instituições elaborados pela Divisão de Informações do DEOPS/SP, a partir de uma solicitação de outros serviços de informação e organismos da administração pública.	-	1984 - 1984
568	Resumos e Referências sobre pessoas e sobre instituições elaborados pela Divisão de Informações do DEOPS/SP, a partir de uma solicitação de outros serviços de informação e organismos da administração pública.	-	1984 - 1984
569	Resumos e Referências sobre pessoas e sobre instituições elaborados pela Divisão de Informações do DEOPS/SP, a partir de uma solicitação de outros serviços de informação e organismos da administração pública.	-	1984 - 1985
570	Resumos e Referências sobre pessoas e sobre instituições elaborados pela Divisão de Informações do DEOPS/SP, a partir de uma solicitação de outros serviços de informação e organismos da administração pública.	-	1985 - 1985
571	Resumos e Referências sobre pessoas e sobre instituições elaborados pela Divisão de Informações do DEOPS/SP, a partir de uma solicitação de outros serviços de informação e organismos da administração pública.	-	1985 - 1985
572	Resumos e Referências sobre pessoas e sobre instituições elaborados pela Divisão de Informações do DEOPS/SP, a partir de uma solicitação de outros serviços de informação e organismos da administração pública.	-	1985 - 1985
573	Resumos e Referências sobre pessoas e sobre instituições elaborados pela Divisão de Informações do DEOPS/SP, a partir de uma solicitação de outros serviços de informação e organismos da administração pública.	-	1985 - 1985
574	Resumos e Referências sobre pessoas e sobre instituições elaborados pela Divisão de Informações do DEOPS/SP, a partir de uma solicitação de outros serviços de informação e organismos da administração pública.	-	1985 - 1986
575	Resumos e Referências sobre pessoas e sobre instituições elaborados pela Divisão de Informações do DEOPS/SP, a partir de uma solicitação de outros serviços de informação e organismos da administração pública.	-	1986 - 1986
576	Resumos e Referências sobre pessoas e sobre instituições elaborados pela Divisão de Informações do DEOPS/SP, a partir de uma solicitação de outros serviços de informação e organismos da administração pública.	-	1986 - 1986
577	Resumos e Referências sobre pessoas e sobre instituições elaborados pela Divisão de Informações do DEOPS/SP, a partir de uma solicitação de outros serviços de informação e organismos da administração pública.	-	1986 - 1987
578	Resumos e Referências sobre pessoas e sobre instituições elaborados pela Divisão de Informações do DEOPS/SP, a partir de uma solicitação de outros serviços de informação e organismos da administração pública.	-	1987 - 1987
579	Resumos e Referências sobre pessoas e sobre instituições elaborados pela Divisão de Informações do DEOPS/SP, a partir de uma solicitação de outros serviços de informação e organismos da administração pública.	-	1987 - 1988
580	Resumos e Referências sobre pessoas e sobre instituições elaborados pela Divisão de	-	1988 - 1989

DOSSIÊS/ PASTAS	ASSUNTO	ARQUIVAMENTO	PRODUÇÃO
	Informações do DEOPS/SP, a partir de uma solicitação de outros serviços de informação e organismos da administração pública.		
581	Resumos e Referências sobre pessoas e sobre instituições elaborados pela Divisão de Informações do DEOPS/SP, a partir de uma solicitação de outros serviços de informação e organismos da administração pública.	-	1989 - 1989
582	Resumos e Referências sobre pessoas e sobre instituições elaborados pela Divisão de Informações do DEOPS/SP, a partir de uma solicitação de outros serviços de informação e organismos da administração pública.	-	1989 - 1990
583	Resumos e Referências sobre pessoas e sobre instituições elaborados pela Divisão de Informações do DEOPS/SP, a partir de uma solicitação de outros serviços de informação e organismos da administração pública.	-	1990 - 1991
52-Z-001	**Tratam-se de cartas, de poemas e de boletins apreendidos pelo DEOPS/SP, destinados ao grande público.**	**28/07/44 - 12/09/77**	**1944 - 1977**

BIBLIOGRAFIA

ABREU, Alzira Alves de et alii (coords.). *Dicionário histórico-biográfico brasileiro.* 5 vols. 2ª ed. Rio de Janeiro: Editora da Fundação Getulio Vargas/ CPDOC, 2001.

ALVES, Maria Helena Moreira. *Estado e oposição no Brasil (1964-1984).* Petrópolis: Vozes, 1984.

AQUINO, Maria Aparecida; MATTOS, Marco Aurélio Vannucchi Leme de; SWENSSON JR., Walter Cruz (orgs.). *No coração das trevas: o DEOPS/ SP visto por dentro.* São Paulo: Arquivo do Estado/Imprensa Oficial, 2001.

ARAÚJO, Lucimar Almeida de et alii. O Acervo DEOPS/SP. In: AQUINO, Maria Aparecida de et alii (orgs.). *No Coração das Trevas: o DEOPS/SP visto por dentro.* São Paulo: Arquivo do Estado/Imprensa Oficial, 2001, p. 23-35.

ARENDT, Hannah. *Eichmann em Jerusalém: um relato sobre a banalidade do mal.* São Paulo: Diagrama & Texto, 1983.

ARQUIDIOCESE de São Paulo. *Brasil: Nunca Mais.* Petrópolis: Vozes, 1985.

BAFFA, Ayrton. *Nos Porões do SNI. O retrato do monstro de cabeça oca.* Rio de Janeiro: Objetiva, 1989.

CAMARGO, Ana Maria de Almeida; BELLOTTO, Heloísa Liberalli (coord.). *Dicionário de Terminologia Arquivística.* São Paulo: Associação dos Arquivistas Brasileiros (Núcleo Regional de São Paulo)/Secretaria de Estado da Cultura, 1996.

CARONE, Edgard. *A República Velha – Evolução Política.* São Paulo: Difusão Européia do Livro, 1971, p. 352-377.

_____. *O PCB (1964-1982).* Vol. 3. São Paulo: Difel, 1982.

CHACON, Vamireh. *História dos partidos brasileiros: discurso e práxis dos seus programas.* 2ª ed. Brasília: Editora da Universidade de Brasília, 1985.

D'ARAÚJO, Maria Celina et alii (org.). *A Volta aos Quartéis. A memória militar sobre a abertura.* Rio de Janeiro: Relume/Dumará, 1995.

D'ARAÚJO, Maria Celina et alii (org.). *Os anos de chumbo. A memória militar sobre a repressão.* Rio de Janeiro: Relume/Dumará, 1994.

DOSSIÊ *dos mortos e desaparecidos políticos a partir de 1964.* São Paulo: Imprensa Oficial do Estado, 1996.

DUARTE, Celina Rabello. *Imprensa e Redemocratização no Brasil: um estudo de duas conjunturas, 1945 e 1974-1978.* São Paulo, 1987. Dissertação (mestrado) – Pontifícia Universidade Católica de São Paulo.

FICO, Carlos. *Como eles agiam.* Rio de Janeiro: Record, 2001.

FLEISCHER, David. *Manipulações casuísticas do sistema eleitoral durante o período militar, ou como usualmente o feitiço se voltava contra o feiticeiro.* In: D'ARAÚJO, Maria Celina; SOARES, Gláucio Ary Dillon (orgs.). *21 anos de regime militar: balanços e perspectivas.* Rio de Janeiro: Editora da Fundação Getulio Vargas, 1994.

GORENDER, Jacob. *Combate nas trevas, a esquerda brasileira: das ilusões perdidas à luta armada.* 3ª ed. São Paulo: Ática, 1987.

HUGGINS, Martha K. *Polícia e política: relações Estados Unidos/América Latina.* São Paulo: Cortez, 1998.

KINZO, Maria D'Alva Gil. *Oposição e autoritarismo: gênese e trajetória do MDB: 1966-1979.* São Paulo: Vértice/Editora Revista dos Tribunais, 1988.

LAMONIER, Bolívar; MENEGUELLO, Rachel. *Partidos políticos e consolidação democrática: o caso brasileiro.* São Paulo: Brasiliense, 1986.

MIRANDA, Nilmário; TIBÚRCIO, Carlos. *Dos filhos deste solo: Mortos e desaparecidos políticos durante a ditadura militar: a responsabilidade do Estado.* São Paulo: Boitempo, 1999.

MOTTA, Paulo Roberto. *Movimentos partidários no Brasil: a estratégia da elite e dos militares.* Rio de Janeiro: Fundação Getulio Vargas, 1971.

MOTTA, Rodrigo Patto Sá. *Introdução à história dos partidos políticos brasileiros.* Belo Horizonte: Editora da UFMG, 1999.

OS ARQUIVOS *das Polícias Políticas: reflexos de nossa história contemporânea.* Rio de Janeiro: Arquivo Público do Estado do Rio de Janeiro/FAPERJ, 1996.

REIS FILHO, Daniel Aarão dos. *A revolução faltou ao encontro: os comunistas no Brasil.* 2.ª ed. São Paulo: Brasiliense/CNPq, 1990.

RIDENTI, Marcelo. *Ecos de Trotsky na esquerda armada brasileira, 1964-1974. Estudos de Sociologia* (Faculdade de Ciências e Letras da Unesp de Araraquara), 2 (2): p. 93-95, 1997.

SCHMITT, Rogério. *Partidos políticos no Brasil (1945-2000).* Rio de Janeiro: Jorge Zahar, 2000.

SKIDMORE, Thomas. *Brasil: de Castelo a Tancredo*. 5ª ed. Rio de Janeiro: Paz e Terra, 1988.

SOMBRA, Luiz Henrique. Departamento Federal de Segurança Pública: ruptura ou permanência? In: *DOPS: a lógica da desconfiança*. Rio de Janeiro: Secretaria de Estado da Justiça/Arquivo Público do Estado, 1996, p. 37-41.

STEPAN, Alfred. *Os militares: da Abertura à Nova República*. Rio de Janeiro: Paz e Terra, 1986.

XAVIER, Marília. Antecedentes Institucionais da Polícia Política. In: *DOPS: a lógica da desconfiança*. Rio de Janeiro: Secretaria de Estado da Justiça/ Arquivo Público do Estado, 1996, p. 32-36.

PROJETO
"MAPEAMENTO E SISTEMATIZAÇÃO DO ACERVO DEOPS/SP"

Coordenação geral
Profa. Maria Aparecida de Aquino

Coordenação da equipe de bolsistas
Marco Aurélio Vannucchi Leme de Mattos
Walter Cruz Swensson Jr.

Equipe de bolsistas 1998-2000
Eduardo Ochi
Elen Cristina Dias Moura
Janaína de Almeida Teles
Luiz Lima Vailati
Sebastião Vargas Neto
Sidney de Oliveira Pires
Tatiana Carlotti

Equipe de bolsistas 2000-2002
Admar Mendes de Souza
Ana Elisa Peres
Ana Hutz
Camila Sampaio Chaves
Camila Lacreta Saraiva
Ivani Maia
Letícia Nunes de Góes Moraes
Lucimar de Almeida Araújo
Mariana Esteves Martins
Marystela Pinheiro de Oliveira
Orion Barreto da Rocha Klautau Neto
Patrícia Barlach
Renata Pedroso de Araújo
Ricardo Ishiyama Martins

Título: A alimentação do Leviatã nos planos regional e nacional: mudanças no DEOPS/SP no pós-1964 - Família 50
Coleção: DOSSIÊS DEOPS/SP: Radiografias do Autoritarismo Republicano Brasileiro Volume 5
Capa: Fernando de Sousa Lima
Editoração Eletrônica: Fernando de Sousa Lima e Paulo F. M. de Borgia
Formato: 17 x 24 cm – fechado
Mancha: 13 x 19,5
Tipologia: AGaramond 12
Papel: miolo – offset 75 g, capa – cartão 250 g revestido com orelhas
Número de páginas: 200
Fotolitos e Impressão: Imprensa Oficial do Estado
Data da Impressão: 12/2002